PRÁTICA DE LOCAÇÃO

O GEN | Grupo Editorial Nacional – maior plataforma editorial brasileira no segmento científico, técnico e profissional – publica conteúdos nas áreas de concursos, ciências jurídicas, humanas, exatas, da saúde e sociais aplicadas, além de prover serviços direcionados à educação continuada.

As editoras que integram o GEN, das mais respeitadas no mercado editorial, construíram catálogos inigualáveis, com obras decisivas para a formação acadêmica e o aperfeiçoamento de várias gerações de profissionais e estudantes, tendo se tornado sinônimo de qualidade e seriedade.

A missão do GEN e dos núcleos de conteúdo que o compõem é prover a melhor informação científica e distribuí-la de maneira flexível e conveniente, a preços justos, gerando benefícios e servindo a autores, docentes, livreiros, funcionários, colaboradores e acionistas.

Nosso comportamento ético incondicional e nossa responsabilidade social e ambiental são reforçados pela natureza educacional de nossa atividade e dão sustentabilidade ao crescimento contínuo e à rentabilidade do grupo.

Gediel Claudino de Araujo Júnior

PRÁTICA DE LOCAÇÃO

11ª edição revista, atualizada e reformulada

- O autor deste livro e a editora empenharam seus melhores esforços para assegurar que as informações e os procedimentos apresentados no texto estejam em acordo com os padrões aceitos à época da publicação, e todos os dados foram atualizados pelo autor até a data de fechamento do livro. Entretanto, tendo em conta a evolução das ciências, as atualizações legislativas, as mudanças regulamentares governamentais e o constante fluxo de novas informações sobre os temas que constam do livro, recomendamos enfaticamente que os leitores consultem sempre outras fontes fidedignas, de modo a se certificarem de que as informações contidas no texto estão corretas e de que não houve alterações nas recomendações ou na legislação regulamentadora.

- Fechamento desta edição: 29.03.2023

- O Autor e a editora se empenharam para citar adequadamente e dar o devido crédito a todos os detentores de direitos autorais de qualquer material utilizado neste livro, dispondo-se a possíveis acertos posteriores caso, inadvertida e involuntariamente, a identificação de algum deles tenha sido omitida.

- **Atendimento ao cliente: (11) 5080-0751 | faleconosco@grupogen.com.br**

- Direitos exclusivos para a língua portuguesa
  Copyright © 2023 by
  Editora Atlas Ltda.
  Uma editora integrante do GEN | Grupo Editorial Nacional
  Travessa do Ouvidor, 11 – Térreo e 6º andar
  Rio de Janeiro – RJ – 20040-040
  www.grupogen.com.br

- Reservados todos os direitos. É proibida a duplicação ou reprodução deste volume, no todo ou em parte, em quaisquer formas ou por quaisquer meios (eletrônico, mecânico, gravação, fotocópia, distribuição pela Internet ou outros), sem permissão, por escrito, da Editora Atlas Ltda.

- Capa: Aurélio Corrêa

- **CIP – BRASIL. CATALOGAÇÃO NA FONTE.**
  SINDICATO NACIONAL DOS EDITORES DE LIVROS, RJ.

A689p

Araújo Júnior, Gediel Claudino de

Prática de locação / Gediel Claudino de Araujo Júnior. – 11. ed. – Barueri [SP]: Atlas, 2023.

Inclui bibliografia
ISBN 978-65-5977-519-4

1. Brasil. [Lei do inquilinato (1991)]. 2. Locação de imóveis - Brasil I. Título.

23-83282   CDU: 347.453(81)(094.5)

Meri Gleice Rodrigues de Souza - Bibliotecária - CRB-7/6439

Sobre o autor

Defensor Público do Estado de São Paulo por quase 30 anos, professor de Direito Civil, Processo Civil e Prática Processual Civil, escritor, advogado e YouTuber. O autor da presente obra é um profissional eclético, com trânsito por várias áreas do direito, fato que valoriza ainda mais a sua longeva experiência, partilhada nos seus livros e cursos. Além desta obra, é autor dos livros *Prática no Processo Civil*, *Prática do Recurso de Agravo*, *Prática no Estatuto da Criança e do Adolescente*, *Prática no Direito de Família*, *Prática de Recursos no Processo Civil*, *Prática de Contestação no Processo Civil*, *Prática no Direito do Consumidor* e *Código de Processo Civil Anotado*, todos publicados pelo Grupo Gen | Atlas.

Acompanhe o autor pela Internet:
Facebook: Gediel Claudino de Araujo Junior
Instagram: @gedieljr
YouTube: @GedielAraujo
genjuridico.com.br/gedielclaudinodearaujojunior

Prefácio

Esta obra é fruto de minha experiência profissional, seja como Defensor Público do Estado de São Paulo, onde atuei por quase três décadas nas áreas cível, família e infância e juventude, seja como professor, lecionando nas áreas de Direito Civil, Processo Civil e Prática Processual Civil, seja como advogado, escritor, consultor e YouTuber.

Meu objetivo não é conceituar, caracterizar ou discutir a teoria dos temas abordados neste livro, embora o faça de forma sucinta, mas, principalmente, passar uma visão prática, invariavelmente já vivida por mim, que forneça respostas simples e claras às questões mais comuns do dia a dia do profissional do direito. Na busca desse desiderato, procurei organizar conjuntamente as informações, tanto de direito material como de direito processual, de forma a facilitar a consulta e a compreensão dos temas tratados, assim como forneço dezenas de modelos editáveis (peças processuais), com o escopo de que o estudante e o profissional possam vislumbrar a realização prática do direito.

Espero, dessa forma, contribuir para facilitar e melhorar o exercício da nossa nobre profissão.

Gediel C. Araujo Jr.

Sumário

Capítulo 1 – Lei do inquilinato anotada 1

Lei nº 8.245, de 18-10-1991 1

Título I – Da locação 1

Capítulo I – Disposições gerais 1

Seção I – Da locação em geral 1

Seção II – Das sublocações 28

Seção III – Do aluguel 30

Seção IV – Dos deveres do locador e do locatário 38

Seção V – Do direito de preferência 46

Seção VI – Das benfeitorias 51

Seção VII – Das garantias locatícias 53

Seção VIII – Das penalidades criminais e civis 61

Seção IX – Das nulidades 63

Capítulo II – Das Disposições especiais 64

Seção I – Da locação residencial 64

Seção II – Da locação para temporada 68

Seção III – Da locação não residencial 72

Título II – Dos procedimentos 86

Capítulo I – Das disposições gerais 86

Capítulo II – Das ações de despejo.. 88

Capítulo III – Da ação de consignação de aluguel e acessórios da locação 102

Capítulo IV – Da ação revisional de aluguel.. 104

Capítulo V – Da ação renovatória 109

Título III – Das disposições finais e transitórias.. 116

Capítulo 2 – Questões teóricas e práticas do direito locatício............................. 119

1 Quais são os princípios fundamentais do direito contratual que também se aplicam ao contrato de locação?.. 119

2 Resumidamente, quais são as principais características do contrato de locação?.. 120

3 Quais cuidados o proprietário deve ter ao alugar seu imóvel?.................. 120

4 Quais cuidados são necessários ao se alugar um imóvel? 121

5 Como deve ser feito o contrato de locação?... 122

6 Qual é o prazo máximo, e mínimo, do contrato de locação?.................... 122

7 Na locação residencial, qual é a melhor opção de prazo para o contrato locativo? 122

8 Como agir diante da inadimplência do inquilino? 123

9 Como fazer a notificação do inquilino para que deixe o imóvel? 123

10 Em que casos o locador pode rescindir o contrato de locação e retomar a posse direta do imóvel locado? 124

11 Em que casos o inquilino pode rescindir o contrato de locação e deixar o imóvel locado? 124

12 Como fica a locação no caso de separação ou morte dos inquilinos? 125

13 O aluguel pode ser cobrado antecipadamente?.. 125

14 Quais são os tipos de garantias do contrato de locação permitidas pela Lei do Inquilinato?... 125

15 Qual o limite da responsabilidade do fiador? 126

16 Como o fiador deve proceder para exonerar-se da fiança?........................ 126

17 Quem é responsável pelo pagamento das despesas e taxasdo condomínio?..... 127

18 Como agir nos casos em que o inquilino paga o aluguel, mas fica inadimplente com o pagamento das taxas do condomínio e do imposto predial?... 127

19 Quem é responsável pelo pagamento dos impostos e taxas que incidam sobre o imóvel locado?.. 128

20 Quais as principais características do contrato de locação para temporada?..... 128

21 O que pode fazer o locatário preterido no seu direito de preferência? 128

22 Quais os requisitos da ação de despejo para uso próprio?......................... 129

23 Quais os requisitos da ação de despejo por falta de pagamento?.............. 129

24 Quais valores devem compor os cálculos a serem apresentados na ação de despejo por falta de pagamento? 130

25	Quais são os requisitos da ação renovatória?	130
26	Quais são os requisitos da ação revisional de aluguel?	131
27	Quais são os requisitos da ação de consignação de aluguel e encargos?	132
28	Quais são os requisitos da ação de adjudicação movida pelo locatário preterido no seu direito de preferência?	132
29	No contrato de locação, pode ser cumulada a cobrança da cláusula penal moratória e da cláusula penal compensatória?	132
30	Qual o limite das cláusulas penais moratórias e compensatórias?	133
31	Como deve agir o locador no caso de o inquilino abandonar o imóvel locado?	133
32	Quais foram as principais inovações introduzidas na Lei do Inquilinato pela Lei nº 12.112/09?	134
33	Quais as regras que envolvem o contrato de locação fruto de "construção ajustada"?	135
34	O que são as chamadas "cláusulas de raio"?	135
35	Como deve proceder o locatário que deseje rescindir o contrato de locação que esteja valendo por prazo indeterminado?	136
36	Como agir quanto à alteração do "nome", ou titular, das contas de consumo (água, luz e gás etc.)?	136
37	As regras do Código de Defesa do Consumidor, Lei nº 8.078/90, se aplicam ao contrato de locação?	136
38	A multipropriedade, instituída pela Lei nº 13.777/18, é uma forma de locação para temporada?	137
39	Quais os efeitos da Pandemia da Covid-19, por coronavírus, nos contratos de locação?	137
40	Qual é a base legal e quais os requisitos para a revisão do contrato de locação em razão da pandemia da Covid-19?	138
41	Em razão da pandemia da Covid-19, os despejos foram "suspensos"?	139

Capítulo 3 – Guia rápido de prática jurídica		141
1	Introdução	141
2	Relacionamento com o cliente	141
3	Requisitos legais da petição inicial	143
4	Aspectos práticos da redação da petição inicial	143
5	Da resposta do demandado	147
6	Dos documentos a serem juntados à petição inicial e à contestação	148
7	Das despesas	148
8	Conhecendo o procedimento	149
9	Cuidados ao recorrer	149

Capítulo 4 – Procuração *ad judicia* (mandato judicial)		151
1	Contrato de mandato	151

2	Mandato Judicial	152
3	Substabelecimento	152
4	Responsabilidade civil dos advogados	153
5	Base legal	153

Capítulo 5 – Justiça gratuita 155

1	Introdução	155
2	Fundamento	155
3	Quando e como requerer a justiça gratuita	156
4	Impugnação do pedido feito pela outra parte	156
5	Dicas e observações gerais	156

Capítulo 6 – Modelos e formulários 159

1	Ação de adjudicação arrimada na infração ao direito de preferência	159
2	Ação de cobrança de aluguéis e encargos	161
3	Ação de cobrança de multa prevista no art. 6º da LI contra os fiadores	162
4	Ação de consignação de aluguel	164
5	Ação de despejo arrimada no decurso de prazo quinquenal	165
6	Ação de despejo com amparo em quebra de acordo	166
7	Ação de despejo em razão da alienação do imóvel	167
8	Ação de despejo para realização de obras determinadas pelo Poder Público	169
9	Ação de despejo para realização de obras para melhoria do imóvel	170
10	Ação de despejo para uso de ascendente ou descendente	171
11	Ação de despejo para uso próprio	172
12	Ação de despejo para uso próprio (ajuizada junto ao Juizado Especial Cível – JEC)	174
13	Ação de despejo por denúncia vazia fundada em contrato de locação "não residencial" (esta ação deve ser ajuizada em até 30 dias do fim do contrato)	175
14	Ação de despejo por denúncia vazia fundada em contrato de locação "não residencial" vigendo por prazo indeterminado	176
15	Ação de despejo por denúncia vazia fundada em contrato de locação vigendo por prazo indeterminado	177
16	Ação de despejo por denúncia vazia fundada no fato de o locatário não ter apresentado nova garantia	179
17	Ação de despejo por denúncia vazia fundada no término do contrato de locação firmado por escrito e com prazo de trinta meses	180
18	Ação de despejo por falta de pagamento arrimada em contrato de locação garantido por fiador	181
19	Ação de despejo por falta de pagamento arrimada em contrato de locação sem garantia	183

20	Ação de despejo por falta de pagamento cumulada com cobrança dos encargos locatícios (locação garantida por fiadores)	184
21	Ação de despejo por falta de pagamento cumulada com cobrança dos encargos locatícios (locação sem garantia)	186
22	Ação de despejo por término do contrato de trabalho	188
23	Ação de execução contra devedor solvente cobrando aluguéis não pagos e outros encargos locatícios, arrimada em título extrajudicial (contrato de locação)	189
24	Ação de execução contra devedor solvente cobrando aluguéis não pagos e outros encargos locatícios, arrimada em título judicial (petição de início da fase executiva)	190
25	Ação de indenização por perdas e danos arrimada em desvio de uso	192
26	Ação de indenização por perdas e danos arrimada em infração ao direito de preferência	193
27	Ação de revisão de contrato de locação em razão da pandemia da Covid-19	195
28	Ação declaratória buscando a extinção da fiança	199
29	Ação declaratória de inexistência de débito cumulada com indenização por perdas e danos	200
30	Ação renovatória	202
31	Ação revisional de aluguel	203
32	Contestação de ação de cobrança arrimada em contrato de locação	205
33	Contestação de ação de consignação de aluguel com reconvenção pedindo despejo por falta de pagamento	208
34	Contestação de ação de despejo para uso próprio	210
35	Contestação de ação de despejo por denúncia vazia fundada em término do contrato firmado por escrito e com prazo de 30 meses	211
36	Contestação de ação de despejo por denúncia vazia fundada em término do contrato firmado por escrito vencido e prorrogado por prazo indeterminado	213
37	Contestação de ação de despejo por falta de pagamento	215
38	Contrato de locação não residencial garantido por caução em bem imóvel	218
39	Contrato de locação não residencial garantido por fiador	220
40	Contrato de locação para temporada com pagamento antecipado do aluguel	222
41	Contrato de locação residencial garantido por caução em bem imóvel	223
42	Contrato de locação residencial garantido por caução em bem móvel	225
43	Contrato de locação residencial garantido por caução em dinheiro (casa)	227
44	Contrato de locação residencial garantido por fiador (apartamento ou casa em condomínio fechado)	229

45	Contrato de locação residencial garantido por fiador (apartamento ou casa em condomínio fechado com despesas condominiais e impostos já incluídos no aluguel)	231
46	Contrato de locação residencial garantido por fiador (casa)	233
47	Contrato de locação residencial garantido por seguro de fiança locatícia	235
48	Contrato de locação residencial sem garantia	237
49	Contrato de prestação de serviços advocatícios	239
50	Declaração de pobreza	240
51	Embargos à execução	241
52	Embargos de declaração em razão de omissão quanto ao valor da caução	244
53	Notificação extrajudicial (entregue via correio, com AR; ou pessoalmente, mediante recibo em cópia), informando ao fiador sobre a separação fática do casal	245
54	Notificação extrajudicial (entregue via correio, com AR; ou pessoalmente, mediante recibo em cópia), informando ao locador sobre exoneração da fiança	246
55	Notificação extrajudicial (entregue via correio, com AR; ou pessoalmente, mediante recibo em cópia), informando ao locador sobre sub-rogação em razão de separação fática do casal	246
56	Notificação extrajudicial (entregue via correio, com AR; ou pessoalmente, mediante recibo em cópia), informando ao locatário que o inquilino irá deixar o imóvel locado no prazo de 30 dias	247
57	Notificação extrajudicial (entregue via correio, com AR; ou pessoalmente, mediante recibo em cópia), informando locatário sobre desejo de venda do imóvel (direito de preferência)	248
58	Notificação extrajudicial (entregue via correio, com AR; ou pessoalmente, mediante recibo em cópia), pedindo a desocupação do imóvel	248
59	Notificação judicial (ação de notificação)	249
60	Petição arrolando testemunhas	250
	60.1 Modelo	250
	60.2 Segundo modelo (carta que o advogado deve enviar para as pessoas que arrolou como testemunhas, a fim de lhes dar conhecimento da audiência)	251
61	Petição renunciando ao mandato judicial	252
62	Petição requerendo a juntada de documento	252
63	Petição requerendo habilitação	253
64	Petição requerendo imissão de posse em razão de o inquilino ter abandonado o imóvel locado	254
65	Petição requerendo vista com escopo de preparar resposta	254
66	Procuração ad judicia – pessoa física	255
67	Procuração para o juízo (ad judicia), pessoa jurídica	255

68	Recurso de agravo de instrumento contra decisão que indeferiu pedido de liminar em ação de despejo	256
69	Recurso de apelação em ação de despejo por falta de pagamento arrimada em ilegitimidade passiva da parte e inépcia da petição, requerendo ainda revisão dos honorários (recorrente Curador Especial)	259
70	Recurso de apelação em ação de despejo por falta de pagamento em razão de rejeição da preliminar de inépcia da inicial	262
71	Recurso de apelação em ação de despejo por falta de pagamento sob arrimo de nulidade da sentença de primeiro grau	264
72	Recurso especial em ação de despejo	268
73	Recurso extraordinário contra acórdão proferido em execução arrimada em contrato de locação	271
74	Substabelecimento de procuração ad judicia	276

Bibliografia 277

Capítulo 1
Lei do inquilinato anotada

LEI Nº 8.245, DE 18-10-1991

Dispõe sobre as locações dos imóveis urbanos e os procedimentos a elas pertinentes.

O Presidente da República

Faço saber que o Congresso Nacional decreta e eu sanciono a seguinte lei:

TÍTULO I
DA LOCAÇÃO

CAPÍTULO I
DISPOSIÇÕES GERAIS

Seção I
Da locação em geral

Art. 1º A locação de imóvel urbano regula-se pelo disposto nesta lei.

Parágrafo único. Continuam regulados pelo Código Civil e pelas leis especiais:

a) as locações:

1. de imóveis de propriedade da União, dos Estados e dos Municípios, de suas autarquias e fundações públicas;

2. de vagas autônomas de garagem ou de espaços para estacionamento de veículos;

3. de espaços destinados à publicidade;

4. em "apart-hotéis", hotéis-residência ou equiparados, assim considerados aqueles que prestam serviços regulares a seus usuários e como tais sejam autorizados a funcionar;

b) o arrendamento mercantil, em qualquer de suas modalidades.

REFERÊNCIAS LEGISLATIVAS

- art. 79, CC (bem imóvel); arts. 98 a 103, CC (bens públicos); arts. 565 a 578, CC (locação de coisas); art. 42, Lei 7.565/86; art. 1º, Lei 6.099/74 (*Leasing*); arts. 95 e 95-A, Lei 4.504/64 (arrendamento rural).; arts. 86 a 91, Decreto-lei 9.760/46 (locação de bens públicos).

ANOTAÇÕES

- ***apresentação***: a presente lei representou uma importante mudança de postura na forma como o Estado tratava as regras sobre locação de imóveis urbanos; deixou-se um rígido regime de dirigismo estatal, extremamente protecionista quanto aos direitos dos inquilinos, sob o forte argumento do impacto social que as normas tinham sob a população mais carente, para se adotar normas que passaram a garantir uma maior autonomia das partes nas relações contratuais (menos proteção e mais liberdade). O objetivo era trazer maior equilíbrio ao sistema, com o escopo de incentivar maior investimento no setor (construção de casas e apartamentos destinados à locação). Entre as muitas mudanças introduzidas pela nova lei do inquilinato, talvez a que tenha chamado mais a atenção de todos, à época, foi a possibilidade da retomada imotivada do imóvel locado ao final do contrato de locação, na chamada "denúncia vazia". Hoje pode parecer estranho que tal fato tenha merecido tanto destaque, mas ele se explica se lembrarmos de que a legislação anterior não permitia tal fato, ou seja, o locador não podia simplesmente requerer, ao fim do contrato, a desocupação do bem; na verdade, a retomada do imóvel alugado era tarefa das mais difíceis, fato que inegavelmente afastava aqueles interessados em fazer esse tipo de negócio (alugar um imóvel). Lembro, como se fosse hoje, de atender inquilinos que moravam de aluguel no mesmo imóvel há décadas pagando aluguéis mínimos, mantendo reféns os proprietários que um dia tinham resolvido fazer negócio com eles. A Lei 8.245/91, sancionada pelo Presidente Fernando Collor, trouxe mais equilíbrio ao sistema, permitindo investimentos que rapidamente aumentaram a oferta de imóveis para aluguel, pondo fim a uma longeva batalha que mais penalizava do que ajudava os locatários (simplesmente não haviam imóveis para alugar). A presente lei ainda unificou o regime jurídico sobre o tema, revogando um grande número de leis (art. 90), dando início a um longo período de estabilidade e segurança jurídica;
- ***conceito***: locação, nos limites desta lei, é a cessão temporária do uso e gozo de imóvel urbano, mediante pagamento de uma remuneração denominada de aluguel (arts. 17 a 21). Ressalte-se que para fins da Lei do Inquilinato o que caracteriza

um imóvel como "urbano" é a sua destinação econômica (*v.g.*, moradia, comércio, indústria, educação, saúde, cultura, lazer, esporte ou outra atividade, exceto agrícola), não a sua localização física (urbano ou rural);
- **contrato de locação**: tem como principais características ser "bilateral" (locador e locatário), "oneroso", visto que a cessão do uso do imóvel se faz necessariamente mediante o pagamento de aluguel (execução continuada), ao contrário do comodato, que é a cessão gratuita do uso de um bem, "consensual", acordado de forma livre pelas partes (não solene), "temporário", mesmo que esteja valendo por prazo indeterminado, "típico", visto que previsto expressamente em lei (nesta lei). Lembro que o locador não precisa ser necessariamente o "proprietário" do imóvel a ser alugado, basta que tenha a sua posse legítima, como, por exemplo, ocorre com o usufrutuário e comodatário;
- **não aplicação da lei**: as hipóteses indicadas no parágrafo único são apenas exemplificativas dos casos em que não se aplicam a presente lei; ou seja, há outros casos, como, por exemplo, a locação de lojas e restaurantes em aeroportos (art. 42, Lei 7.565/86); outros exemplos: *coworking*; *coliving*; *self-storage* (guarda-móveis);
- **vagas autônomas de espaços para estacionamento de veículos**: são aquelas não vinculadas a determinado imóvel, como, por exemplo, aquelas próprias dos edifícios comerciais, edifícios-garagens e mesmo residenciais, contudo, não vinculadas, como se disse;
- **locação em shopping centers**: embora a presente lei não tenha um capítulo específico para esse tipo de locação, que é tratado de forma genérica no capítulo da "locação não residencial" (art. 54), a jurisprudência tem entendido que ela é, sim, aplicável aos contratos firmados entre lojistas e administradores deste tipo de negócio;
- **locação por meio de aplicativos**: não obstante a evidente semelhança com a "locação para temporada" (art. 48), a jurisprudência, na sua maioria (até aqui), tem entendido que a presente lei não se aplica aos contratos de locação firmados por meio de aplicativos como Airbnb e Booking;
- **arrendamento mercantil**: também conhecido como "leasing", é um negócio jurídico que envolve a cessão de um bem, móvel ou imóvel (por exemplo: veículos, maquinários e equipamentos), por um prazo determinado, mediante o pagamento de um aluguel que pode ser mensal ou não; uma das principais diferenças em relação ao contrato de locação disciplinado pela presente lei é a possibilidade do arrendatário adquirir a propriedade do bem ao fim do negócio, ficando, neste caso, os aluguéis pagos até então como parte do pagamento pela aquisição do bem (o arrendatário paga então apenas uma diferença prevista no contrato para ficar definitivamente com o bem).

JURISPRUDÊNCIA

- No contrato de arrendamento mercantil (*leasing*), o arrendante adquire determinado bem e o entrega ao arrendatário em contrapartida ao pagamento de aluguéis. Findo o prazo contratual, o arrendatário poderá prorrogar o contrato, devolver o bem ao arrendador ou adquirir a propriedade deste pelo valor de mercado ou pelo montante residual garantido (VRG), previamente definido no contrato. O arrendamento mercantil é contrato complexo, com características de locação, promessa unilateral de venda e financiamento. (STJ, REsp 1.699.184/SP, Min. Luis Felipe Salomão, T4, *DJe* 31-1-23)

- Considera-se arrendamento mercantil, para os efeitos desta Lei, o negócio jurídico realizado entre pessoa jurídica, na qualidade de arrendadora, e pessoa física ou jurídica, na qualidade de arrendatária, e que tenha por objeto o arrendamento de bens adquiridos pela arrendadora, segundo especificações da arrendatária e para uso próprio desta. No arrendamento mercantil há a locação de um bem, com a possibilidade de compra ao final, pagando o arrendatário mensalmente um valor a título de aluguel, acrescida, eventualmente, de parte do preço estimado para a aquisição (VRG). Conforme art. 7º, V, da Res. Bacen 2.309/96, os contratos de arrendamento mercantil devem ser formalizados por instrumento público ou particular, devendo conter, no mínimo, dentre outras especificações, os esclarecimentos acerca das "condições para o exercício por parte da arrendatária do direito de optar pela renovação do contrato, pela devolução dos bens ou pela aquisição dos bens arrendados". (TJMG, Apelação Cível 1.0024.13.028710-5/002, Rel. Des. Marcos Henrique Caldeira Brant, 16ª Câmara Cível Especializada, *DJ* 14-12-22)
- O contrato de locação comercial em "shopping center" é atípico e deve ser regido pelas condições livremente pactuadas pelos contratantes, nos termos do art. 54 da Lei 8.245/91. (TJMG, Apelação Cível 1.0000.22.119774-2/001, Rel. Des.(a) Mariangela Meyer, 10ª Câmara Cível, *DJ* 18-10-22)
- Os contratos de locação em *shopping centers* são pactuados livremente, devendo prevalecer o princípio da intervenção mínima do judiciário. Ausente exceção que justifique a intervenção, os aluguéis devem ser mantidos. (TJMG, Agravo de Instrumento-Cv 1.0000.22.093373-3/001, Rel. Des. Antônio Bispo, 15ª Câmara Cível, *DJ* 11-8-22)
- A natureza do imóvel, rural ou urbana, para fins de locação, dependerá da sua utilização, se o bem locado não será utilizado para o exercício de atividade de exploração agrícola, pecuária, agroindustrial, extrativa ou mista, mas para o aterro sanitário do município, a natureza jurídica do imóvel para fins de locação é urbana. (TJMG, Apelação Cível 1.0344.17.008730-0/002, Rel. Des. Kildare Carvalho, 4ª Câmara Cível, *DJ* 30-9-21)
- A oferta de imóvel em plataformas de compartilhamento de imóveis, tais como o Airbnb, não se trata de locação para temporada, eis que não destinada à residência temporária do locatário, mas sim à sua hospedagem, em caráter eventual e transitório, afastado do conceito de residência, ainda que possa se prolongar no tempo. (TJMG, Apelação Cível 1.0000.21.090813-3/001, Rel. Des. João Cancio, 18ª Câmara Cível, julgamento em 13-7-21, publicação da súmula em 13-7-21)
- A destinação do imóvel para locação urbana pode ser para uso residencial (arts. 46 e 47 da Lei 8.245/91), para temporada (arts. 48 a 50 da Lei nº 8.245/91) ou para uso comercial (arts. 51 a 57 da Lei nº 8.245/91). (STJ, REsp 1.317.731/SP, Min. Ricardo Villas Bôas Cueva, Terceira Turma, *DJe* 11-5-2016)
- Somente as locações de imóveis de propriedade da União, dos estados e dos municípios, de suas autarquias e fundações públicas não se submetem às normas da

Lei 8.245/91, nos expressos termos do artigo 1º, parágrafo único, alínea 'a', nº 1, do texto legal. No caso concreto, não consta nenhuma informação no sentido de que o imóvel objeto do contrato de locação seria de titularidade da União, e a Conab mera possuidora deste. Muito pelo contrário, infere-se do acórdão que o imóvel é de propriedade da empresa pública, sujeita às normas aplicáveis às empresas privadas, inclusive nas relações jurídicas contratuais que venha a manter. (STJ, REsp 1.224.007/RJ, Min. Luis Felipe Salomão, Quarta Turma, *DJe* 8-5-2014)
- O rótulo dado ao contrato de locação é irrelevante se caracterizada a relação de locação, ou seja, a utilização de imóvel urbano por outrem mediante pagamento do aluguel ao proprietário. (TJSP, Apelação 9149949-67.2008.8.26.0000, Rel. Des. José Malerbi, *DJ* 19-12-2011)
- A locação de terreno urbano para a exploração de serviço de estacionamento não afasta a incidência do regramento da Lei de Locações – Lei 8.245/91 –, pois tal atividade não se subsume à exceção contida no art. 1º, parágrafo único, alínea 'a', item 2, da referida lei. (STJ, REsp 1.046.717/RJ, Min. Laurita Vaz, Quinta Turma, *DJe* 27-4-2009)
- O fato de o contrato para publicidade no shopping ser destinado aos lojistas não o submete à legislação locatícia específica, que tem por objeto a locação de imóveis, comerciais ou residenciais. Não há como confundir locação de espaço publicitário com alocação de espaços em *shopping center* como *box*, *stands* ou vagas em *shoppings*. (TJMG, p. 1.0024.05.656823-1/001, Rel. Des. José Flávio de Almeida, *DJ* 1º-8-2007)

Art. 2º Havendo mais de um locador ou mais de um locatário, entende-se que são solidários se o contrário não se estipulou.

Parágrafo único. Os ocupantes de habitações coletivas multifamiliares presumem-se locatários ou sublocatários.

REFERÊNCIAS LEGISLATIVAS

- arts. 14 a 16, 24, 30, 59, § 2º, Lei 8.245/91; arts. 264 a 285, CC (solidariedade); arts. 114 e 506, CPC (litisconsórcio necessário / coisa julgada).

ANOTAÇÕES

- ***solidariedade***: segundo o art. 264 do CC "*há solidariedade, quando na mesma obrigação concorre mais de um credor, ou mais de um devedor, cada um com direito, ou obrigado, à dívida toda*";
- ***solidariedade nas relações locatícias***: a norma estabelece a presunção legal de solidariedade entre os participantes do contrato de locação; ou seja, havendo mais de um locador, estes são solidários em relação aos direitos e obrigações advindos do contrato, o mesmo ocorrendo quando há mais de um locatário, salvo, em ambos

os casos, estipulação em contrário no contrato. Tal fato possibilita que o locador cobre o aluguel e demais encargos oriundos do contrato de locação de qualquer dos locatários; inegável que a disposição legal não só aumenta a segurança intrínseca do negócio, como também facilita eventual retomada do bem, visto que se presume serem todos os ocupantes locatários; de outro lado, o locatário também pode se exonerar da sua obrigação efetuando o pagamento para qualquer dos colocadores;

- **solidariedade na relação processual**: a solidariedade não alcança a relação processual, visto que só se forma a coisa julgada entre os participantes do processo (art. 506, CPC); então, ao ajuizar ação de despejo por falta de pagamento, por exemplo, o locador deve incluir no polo passivo todos os locatários e sublocatários (art. 59, § 2º, Lei 8.245/91; art. 114, CPC);
- **habitações coletivas multifamiliares**: também conhecidas como "cortiços", têm como característica básica a subdivisão de um imóvel maior em vários cômodos que são alugados ou sublocados, normalmente com o uso compartilhado dos espaços comuns, como banheiro, sala e cozinha. Segundo disposição do parágrafo único do presente artigo, todos os ocupantes são, para efeito legal, considerados como locatários ou sublocatários.

JURISPRUDÊNCIA

- Ajuizada ação de despejo c/c rescisão e cobrança em desfavor de apenas um locatário, é legítima a pretensão do réu em requerer o chamamento ao processo dos locatários excluídos da lide pelo autor, dada à solidariedade entre todos os devedores. (TJMG, Agravo de Instrumento-Cv 1.0000.22.089990-0/001, Rel. Des. Habib Felippe Jabour, 18ª Câmara Cível, *DJ* 11-10-22)
- Ainda que se verifique o litisconsórcio passivo necessário, o magistrado não pode inserir, de ofício, no polo passivo da relação processual, réu não nomeado pelo autor, sob pena de afronta ao princípio da disponibilidade do direito de ação, cabendo a determinação da emenda da inicial, na forma do parágrafo único, do art. 115, do CPC. (TJMG, Apelação Cível 1.0313.15.012317-9/003, Rel. Des. Júlio Cezar Guttierrez, 6ª Câmara Cível, *DJ* 15-3-22)
- Locação de imóvel residencial – Ação de despejo por falta de pagamento cumulada com cobrança de alugueres e encargos – Sentença de procedência – Recurso da ré – Arguição de ilegitimidade processual passiva, porquanto a responsabilidade pelo pagamento dos locativos ficou a cargo de seu ex-marido, ocupante do imóvel – Inconsistência jurídica – Parte que figura como colocatária no pacto, juntamente com o ex-marido – Autor que desistiu do prosseguimento da lide em face do ex-marido, por conta de dificuldade de citação – Inviabilidade – Litisconsórcio passivo necessário – Existência – Nulidade da sentença – Reconhecimento de ofício – Matéria de ordem pública – Eficácia da sentença que depende da citação de todos os litisconsortes, dada a natureza da relação jurídica – Inteligência aos arts. 114 e 115, I, do CPC – Precedentes do STJ – Prosseguimento do feito para aperfeiçoamento da relação jurídica processual, que é medida de rigor. Apela ré desprovido,

com reconhecimento, de ofício, de nulidade da sentença. (TJSP, Apelação Cível 1000932-21.2018.8.26.0428, Rel. Marcos Ramos, 30ª Câmara de Direito Privado, Foro de Paulínia – 1ª Vara; *DJ* 7-4-21)

- Apelação – Locação de imóvel não residencial – Ação de cobrança – Cerceamento de defesa – Inexistência – Pluralidade de locatários – Solidariedade legal – Denunciação da lide – Descabimento. Eventual desentendimento entre os locatários e o acertamento sobre a extensão dos deveres de cada um devem ser discutidos em ação própria e não nesta ação de cobrança. O deslinde da causa não estava, portanto, sujeito à produção de outras provas, sendo perfeitamente viável o julgamento antecipado da lide, nos termos da regra exposta no artigo 355, I, do Código de Processo Civil de 2015 (CPC/73, art. 330, I). Ainda que seja verdadeira a tese dos réus de que outras pessoas também são devedoras das obrigações decorrentes do uso do imóvel, isso só demonstraria que todos são solidariamente responsáveis pelas obrigações de que se trata no processo. Sendo solidária a obrigação, qualquer dos credores pode exigir a totalidade da prestação (solidariedade ativa) ou cada um dos devedores pode ser obrigado a satisfazer a totalidade da prestação (solidariedade passiva). A hipótese discutida nos autos não envolve responsabilidade, mas obrigação solidária, não se tratando de hipótese de indenizar, descabida a denunciação da lide. Apelação desprovida. (TJSP, Apelação Cível 1010415-21.2017.8.26.0037, Rel. Lino Machado, 30ª Câmara de Direito Privado, Foro de Araraquara – 3ª Vara Cível, *DJ* 24-4-20)

- Apenas o sublocatário legítimo, isto é, o devidamente autorizado pelo locador (art. 13, Lei 8.245/91), deve ser intimado da existência da ação de despejo movida contra o locatário, sob pena da sentença não lhe atingir, nos termos do art. 59, § 2º da Lei 8.245/91. O sublocatário ilegítimo se sujeita integralmente aos efeitos das decisões proferidas na ação de despejo movida contra o locatário. (TJMG, Agravo de Instrumento-Cv 1.0000.19.036932-2/002, Rel. Des.(a) Valéria Rodrigues Queiroz, 15ª Câmara Cível, *DJ* 22-8-19)

- Quarto sublocado ao apelado integra prédio de baixo padrão, malconservado, sem as adequadas condições de salubridade e ocupado simultaneamente por diversas pessoas ou famílias. Independentemente da denominação adotada, pensão ou cortiço, o imóvel objeto da lide não deve ser enquadrado como apart-hotel, hotel-residência ou congênere, mas sim como habitação coletiva multifamiliar, de tal sorte que seus ocupantes são presumidos como locatários ou sublocatários, nos termos do artigo 2º, parágrafo único, da Lei 8.245/91. Locação discutida nos autos é disciplinada pela Lei do Inquilinato. Adequado ajuizamento de ação de despejo por falta de pagamento de aluguéis e encargos. Inteligência do art. 9º, inciso III, c.c. o artigo 62, ambos da Lei 8.245/91. Apelante não é carecedor da ação por falta de interesse de agir, na modalidade adequação. (TJSP, Processo 0197736-03.2012.8.26.0100, Rel. Carlos Dias Motta, *DJ* 7-11-16)

- Esta Corte Superior de Justiça, interpretando o art. 2º da Lei 8.245/91, "(...) vem proclamando a tese da necessidade da citação de todos os locatários na condição de litisconsortes necessários em ação de despejo, a fim de que os efeitos da sentença alcancem a todos os coobrigados." (REsp 165.280/RJ, Rel. Min. Vicente Leal, in *DJ* 9-4-01). (STJ, REsp 84.843/SP, Min. Hamilton Carvalhido, T6, *DJ* 6-5-02 p. 331)

- A Lei nº 8.245/91 dispõe em seu art. 2º que na pluralidade de sujeitos na relação locatícia os mesmos são solidários. Dessa forma, pode apenas um dos locadores impugnar a pretensão do autor, sem que possa considerar o silêncio dos demais como concordância ao pedido. (STJ, REsp 137.857-SP, p. 140, Rel. Min. Edson Vidigal, Quinta Turma, *DJ* 23-3-1998)

Art. 3º O contrato de locação pode ser ajustado por qualquer prazo, dependendo de vênia conjugal, se igual ou superior a dez anos.

Parágrafo único. Ausente a vênia conjugal, o cônjuge não estará obrigado a observar o prazo excedente.

REFERÊNCIAS LEGISLATIVAS

- arts. 6º, 46, 47, V, 48, 57, Lei 8.245/91; art. 226, § 3º, CF (união estável); arts. 132, 1.647, 1.665, CC (contagem dos prazos / separação absoluta).

ANOTAÇÕES

- ***liberdade de negociação***: aqui também a Lei do Inquilinato destaca a "autonomia das partes" na fixação do prazo do contrato de locação, observando apenas que se o acordo envolver tempo superior a 10 (dez) anos será necessário a vênia conjugal, ou seja, a concordância expressa do cônjuge ou companheira/o do locador ou locatário, sob pena deste não ficar obrigado. Implícito, ainda, o direito das partes de optarem por um contrato por prazo indeterminado (sem prazo certo), que pode ser denunciado com prazo de 30 (dias) para desocupação (arts. 6º e 57);
- ***prazo da locação***: a prática tem demonstrado que a locação de imóveis residenciais normalmente ocorre por prazos pequenos, entre 12 (doze) ou 30 (trinta) meses; ressalto, no entanto, que não cabe a chamada "denúncia vazia" nos contratos firmados por prazo inferior a 30 (trinta) meses (art. 46); ou seja, para ter o direito de retomar imotivadamente ao imóvel, ao final do contrato, o locador deve optar pelo prazo mínimo de 30 (trinta) meses. Sendo o contrato de imóvel residencial firmado pelo prazo de 12 (doze) meses, ou outro prazo menor do que 30 (trinta) meses, a retomada do bem de forma imotivada só é possível após 5 (cinco) anos de vigência (art. 47, V);
- ***locação para temporada***: possui características próprias, prevendo a lei um limite máximo de 90 (noventa) dias (art. 48);
- ***vênia conjugal***: a concordância do cônjuge ou companheiro/a pode ser expressa no próprio contrato de locação, o que é recomendável, ou por instrumento particular. A falta da concordância expressa não causa a nulidade ou anulabilidade do negócio, mas apenas limita a sua eficácia, ou seja, o contrato vale até o termo final do décimo ano. Por fim, observo que ela não é exigível quando o imóvel a ser alugado pertencer exclusivamente ao locador, seja em razão do regime de bens adotado pelo casal (arts. 1.647, 1.665, CC), seja por se tratar de bem particular.

JURISPRUDÊNCIA

- Prorrogado o contrato de locação por prazo inferior a 10 anos, é desnecessária a vênia conjugal, nos termos do art. 3º da Lei 8.245/91. (TJMG, Apelação Cível 1.0017.07.026551-1/001, Rel. Des. Mota e Silva, 18ª Câmara Cível, *DJ* 22-5-12)
- A Lei do Inquilinato privilegiou o princípio da autonomia da vontade ao dispor que o contrato locativo pode ser ajustado por "qualquer prazo", exigindo a vênia conjugal apenas no caso de ser superior a dez anos. (STJ, REsp 793.082 / CE, Min. Jorge Mussi, T5, *DJe* 20-10-08)
- Independe de vênia conjugal, o contrato de locação com prazo não superior a dez anos (art. 3º da Lei 8.245/91), sendo certo que, mesmo em contrato com prazo superior a dez anos sem a vênia conjugal, o caso não é de anulabilidade ou nulidade do contrato de locação, mas apenas de ausência de obrigatoriedade de observância pelo outro cônjuge do prazo que exceder ao limite estabelecido em lei (par. único do art. 3º). (TJMG, Apelação Cível 2.0000.00.390831-8/000, Rel. Des. Valdez Leite Machado, *DJ* 15-5-03)

Art. 4º Durante o prazo estipulado para a duração do contrato, não poderá o locador reaver o imóvel alugado. Com exceção ao que estipula o § 2º do art. 54-A, o locatário, todavia, poderá devolvê-lo, pagando a multa pactuada, proporcional ao período de cumprimento do contrato, ou, na sua falta, a que for judicialmente estipulada. (*Redação dada pela Lei 12.744/12*)

Parágrafo único. O locatário ficará dispensado da multa se a devolução do imóvel decorrer de transferência, pelo seu empregador, privado ou público, para prestar serviços em localidades diversas daquela do início do contrato, e se notificar, por escrito, o locador com prazo de, no mínimo, trinta dias de antecedência.

REFERÊNCIAS LEGISLATIVAS

- arts. 8º, 9º, 38, § 2º, 45, 54-A, § 2º, Lei 8.24591; arts. 726 a 729, CPC (notificação judicial); arts. 132, 413, 416, CC (contagem de prazos / cláusula penal).

ANOTAÇÕES

- ***rescisão do contrato a pedido do locador:*** a norma estabelecida na primeira parte do *caput* desse artigo se aplica aos contratos firmados por escrito e por prazo certo e comporta algumas exceções. Com efeito, o locador pode requerer a resilição do contrato de locação antes do seu fim no caso de: I – prática de infração legal ou contratual; II – falta de pagamento; III – alienação do imóvel (art. 8º); IV – realização de reparos urgentes determinados pelo Poder Público (art. 9º, IV);
- ***cláusula penal:*** de forma geral, pode-se dizer que cláusula penal é um pacto acessório, em que as próprias partes estipulam uma multa para o caso de

descumprimento total ou parcial da obrigação. A cláusula penal referida nesse artigo é denominada de "cláusula penal compensatória" e, segundo tradicional jurisprudência, pode ter seu valor fixado em até 3 (três) aluguéis (limite da caução em dinheiro previsto no § 2º do art. 38);

- **exceção à redução da cláusula penal**: a redação deste artigo foi novamente alterada, agora pela Lei nº 12.74412, com escopo de inserir exceção à regra que prevê redução proporcional da cláusula penal (art. 413, CC); nos casos em que o proprietário do bem procedeu a reforma, ou construção, segundo especificações do locatário ("construção ajustada")[1], desejando o locatário fazer denúncia antecipada da locação, deverá fazer o pagamento integral da multa, limitada, no entanto, à soma dos valores dos aluguéis a receber até o final da locação (art. 54-A, § 2º). O objetivo da exceção é assegurar que o locador recupere o investimento realizado para atender ao locatário;
- **resilição em razão de circunstância fora do controle do locatário**: o parágrafo único dispensa o locatário do pagamento da multa pela denúncia antecipada da locação nos casos em que o seu empregador transfira, de forma definitiva, o seu local de trabalho para região diversa daquela do início da locação. Para se beneficiar desta excepcionalidade, o interessado deve notificar o locador com pelo menos trinta dias de antecedência;
- **notificação**: a notificação, que é ato solene e formal (por escrito), mencionada no parágrafo único pode ser feita por qualquer meio (*v.g.*, carta registrada, cartório de notas, judicialmente, e-mail, WhatsApp, pessoalmente etc.), desde que gere inequívoco conhecimento do fato ao locador e possa, caso necessário, ser provada, demonstrada, judicialmente.

JURISPRUDÊNCIA

- O valor estipulado na cláusula penal por rescisão precoce do contrato de locação deve ser reduzido proporcionalmente ao tempo restante de cumprimento da avença, nos termos do artigo 413 do Código Civil e do art. 4º da Lei do Inquilinato (Lei 8.245/91). (TJMG, Apelação Cível 1.0000.22.160661-9/001, Rel. Des. Domingos Coelho, 12ª Câmara Cível, *DJ* 3-11-22)
- A doutrina e a jurisprudência reconhecem a licitude da cumulação contratual de cláusulas penais moratórias e compensatórias, desde que decorrentes de fatos geradores distintos. (TJMG, Apelação Cível 1.0000.21.116668-1/002, Rel. Des. Fausto Bawden de Castro Silva (JD Convocado), 9ª Câmara Cível, *DJ* 6-9-22)
- A multa compensatória também é devida em caso de devolução do imóvel locado determinada em ordem judicial de despejo. (STJ, REsp 1.906.869/SP, Min. Ricardo Villas Bôas Cueva, T3, *DJe* 17-6-22)
- O art. 4º, parágrafo único, da Lei 8.245/91 se refere expressamente à mudança de local de prestação de serviço ordenada pelo empregador. Assim, não se aplica a

---

[1] Leia mais sobre a "construção ajustada" no capítulo desde livro que trata das "questões teóricas e práticas do direito locatício".

benesse quando a transferência ocorre por iniciativa do próprio locatário. Não é possível isentar o apelado do pagamento de multa a partir de uma interpretação extensiva da Lei 8.245/91. (TJMG, Apelação Cível 1.0000.22.052088-6/001, Rel. Des. Rogério Medeiros, 13ª Câmara Cível, *DJ* 9-6-22)

- O art. 4º, da Lei de Locações, estabelece o direito potestativo do locatário de rescindir o contrato por prazo determinado de forma imotivada, mediante simples notificação e pagamento de multa. Nesses casos, a notificação eletrônica (por e--mail) é suficiente para informar o locador a respeito da intenção de resilir o negócio jurídico. (TJMG, Apelação Cível 1.0000.21.231738-2/001, Rel. Des.(a) Mariangela Meyer, 10ª Câmara Cível, *DJ* 22-3-22)

- Locação não residencial. Espaço em "shopping center". Consignação em pagamento. Multa compensatória por rescisão antecipada do contrato. Redução equitativa. Admissibilidade. Inteligência dos artigos 4º da Lei 8.245/91 e 413 do Código Civil. Precedentes. Honorários advocatícios sucumbenciais. Base de cálculo. Necessidade de observância da ordem subsidiária prevista no artigo 85 do Código de Processo Civil. Incidência sobre o proveito econômico obtido. Sentença reformada em pequena parte. Recurso parcialmente provido. (TJSP, Apelação Cível 1006172-34.2020.8.26.0100, Rel. Gilson Delgado Miranda, 35ª Câmara de Direito Privado, Foro Central Cível – 7ª Vara Cível, *DJ* 9-8-21)

- Enquanto a locação não residencial vige por prazo determinado, o locador não pode pretender a retomada do imóvel por denúncia vazia, ainda que se disponha a pagar a multa contratual. E qualquer cláusula contratual que afaste essa regra é nula de pleno direito (art. 45, da Lei 8.245/91). (TJGO, p. 0326919-62.2015.8.09.0175, Rel. Fábio Cristóvão De Campos Faria, *DJ* 13-7-20)

- Inexistindo na lei qualquer limitação ao poder de livre disposição das partes contratantes, podem elas convencionar o percentual de multa contratual pelo descumprimento de quaisquer obrigações pactuadas, devendo se pautar pela legislação própria. (TJSP, Apelação 0011351-66.2008.8.26.0526, Rel. Des. Paulo Ayrosa, *DJ* 19-12-2011)

- Na esteira de entendimento jurisprudencial reiterado, ao locatário é assegurado o direito de devolver o imóvel, não servindo como escusa pelo locador a existência de débito locativo. (TJSP, Apelação 9176173-42.2008.8.26.0000, Rel. Des. José Malerbi, *DJ* 19-12-2011)

- Conquanto seja possível a cumulação das multas moratória e compensatória, é indispensável para tanto que ambas estejam previstas na avença locatícia e tenham fatos geradores distintos. (STJ, REsp 844.882-RJ, Rel. Min. Laurita Vaz, *DJ* 21-9-2010)

- É inaplicável o Código de Defesa do Consumidor nas relações locatícias regidas pela Lei 8.245/91. (STJ, REsp 487.572/PR, Min. Arnaldo Esteves Lima, Quinta Turma, *DJ* 23-10-2006, p. 346)

- Não pode o locador exigir o cumprimento da obrigação principal cumulada com parcela a título de cláusula compensatória, sob pena de enriquecimento sem causa, pois, na hipótese de inadimplemento total do contrato de locação, ao locador se apresentam as seguintes alternativas: (a) exigir o cumprimento da prestação principal mais a cláusula moratória; (b) a multa compensatória; (c) perdas e danos, de forma que a cláusula contratual que estabelece a cobrança de uma e outras, se mostra abusiva. (TJAP, Apelação cível 469/98, Rel. Des. Dôglas Evangelista, Câmara Única, *DJ* 20-4-99)

Art. 5º Seja qual for o fundamento do término da locação, a ação do locador para reaver o imóvel é a de despejo.

Parágrafo único. O disposto neste artigo não se aplica se a locação termina em decorrência de desapropriação, com a imissão do expropriante na posse do imóvel.

REFERÊNCIAS LEGISLATIVAS

- arts. 8º, 15, 59 a 66, Lei 8.24591; art. 5º, XXIV, CF (desapropriação).

ANOTAÇÕES

- ***término da locação***: desejando a rescisão do contrato e a desocupação do imóvel, o locador deve valer-se da ação de despejo;
- ***desapropriação***: procedimento administrativo por meio do qual o poder público, mediante prévia declaração de necessidade ou utilidade pública e/ou ainda interesse social, priva o proprietário do seu bem, mediante justa indenização em dinheiro.

JURISPRUDÊNCIA

- O adquirente de imóvel locado tem direito de denunciar o contrato de locação na forma do art. 8º da Lei 8.245, mas só poderá reaver a posse direta do imóvel mediante o ajuizamento da ação de despejo, nos termos do art. 5º da mesma lei, sob pena de malferir o direito de terceiro que regularmente ocupa o bem. A ação adequada para reaver o imóvel em casos de aquisição de imóvel locado é a ação de despejo, não servindo para esse propósito a ação de imissão de posse. (STJ, REsp 1.864.878/AM, Min. Ricardo Villas Bôas Cueva, T3, *DJe* 5-9-22)
- Assegura-se ao terceiro, locatário de imóvel desapropriado pelo Poder Público, o direito à indenização pelos danos suportados em razão da extinção do contrato locatício. Atribui-se ao ente público expropriante a obrigação de indenizar tais valores, pois responsável pela extinção do contrato de locação, situação alheia à vontade do locador. (TJMG, Apelação Cível 1.0000.21.270920-8/001, Rel. Des. Wilson Benevides, 7ª Câmara Cível, *DJ* 2-6-22)

Art. 6º O locatário poderá denunciar a locação por prazo indeterminado mediante aviso por escrito ao locador, com antecedência mínima de trinta dias.

Parágrafo único. Na ausência do aviso, o locador poderá exigir quantia correspondente a um mês de aluguel e encargos, vigentes quando da resilição.

REFERÊNCIAS LEGISLATIVAS

- arts. 3º, 46, § 1º, 47, 56, 57, Lei 8.245/91; arts. 132, 187, 472, CC (contagem de prazos / ato ilícito / distrato).

ANOTAÇÕES

- ***prazo ou tempo indeterminado***: a doutrina critica o uso do termo "prazo indeterminado", visto que prazo, sob o ponto de vista jurídico, indica o período de tempo entre duas datas, data do começo e data do vencimento (art. 132, CC); indica-se, dessa forma, que o termo certo seria "tempo indeterminado" (sem a ideia de prazo); pessoalmente entendo que a expressão "prazo indeterminado", embora possa estar, como apontado, formalmente incorreto, expressa melhor a ideia de período incerto, ou seja, sem vencimento preestabelecido; não é porque ainda não se sabe ou não está estabelecido o termo final do contrato que ele não existe (locação é a cessão temporária de um bem), visto que pode ser fixado pelas partes a qualquer no momento, mediante novo acordo ou simples denúncia dos interessados (direito subjetivo dos contratantes); olhando em retrospectiva um contrato de locação, o seu prazo é sempre determinado;
- ***locação por prazo indeterminado***: considera-se locação por prazo indeterminado aquela assim acordada (art. 3º), aquela firmada de forma verbal e aquela que, firmada por escrito e com prazo certo, esse se encontra vencido há mais de 30 (trinta) dias (arts. 46, § 1º, 47 e 56);
- ***denúncia (vazia/imotivada)***: faculdade concedida, neste caso, ao locatário de por fim ao contrato de locação, mediante aviso por escrito ao locador, com antecedência mínima de 30 (trinta) dias, sob pena de ficar sujeito ao pagamento de indenização ao locador no valor de um mês de aluguel e encargos; a "denúncia" indica a vontade do locatário, neste caso, de rescindir o contrato de locação, que, no entanto, só se realiza com a efetiva entrega das chaves e demais formalidades previstas no contrato, como, por exemplo, a realização da vistoria final;
- ***notificação***: a notificação, que é ato solene e formal (por escrito), pode ser feita por qualquer meio (*v.g.*, carta registrada, cartório de notas, judicialmente, e-mail, WhatsApp, pessoalmente etc.), desde que gere inequívoco conhecimento do fato ao locador e possa, caso necessário, ser provada, demonstrada, judicialmente.

JURISPRUDÊNCIA

- A extinção da relação locatícia ocorre com a efetiva entrega das chaves pelo locatário e restabelecimento do poder de uso e gozo pelo locador. (TJMG, Apelação Cível 1.0000.22.226220-6/001, Rel. Des.(a) Cláudia Maia, 14ª Câmara Cível, *DJ* 27-1-23)
- O ônus da prova quanto a demonstrar a entrega das chaves ou a imissão do imóvel pelo locador é da parte locatária, a teor do disposto no artigo 373, II, do Código de Processo Civil. (TJMG, Apelação Cível 1.0000.22.179819-2/001, Rel. Des. Luiz Carlos Gomes da Mata, 13ª Câmara Cível, *DJ* 23-11-22)

- Locação residencial. Ação de consignação de chaves com pedido indenizatório. Sentença de parcial procedência apenas para autorizar a consignação das chaves. Recurso de apelação do réu e locador. Contrato de locação por prazo indeterminado. Denúncia do contrato pelos locatários, que disponibilizaram o bem ao locador antes do prazo de 30 dias previsto no art. 6º da Lei 8.245/91. Imobiliária que agendou vistoria de saída apenas para o 30º dia após a denúncia. Vistoria realizada e reparos a serem realizados que foram apurados no ato. Chaves que deveriam ter sido recebidas naquele momento. Rescisão do contrato condicionada à realização dos reparos e realização de nova vistoria. Ilegalidade manifesta. A consignação de chaves, para cessar os encargos locatícios, é direito do locatário que pretende a rescisão da locação e independente de vistoria prévia. Precedentes. Sucumbência recíproca corretamente reconhecida, nos termos do art. 86, "caput", do CPC/15. Honorários recursais. Majoração. Recurso não provido. (TJSP, Apelação Cível 1004816-30.2021.8.26.0565, Rel. Alfredo Attié, 27ª Câmara de Direito Privado, Foro de São Caetano do Sul – 3ª Vara Cível, *DJ* 22-2-22)
- Ausência de comprovação de efetiva comunicação por escrito acerca da desocupação do imóvel. Previsão legal de aplicação de multa de valor equivalente a um mês de aluguel. Responsabilidade dos fiadores. Expressa disposição contratual de responsabilidade dos fiadores até a efetiva entrega das chaves. (TJSP, Apelação 1011660-28.2016.8.26.0223 – Guarujá, Des. Rel. Azuma Nishi, 25ª Câmara de Direito Privado, *DJ* 18-5-2017)
- Os efeitos de denúncia em contrato de locação, nos moldes do art. 6º da Lei nº 8.24591, pressupõem a efetiva transmissão da posse do imóvel ao locador, pela entrega das chaves e restabelecimento do poder de uso e gozo do bem restituído. Precedentes. (STJ, AgRg nos EDcl no Ag 1.172.621-SP, Min. Rogerio Schietti Cruz, Sexta Turma, *DJ* 26-5-2015)
- O locatário pode denunciar a locação que vigora por prazo indeterminado mediante aviso escrito, ao locador, com antecedência mínima de trinta dias. Se a devolução do imóvel se dá por iniciativa do locatário, que não avisa o locador de sua intenção em rescindir a avença com antecedência mínima de trinta dias, deve aquele ser condenado ao pagamento da multa prevista no art. 6º, parágrafo único da Lei 8.245/91, equivalente a um mês de aluguel e encargos. (TJMG, Apelação Cível 1.0518.10.015291-8/001, Rel. Des.(a) Márcia De Paoli Balbino, 17ª Câmara Cível, *DJ* 6-11-14)
- Súmula 20 do TASP: "A locação verbal presume-se por tempo indeterminado".

Art. 7º Nos casos de extinção de usufruto ou de fideicomisso, a locação celebrada pelo usufrutuário ou fiduciário poderá ser denunciada, com o prazo de trinta dias para a desocupação, salvo se tiver havido aquiescência escrita do nu-proprietário ou do fideicomissário, ou se a propriedade estiver consolidada em mãos do usufrutuário ou do fiduciário.

Parágrafo único. A denúncia deverá ser exercida no prazo de noventa dias contados da extinção do fideicomisso ou da averbação da extinção do usufruto, presumindo-se, após esse prazo, a concordância na manutenção da locação.

REFERÊNCIAS LEGISLATIVAS

- art. 5º, Lei 8.245/91; arts. 726 a 729, CPC (notificação judicial); arts. 132, 1.390 a 1.411, 1.951 a 1.960, CC (contagem de prazos / usufruto / fideicomisso).

ANOTAÇÕES

- **usufruto**: pode-se definir usufruto como o direito real que uma pessoa (nu--proprietário) confere, gratuita ou onerosamente, a outra (usufrutuário), pelo qual este fica autorizado, temporariamente, a retirar os frutos e utilidades que um bem, pertencente ao primeiro, é capaz de produzir. No caso, há uma cisão no domínio da coisa, mantendo o proprietário o direito de "dispor" e o usufrutuário o direito de "usar" e "gozar". O usufruto pode recair em um ou mais bens, móveis ou imóveis, em patrimônio inteiro, ou parte deste, abrangendo-lhe, no todo ou em parte, os frutos e utilidades (art. 1.390, CC). O usufrutuário tem direito a posse, uso, administração e percepção dos frutos, mas não pode alienar o usufruto, embora lhe seja permitido ceder, gratuita ou onerosamente, seu exercício (arts. 1.393, 1.394 e 1.399, CC). Segundo o art. 1.410 do CC, o usufruto extingue-se: I – pela renúncia ou morte do usufrutuário; II – pelo termo de sua duração; III – pela extinção da pessoa jurídica, em favor de quem o usufruto foi constituído, ou, se ela perdurar, pelo decurso de 30 anos da data em que se começou a exercer; IV – pela cessação do motivo de que se origina; V – pela destruição da coisa, guardadas as disposições dos arts. 1.407, 1.408, 2ª parte, e 1.409; VI – pela consolidação; VII – por culpa do usufrutuário, quando aliena, deteriora, ou deixa arruinar os bens, não lhes acudindo com os reparos de conservação, ou quando, no usufruto de títulos de crédito, não dá às importâncias recebidas a aplicação prevista no parágrafo único do art. 1.395; VIII – pelo não uso, ou não fruição, da coisa em que o usufruto recai (arts. 1.390 e 1.399);
- **fideicomisso**: pelo fideicomisso, a lei civil permite que o testador, neste caso chamado de fideicomitente, deixe certa herança ou legado para determinada pessoa, denominada fiduciário, estabelecendo, no entanto, que este, por sua morte, a certo tempo ou sob certa condição, transmita a referida herança ou legado a uma terceira pessoa, denominada fideicomissário (art. 1.951, CC). Por exemplo: Ricardo (fideicomitente) deixa, por testamento, uma casa para seu fiel empregado João (fiduciário), determinando que, com a morte deste, o bem seja entregue de forma definitiva para seu filho Oscar (fideicomissário). Aberta a sucessão, o fiduciário adquire a propriedade restrita e resolúvel da herança ou legado, devendo passar a zelar pelo bem, inclusive, proceder ao inventário dos bens gravados e prestar caução de restituí-los se o exigir o fideicomissário (art. 1.953, CC);
- **locação feita por usufrutuário ou fiduciário**: como titulares do uso e gozo da coisa, são estes que possuem o direito, a legitimidade, para, caso queiram, alugá-la; recebem o aluguel em nome próprio e exercem igualmente todas as obrigações e direitos inerentes aos locadores, inclusive o ajuizamento da competente ação de despejo (quando necessário, claro). No caso de "extinção" do usufruto ou do fideicomisso durante a vigência do contrato de locação (situação tratada neste artigo),

o nuproprietário ou o fideicomissário, ou seja, aqueles que passam a ter a propriedade consolidada do bem locado, tem a faculdade de denunciar o contrato, ou seja, de requerer a sua resilição, com prazo de 30 (trinta) dias para a desocupação, salvo se estes tiverem aquiescido por escrito com o referido contrato de locação, ou se a propriedade da coisa estiver consolida nas mãos do locador (usufrutuário ou fiduciário);

- **denúncia (vazia / imotivada)**: a denúncia do contrato, que é ato solene e formal (por escrito), deve ser feita diretamente ao inquilino, por meio de notificação judicial ou extrajudicial (*v.g.*, carta registrada, cartório de notas, e-mail, WhatsApp, pessoalmente etc.), de tal forma que gere conhecimento inequívoco no locatário sobre as intensões do nuproprietário ou do fideicomissário, devendo este fazê-lo de forma que possa, caso necessário, provar judicialmente que o fez;
- ***prazo para o exercício da denúncia***: o prazo referido no parágrafo único é de natureza decadencial; ou seja, o nuproprietário ou o fideicomissário perdem, esgotado o prazo de 90 dias, o direito de denunciar a locação, presumindo-se a sua concordância com a continuidade da relação locatícia, ou seja, estes assumem a posição de locador.

JURISPRUDÊNCIA

- A aptidão do usufrutuário para locar o bem se encerra conjuntamente com a extinção do usufruto. Se a parte locatária foi devidamente notificada pelo nuproprietário, nos termos do art. 7º da Lei 8.245/91, informando o desinteresse em dar continuidade à locação, deve ser mantida a decretação do despejo e pagamento dos respectivos aluguéis em aberto, descontados os valores quitados a título de dívida tributária, conforme previsão contratual, sob pena de enriquecimento ilícito. (TJMG, Apelação Cível 1.0000.16.071632-0/003, Rel. Des. Amorim Siqueira, 9ª Câmara Cível, *DJ* 2-8-22)
- Apelação. Locação. Ação de despejo. Denúncia vazia. Sentença de procedência da ação. Irresignação da Ré que não se sustenta. Preliminares de inépcia da petição inicial e incompetência do Juízo afastadas. Contrato de locação celebrado pela usufrutuária do imóvel locado. Constitui direito potestativo do nuproprietário denunciar a locação nos casos de extinção do usufruto em razão do falecimento da usufrutuária locadora. Inteligência do art. 7º da Lei 8.245/91. Relação locatícia estabelecida entre a Ré e a usufrutuária falecida incontroversa, que independe de eventual modificação da titularidade do imóvel na ação de anulação de partilha mencionada em sede contestatória. Desnecessidade da figura do locador coincidir com a do legítimo proprietário do imóvel locado. Despicienda a discussão acerca da propriedade do imóvel. Relação "ex locato" de natureza pessoal, bastando a comprovação da posse direta do locador e sua transmissão ao locatário. Despejo corretamente decretado. Sentença mantida. Honorários majorados. Recurso desprovido. (TJSP, Apelação Cível 1008125-78.2018.8.26.0625; Rel. L. G. Costa Wagner, 34ª Câmara de Direito Privado, Foro de Taubaté – 2ª Vara Cível, *DJ* 30-4-21)

- Conforme disposto no art. 7º da Lei 8.245/91, nos casos de extinção de usufruto, é legitimo o nuproprietário para ajuizar ação de despejo, com base no art. 7º da Lei 8.245/91. (TJMG, Agravo de Instrumento-Cv 1.0000.17.090247-2/001, Rel. Des. José de Carvalho Barbosa, 13ª Câmara Cível, *DJ* 8-2-18)
- Conforme dispõe o art. 7º da Lei 8.245/91, ocorrida a morte da usufrutuária e a consequente extinção do usufruto, equiparado está o nuproprietário à condição de locador, haja vista que se sub-roga nos direitos deste e investe-se no domínio pleno do bem, podendo promover a consequente ação de despejo. Neste caso, a denúncia deverá ser exercitada no prazo de noventa dias contados da extinção do fideicomisso ou da averbação da extinção do usufruto. O art. 7º da Lei 8.245/91 aplica-se também aos contratos de locação comercial, não havendo nenhuma condição excepcional para este tipo de contrato, quando a ação de despejo se funda na simples extinção de usufruto. Preenchidos os requisitos legais, a procedência da ação de despejo é medida que se impõe. (TJMG, Apelação Cível 1.0016.11.005891-0/001, Rel. Des. Alvimar de Ávila, 12ª Câmara Cível, *DJ* 1-2-12)

Art. 8º Se o imóvel for alienado durante a locação, o adquirente poderá denunciar o contrato, com o prazo de noventa dias para a desocupação, salvo se a locação for por tempo determinado e o contrato contiver cláusula de vigência em caso de alienação e estiver averbado junto à matrícula do imóvel.

§ 1º Idêntico direito terá o promissário comprador e o promissário cessionário, em caráter irrevogável, com imissão na posse do imóvel e título registrado junto a matrícula do mesmo.

§ 2º A denúncia deverá ser exercitada no prazo de noventa dias, contados do registro da venda ou do compromisso, presumindo-se, após esse prazo, a concordância na manutenção da locação.

REFERÊNCIAS LEGISLATIVAS

- arts. 5º, 27 a 34, 53, Lei 8.24591; arts. 726 a 729, CPC (notificação judicial); art. 132, CC (contagem de prazos).

ANOTAÇÕES

- **venda do imóvel locado**: o presente artigo confere ao adquirente da coisa a faculdade de denunciar a locação, ou seja, a faculdade rescindir o contrato com o escopo de imediatamente entrar na posse direta do imóvel, concedendo, claro, prazo de até 90 (noventa) dias para que o locatário desocupe o bem, salvo se o contrato de locação for por prazo certo, contiver cláusula de vigência em caso de alienação e estiver averbado junto à matrícula do imóvel; a primeira ressalva pretende, claro, dar maior estabilidade às relações, permitindo que o inquilino, ciente dessa possibilidade, qual seja, venda do imóvel locado (direito natural de quem é proprietário do bem, ou seja, a faculdade de dispor dele), tome o cuidado de exigir a inserção de acordo sobre o tema, mesmo porque esse pode pretender investir em um negócio e a venda do bem pode representar grave prejuízo; lembro que o mundo gira muito rápido, sendo que a pessoa que não quer ficar apenas se lamentando quanto a sua má sorte, deve estar atenta às possibilidades e riscos de todos os negócios; a segunda ressalva pretende resguardar o direito de eventual terceiro adquirente, visto que a averbação do contrato é justamente para lhe dar publicidade, possibilitando a quem pretende adquirir a coisa pleno conhecimento dos ônus que incidem sobre o bem;

- **direito de preferência do inquilino**: a norma trata da possibilidade do adquirente do imóvel denunciar a locação, forçando o locatário a deixar o imóvel, ou seja, considera, neste caso, que a coisa já foi regularmente vendida; contudo, registro que a própria possibilidade da venda do imóvel deve ser comunicada com antecedência ao inquilino, com escopo de que esse possa eventualmente exercer o seu "direito de preferência" na aquisição do bem (arts. 27 a 34), evitando, assim, passar pela situação de ter que desocupar o imóvel locado;
- **denúncia (vazia)**: a denúncia imotivada, isto é, sem que o denunciante tenha que justificar o seu pedido, do contrato de locação deve ser feita diretamente ao inquilino, por meio de notificação judicial ou extrajudicial (*v.g.*, carta registrada, cartório de notas, e-mail, WhatsApp, pessoalmente etc.); a lei não exige forma especial, mas a comunicação deve ser formal (por escrito), e capaz de gerar conhecimento inequívoco no locatário quanto às intenções do adquirente no que diz respeito ao bem por adquirido, quais sejam: a resilição do contrato de locação, a retomada do imóvel locado; não obstante a liberdade de forma concedida pela lei, a parte interessada deve sempre considerar, ao escolher a forma em que vai fazer a sua denúncia, a possibilidade de ser necessário a prová-la em juízo;
- **prazo para efetuar a denúncia**: o prazo referido no § 2º é de natureza decadencial, ou seja, o adquirente perde, esgotado o prazo de 90 (noventa) dias, o direito de denunciar a locação, presumindo-se que concordou com a continuidade da locação;
- **ação de despejo por denúncia vazia**: se o inquilino regularmente cientificado da vontade do adquirente não desocupar o imóvel no prazo máximo de 90 (noventa) dias, o novo proprietário deve ajuizar a competente ação de despejo (art. 5º).

JURISPRUDÊNCIA

- O adquirente de imóvel locado tem direito de denunciar o contrato de locação na forma do art. 8º da Lei 8.245, mas só poderá reaver a posse direta do imóvel mediante o ajuizamento da ação de despejo, nos termos do art. 5º da mesma lei, sob pena de malferir o direito de terceiro que regularmente ocupa o bem. A ação adequada para reaver o imóvel em casos de aquisição de imóvel locado é a ação de despejo, não servindo para esse propósito a ação de imissão de posse. (STJ, REsp 1.864.878/AM, Min. Ricardo Villas Bôas Cueva, T3, *DJe*, 5-9-22)
- A locação não prevalece em relação ao comprador do imóvel locado quando o contrato de locação com cláusula de subsistência em caso de alienação não esteja ao tempo da alienação averbado no Registro de Imóveis, fato jurídico que enseja

legítima a liminar de despejo deferida (art. 8º da Lei 8.245/91). (TJMG, Agravo de Instrumento-Cv 1.0000.21.074307-6/001, Rel. Des. Saldanha da Fonseca, 12ª Câmara Cível, *DJ* 15-9-21)
- Locação de imóvel – Não residencial – Denúncia vazia – Despejo – Procedência – Nulidade da sentença por ausência de fundamentação e cerceamento de defesa – Inocorrência – Contrato escrito – Prazo determinado – Direito do adquirente de denunciar o contrato – Cláusula de vigência não registrada na matrícula do imóvel – Sentença mantida – Majoração dos honorários advocatícios fixados em 10% para 12% sobre o valor da causa – Recurso desprovido, rejeitadas as preliminares. (TJSP, Apelação Cível 1008330-96.2019.8.26.0003, Rel. Claudio Hamilton, 25ª Câmara de Direito Privado, Foro Regional III – Jabaquara – 3ª Vara Cível, *DJ* 3-7-20)
- O contrato de locação com cláusula de vigência, ainda que não averbado junto ao registro de imóveis, não pode ser denunciado pelo adquirente do bem, caso dele tenha tido ciência inequívoca antes da aquisição. (STJ, AgRg nos EDcl no REsp 1.322.238-DF, Min. Paulo de Tarso Sanseverino, Terceira Turma, *DJ* 23-5-2015)
- O locador-alienante tem legitimidade para cobrar os aluguéis vencidos anteriormente à alienação do imóvel, somente cabendo ao adquirente direito sobre tais parcelas caso o alienante assim disponha em contrato. A alienação não altera a relação obrigacional entre o locatário e o locador no período anterior à venda do imóvel. O locatário se tornará obrigado perante o novo proprietário, por força de sub-rogação legal, somente após o negócio jurídico, nos termos do art. 8º, § 2º, da Lei 8.245/91. (STJ, REsp 1.228.266-RS, Min. Maria Isabel Gallotti, Quarta Turma, 10-3-2015)
- A disciplina contida no art. 8º e parágrafos da Lei 8.245/91 é clara ao reconhecer o direito do adquirente do imóvel locado à denúncia vazia, desde que haja a notificação do inquilino no prazo de noventa dias contados do registro da venda; ressalvada a vigência da cláusula contratual de tempo determinado; sob pena de presumir-se a concordância com a manutenção da locação. (STJ, REsp 674.825/PB, Min. Laurita Vaz (1120), Quinta Turma, *DJ* 26-5-2009)

> **Art. 9º** A locação também poderá ser desfeita:
> I – por mútuo acordo;
> II – em decorrência da prática de infração legal ou contratual;
> III – em decorrência da falta de pagamento do aluguel e demais encargos;
> IV – para a realização de reparações urgentes determinadas pelo Poder Público, que não possam ser normalmente executadas com a permanência do locatário no imóvel ou, podendo, ele se recuse a consenti-las.

REFERÊNCIAS LEGISLATIVAS

- arts. 4º, 5º, 13, 22, 23, 47, IV, 53, II, 59, § 1º, VI, 60, 62, II, Lei 8.245/91; arts. 394, 472, CC (mora / distrato).

ANOTAÇÕES

- ***rescisão do contrato de locação***: fruto de um "acordo" entre as partes, o contrato de locação deveria terminar naturalmente pelo cumprimento dos seus termos, contudo, infelizmente, isso nem sempre ocorre. Diante de circunstâncias inesperadas ou de eventual descumprimento das regras acordadas, a locação pode ser desfeita antes do seu termo, conforme previsto no presente artigo, que disciplina justamente as possibilidades de rescisão do contrato de locação, em todas as suas modalidades (residencial, não residencial, shopping centers, locação para temporada), antes do seu término natural (cumprimento total do contrato);

- ***rescisão por mútuo acordo***: em razão de problemas inesperados, as partes podem não desejar prosseguir com a locação, fazendo um distrato amigável mediante concessões mútuas (art. 472, CC), como, por exemplo, prazo para desocupação, indenização por perdas e danos, dispensa total ou parcial da cláusula penal etc.; sem dúvida essa é a forma mais civilizada e madura quando o prosseguimento do contrato não se apresenta como uma opção viável; é, no mínimo, a opção mais barata para as partes;

- ***rescisão por infração legal ou contratual***: neste caso, o fim do contrato se dá em razão da culpa de uma ou ambas as partes (resolução contratual); os artigos 22 e 23 da presente lei disciplinam, respectivamente, as obrigações do locador e do locatário, cujo descumprimento, na chamada "infração legal", pode arrimar pedido de despejo (art. 5º), por parte do locador, ou pedido de rescisão contratual, por parte do locatário. Além dos deveres previstos na Lei do Inquilinato, as partes podem acertar outras obrigações que se não cumpridas no tempo e forma estabelecida podem por sua vez arrimar o pedido de rescisão contratual ("infração contratual");

- ***rescisão por falta de pagamento do aluguel e demais encargos***: sem dúvida, é a infração mais comum que leva à rescisão do contrato e ao despejo do inquilino; lembro que ao locador é possível o ajuizamento da ação de despejo por falta de pagamento já no dia seguinte ao do vencimento do aluguel (art. 394, CC); o locatário poderá evitar a rescisão do contrato e o consequente despejo efetuando, no prazo de 15 (quinze), contados da citação, o pagamento total do débito, ou seja, o pagamento deve incluir todos os aluguéis e acessórios da locação vencidos até a data da quitação, assim como as multas ou penalidades contratuais exigíveis, além dos juros, custas e os honorários advocatícios (art. 62, II);

- ***realização de reparos urgentes***: no caso de o inquilino recusar-se a mudar-se e/ou permitir a realização das obras, o locador deverá ajuizar ação de despejo com pedido liminar (arts. 5º, 59, § 1º, VI).

- ***legitimidade para ação de despejo***: o locador é quem tem legitimidade para a ação de despejo (art. 5º), assim entendida a pessoa que transferiu ao locatário a posse direta do bem locado, mesmo que ele não seja o proprietário do imóvel, salvo na hipótese do inciso IV deste artigo e de outras exceções expressas no art. 60, quando então o ajuizamento da ação de despejo demanda a juntada de prova da propriedade do imóvel ou do compromisso registrado.

JURISPRUDÊNCIA

- Deixando de cumprir as suas obrigações contratuais e legais (art. 22 da Lei 8.425/91) há de se imputar a culpa pelo desfazimento da locação ao locador. (TJMG, Apelação Cível 1.0000.22.257776-9/001, Rel. Des. Leonardo de Faria Beraldo, 9ª Câmara Cível, *DJ* 7-2-23)
- A despeito da possibilidade de devolução da caução ao locatário, esta se faz ao final do contrato, ou, em caso de rescisão antecipada, sendo certo que, eventual ajuste entre locador e locatário, para devolução da caução após três meses de aluguel, deve constar expressamente do contrato por eles firmado, o que não é o caso dos autos. (TJMG, Apelação Cível 1.0000.19.131753-6/001, Rel. Des. Shirley Fenzi Bertão, 11ª Câmara Cível, *DJ* 1º-2-23)
- Ementa: Apelação cível – Ação de rescisão de contrato c/c indenizatória – Contrato de locação de loja em *shopping center* – Propaganda enganosa e insucesso do negócio por culpa do empreendedor – Não comprovação – Inexistência do dever de reparar. Nos termos do art. 373 do CPC, o ônus da prova incumbe ao autor quanto aos fatos constitutivos de seu direito cabendo ao réu a prova dos fatos impeditivos, modificativos ou extintivos do direito do autor. Não restando comprovado nos autos que a rescisão contratual se deu por culpa da administração do *shopping center*, não há que se falar em indenização. (TJMG, Apelação Cível 1.0000.22.175788-3/001, Rel. Des.(a) Aparecida Grossi, 17ª Câmara Cível, *DJ* 1º-2-23)
- Existência de débito locatício suficientemente demonstrada. Rescisão do contrato de locação e a condenação da ré ao pagamento dos aluguéis e encargos vencidos desde abril de 2020 até a efetiva desocupação do imóvel eram medidas realmente cabíveis, conforme os artigos 9º, inciso III, e 62, inciso I, da Lei nº 8.24591 c. c. o artigo 323 do CPC, mas com o abatimento dos valores dos aluguéis já pagos, de modo a evitar o enriquecimento ilícito do locador, ora autor, o que é vedado pelo artigo 884 do Código Civil. Reforma da r. sentença, para que, sem prejuízo da procedência dos pedidos de rescisão e de cobrança, seja determinado o abatimento dos valores dos aluguéis já pagos pela ré quando da realização do cálculo aritmético destinado a apurar o montante por ela devido na fase de cumprimento de sentença (art. 509, § 2º, do CPC). Apelação parcialmente provida. (TJSP, Apelação Cível 1002916-89.2021.8.26.0022, Rel. Carlos Dias Motta, 26ª Câmara de Direito Privado, Foro de Amparo – 1ª Vara, *DJ* 7-12-22)
- O valor estipulado na cláusula penal por rescisão precoce do contrato de locação deve ser reduzido proporcionalmente ao tempo restante de cumprimento da avença, nos termos do art. 413 do Código Civil e do art. 4º da Lei do Inquilinato (Lei 8.245/91). (TJMG, Apelação Cível 1.0000.22.160661-9/001, Rel. Des. Domingos Coelho, 12ª Câmara Cível, *DJ* 3-11-22)
- A teor do art. 23, X, da Lei 8.245, de 1991, em caso de comprovação de descumprimento da convenção de condomínio ou aos regulamentos internos, é possível a rescisão do contrato por culpa do locatário. (TJMG, Apelação Cível 1.0000.21.116824-0/002, Rel. Des. Manoel dos Reis Morais, 20ª Câmara Cível, *DJ* 21-9-22)

- Em consonância com o disposto no art. 62, II, da Lei 8.245/91 é dado ao locatário inadimplente, no prazo de 15 (quinze) dias contados da contestação, depositar em juízo a integralidade do débito exigido pela parte locadora, devidamente corrigido, no intuito de evitar o despejo. Não tendo a parte autora obtido sucesso na impugnação específica e justificada dos valores inicialmente depositados em juízo pela parte locatária fica, num primeiro momento, obstado o despejo. Também as parcelas vencidas ao longo do processo devem ser adimplidas no tempo e modo contratualmente convencionados, inclusive no tocante à correção monetária pelo IGPM. O depósito insuficiente realizado no curso da demanda configura a denominada mora intercorrente, em decorrência da qual é autorizada tanto a rescisão contratual, como o despejo. Não é dado à parte locatária realizar uma segunda emenda da mora dentro da mesma relação processual, principalmente em prazo inferior a vinte e quatro meses. Hipótese na qual, o pagamento do débito remanescente, conquanto devido e revestido de eficácia liberatória, não se confunde com a emenda da mora, para fins de se evitar o despejo. Recursos desprovidos. (TJMG, Apelação Cível 1.0000.22.075654-8/001, Rel. Des. Amauri Pinto Ferreira, 17ª Câmara Cível, *DJ* 14-9-22)

Art. 10. Morrendo o locador, a locação transmite-se aos herdeiros.

REFERÊNCIAS LEGISLATIVAS

- arts. 11, 46, § 2º, 56, p. único, Lei 8.245/91; arts. 6º, 1.784, 1.799, do CC (vocação hereditária).

ANOTAÇÕES

- ***morte do locador***: a norma indica com clareza que a morte do locador não é causa para extinção antecipada do contrato de locação, que se mantém sem que os eventuais herdeiros se vejam obrigados a firmar um aditamento, ou seja, tecnicamente falando nenhuma medida adicional é necessária, embora possa até ser conveniente, com escopo de deixar claro para o inquilino a quem deve pagar o aluguel. Embora a morte do locador não afete diretamente o contrato de locação, a mudança na titularidade pode trazer uma nova visão sobre o negócio, por exemplo: se estiverem presentes as condições necessárias (arts. 46, § 2º, 56, p. único), o herdeiro, agora locador, pode sim denunciar a locação, requerendo a desocupação do imóvel locado;
- ***personalidade***: a existência da pessoa natural termina com a morte (art. 6º, CC).

JURISPRUDÊNCIA

- Locação. Imóvel não residencial. Ação de consignação em pagamento. Sentença de improcedência. Morte do locador. Locação que se transmite aos herdeiros. Art.

10 da Lei 8.245/91. Valores locatícios que devem ser rateados entre os herdeiros. Ausência de dúvida fundada sobre quem deve receber os aluguéis. Aluguéis pagos junto à administradora do imóvel, desde o início da locação, e mesmo após a morte do locador. Ausência de oposição ou reivindicação dos herdeiros. Os direitos do vínculo locatício são meramente obrigacionais e, nos termos do art. 10 da Lei 8.245/91, com a morte do locador, transfere-se aos seus herdeiros os direitos de locação. A transmissão opera-se desde logo com a abertura da sucessão, tendo em vista o princípio da "saisine" (art. 1.784 do Código Civil), adotado pelo legislador relativamente à transmissão da posse e domínio. Não constam subsídios nos autos revelando oposição ou reivindicação entre os herdeiros acerca dos aluguéis devidos, nem se visualiza sua oposição ao pagamento efetuado na administradora contratada, observando-se que até março de 2020 a autora realizou os pagamentos na administradora. Assim, não se vislumbra a existência de dúvida fundada sobre quem deva receber os aluguéis do imóvel, razão pela qual os valores dos locativos devem ser rateados entre os herdeiros e realizado o pagamento na forma e no local contratados, ou seja, junto à administradora de imóveis. (TJSP, Apelação Cível 1021159-78.2020.8.26.0002, Rel. Kioitsi Chicuta, 32ª Câmara de Direito Privado, Foro Regional II – Santo Amaro – 9ª Vara Cível, *DJ* 1º-2-22)

- A norma do art. 10 da Lei 8.245/91 estabelece que, "morrendo o locador, a locação transmite-se aos herdeiros". Assim, na hipótese em que os herdeiros do imóvel, sub-rogados na relação locatícia, aquiesçam à notificação premonitória enviada e regularmente recebida pelo locatário, ratificando o interesse na retomada do imóvel locado, não se vislumbra vício a macular a referida notificação. O exercício do direito da denúncia vazia, legalmente conferido ao locador, não pode ser visto como óbice ao livre exercício da atividade econômica. (TJMG, Agravo de Instrumento-Cv 1.0000.19.061832-2/001, Rel. Des. Cabral da Silva, 10ª Câmara Cível, *DJ* 22-10-19)

- Os herdeiros do locador têm legitimidade ativa para o ajuizamento da ação de despejo e cobrança de aluguéis, ainda que este não seja o proprietário do imóvel alugado, porque a propriedade é irrelevante para esta demanda que tem por fundamento uma relação jurídica de natureza pessoal, e não de direito real. Com a morte do locador, o art. 10 da Lei 8.245/91, estabelece que a locação se transmite aos herdeiros, e como não há prova de que terceiros tinham autorização para receber os aluguéis, com a notificação do locatário para pagar à viúva do locador, somente o pagamento feito a ela poderia isentá-lo de sua mora. (TJMG, Apelação Cível 1.0194.14.000895-5/001, Rel. Des. Evandro Lopes da Costa Teixeira, 17ª Câmara Cível, *DJ* 14-6-17)

Art. 11. Morrendo o locatário, ficarão sub-rogados nos seus direitos e obrigações:

I – nas locações com finalidade residencial, o cônjuge sobrevivente ou o companheiro e, sucessivamente, os herdeiros necessários e as pessoas que viviam na dependência econômica do "de cujus", desde que residentes no imóvel;

II – nas locações com finalidade não residencial, o espólio e, se for o caso, seu sucessor no negócio.

REFERÊNCIAS LEGISLATIVAS

- arts. 2º, 10, 12, 46 e 47, 51 a 57, Lei 8.24591; arts. 726 a 729, CPC (notificação judicial); arts. 1.784 e 1.799, CC (vocação hereditária).

ANOTAÇÕES

- **morte do locatário**: a norma indica com clareza que a morte do locatário não é causa para extinção antecipada do contrato de locação, que se sub-roga, nas locações com finalidade residencial, ao cônjuge ou companheiro sobrevivente e, sucessivamente, aos herdeiros necessários e as pessoas que viviam na dependência econômica do falecido, desde que residentes no imóvel (art. 2º). Lembro, no entanto, que os interessados põem usar da faculdade concedida pelo art. 6º da presente lei. Já nas locações com finalidade não residencial, a sucessão do contrato se dá a favor do espólio e, se for o caso, do seu sucessor no negócio;
- **herdeiros**: *herdeiros legítimos* são aqueles que têm seu direito de herança assegurado pela própria lei, que, inclusive, estabelece a ordem de vocação hereditária (art. 1.829, CC), e os subdividem em herdeiros necessários (descendentes, ascendentes e cônjuge supérstite) e herdeiros simplesmente legítimos (colaterais até o quarto grau). De outro lado, são *herdeiros testamentários* aqueles cujo direito à sucessão não advém da lei, mas da vontade do autor da herança; vontade esta expressa por meio de um testamento (ato de disposição de última vontade), onde ele pode livremente escolher a quem destinar seu patrimônio (pessoa física ou jurídica), independentemente da existência de parentesco;
- **notificação do locador e do fiador**: no parágrafo primeiro do art. 12, com a redação que lhe deu a Lei 12.112/09, o legislador indica a necessidade de comunicação formal do fato ao locador e ao fiador (quando essa for essa, claro, a forma de garantia adotada); embora não constitua condição para o prosseguimento da relação locatícia, como já se observou, a exigência busca trazer transparência ao negócio, assim como possibilitar ao locador a cobrança dos sucessores de uma nova forma de garantia, visto que, segundo entendimento jurisprudencial, a responsabilidade do fiador só vai até a data do óbito do afiançado.

JURISPRUDÊNCIA

- Agravo de instrumento. Locação de imóvel comercial. Ação de despejo por inadimplemento c.c. cobrança. Indeferimento de pedido de substituição processual para figurar a irmã da locatária falecida. Possibilidade. Incidência do art. 11, II da Lei 8.245/91. Decisão agravada reformada. Agravo de instrumento provido. (TJSP, Agravo de Instrumento 2201843-16.2022.8.26.0000, Rel. Cristina Zucchi, 34ª Câmara de Direito Privado, Foro de Limeira – 2ª Vara Cível, *DJ* 11-11-22)

- Considerando o caráter personalíssimo da fiança, a morte do locatário tem como efeito imediato a sua extinção. Por consequência, os fiadores encontram-se exonerados do pagamento dos débitos vencidos após a data do óbito. (TJMG, Apelação Cível 1.0024.14.340614-8/004, Rel. Des. Sérgio André da Fonseca Xavier, 18ª Câmara Cível, *DJ* 21-6-22)
- Ação de cobrança – Contrato de locação – Ilegitimidade passiva "ad causam" – Cláusula contratual prevendo a responsabilidade dos fiadores até a entrega das chaves – Morte do fiador – Extinção da garantia – Obrigação personalíssima – Fiador que não responde pelos débitos locatícios constituídos após o falecimento do afiançado – Ilegitimidade passiva reconhecida – Precedentes – Sentença mantida – Recurso não provido, com majoração dos honorários recursais – art. 85, parágrafo 11º, do CPC. (TJSP, Apelação Cível 1003594-06.2020.8.26.0066, Rel. Lígia Araújo Bisogni, 34ª Câmara de Direito Privado, Foro de Barretos – 1ª Vara Cível, *DJ* 2-8-21)
- É firme a jurisprudência do Superior Tribunal de Justiça no sentido de que, por ser contrato de natureza *intuitu personae*, porque importa a confiança que inspire o fiador ao credor, a morte do locatário importa em extinção da fiança e exoneração da obrigação do fiador. (STJ, AgRg no Ag 803977/SP, p. 388, Min. Arnaldo Esteves Lima, Quinta Turma, *DJ* 19-3-2007)

Art. 12. Em casos de separação de fato, separação judicial, divórcio ou dissolução da união estável, a locação residencial prosseguirá automaticamente com o cônjuge ou companheiro que permanecer no imóvel. (*Redação dada pela Lei nº 12.112/09*)

§ 1º Nas hipóteses previstas neste artigo e no art. 11, a sub-rogação será comunicada por escrito ao locador e ao fiador, se esta for a modalidade de garantia locatícia. (*Redação dada pela Lei nº 12.112/09*)

§ 2º O fiador poderá exonerar-se das suas responsabilidades no prazo de 30 (trinta) dias contado do recebimento da comunicação oferecida pelo sub-rogado, ficando responsável pelos efeitos da fiança durante 120 (cento e vinte) dias após a notificação ao locador. (NR) (*Redação dada pela Lei nº 12.112/09*)

REFERÊNCIAS LEGISLATIVAS

- arts. 2º, 11, Lei 8.245/91; arts. 726 a 729, CPC (notificação judicial); arts. 1.571 a 1.590, 1.723 a 1.727, do CC (divórcio / união estável); art. 132, CC (contagem dos prazos).

ANOTAÇÕES

- ***sucessão contratual***: o presente artigo disciplina a sucessão no contrato de locação em razão do fim do relacionamento conjugal (locação residencial); a norma exige como condição de validade, a comunicação formal do fato ao locador e ao fiador (quando essa for essa, claro, a forma de garantia adotada); sem essa comunicação, prevalece em vigência a relação original (art. 2º);

- ***exoneração do fiador***: considerando que o contrato acessório de fiança é arrimado na confiança existente entre o fiador e o afiançado, a nova redação deste artigo passou a permitir que, na hipótese de rompimento da relação do casal locatário, o fiador se exonere das suas responsabilidades. Para tanto, deve notificar o locador de sua intenção no prazo de 30 (trinta) dias contados do recebimento da comunicação oferecida pelo sub-rogado. Na prática, é comum o inquilino não atender ao determinado no § 1º; nesse caso, o prazo para o fiador se exonerar do contrato de fiança correrá da data em que tiver efetivo conhecimento da separação do casal;
- ***notificação***: a notificação pode ser feita por qualquer meio (*v.g.*, carta registrada, cartório de notas, judicialmente, e-mail, WhatsApp, pessoalmente etc.), desde que gere inequívoco conhecimento do fato ao locador e ao fiador.

JURISPRUDÊNCIA

- Nos termos do art. 12 da Lei 8.245/91, não havendo a anuência do locador, não se pode excluir qualquer um dos cônjuges da relação locatícia, ou dos fiadores. – Se, por um lado, nas hipóteses de separação de fato, separação judicial, divórcio ou apenas a dissolução da sociedade concubinária o contrato de locação prorroga-se automaticamente, transferindo-se ao cônjuge que permanece no imóvel locado todos os deveres relativos ao contrato, por outro, é necessário que se cumpra o dever de comunicação ao locador para vinculá-lo ao sub-rogado. (TJMG, Apelação Cível 1.0000.22.115795-1/001, Rel. Des.(a) Cláudia Maia, 14ª Câmara Cível, *DJ* 10-11-22)
- A incontroversa ausência de pagamento dos aluguéis somada à exoneração da fiança requerida pelos fiadores em razão do divórcio dos locatórios (art. 12 da Lei 8.245/91), autoriza a tramitação da ação de despejo pelo rito ordinário e o deferimento da liminar de despejo, uma vez prestada a caução exigida, no valor de 03 (três) aluguéis, nos termos do art. 59, § 1º, IX da Lei 8.245/91. (TJMG, Agravo de Instrumento-Cv 1.0000.20.448156-8/001, Rel. Des. Dárcio Lopardi Mendes, 15ª Câmara Cível, *DJ* 11-8-21)
- Ocorrendo a sub-rogação legal de contrato de locação, o fiador do locatário original poderá exonerar-se das suas responsabilidades em relação ao negócio jurídico locatício, no prazo de 30 dias contado da ciência inequívoca da referida sub-rogação, nos termos do art. 12, § 2º, da Lei 8.245/91 c/c 244 do CPC/73 (277 do CPC/15). Não há aditamento em contrato de locação sub-rogado por lei, nos termos do art. 12, caput, §§ 1º e 2º, da Lei 8.245/91, sendo – portanto – inaplicável a Súmula 214/STJ (O fiador na locação não responde por obrigações resultantes de aditamento ao qual não anuiu) nessas situações. (STJ, REsp 1.510.503/ES, Min. Ricardo Villas Bôas Cueva, T3, *DJe* 19-11-19)
- Não é parte legítima em ação de cobrança de aluguéis o antigo locatário que comunica ao locador a ocorrência de divórcio e sub-rogação do cônjuge nas obrigações contratuais. (TJMG, Apelação Cível 1.0000.19.021970-9/001, Rel. Des. Adriano de Mesquita Carneiro, 11ª Câmara Cível, *DJ* 03-07-19)
- Nas hipóteses de separação de fato, separação judicial, divórcio ou dissolução da sociedade concubinária, o contrato de locação prorroga-se automaticamente,

transferindo-se ao cônjuge que permanecer no imóvel todos os deveres relativos ao contrato, bastando para tanto a notificação ao locador. (STJ, REsp 660076/RJ, Min. Felix Fischer, Quinta Turma, *DJ* 17-8-2006)

> **Art. 13.** A cessão da locação, a sublocação e o empréstimo do imóvel, total ou parcialmente, dependem do consentimento prévio e escrito do locador.
>
> § 1º Não se presume o consentimento pela simples demora do locador em manifestar a sua oposição.
>
> § 2º Desde que notificado por escrito pelo locatário, de ocorrência de uma das hipóteses deste artigo, o locador terá o prazo de trinta dias para manifestar formalmente a sua oposição.
>
> § 3º (*Vetado*)

REFERÊNCIAS LEGISLATIVAS

- arts. 5º, 9º, 14, 21, 43, 51, § 1º, 59, § 2º, 71, p. único, Lei 8.245/91; arts. 726 a 729, CPC (notificação judicial); art. 132, CC (contagem dos prazos).

ANOTAÇÕES

- ***sublocação irregular***: o sublocatário irregular não pode exercer qualquer dos direitos conferidos aos sublocatários regulares, além de que a sublocação irregular pode amparar pedido de despejo por infração ao contrato (art. 9º, II).
- ***notificação***: a notificação pode ser feita por qualquer meio (*v.g.*, carta registrada, cartório de notas, judicialmente, e-mail, WhatsApp, pessoalmente etc.), desde que gere inequívoco conhecimento do fato ao locador.

JURISPRUDÊNCIA

- Súmula 411 do STF: O locatário autorizado a ceder a locação pode sublocar o imóvel.
- A cessão da locação, a sublocação e o empréstimo do imóvel, total ou parcialmente, dependem do consentimento prévio e escrito do locador. Ausente tal autorização, descabida a pretensão de denunciação à lide do sublocatário e adquirente dos móveis do imóvel locado. (TJMG, Agravo de Instrumento-Cv 1.0000.22.226873-2/001, Rel. Des. Manoel dos Reis Morais, 20ª Câmara Cível, *DJ* 30-11-22)
- A assistência do sublocatário em ação de despejo é obrigatória, se lícita a sublocação (art. 59, § 2º, da Lei 8.245/91), mas vedada, quando ilícita. (TJMG, Agravo de Instrumento-Cv 1.0000.21.233007-0/001, Rel. Des. Octávio de Almeida Neves, 15ª Câmara Cível, *DJ* 28-4-22)
- Apenas o sublocatário legítimo, isto é, o devidamente autorizado pelo locador (art. 13, Lei 8.245/91), deve ser intimado da existência da ação de despejo movida

contra o locatário, sob pena da sentença não lhe atingir, nos termos do art. 59, § 2º da Lei 8.245/91. O sublocatário ilegítimo se sujeita integralmente aos efeitos das decisões proferidas na ação de despejo movida contra o locatário. (TJMG, Agravo de Instrumento-Cv 1.0000.19.036932-2/002, Rel. Des.(a) Valéria Rodrigues Queiroz, 15ª Câmara Cível, *DJ* 22-8-19)

- A responsabilização patrimonial do sublocatário é aplicável tanto à sublocação legítima quanto à ilegítima. (STJ, REsp 1.384.647/SP, Min. Marco Aurélio Bellizze, T3, *DJe* 22-2-19)

- Conquanto não se possa ignorar a força obrigatória das disposições na fase de execução contratual, há de ser ela mitigada pelos paradigmas da boa-fé objetiva e da função social do contrato. No particular, a ausência de qualquer oposição à notificação extrajudicial promovida pelo locatário, aliada à permanência da pessoa jurídica no imóvel, inclusive pagando os aluguéis, e à purgação da mora por terceiro estranho ao contrato, tudo isso com o pleno conhecimento do locador, criaram no recorrente a expectativa concreta de ter se consolidado a cessão da locação em favor daquela, legitimando-se, assim, a situação de fato. (STJ, REsp 1.443.135-SP, Rel. Min. Nancy Andrighi, decisão monocrática, *DJ* 24-4-2018)

- A sublocação ilegítima ou irregular sujeita o sublocatário aos efeitos do despejo, decretado em face do sublocador. (TJSP, Apelação 9164054-15.2009.8.26, Rel. Des. Luiz Eurico, *DJ* 12-12-2011)

- O vínculo jurídico existe apenas entre locador e locatário, inexistindo liame entre o terceiro ocupante do imóvel e o locador de forma que o ocupante irregular não possui legitimidade para figurar no polo passivo da presente demanda. (TJRS, Apelação 70018847731, 15ª Câmara Cível, Rel. Des. Ângelo Maraninchi Giannakos, *DJ* 23-5-2007)

Seção II
Das sublocações

Art. 14. Aplicam-se às sublocações, no que couber, as disposições relativas às locações.

REFERÊNCIAS LEGISLATIVAS

- arts. 2º, 13, 21, 24, 30, 43, 51, § 1º, 59 § 2º, 71, p. único, Lei 8.245/91.

ANOTAÇÕES

- ***sublocação regular***: a Lei do Inquilinato protege a sublocação legítima; isto é, aquela previamente autorizada no próprio contrato de locação ou diretamente pelo locador, após prévia consulta por escrito. Às relações entre sublocador e sublocatário aplicam-se as regras gerais para locação, mormente quanto aos direitos e obrigações (*v.g.*, o sublocatário tem direito de preferência no caso de venda do imóvel locado; o sublocatário tem direito de ser cientificado de eventual ação de despejo, onde poderá intervir na qualidade de assistente).

JURISPRUDÊNCIA

- A responsabilização patrimonial do sublocatário é aplicável tanto à sublocação legítima quanto à ilegítima. (STJ, REsp 1.384.647/SP, Min. Marco Aurélio Bellizze, T3, *DJe* 22-2-19)
- De acordo com o art. 59, § 2º, da Lei nº 8.245/91, nas ações de despejo, qualquer que seja o fundamento, dar-se-á ciência do pedido aos sublocatários, que poderão intervir no processo como assistentes. (TJMG, Embargos de Terceiros 1.0701.06.168451-3/001 (1), Des. Rel. Lucas Pereira, *DJ* 23-4-2009)

Art. 15. Rescindida ou finda a locação, qualquer que seja sua causa, resolvem-se as sublocações, assegurado o direito de indenização do sublocatário contra o sublocador.

REFERÊNCIAS LEGISLATIVAS

- arts. 2º, 9º, 13, 21, 24, 30, 43, 51, § 1º, 59 § 2º, 71, p. único, Lei 8.245/91.

ANOTAÇÕES

- ***perdas e danos***: pode ser de natureza material e/ou moral e abrangem o dano emergente e o lucro cessante, isto é, tudo o que o sublocatário efetivamente perdeu mais tudo o que ele deixou razoavelmente de ganhar.

JURISPRUDÊNCIA

- Nos termos do art. 15 da Lei 8.245/91, "rescindida ou finda a locação, qualquer que seja sua causa, resolvem-se as sublocações, assegurado o direito de indenização do sublocatário contra o sublocador", portanto, verificando-se a resolução da locação, e não tendo o sublocatário comprovado danos decorrentes da rescisão atribuíveis ao sublocador, resta improcedente seu pedido de indenização pelos lucros cessantes e danos morais. (TJMG, Apelação Cível 1.0433.13.020356-8/005, Rel. Des.(a) Luiz Artur Hilário, 9ª Câmara Cível, *DJ* 7-2-17)

Art. 16. O sublocatário responde subsidiariamente ao locador pela importância que dever ao sublocador, quando este for demandado e, ainda, pelos aluguéis que se vencerem durante a lide.

REFERÊNCIAS LEGISLATIVAS

- arts. 2º, 9º, 13, 21, 24, 30, 43, 51, § 1º, 59 § 2º, 71, p. único, Lei 8.245/91.

ANOTAÇÕES

- ***responsabilidade subsidiária do sublocatário***: não se trata de responsabilidade solidária, em que o credor, como se sabe, pode escolher de quem vai cobrar, mas de "responsabilidade subsidiária", ou seja, aquela que apenas reforça a responsabilidade principal do sublocador, desde que esta se mostre insuficiente para arcar com as obrigações por ele assumidas.

JURISPRUDÊNCIA

- Ao se estabelecer a responsabilidade do sublocatário por dívidas do sublocador ao locador, ainda que de forma subsidiária e limitada (art. 16 da Lei 8.245/91), é possível sua inclusão no polo passivo de execução de aluguel, a despeito da inexistência de relação jurídica direta entre locador e sublocatário. A responsabilização patrimonial do sublocatário é aplicável tanto à sublocação legítima quanto à ilegítima. (STJ, REsp 1.384.647/SP, Min. Marco Aurélio Bellizze, T3, *DJe* 22-2-19)
- O entendimento jurisprudencial desta Corte determina que o sublocatário tem responsabilidade subsidiária, de modo que deixa de responder pela dívida perante o locador, mas responde pela obrigação assumida perante o locatário. Precedentes. Nos termos do art. 16 da Lei 8.245/91 o sublocatário deve responder perante o locatário pelo pagamento das despesas de aluguel. (STJ, AgRg no AREsp 444.770-DF, Min. Rel. Luis Felipe Salomão, Quarta Turma, *DJ* 22-4-2014)

Seção III
Do aluguel

Art. 17. É livre a convenção do aluguel, vedada a sua estipulação em moeda estrangeira e a sua vinculação à variação cambial ou ao salário mínimo.

Parágrafo único. Nas locações residenciais serão observados os critérios de reajustes previstos na legislação específica.

REFERÊNCIAS LEGISLATIVAS

- arts. 19, 21, 54, 54-A, 85, Lei 8.245/91; art. 7º, IV, CF (vedação de vinculação do salário-mínimo para qualquer fim); arts. 315, 318, 412, CC (vencimento / pagamento em moeda estrangeira / multa moratória); art. 2º, § 1º, da Lei 10.192/01 (vedação e reajuste ou correção monetária em período inferior a um ano).

ANOTAÇÕES

- *conceito*: o aluguel representa a contraprestação paga pelo locatário pelo uso do imóvel locado. A Lei do Inquilinato estabelece como princípio básico da locação a livre convenção do aluguel, vedando tão somente sua estipulação em moeda estrangeira e a sua vinculação à variação cambial ou ao salário mínimo. No passado, questões de ordem social sempre levaram o legislador a interferir nesta declarada liberdade, mormente quanto aos contratos de locação de imóveis residenciais, estabelecendo regras para a forma e periodicidade dos reajustes (arts. 15 e 17, Lei nº 8.178/91; art. 21, Lei nº 9.069/95), daí a necessidade do disposto no art. 85 da presente lei, que estabeleceu uma espécie de "carência" quanto a ampla liberdade de ajuste prevista neste artigo;
- *aluguel variável*: nas relações locatícias em shopping centers é possível a fixação de aluguel com uma parte fixa e outra variável (percentual sobre as receitas, por exemplo);
- *reajuste do valor do aluguel*: segundo o § 1º, do art. 2º, da Lei 10.192/01, o reajuste do aluguel não pode ocorrer em período inferior a um ano; as partes são livres para estipular o índice de ajuste que usarão, embora seja comum o uso do IGPM ou do IPCA;
- *multa moratória*: na fixação de multa por atraso no pagamento do aluguel vale, conforme jurisprudência, a regra do art. 412 do Código Civil; ou seja, a multa por atraso pode ser fixada em até 100% (cem por cento) do valor mensal do aluguel, embora, claro, que não se espere que a tanto se chegue; a justiça tem considerado como legais multas por atraso no pagamento no valor de 10% (dez por cento), 15% (quinze por cento) e até de 20% (vinte por cento);
- *bônus por pontualidade*: constitui um desconto no valor do aluguel concedido pelo locador com escopo de incentivar a pontualidade no seu pagamento; a jurisprudência do Superior Tribunal de Justiça já se firmou no sentido de que a perda do bônus e o acréscimo da multa moratória não constitui cobrança dobrada de penalidade.

JURISPRUDÊNCIA

- Locação. Ação de cobrança de aluguéis. Substituição do índice contratual de reajuste do aluguel (IGP-M) pelo indicado pela devedora (IPCA). Evocação da pandemia por COVID-19. Descabimento. Índice indicado no contrato que não era desautorizado pelo direito positivo e adveio da vontade das partes, tendo elas com isso tomado para si o risco de no futuro outro índice vir a se mostrar mais benéfico ou, ao contrário, desvantajoso. Locatária que, ademais, nem indica o relevante desequilíbrio contratual que haveria com a aplicação do índice eleito. Descabimento, ainda, da exclusão do reajuste do aluguel quanto ao período em que foi concedida tutela de urgência para aquele fim em ação revisional. Litigância de má-fé não configurada. Ação procedente. Recurso improvido. (TJSP, Apelação Cível 1001119-10.2022.8.26.0292, Rel. Arantes Theodoro, 36ª Câmara de Direito Privado, Foro de Jacareí – 1ª Vara Cível *DJ* 30-1-23)

- O Código de Defesa do Consumidor é inaplicável ao contrato de locação regido pela Lei 8.245/91, inexistindo óbice a fixação de multa moratória no percentual de 20%, desde que livremente pactuada entre as partes. (TJMG, Apelação Cível 1.0000.22.202808-6/001, Rel. Des. Pedro Bernardes de Oliveira, 9ª Câmara Cível, *DJ* 24-1-23)

- Não se verifica ilegalidade na previsão contratual de reajuste das parcelas mensais de aluguel pelo índice do IGPM. (TJMG, Apelação Cível 1.0000.22.092310-6/001, Rel. Des. João Cancio, 18ª Câmara Cível, *DJ* 6-9-22)

- Contrato de locação de loja em *shopping center* de pequeno porte, com cláusulas típicas e essenciais do setor (aluguel mínimo, aluguel variável, valor maior do locativo nos meses de dezembro e outras) que não caracterizam abusividade, onerosidade e tampouco acarretam violação a Lei nº 8.24591. (TJMG, Apelação Cível 1.0024.04.420721-5/005, Rel. Des. Maurílio Gabriel, 15ª Câmara Cível, *DJ* 5-12-19)

- Em se tratando de contrato de locação, uma vez pactuada, é legítima a cobrança de multa no percentual de 20% a incidir sobre o débito inadimplido. (TJMG, Apelação Cível 1.0024.09.478866-8/003, Rel. Des. Vicente de Oliveira Silva, 10ª Câmara Cível, *DJ* 25-9-18)

- O pagamento pelo locatário do valor cobrado pelo locador a título de aluguel enseja à aceitação tácita em relação ao reajuste contratual, restando afastada a tese do reajuste abusivo e, consequentemente, a condenação do locador ao pagamento retroativo das diferenças. (TJMG, Apelação Cível 1.0000.17.098222-7/001, Rel. Des. (a) Juliana Campos Horta, 12ª Câmara Cível, *DJ* 29-8-18)

- No contrato de locação, subordinado à livre convenção das partes, inexistindo ofensa a qualquer princípio regulador da teoria geral dos contratos, tal como a boa-fé e o equilíbrio contratual, há que ser observada a multa pactuada no importe de 10% (dez por cento). (TJMG, Apelação Cível 1.0702.15.007021-8/001, Rel. Des. (a) Cláudia Maia, 14ª Câmara Cível, *DJ* 5-7-18)

- O desconto para pagamento pontual do aluguel – abono ou bônus pontualidade – é, em princípio, liberalidade do locador, em obediência ao princípio da livre contratação, representando um incentivo concedido ao locatário para pagamento do aluguel em data convencionada, precedente à do vencimento normal da obrigação. Referido bônus tem, portanto, o objetivo de induzir o locatário a cumprir corretamente seu encargo de maneira pontual e até antecipada. A multa contratual, por sua vez, também livremente acordada entre as partes, tem natureza de sanção, incidindo apenas quando houver atraso no cumprimento da prestação (ou descumprimento de outra cláusula), sendo uma consequência, de caráter punitivo, pelo não cumprimento do que fora acordado, desestimulando tal comportamento (infração contratual). Assim, em princípio, as cláusulas de abono pontualidade e de multa por impontualidade são válidas, não havendo impedimento a que estejam previstas no contrato de locação de imóvel, desde que compatibilizadas entre si, nas respectivas lógicas de incidência antípodas, afastando-se o bis in idem penalizador, caracterizado pela cobrança do valor cheio do aluguel somente no caso de pagamento impontual, conjuntamente com a multa. Portanto, desde que na data normal de vencimento seja cobrado o valor cheio do aluguel, serão lícitos: a) os descontos dados para pagamento em datas precedentes, a título de bônus pontualidade; e b) a incidência da multa contratual, quando do pagamento após o vencimento, tendo como base de cálculo da sanção o valor cheio do aluguel. Deve-se verificar no contrato a compatibilidade entre as datas para a incidência de abono pontualidade e de multa por impontualidade. (STJ, REsp 832.293/PR, Min. Raul Araújo, T4, *DJe* 28-10-15)

Art. 18. É lícito às partes fixar, de comum acordo, novo valor para o aluguel, bem como inserir ou modificar cláusula de reajuste.

REFERÊNCIAS LEGISLATIVAS

- art. 17, Lei 8.245/91; art. 7º, IV, CF (vedação de vinculação do salário-mínimo para qualquer fim); arts. 315, 318, 412, CC (vencimento / pagamento em moeda estrangeira / multa moratória); art. 2º, § 1º, da Lei 10.192/01 (vedação e reajuste ou correção monetária em período inferior a um ano).

ANOTAÇÕES

- *autonomia contratual*: da mesma forma como são livres para estabelecer o valor do aluguel (art. 17), as parte podem, de comum acordo, alterar o seu valor e até mesmo a cláusula de reajuste (forma, índice e periodicidade do reajuste); o bom senso nestas circunstâncias preserva o contrato e evita despesas com processo judicial (art. 18);
- *contrato de locação por escrito*: tratando-se de contrato de locação por escrito, eventual acordo deve ser feito por meio de uma emenda ao contrato original, com expressa *ciência* e concordância dos fiadores.

JURISPRUDÊNCIA

- Súmula 214 do STJ: "O fiador na locação não responde por obrigações resultantes de aditamento ao qual não anuiu".
- Contrato de locação. Ação de cobrança dos aluguéis e demais encargos. Sentença de procedência parcial dos pedidos. Apelação do locatário e do fiador. Dívida incontroversa. Réu que deve responder pela dívida até a entrega das chaves. Ausência de prova a respeito da suposta redução do valor do aluguel em razão

da pandemia. Exoneração do fiador. Não ocorrência. Fiador que teve ciência do acordo firmado, mas insurgiu-se apenas após o ajuizamento da ação. Comportamento contraditório que viola a boa-fé. *Venire contra factum proprium*. Sentença mantida. Recurso não provido. (TJSP, Apelação Cível 1001334-98.2021.8.26.0072, Rel. Carmen Lucia da Silva, 25ª Câmara de Direito Privado, Foro de Bebedouro – 3ª Vara, *DJ* 31-1-23)

- Nos contratos de locação regidos pela Lei nº 8.245/91, não é facultado ao locador o direito de majorar unilateralmente o valor do aluguel. (STJ, REsp 1.027.229-RN, Rel. Min. Arnaldo Esteves Lima, *DJ* 4-2-2010)

> **Art. 19.** Não havendo acordo, o locador ou o locatário, após três anos de vigência do contrato ou do acordo anteriormente realizado, poderão pedir revisão judicial do aluguel, a fim de ajustá-lo ao preço de mercado.

REFERÊNCIAS LEGISLATIVAS

- arts. 18, 45, 54-A, § 1º, 68 a 70, Lei 8.245/91; art. 7º, IV, CF (vedação de vinculação do salário-mínimo para qualquer fim); arts. 315, 318, 412, CC (vencimento / pagamento em moeda estrangeira / multa moratória).

ANOTAÇÕES

- **revisão judicial do valor do aluguel**: a possibilidade de revisão trienal do aluguel se aplica a todos os contratos de locação disciplinados pela presente lei, salvo as situações excepcionadas pela própria lei, como no caso do art. 54-A ("built to suit" – construção ajustada). Diferente do "reajuste", cujo objetivo é apenas corrigir monetariamente o valor do aluguel, a "revisão" busca restabelecer o equilíbrio contratual, adequando o valor do aluguel ao preço atual do mercado imobiliário, seja aumentando o seu valor acima dos índices oficiais, seja o diminuindo em razão de fatores que, por exemplo, desvalorizaram o imóvel;
- **renúncia ao direito de requerer a revisão**: embora seja tema com opiniões diferentes, o Superior Tribunal de Justiça tem reconhecido a validade da cláusula contratual em que uma, ou ambas, partes abrem mão do direito previsto neste artigo, qual seja, de requerer a "revisão" do valor do aluguel após de três anos de vigência do contrato ou do último acordo anteriormente realizado. Considerando que o "equilíbrio contratual" é pressuposto de um negócio "justo", considerando que toda disciplina legal sobre o direito contratual busca justamente evitar abusos que desequilibrem e comprometam o sistema com um todo, minha posição é pela nulidade das referidas cláusulas, visto que afastam direito, que pessoalmente considerado "fundamental" das partes contratantes, no sentido de, como disse, possam procurar manter o equilíbrio das obrigações contratuais, afinal, o contrato não é um jogo de sorte;

- *ação revisional de aluguel*: o direito é reconhecido neste artigo, contudo, a disciplina da referida ação se encontra nos arts. 68 a 70; confira os requisitos próprios dela antes de tomar qualquer decisão.

JURISPRUDÊNCIA

- É firme a orientação do Superior Tribunal de Justiça no sentido de que a disposição contratual de renúncia à revisão do valor de aluguel de imóvel não residencial é compatível com os arts. 19 e 45 da Lei 8.245/91. Precedentes. (STJ, AgInt no AgInt no AREsp 1.557.074/PE, Min. Luis Felipe Salomão, T4, *DJe* 9-9-22)
- O Superior Tribunal de Justiça, ao julgar o AgInt no AREsp 1.606.675/RJ, de relatoria do Min. Antônio Carlos Ferreira, *DJe* 28-8-20 deliberou no sentido de que "a disposição contratual de renúncia à revisão do valor de aluguel de imóvel não residencial é compatível com os arts. 19 e 45 da Lei 8.245/91." Se o conjunto probatório demonstra que os autores, ora locadores, renunciaram expressamente ao direito de revisar o valor locatício durante o prazo de vigência do ajuste, o pedido inicial deve ser julgado improcedente. (TJMG, Apelação Cível 1.0000.21.233636-6/001, Rel. Des. Marcos Lincoln, 11ª Câmara Cível, *DJ* 30-3-22)
- A ação de revisão de aluguel, prevista no art. 19 da Lei 8.245/91, tem por objeto ajustar o valor do aluguel pactuado pelas partes ao valor de mercado. (TJMG, Apelação Cível 1.0000.21.260999-4/001, Rel. Des. José Eustáquio Lucas Pereira, 18ª Câmara Cível, *DJ* 1º-2-22)
- A prorrogação automática do contrato de locação de imóvel não constitui nova avença, logo, o prazo para o ajuizamento da ação revisional de aluguel não foi obstado. (STJ, Agravo de Instrumento 947.491-SP, Rel. Min. Maria Thereza de Assis Moura, *DJ* 5-10-2010)
- A reiterada jurisprudência da Corte assentou o entendimento de que, no contrato de locação, o acordo entre as partes, alusivo ao reajuste de alugueres, tem o condão de interromper o triênio previsto no art. 19 da Lei nº 8.245/91, ensejador da ação revisional. (STJ, AGRESP 175021-SP, Rel. Min. Gilson Dipp, Quinta Turma, v.u., *DJ* 11-10-1999, p. 81)
- A revisão do aluguel visa a impedir a desatualização de seu valor. Resulta do princípio que veda o enriquecimento sem justa causa. O Direito não se desvincula da Justiça. Não é mero exercício de lógica formal. (STJ, REsp 57.395/MG, Rel. Min. Luiz Vicente Cernicchiaro, Sexta Turma, v.u., *DJ* 15-12-1994)

Art. 20. Salvo as hipóteses do art. 42 e da locação para temporada, o locador não poderá exigir o pagamento antecipado do aluguel.

REFERÊNCIAS LEGISLATIVAS

- arts. 42, 43, III, 48 e 49, Lei 8.245/91.

ANOTAÇÕES

- **cobrança antecipada do aluguel**: somente nos contratos de locação não amparados por nenhuma das modalidades de garantia previstas na Lei do Inquilinato, art. 42, pode o aluguel ser cobrado antecipadamente. Com efeito, a cobrança antecipada do aluguel, salvo as hipóteses expressamente indicadas, constitui contravenção penal punível com prisão simples de cinco dias a seis meses ou multa de três a doze meses do valor do último aluguel atualizado, revertida em favor do locatário (art. 43, III).

JURISPRUDÊNCIA

- Estabelece o art. 20, da Lei 8.245/91, que o locador não poderá exigir o pagamento antecipado do aluguel, excepcionadas tão-somente as hipóteses de locação sem garantia do art. 42 e de locação para temporada. Afora estes casos, a cobrança antecipada do aluguel é prevista na Lei do Inquilinato como contravenção penal. No tocante à multa contratual, não há dúvida de que esta é devida, infringindo o locador em infrações legais e as cláusulas contratuais, vez que houve cobrança de pagamento de aluguel de forma adiantada, pela parte autora. (TJMG, Apelação Cível 1.0000.18.050077-9/001, Rel. Des. Newton Teixeira Carvalho, 13ª Câmara Cível, *DJ* 13-9-18)
- Locação de imóvel – Despejo por falta de pagamento – Locatários inadimplentes com o pagamento do aluguel e dos acessórios – Abatimento de aluguel pago antecipadamente na data da celebração do contrato – Possibilidade de estabelecer-se o pagamento antecipado do aluguel diante da inexistência de outras garantias – Art. 42 da Lei de Locação – Correção monetária e juros – Matéria de ordem pública – Recurso desprovido, com observação. (TJSP, Apelação Cível 4003199-46.2013.8.26.0344, Rel. Carlos von Adamek, 34ª Câmara de Direito Privado, Foro de Marília – 2ª Vara Cível, *DJ* 28-9-16)
- O contrato de locação que prevê o vencimento do aluguel no início do mês vincendo e também a prestação de fiança viola literal dispositivo de lei, estabelecendo dupla garantia. Assim, se já houve cobrança de aluguéis com vencimentos antecipados, a cláusula que deve ser anulada é aquela que previu a fiança e que somente em Juízo foi exigida. Com isso, deve ser julgada improcedente a ação em relação ao fiador, cuja obrigação não prevalece no caso dos autos. (TJMG, Apelação Cível 1.0287.11.008545-6/001, Rel. Des. Luciano Pinto, 17ª Câmara Cível, *DJ* 27-6-13)

Art. 21. O aluguel da sublocação não poderá exceder o da locação; nas habitações coletivas multifamiliares, a soma dos aluguéis não poderá ser superior ao dobro do valor da locação.

Parágrafo único. O descumprimento deste artigo autoriza o sublocatário a reduzir o aluguel até os limites nele estabelecidos.

REFERÊNCIAS LEGISLATIVAS

- arts. 2º, 13, 14 a 16, 17, 43, I, 44, I, 67, Lei 8.245/91.

ANOTAÇÕES

- ***limitação do aluguel da sublocação***: doutrina e jurisprudência têm limitado a interpretação literal da presente norma, principalmente em relação às sublocações não residenciais, sob o argumento de que o sublocador normalmente investe na alteração e adequação do imóvel locado, representando então o aluguel que cobra não só a remuneração pelo uso do espaço, mas também uma compensação pelo investimento feito para sua adequação aos negócios que lá passam a se realizar;
- ***diminuição do aluguel***: desejando o sublocatário exercer o direito previsto neste parágrafo, deverá, inicialmente, comunicar tal fato ao sublocador, expondo suas razões e propondo o novo valor do aluguel. No caso de o sublocador recusar o recebimento, o locatário deverá valer-se da ação de consignação de aluguel (art. 67);
- ***contravenção penal***: O desrespeito a esta norma constitui contravenção penal (arts. 43, I, e 44, I).

JURISPRUDÊNCIA

- Locação não residencial – Ação renovatória ajuizada por sublocatário – Sentença de procedência – Apelo da ré (sublocadora) – Tendo a sublocatária oferecido, quando do ajuizamento desta ação, aluguel de R$ 18.428,81, sob o fundamento de que corresponde "à realidade atual do mercado imobiliário da região", não pode o juiz fixá-lo em R$ 12.100,00, ainda que o laudo pericial o recomende. De fato, tendo em conta o princípio da adstrição do julgamento ao pedido. Ademais inexiste no contrato de sublocação cláusula vedando a estipulação de aluguel maior que o da locação. Inteligência do art. 21, da Lei 8.245/91. Recurso provido. (TJSP, Apelação Cível 1001988-21.2014.8.26.0011, Rel. Neto Barbosa Ferreira, 29ª Câmara de Direito Privado, Foro Regional XI – Pinheiros – 4ª Vara Cível, *DJ* 4-7-18)
- Contrato de locação – Sublocação – Igualdade de aluguel – Impossibilidade – Objeto da sublocação mais amplo – Tratando-se de contrato de sublocação não residencial, em que a sublocadora transforma prédio rústico em ponto de comércio de combustível, construindo benfeitorias às suas expensas, inadmissível a aplicação da regra prevista no art. 21 da Lei 8.245/91. (TJMG, Apelação Cível 2.0000.00.447896-4/000, Rel. Des. Sebastião Pereira de Souza, *DJ* 18-11-04)

Seção IV
Dos deveres do locador e do locatário

Art. 22. O locador é obrigado a:

I – entregar ao locatário o imóvel alugado em estado de servir ao uso a que se destina;

II – garantir, durante o tempo da locação, o uso pacífico do imóvel locado;

III – manter, durante a locação, a forma e o destino do imóvel;

IV – responder pelos vícios ou defeitos anteriores à locação;

V – fornecer ao locatário, caso este solicite, descrição minuciosa do estado do imóvel, quando de sua entrega, com expressa referência aos eventuais defeitos existentes;

VI – fornecer ao locatário recibo discriminado das importâncias por este pagas, vedada a quitação genérica;

VII – pagar as taxas de administração imobiliária, se houver, e de intermediações, nestas compreendidas as despesas necessárias à aferição da idoneidade do pretendente ou de seu fiador;

VIII – pagar os impostos e taxas, e ainda o prêmio de seguro complementar contra fogo, que incidam ou venham a incidir sobre o imóvel, salvo disposição expressa em contrário no contrato;

IX – exibir ao locatário, quando solicitado, os comprovantes relativos às parcelas que estejam sendo exigidas;

X – pagar as despesas extraordinárias de condomínio.

Parágrafo único. Por despesas extraordinárias de condomínio se entendem aquelas que não se refiram aos gastos rotineiros de manutenção do edifício, especialmente:

a) obras de reformas ou acréscimos que interessem à estrutura integral do imóvel;

b) pintura das fachadas, empenas, poços de aeração e iluminação, bem como das esquadrias externas;

c) obras destinadas a repor as condições de habitabilidade do edifício;

d) indenizações trabalhistas e previdenciárias pela dispensa de empregados, ocorridas em data anterior ao início da locação;

e) instalação de equipamentos de segurança e de incêndio, de telefonia, de intercomunicação, de esporte e de lazer;

f) despesas de decoração e paisagismo nas partes de uso comum;

g) constituição de fundo de reserva.

REFERÊNCIAS LEGISLATIVAS

- arts. 5º, 9º, 23, 26, 45, Lei 8.245/91.

ANOTAÇÕES

- **regra geral**: o locador deve entregar o imóvel em condições de uso (apto a fim que se destina), sendo que a infração a qualquer dos incisos previstos neste artigo pode amparar um pedido de rescisão, por justa causa, do contrato de locação;
- **uso pacífico do imóvel**: o locador não é, claro, responsável pela vigia do imóvel, mas deve evitar agir de forma a perturbar a posse do seu inquilino, cuidando daquelas situações extraordinárias que invariavelmente ocorrem, como, por exemplo, inundações e desabamentos; também cabe a ele lidar com terceiros que venham a impedir o uso pacífico do bem locado, como, por exemplo, credores e vizinhos;
- **vistoria inicial**: quando requerido pelo locatário, cabe ao locador oferecer descrição minuciosa do estado do imóvel, com expressa referência aos eventuais defeitos existentes (aparência geral);
- **impostos, taxas e seguro**: constam como obrigações do locador, contudo, a lei ressalva que "salvo disposição expressa em contrário no contrato"; ou seja, as partes podem convencionar que o pagamento fique ao encargo do locatário, fato que não recomendo. Infelizmente, não é incomum o locador descobrir ao fim da locação que o inquilino não efetuou os referidos pagamentos, fato que poderá aumentar muito os seus prejuízos, mormente a questão do seguro (imaginem a perda total do bem em razão de um incêndio, descobrindo-se em seguida que o seguro não foi feito). A minha sugestão é que locador assuma a responsabilidade pelos pagamentos, incluindo antecipadamente os custos no valor do aluguel;
- **empenas**: paredes laterais de um edifício.

JURISPRUDÊNCIA

- Ação de indenização por danos materiais e morais decorrentes de contrato de locação residencial – Alagamento no imóvel em curto espaço de tempo de locação – Entupimento de ralo localizado no jardim do imóvel – Rescisão antecipada do contrato – Admissibilidade – Danos materiais e morais reconhecidos – Procedência declarada em primeiro grau – Manutenção – Apelação desprovida, com observação. (TJSP, Apelação Cível 1005771-92.2020.8.26.0566, Rel. Monte Serrat; 30ª Câmara de Direito Privado, Foro de São Carlos – 3ª Vara Cível, *DJ* 5-10-22)
- Conforme previsto no artigo 23, III, da Lei 8.245/91, é obrigação do locatário restituir o imóvel no estado em que o recebeu, salvo as deteriorações decorrentes do seu uso normal. Constatado o descumprimento contratual por parte dos locatários, relativo à não contratação de seguro de incêndio, aliada à irregularidade decorrente da ausência de Auto de Vistoria do Corpo de Bombeiros, resta evidenciada a conduta irregular dos inquilinos, a impor-lhe o dever de reparar os danos advindos de incêndio ocorrido no imóvel locado. O prazo final da locação deve ser fixado até a data dos efetivos reparos dos danos causados ao imóvel locado. (TJMG, Apelação Cível 1.0026.17.005882-5/002, Rel. Des.(a) Mônica Libânio, 11ª Câmara Cível, *DJ* 13-7-22)

- Apelação – Locação residencial – Ação indenizatória de danos morais – Ilegitimidade passiva da administradora da locação – Reconhecimento – Responsabilidade da locadora pelos danos causados pelas infiltrações e problemas no sistema de esgoto – Existência – Dano moral caracterizado. Imperioso atentar para o fato de não haver controvérsia sobre a existência dos vícios apontados na inicial e de que eles afetaram, gravemente, as condições de habitabilidade do imóvel, em razão existência de umidade, mofo e dejetos vindos do sistema de esgoto. Não influi na caracterização da responsabilidade do locador o fato de o locatário ter continuado a ocupar o imóvel por determinado período de tempos após o surgimento dos problemas. Os fatos, por certo, ultrapassaram os meros aborrecimentos e dissabores da vida cotidiana, sendo suficientes para, consoante os dizeres de Sérgio Cavalieri, "romper o equilíbrio psicológico do indivíduo" ("Programa de Responsabilidade Civil", 9ª ed., São Paulo: Atlas, 2010, pág. 87), caracterizando o dano moral a ser indenizado. Apelação provida. (TJSP, Apelação Cível 1000491-35.2018.8.26.0462, Rel. Lino Machado, 30ª Câmara de Direito Privado, Foro de Poá – 2ª Vara Cível, *DJ* 28-1-21)
- É dever de o locador garantir ao locatário, durante o tempo da locação, o uso pacífico do imóvel locado (art. 22, inciso II, da Lei do Inquilinato), até mesmo contra turbação e esbulho provocados por terceiros. (TJMG, Apelação Cível 1.0024.11.151881-7/002, Rel. Des. Roberto Apolinário de Castro (JD Convocado), 10ª Câmara Cível, *DJ* 26-5-20)
- A Lei Federal 8.245 de 1991, determinou que é de responsabilidade do locador o pagamento as despesas extraordinárias de condomínio, o que inclui o fundo de reserva. (TJMG, Apelação Cível 1.0000.19.170324-8/001, Rel. Des. Pedro Aleixo, 16ª Câmara Cível, *DJ* 18-3-20)
- O locador é obrigado a entregar ao locatário o imóvel alugado em estado de servir ao uso a que se destina, a garantir, durante todo o tempo da locação, o uso pacífico do imóvel locado e a manter, durante a locação, a forma e o destino do imóvel. (TJMG, Apelação Cível 1.0024.09.702970-6/001, Rel. Des. Cabral da Silva, 10ª Câmara Cível, *DJ* 26-7-16)
- Na hipótese de locação comercial, a obrigação do locador restringe-se, tão somente, à higidez e à compatibilidade do imóvel ao uso comercial. Salvo disposição contratual em sentido contrário, o comando legal não impõe ao locador o encargo de adaptar o bem às peculiaridades da atividade a ser explorada, ou mesmo diligenciar junto aos órgãos públicos para obter alvará de funcionamento ou qualquer outra licença necessária ao desenvolvimento do negócio. (STJ, REsp 1.317.731-SP, Min. Ricardo Villas Bôas Cueva, Terceira Turma, *DJ* 26-4-2016)
- Agravo de instrumento. Ação fundada em locação de imóvel para fim não residencial. Antecipação de tutela parcialmente deferida para desobrigar o locatário ao pagamento de alugueres e encargos da locação, enquanto não solucionados satisfatoriamente pela locadora os problemas envolvendo inexistência de caixa de esgoto e ligação na rede pública coletora. Dever do locador de entregar ao locatário o imóvel locado em estado de servir ao uso ao qual se destina. Art. 22, I, da Lei 8.245/91. Decisão mantida. Agravo improvido. (TJSP, Agravo de Instrumento 0064916-92.2013, Rel. Soares Levada, *DJ* 1º-7-2013)

- Os proprietários são corresponsáveis com seus inquilinos pelas multas em face da destinação inadequada do imóvel em condomínio locado. (TJRS, Agravo de Instrumento 70045351608, Rel. Des. Guinther Spode, *DJ* 6-12-2011)

Art. 23. O locatário é obrigado a:

I – pagar pontualmente o aluguel e os encargos da locação, legal ou contratualmente exigíveis, no prazo estipulado ou, em sua falta, até o sexto dia útil do mês seguinte ao vencido, no imóvel locado, quando outro local não tiver sido indicado no contrato;

II – servir-se do imóvel para o uso convencionado ou presumido, compatível com a natureza deste e com o fim a que se destina, devendo tratá-lo com o mesmo cuidado como se fosse seu;

III – restituir o imóvel, finda a locação, no estado em que o recebeu, salvo as deteriorações decorrentes do seu uso normal;

IV – levar imediatamente ao conhecimento do locador o surgimento de qualquer dano ou defeito cuja reparação a este incumba, bem como as eventuais turbações de terceiros;

V – realizar a imediata reparação dos danos verificados no imóvel, ou nas suas instalações, provocados por si, seus dependentes, familiares, visitantes ou prepostos;

VI – não modificar a forma interna ou externa do imóvel sem o consentimento prévio e por escrito do locador;

VII – entregar imediatamente ao locador os documentos de cobrança de tributos e encargos condominiais, bem como qualquer intimação, multa ou exigência de autoridade pública, ainda que dirigida a ele, locatário;

VIII – pagar as despesas de telefone e de consumo de força, luz e gás, água e esgoto;

IX – permitir a vistoria do imóvel pelo locador ou por seu mandatário, mediante combinação prévia de dia e hora, bem como admitir que seja o mesmo visitado e examinado por terceiros, na hipótese prevista no art. 27;

X – cumprir integralmente a convenção de condomínio e os regulamentos internos;

XI – pagar o prêmio do seguro de fiança;

XII – pagar as despesas ordinárias de condomínio.

§ 1º Por despesas ordinárias de condomínio se entendem as necessárias à administração respectiva, especialmente:

a) salários, encargos trabalhistas, contribuições previdenciárias e sociais dos empregados do condomínio;

b) consumo de água e esgoto, gás, luz e força das áreas de uso comum;

c) limpeza, conservação e pintura das instalações e dependências de uso comum;

d) manutenção e conservação das instalações e equipamentos hidráulicos, elétricos, mecânicos e de segurança, de uso comum;

e) manutenção e conservação das instalações e equipamentos de uso comum destinados à prática de esportes e lazer;

f) manutenção e conservação de elevadores, porteiro eletrônico e antenas coletivas;

g) pequenos reparos nas dependências e instalações elétricas e hidráulicas de uso comum;

h) rateios de saldo devedor, salvo se referentes a período anterior ao início da locação;

i) reposição do fundo de reserva, total ou parcialmente utilizado no custeio ou complementação das despesas referidas nas alíneas anteriores, salvo se referentes a período anterior ao início da locação.

§ 2º O locatário fica obrigado ao pagamento das despesas referidas no parágrafo anterior, desde que comprovadas a previsão orçamentária e o rateio mensal, podendo exigir a qualquer tempo a comprovação das mesmas.

§ 3º No edifício constituído por unidades imobiliárias autônomas, de propriedade da mesma pessoa, os locatários ficam obrigados ao pagamento das despesas referidas no § 1º deste artigo, desde que comprovadas.

REFERÊNCIAS LEGISLATIVAS

- arts. 5º, 9º, 22, 26, 45, Lei 8.24591; art. 475, CC (cláusula resolutiva).

ANOTAÇÕES

- **obrigações do locatário**: a norma indica as obrigações legais do inquilino, que podem ainda ser acrescidas das obrigações contratuais (acordada pelas partes no contrato de locação); a infração de uma ou e outras pode fundamentar pedido de resolução do contrato (art. 9º, II), por meio, claro, de uma ação de despejo (art. 5º);
- **pagamento do aluguel**: embora não exista uma escala entre as obrigações contratuais do locatário, ninguém dúvida da importância que envolve o pagamento do aluguel e encargos, afinal é para isso que o locador põe o imóvel no mercado; a falta de pagamento sujeita o inquilino à rescisão do contrato e ao despejo; já a simples mora, ou seja, atraso no pagamento, normalmente sujeita o inquilino à multa moratória (cláusula penal), que pode chegar a até 100% (cem por cento) do valor do aluguel (art. 412, CC), embora a justiça tenha considerado com legítima a cobrança de multa de até 20% (vinte por cento).

JURISPRUDÊNCIA

- Nos termos do art. 23, inciso III, Lei nº 8.245/91, finda a locação, o locatário encontra-se obrigado a restituir o imóvel ao locador no estado em que o recebeu, salvo as deteriorações decorrentes do seu uso normal. Constatando-se, ao final da relação locatícia, danos materiais no imóvel aferíveis a partir do laudo de vistoria inicial, excedendo os desgastes ordinários, há de ser acolhida a pretensão de reparação dos prejuízos deduzida pelo locador em face do locatário. (TJMG, Apelação Cível 1.0000.22.192830-2/001, Rel. Des. Fausto Bawden de Castro Silva (JD Convocado), 9ª Câmara Cível, *DJ* 29-11-22)

- A teor do art. 23, X, da Lei 8.245, de 1991, em caso de comprovação de descumprimento da convenção de condomínio ou aos regulamentos internos é possível a rescisão do contrato por culpa do locatário. (TJMG, Apelação Cível 1.0000.21.116824-0/002, Rel. Des. Manoel dos Reis Morais, 20ª Câmara Cível, *DJ* 21-9-22)
- Conforme previsto no art. 23, III, da Lei 8.245/91, é obrigação do locatário restituir o imóvel no estado em que o recebeu, salvo as deteriorações decorrentes do seu uso normal. Constatado o descumprimento contratual por parte dos locatários, relativo à não contratação de seguro de incêndio, aliada à irregularidade decorrente da ausência de Auto de Vistoria do Corpo de Bombeiros, resta evidenciada a conduta irregular dos inquilinos, a impor-lhe o dever de reparar os danos advindos de incêndio ocorrido no imóvel locado. O prazo final da locação deve ser fixado até a data dos efetivos reparos dos danos causados ao imóvel locado. (TJMG, Apelação Cível 1.0026.17.005882-5/002, Rel. Des.(a) Mônica Libânio, 11ª Câmara Cível, *DJ* 13-7-22)
- Finda a locação, o imóvel deve ser devolvido pelo locatário no estado recebido, salvo as deteriorações decorrentes do uso normal (Lei Federal 8.245, de 1991, art. 23, III). No caso concreto, eventuais reformas realizadas para adequação do imóvel à atividade comercial não exime o Locatário da obrigação de entregá-lo tal como recebido. Preliminar rejeitada e recurso desprovido. (TJMG, Apelação Cível 1.0000.22.017860-2/001, Rel. Des. Manoel dos Reis Morais, 20ª Câmara Cível, *DJ* 6-4-22)
- Com o fim da locação, o locatário tem a obrigação de entregar o imóvel no estado em que recebeu, sendo responsável pelos danos causados. Para tanto, deve ser realizado laudo de vistoria ao início e ao final locação, com a participação do locatário, sendo que a realização unilateral inviabiliza a cobrança das reformas alegadamente necessárias. (TJMG, Proc. 1.0702.04.169243-6/001, Rel. Des. Renato Martins Jacob, *DJ* 11-1-2007)

Art. 24. Nos imóveis utilizados como habitação coletiva multifamiliar, os locatários ou sublocatários poderão depositar judicialmente o aluguel e encargos se a construção for considerada em condições precárias pelo Poder Público.

§ 1º O levantamento dos depósitos somente será deferido com a comunicação, pela autoridade pública, da regularização do imóvel.

§ 2º Os locatários ou sublocatários que deixarem o imóvel estarão desobrigados do aluguel durante a execução das obras necessárias à regularização.

§ 3º Os depósitos efetuados em juízo pelos locatários e sublocatários poderão ser levantados, mediante ordem judicial, para realização das obras ou serviços necessários à regularização do imóvel.

REFERÊNCIAS LEGISLATIVAS

- arts. 2º, p. único, 13, 14 a 16, 21, 30, 67, Lei 8.245/91.

ANOTAÇÕES

- ***habitações coletivas multifamiliares***: também conhecidas como "cortiços", têm como característica básica a subdivisão de um imóvel maior em vários cômodos que são alugados ou sublocados, normalmente com o uso compartilhado dos espaços comuns, como banheiro, sala e cozinha;
- ***consignação do aluguel e encargos***: uma das principais obrigações do locador é garantir o uso adequado do imóvel locado (art. 22, III), assim se este for considerado em condições precárias pelo Poder Público, os locatários ou sublocatários poderão optar por consignar judicialmente o aluguel e encargos como forma de pressionar o locador a fazer as obras necessárias para à regularização do imóvel. Entendo que os locatários ou sublocatários ainda podem requerer a rescisão do contrato de locação por justa causa, ou seja, com o pagamento da multa compensatória com fundamento em quebra de obrigação legal (art. 9º, II).

JURISPRUDÊNCIA

- Quarto sublocado ao apelado integra prédio de baixo padrão, malconservado, sem as adequadas condições de salubridade e ocupado simultaneamente por diversas pessoas ou famílias. Independentemente da denominação adotada, pensão ou cortiço, o imóvel objeto da lide não deve ser enquadrado como apart-hotel, hotel-residência ou congênere, mas sim como habitação coletiva multifamiliar, de tal sorte que seus ocupantes são presumidos como locatários ou sublocatários, nos termos do art. 2º, parágrafo único, da Lei 8.245/91. Locação discutida nos autos é disciplinada pela Lei do Inquilinato. Adequado ajuizamento de ação de despejo por falta de pagamento de aluguéis e encargos. Inteligência do art. 9º, inciso III, c.c. o art. 62, ambos da Lei 8.245/91. Apelante não é carecedor da ação por falta de interesse de agir, na modalidade adequação. (TJSP, p. 0197736-03.2012.8.26.0100, Rel. Carlos Dias Motta, *DJ* 7-11-16)

Art. 25. Atribuída ao locatário a responsabilidade pelo pagamento dos tributos, encargos e despesas ordinárias de condomínio, o locador poderá cobrar tais verbas juntamente com o aluguel do mês a que se refiram.

Parágrafo único. Se o locador antecipar os pagamentos, a ele pertencerão as vantagens daí advindas, salvo se o locatário reembolsá-lo integralmente.

REFERÊNCIAS LEGISLATIVAS

- arts. 22, VIII, 23, VII, Lei 8.245/91.

JURISPRUDÊNCIA

- Súmula 614 do STJ: "O locatário não possui legitimidade ativa para discutir a relação jurídico-tributária de IPTU e de taxas referentes ao imóvel alugado nem para repetir indébito desses tributos".
- Considerando que o imposto predial e territorial urbano, à luz do disposto no art. 34 do CTN, se trata de obrigação de natureza "propter rem", devida pelo proprietário do bem, se não estabelecido de forma diversa no contrato de locação (art. 25, Lei 8.245/91) e, uma vez não quitada, pode ensejar danos gravosos àquele, como, por exemplo, a inscrição do seu nome na dívida ativa com posterior penhora de bens (inclusive bens de família, se for o caso). As obrigações de natureza "propter rem" como o IPTU, tratando-se, ainda, da dívida mais antiga, deve ser paga, preferencialmente, descontando-a da caução pecuniária que garante o contrato de locação. (TJMG, Apelação Cível 1.0000.20.075204-6/001, Rel. Des.(a) Aparecida Grossi, 17ª Câmara Cível, *DJ* 10-9-20)
- Nos termos da Lei Locatícia é possível atribuir ao locatário a obrigação pelo pagamento de IPTU e taxa de condomínio do imóvel locado, pelo que são também responsáveis os fiadores solidários. (TJMG, Apelação 1.0024.06.090104-8/001 (1), Rel. Des. Guilherme Luciano Baeta Nunes, *DJ* 2-9-2008)

Art. 26. Necessitando o imóvel de reparos urgentes, cuja realização incumba ao locador, o locatário é obrigado a consenti-los.

Parágrafo único. Se os reparos durarem mais de dez dias, o locatário terá direito ao abatimento do aluguel, proporcional ao período excedente; se mais de trinta dias, poderá resilir o contrato.

REFERÊNCIAS LEGISLATIVAS

- arts. 9º, II, IV, 22, III, 23, IV, Lei 8.245/91; art. 132, CC (contagem de prazos).

JURISPRUDÊNCIA

- Necessitando o imóvel de reparos urgentes, cuja realização incumba ao locador, o locatário é obrigado a consenti-los. Se os reparos durarem mais de dez dias, o locatário terá direito ao abatimento do aluguel, proporcional ao período excedente; se mais de trinta dias, poderá resilir o contrato (art. 26 da Lei 8.245/91). (TJMG, Apelação Cível 1.0000.21.092936-0/001, Rel. Des. Claret de Moraes, 10ª Câmara Cível, *DJ* 8-2-22)
- O abatimento do aluguel previsto no art. 26 da Lei 8.245/91 somente é devido quando a desídia for imputável ao locador, o que não se verificou no caso em tela.

(TJMG, Apelação Cível 1.0024.14.230690-1/002, Rel. Des.(a) Marcos Lincoln, 11ª Câmara Cível, *DJ* 25-1-17)

- Art. 26, § único, da Lei 8.245/91. Descabimento da exegese emprestada ao dispositivo legal: para se reparar o imóvel, é necessário, muitas vezes, mais de trinta dias, pois os reparos passam por denúncia do locatário, seguido da ciência do locador, seguido de vistoria por profissional habilitado que nem sempre tem agenda prontamente, seguido de agenda de permissão do locatário para a entrada, seguido de compra de material, estudo de impacto. Admissão que vai de encontro ao afirmado no contrato de estar o imóvel em perfeitas condições de uso. Evidência de que o locador não procurou sanar os problemas rápida e eficazmente. Prova de que o locador foi informado várias vezes acerca de diversos problemas. Entrada e saída de profissionais liberais no imóvel em demasia, a perturbar o uso pacífico do bem, em detrimento do disposto no art. 22, I, II e IV, da Lei 8.245/91. Rescisão contratual justificada, sem incidência de multa, nos termos do art. 9º, II, da Lei 8.245/91. Sentença mantida conforme art. 252 do RITJSP. Nulidade afastada. Apelação desprovida. (TJSP, Acórdão. p. 1002991-60.2015.8.26.0048, Rel. J. Paulo Camargo Magano, *DJ* 20-10-16)

Seção V
Do direito de preferência

Art. 27. No caso de venda, promessa de venda, cessão ou promessa de cessão de direitos ou dação em pagamento, o locatário tem preferência para adquirir o imóvel locado, em igualdade de condições com terceiros, devendo o locador dar-lhe conhecimento do negócio mediante notificação judicial, extrajudicial ou outro meio de ciência inequívoca.

Parágrafo único. A comunicação deverá conter todas as condições do negócio e, em especial, o preço, a forma de pagamento, a existência de ônus reais, bem como o local e horário em que pode ser examinada a documentação pertinente.

REFERÊNCIAS LEGISLATIVAS

- arts. 8º, 33, Lei 8.245/91; arts. 726 a 729, CPC (notificação judicial); art. 356, CC (dação em pagamento); art. 167, I, 3, Lei 6.015/73 (registro do contrato de locação).

ANOTAÇÕES

- ***direito de preferência***: ou prelação, consiste na primazia do locatário sobre terceiros na aquisição do imóvel locado; ou seja, se o proprietário colocar o imóvel objeto do contrato de locação à venda, o inquilino tem o primado na sua aquisição, desde que esteja disposto a, no mínimo, igualar a oferta de terceiros;

- **dação em pagamento**: é forma de quitação de uma obrigação, na qual o credor consente em receber coisa que não seja dinheiro, em substituição da prestação que lhe era devida (art. 356, CC); no caso do locador oferecer o imóvel locado como forma de pagamento de uma obrigação, o inquilino deve ser avisado e pode, nos termos da presente norma, igualar a oferta; ou seja, ao invés do imóvel ser entregue ao credor do locador, o locatário entrega a importância devida e fica com o bem;
- **notificação**: pode ser feita por qualquer meio que possibilite o conhecimento inequívoco do locatário, por exemplo: diretamente, mediante "ciência" numa cópia da comunicação; pelo correio, com aviso de recebimento; judicialmente, por meio de processo de notificação (arts. 726 a 729 do CPC); por meio do cartório de notas. No mais, deve o locador tomar muito cuidado com a norma expressa no parágrafo único, vez que seu desatendimento poderá possibilitar não só pedido de adjudicação do bem, pelo valor do negócio declarado na escritura pública, mas também eventualmente pedido de indenização por perdas e danos (art. 33).

Art. 28. O direito de preferência do locatário caducará se não manifestada, de maneira inequívoca, sua aceitação integral à proposta, no prazo de trinta dias.

REFERÊNCIAS LEGISLATIVAS

- art. 27, Lei 8.245/91; art. 132, CC (contagem de prazos).

ANOTAÇÕES

- **aceitação da proposta**: para o inquilino é "tudo ou nada", ou seja, ele não tem direito de fazer uma contraproposta oferecendo, por exemplo, um parcelamento ou um valor menor; outra coisa, para o direito de preferência não faz diferença se o locatário vem cumprindo ou não com suas obrigações, ou se o contrato é longevo ou ainda se tem ou não boas relações com o proprietário. Em resumo, ou aceita de forma inequívoca a proposta no prazo de trinta dias, ou simplesmente perde a prelação.

JURISPRUDÊNCIA

- Estabelece o art. 28 da Lei 8.245/91 que o direito de preferência do locatário caducará se não manifestada, de maneira inequívoca, sua aceitação integral à proposta, no prazo de 30 dias. No caso em tela, ausente a aceitação por parte da Apelante de forma inequívoca e integral dos termos da proposta apresentada no prazo de 30 dias. A discussão e a estipulação de condições estranhas a proposta ofertada por terceiro caracteriza contraproposta, que equivale a recusa. (TJBA, p. 0566324-09.2014.8.05.0001, Rel. Regina Helena Ramos Reis, *DJ* 05-06-18)
- Locação de imóvel – Ação de despejo – Procedência – Direito de preferência. – Verificação de que houve regular notificação do locador, encaminhada ao locatário para

cientificá-lo do desinteresse na manutenção da locação e da intenção de vender o imóvel locado, com informação acerca das condições do negócio, cm cumprimento ao art. 27 da Lei 8.245/91. – Manifestação de interesse na aquisição fora do prazo de trinta dias (art. 28 da Lei 8.245/91), com solicitação de prazo de 180 dias para reunião das condições necessárias para a efetivação da compra, condição não prevista na proposta e que, portanto, o locador não está obrigado a aceitar. – Sentença mantida – Recurso não provido. (TJSP, p. 9219791-03.2009.8.26.0000; Rel. Manoel Justino Bezerra Filho, *DJ* 9-5-11)

Art. 29. Ocorrendo aceitação da proposta pelo locatário, a posterior desistência do negócio pelo locador acarreta, a este, responsabilidade pelos prejuízos ocasionados, inclusive lucros cessantes.

REFERÊNCIAS LEGISLATIVAS

- arts. 27, 28, 33, Lei 8.245/91; art. 132, CC.

JURISPRUDÊNCIA

- Aceita a proposta pelo inquilino, o locador não está obrigado a vender a coisa ao locatário, mas a desistência do negócio o sujeita a reparar os danos sofridos, consoante a diretriz do art. 29 da Lei nº 8.245/91. (STJ, REsp 1.193.992-MG, Rel. Min. Nancy Andrighi, *DJ* 2-6-2011)

Art. 30. Estando o imóvel sublocado em sua totalidade, caberá a preferência ao sublocatário e, em seguida, ao locatário. Se forem vários os sublocatários, a preferência caberá a todos, em comum, ou a qualquer deles, se um só for o interessado.
Parágrafo único. Havendo pluralidade de pretendentes, caberá a preferência ao locatário mais antigo e, se da mesma data, ao mais idoso.

REFERÊNCIAS LEGISLATIVAS

- arts. 8º, 14 a 16, 24, 27, 59 § 2º, Lei 8.245/91.

ANOTAÇÕES

- ***preferência do sublocatário***: com escopo de atender ao comando da norma, o locador deve proceder com a notificação de ambos, ou seja, deve informar sobre a sua intenção de vender o imóvel locado, assim como as condições do negócio, tanto ao locatário quanto ao sublocatário.

JURISPRUDÊNCIA

- Somente a sublocação legítima, aquela com consentimento prévio e escrito do locador, transfere ao sublocatário o direito de preferência na aquisição do imóvel locado. (TJSP, p. 0181952-25.2008.8.26.0100, Rel. Gilberto Leme, *DJ* 27-11-12)

Art. 31. Em se tratando de alienação de mais de uma unidade imobiliária, o direito de preferência incidirá sobre a totalidade dos bens objeto da alienação.

REFERÊNCIAS LEGISLATIVAS

- arts. 8º, 27, Lei 8.245/91.

JURISPRUDÊNCIA

- Nos termos do art. 31 da Lei 8.245/91, em se tratando de alienação de mais de uma unidade imobiliária, o direito de preferência incidirá sobre a totalidade dos bens objeto da alienação. *In casu*, tratando-se de alienação global do prédio no qual se localizava a loja alugada pela autora, não há que se falar em perdas e danos se esta não demonstrou intenção ou capacidade financeira para adquiri-lo como um todo. (TJDFT, Acórdão 837069, p. 20110111913957, 4ª Turma Cível, *DJ* 11-9-14)

Art. 32. O direito de preferência não alcança os casos de perda da propriedade ou venda por decisão judicial, permuta, doação, integralização de capital, cisão, fusão e incorporação.

Parágrafo único. Nos contratos firmados a partir de 1º de outubro de 2001, o direito de preferência de que trata este artigo não alcançará também os casos de constituição da propriedade fiduciária e de perda da propriedade ou venda por quaisquer formas de realização de garantia, inclusive mediante leilão extrajudicial, devendo essa condição constar expressamente em cláusula contratual específica, destacando-se das demais por sua apresentação gráfica. (*Incluído pela Lei nº 10.931, de 2004*)

REFERÊNCIAS LEGISLATIVAS

- art. 27, Lei 8.245/91.

Art. 33. O locatário preterido no seu direito de preferência poderá reclamar do alienante as perdas e danos ou, depositando o preço e demais despesas do ato de transferência,

> haver para si o imóvel locado, se o requerer no prazo de seis meses, a contar do registro do ato no Cartório de Imóveis, desde que o contrato de locação esteja averbado pelo menos trinta dias antes da alienação junto à matrícula do imóvel.
>
> Parágrafo único. A averbação far-se-á à vista de qualquer das vias do contrato de locação, desde que subscrito também por duas testemunhas.

REFERÊNCIAS LEGISLATIVAS

- arts. 8º, 27, Lei 8.245/91; art. 167, I, 3, Lei 6.015/73 (registro do contrato de locação).

ANOTAÇÕES

- **não observância do direito de preferência**: preterido nos seus direitos, o locatário tem duas possibilidades: primeiro, requerer judicialmente, no prazo de até seis meses (a contar do registro do ato de venda no cartório de imóveis), a "adjudicação do imóvel locado", depositando o preço e demais despesas do ato de transferência, desde que o contrato de locação tenha sido averbado pelo menos trinta dias antes da alienação junto à matrícula do imóvel; segundo, requerer perdas e danos; neste caso, a jurisprudência se estabeleceu no sentido de que não é condição para tanto a averbação do contrato de locação junto à matrícula do imóvel, embora o locatário deva provar que tinha condições, ou seja, os meios, para adquirir o imóvel locado.

JURISPRUDÊNCIA

- O art. 33 da Lei 8.245/91 permite ao locatário preterido no seu direito de preferência que, depositando o preço e demais despesas do ato de transferência, haver para si o imóvel locado, se o requerer no prazo de seis meses, a contar do registro do ato no cartório de imóveis, desde que o contrato de locação esteja averbado pelo menos trinta dias antes da alienação junto à matrícula do imóvel. Restando ausente a comprovação de que o contrato de locação foi levado à averbação perante o Cartório de Registro de Imóveis, não há como se deferir a adjudicação compulsória do bem. (TJMG, Agravo de Instrumento-Cv 1.0000.22.004503-3/001, Rel. Des. José Américo Martins da Costa, 15ª Câmara Cível, *DJ* 18-11-22)
- Em harmonia com o Código Civil, no art. 221, *caput*, segunda parte, estabelece a Lei do Inquilinato, em seu art. 33, no que interessa ao exercício do direito de preferência na aquisição do imóvel locado pelo inquilino, duas obrigações para o locatário: a) primeiro, para habilitar-se a eventual e futuro exercício do direito de preempção, deve registrar o contrato de locação, averbando-o na respectiva matrícula do registro imobiliário competente, dando, assim, plena publicidade a terceiros, advertindo eventual futuro comprador do bem, de modo a não ser este surpreendido, após a compra, pela pretensão de desfazimento do negócio pelo locatário preterido; b)

segundo, pertinente agora já ao exercício do direito de preferência pelo inquilino preterido e que se tenha oportunamente habilitado, deverá este depositar o preço da compra e demais despesas da transferência, desde que o faça no prazo decadencial de seis meses após o registro da alienação impugnada no registro imobiliário. (STJ, REsp 1.272.757/RS Min. Antonio Carlos Ferreira, T4, *DJe* 12-2-21)
- Para o exercício do direito de preferência é necessário o registro do contrato de locação na matrícula do imóvel, nos termos do artigo 33 da Lei 8.245/91, assim, locatário com contrato verbal não pode exercer o direito de preferência. (TJMG, Apelação Cível 1.0433.15.008611-7/001, Rel. Des. Pedro Aleixo, 16ª Câmara Cível, *DJ* 28-2-18)
- O direito real à adjudicação do bem somente será exercitável se o locatário a) efetuar o depósito do preço do bem e das demais despesas de transferência de propriedade do imóvel; b) formular referido pleito no prazo de 6 (seis) meses do registro do contrato de compra e venda do imóvel locado adquirido por terceiros; c) promover a averbação do contrato de locação assinado por duas testemunhas na matrícula do bem no cartório de registro de imóveis, pelo menos 30 (trinta) dias antes de referida alienação. (STJ, REsp 1.554.437-SP, Min. João Otávio de Noronha, Terceira Turma, *DJ* 2-6-2016)
- A não averbação do contrato de locação no competente cartório de registro de imóveis impede o exercício do direito de preferência pelo locatário, consistente na anulação da compra e venda do imóvel locado, bem como sua adjudicação, nos termos do art. 33 da Lei 8.245/91, restando a ele a indenização por perdas e danos. (STJ, AgRg na Medida Cautelar 18.158-MG, Rel. Min. Nancy Andrighi, *DJ* 9-8-2011)
- É firme a jurisprudência do Superior Tribunal de Justiça no sentido de que a não averbação do contrato de locação no competente cartório de registro de imóveis, previsto no art. 33 da Lei 8.245/91, impede tão-somente o exercício do direito de preferência do locatário preterido, sendo desnecessária a averbação quando se tratar de pedido de indenização de perdas e danos. (STJ, Acórdão 578.174-RS, p. 2003/0137850-9, 5ª Turma, Rel. Arnaldo Esteves Lima, *DJ* 12-9-06)

Art. 34. Havendo condomínio no imóvel, a preferência do condômino terá prioridade sobre a do locatário.

REFERÊNCIAS LEGISLATIVAS

- art. 27, Lei 8.245/91; arts. 504, 1.314 a 1.330, CC (do condomínio).

Seção VI
Das benfeitorias

Art. 35. Salvo expressa disposição contratual em contrário, as benfeitorias necessárias introduzidas pelo locatário, ainda que não autorizadas pelo locador, bem como as úteis, desde que autorizadas, serão indenizáveis, e permitem o exercício do direito de retenção.

REFERÊNCIAS LEGISLATIVAS

- arts. 96, 578 e 1.219, CC (tipos de benfeitorias / direito de retenção / direito a indenização).

ANTOTAÇÕES

- ***benfeitorias***: são obras ou despesas que se fazem num bem móvel ou imóvel (art. 96, CC), com escopo de conservá-lo (necessárias), melhorá-lo (úteis) ou embelezá-lo (voluptuárias).

JURISPRUDÊNCIA

- Súmula 335 do STJ: "Nos contratos de locação, é válida a cláusula de renúncia à indenização das benfeitorias e ao direito de retenção".
- Locação de imóvel – Ação de indenização por benfeitorias – Acolhimento parcial restrito à necessária – Apelação do autor, visando à ampliação da condenação – Omissão contratual no tema – Necessidade de consentimento do locador para as benfeitorias úteis – Ausência de comprovação da autorização – Inteligência do art. 35 da Lei 8.245/91 – Sentença mantida – Recurso improvido. (TJSP, p. 1001588-69.2020.8.26.0666; Rel. Caio Marcelo Mendes de Oliveira, *DJ* 29-4-22)
- A renúncia expressa ao direito de indenização por benfeitorias encontra respaldo na ressalva do art. 35, da Lei 8.245/91. Sentença mantida. Recurso desprovido, com majoração da verba honorária em mais 1% do valor da condenação corrigido (art. 85, § 11, do CPC), observada a gratuidade processual concedida. (TJSP, p. 1043197-95.2018.8.26.0506; Rel. Felipe Ferreira; *DJ* 22-2-22)
- Nos termos do art. 35 da Lei n. 8.245/91, art. 578, do Código Civil e do verbete da Súmula n. 335 do Superior Tribunal de Justiça, em contratos de locação, o locatário pode renunciar validamente ao direito de retenção e indenização de benfeitorias úteis e necessárias. Havendo renúncia contratual, é descabida a pretensão indenizatória. (TJMG, Apelação Cível 1.0521.18.001081-6/003, Rel. Des. Domingos Coelho, 12ª Câmara Cível, *DJ* 11-6-20)
- Mostra-se válida a cláusula de renúncia expressa ao direito de indenização e retenção por benfeitorias, cuja previsão legal reside no art. 35 da Lei 8.245/91, mormente porque se cuida, em última análise, de estipulação que envolve direito disponível. (TJMG, p. 1.0702.00.001473-9/0001, Rel. Des. Mauro Soares de Freitas, *DJ* 8-2-2006)

Art. 36. As benfeitorias voluptuárias não serão indenizáveis, podendo ser levantadas pelo locatário, finda a locação, desde que sua retirada não afete a estrutura e a substância do imóvel.

REFERÊNCIAS LEGISLATIVAS

- art. 96, § 1º, CC (tipos de benfeitorias).

Seção VII
Das garantias locatícias

Art. 37. No contrato de locação, pode o locador exigir do locatário as seguintes modalidades de garantia:
I – caução;
II – fiança;
III – seguro de fiança locatícia.
IV – cessão fiduciária de quotas de fundo de investimento. (*Incluído pela Lei nº 11.196, de 2005*)
Parágrafo único. É vedada, sob pena de nulidade, mais de uma das modalidades de garantia num mesmo contrato de locação.

REFERÊNCIAS LEGISLATIVAS

- arts. 38, 39, Lei 8.245/91; arts. 818, 961, 1.419, 1.422, CC (fiança / escala de preferência do crédito / do penhor, da hipoteca e da anticrese).

ANOTAÇÕES

- ***garantias***: com escopo de prevenir-se contra a inadimplência do devedor, o credor pode exigir garantia. Esta garantia pode ser fidejussória ou real. A garantia fidejussória tem caráter pessoal e, no direito civil, é representada pelo contrato de fiança (art. 818, CC). Já a garantia real ocorre quando o devedor, ou alguém por ele, destina um determinado bem do seu patrimônio para, primordialmente, responder pelo cumprimento de uma obrigação (art. 1.419, CC). Essa sujeição cria preferência, ou prelação, para o credor; isto é, na venda do bem ele será o primeiro a receber (arts. 961 e 1.422, CC).
- ***caução***: termo genérico que nas relações locatícias normalmente indica aquela situação em que o locatário entrega ao locador certa quantia em dinheiro, quase sempre o equivalente a três meses do valor mensal do aluguel (art. 38, § 2º); valor este que deve ser aplicado no sistema financeiro, para posterior devolução ao inquilino; a caução pode ainda ser efetuada por meio da indicação de um imóvel (art. 38), lembrando que, neste caso, para valer contra terceiros, deve ser averbada junto ao Cartório de Registro de Imóveis;
- ***fiança***: segundo o art. 818 do CC, pelo contrato de fiança "*uma pessoa garante satisfazer ao credor uma obrigação assumida pelo devedor, caso este não a cumpra*". Contrato acessório e formal, a fiança deve ser necessariamente pactuada por escrito;

- **seguro de fiança locatícia**: cada vez mais procurado, em razão da sua natureza impessoal, ou seja, o locatário não precisa passar pelo constrangimento de pedir para um parente ou amigo próximo para garantir o seu contrato de locação, ele tem algumas desvantagens, como, por exemplo, aumentar o custo geral com o contrato de locação e a necessidade de aprovação do cadastro do segurado pela seguradora; o tema era disciplinado pela Resolução 20208 do CNSP (Conselho Nacional de Seguros Privados), que no seu art. 1º o definia da seguinte forma: "o seguro de fiança locatícia é aquele que garante o pagamento de indenização, ao segurado, dos prejuízos que venha a sofrer em decorrência do inadimplemento do locatário em relação à locação do imóvel"; contudo, a referida resolução foi revogada, ficando o tema, por enquanto, sem disciplina específica;
- **cessão fiduciária de quotas de fundo de investimento**: neste tipo de garantia, na verdade bem pouco usada (ao menos nas locações residenciais), o locatário efetua ou transfere para o nome do locador quotas de investimentos que sejam bastante para garantir as obrigações locatícias, tornando-as indisponíveis até o termo do contrato;
- **exigência de mais de um tipo de garantia**: constitui contravenção penal, punida com prisão simples de cinco dias a seis meses ou multa de três a doze meses do valor do último aluguel atualizado, exigir, por motivo de locação ou sublocação, mais de uma modalidade de garantia num mesmo contrato de locação (art. 43, II).

 ## JURISPRUDÊNCIA

- Súmula 214 do STJ: "O fiador na locação não responde por obrigações resultantes de aditamento ao qual não anuiu".
- Súmula 549 do STJ: "É válida a penhora de bem de família pertencente a fiador de contrato de locação".
- Súmula 656 do STJ: "É válida a cláusula de prorrogação automática de fiança na renovação do contrato principal. A exoneração do fiador depende da notificação prevista no art. 835 do Código Civil".
- Em caso de caução prestada em contrato de locação, não é admissível a penhora do imóvel residencial familiar. Precedentes. (STJ, AgInt no REsp 1922940/SP, Min. Maria Isabel Gallotti, T4, *DJe* 16-12-22)
- Consoante o entendimento firmado por esta Corte, "é válida a penhora do bem de família de fiador apontado em contrato de locação de imóvel, seja residencial, seja comercial, nos termos do inciso VII do art. 3º da Lei 8.009/90". (STJ, AgInt no REsp 2017280/SP, Min. Nancy Andrighi, T3, *DJe* 30-11-22)
- A caução oferecida em contrato de locação comercial não tem o condão de afastar a garantia da impenhorabilidade do bem de família, não estando a hipótese prevista nas exceções contidas no art. 3º da Lei 8.009/90. (STJ, AgInt nos EDcl no AREsp 2019338/SP, Min. Ricardo Villas Bôas CUEVA, T3, *DJe* 16-11-22)
- A renúncia do fiador ao benefício de ordem é válida nos contratos de locação, nos termos do art. 828, I, do CC02. Precedentes. (STJ, AgInt nos EDcl no REsp 1564430/DF, Min. Antonio Carlos Ferreira, Quarta Turma, *DJe* 25-5-2018)

- "A jurisprudência do STJ assevera que a confissão de dívida, derivada de contrato de locação, constituída para formalizar parcelamento de débito não constitui novação, capaz de exonerar os fiadores. (STJ, AgInt no AREsp 1.130.444/SP, Min. Lázaro Guimarães, Quarta Turma, *DJe* 22-5-2018)
- Tendo o fiador faltado com a verdade acerca do seu estado civil, não há como declarar a nulidade total da fiança, sob pena de beneficiá-lo com sua própria torpeza. Assegurada a meação da companheira do fiador, não há que se falar em ofensa à legislação apontada. (STJ, AgRg no REsp 1.095.441-RS, Rel. Min. Og Fernandes, *DJ* 17-5-2011)
- Sendo a fiança prestada pelos cônjuges, imprescindível é a citação de ambos para responder em juízo pelos débitos decorrentes da garantia prestada, sob pena de nulidade, por se tratar de litisconsórcio passivo necessário, a teor do que dispõe o art. 10, § 1º, inciso II, do Código de Processo Civil [**art. 73, § 1º, nCPC; grifo nosso**]. (STJ, AgRg no REsp 954.709-RS, Rel. Min. Laurita Vaz, *DJ* 3-5-2011)
- A fiança deve ser interpretada restritivamente, de maneira que sempre estará limitada aos encargos expressa e inequivocamente assumidos pelo fiador. (STJ, REsp 1.185.982-PE, Rel. Min. Nancy Andrighi, *DJ* 14-12-2010)
- É firme o entendimento desta Corte Superior de Justiça em que a fiança prestada por marido sem a outorga uxória invalida o ato por inteiro, não se podendo limitar o efeito da invalidação apenas à meação da mulher. (STJ, AgRg no REsp 631450/RJ, Min. Hamilton Carvalhido, Sexta Turma, *DJ* 9-3-2006)

Art. 38. A caução poderá ser em bens móveis ou imóveis.

§ 1º A caução em bens móveis deverá ser registrada em Cartório de Títulos e documentos; a em bens imóveis deverá ser averbada à margem da respectiva matrícula.

§ 2º A caução em dinheiro, que não poderá exceder o equivalente a três meses de aluguel, será depositada em caderneta de poupança, autorizada pelo Poder Público e por ele regulamentada, revertendo em benefício do locatário todas as vantagens dela decorrentes por ocasião do levantamento da soma respectiva.

§ 3º A caução em títulos e ações deverá ser substituída, no prazo de trinta dias, em caso de concordata, falência ou liquidação das sociedades emissoras.

REFERÊNCIAS LEGISLATIVAS

- art. 37, Lei 8.245/91.

JURISPRUDÊNCIA

- Em caso de caução prestada em contrato de locação, não é admissível a penhora do imóvel residencial familiar. Precedentes. (STJ, AgInt no REsp 1922940/SP, Min. Maria Isabel Gallotti, T4, *DJe* 16-12-22)

- A caução oferecida em contrato de locação comercial não tem o condão de afastar a garantia da impenhorabilidade do bem de família, não estando a hipótese prevista nas exceções contidas no art. 3º da Lei 8.009/90. (STJ, AgInt nos EDcl no AREsp 2019338/SP, Min. Ricardo Villas Bôas Cueva, T3, *DJe* 16-11-22)
- Esta Corte possui firme entendimento de que em se tratando de caução, em contratos de locação, não há que se falar na possibilidade de penhora do imóvel residencial familiar. Ressalta-se que a indicação do imóvel como garantia não implica em renúncia ao benefício da impenhorabilidade do bem de família, em razão da natureza de norma cogente, prevista na Lei nº 8.009/90. (STJ, AgRg no REsp 1.108.749/SP, Min. Maria Thereza de Assis Moura, Sexta Turma, *DJe* 31-8-2009)

Art. 39. Salvo disposição contratual em contrário, qualquer das garantias da locação se estende até a efetiva devolução do imóvel, ainda que prorrogada a locação por prazo indeterminado, por força desta Lei. (NR) (*Redação dada pela Lei nº 12.112/09*).

REFERÊNCIAS LEGISLATIVAS

- arts. 37, 40, Lei 8.245/91; art. 835, CC (exoneração da fiança).

ANOTAÇÕES

- ***prorrogação legal do contrato***: doutrina e jurisprudência sempre debateram sobre a responsabilidade, ou não, do fiador pelas obrigações locatícias no caso de prorrogação automática do contrato de locação firmado por escrito e com prazo certo (art. 46, § 1º); tentando resolver a questão, a Lei nº 12.112/09 alterou a redação desse artigo, deixando claro que a responsabilidade do fiador vai efetivamente até a devolução do imóvel locado (entrega das chaves). Todavia, não se deve olvidar que nos contratos que estejam valendo por prazo indeterminado, em razão da prorrogação automática, não só o locador pode reaver o imóvel a qualquer momento, concedendo prazo de 30 (trinta) dias para desocupação (art. 46, § 2º), como o fiador pode se exonerar da sua obrigação mediante notificação ao credor (art. 835, CC), permanecendo responsável pelos efeitos da fiança por 120 (cento e vinte) dias (art. 40, X).
- ***exoneração da fiança***: no caso de o fiador requerer a exoneração da fiança (art. 835, CC), o locador pode exigir do inquilino a apresentação de novo fiador no prazo de 30 (trinta) dias, sob pena de desfazimento da locação (art. 40, IV, parágrafo único).
- ***renúncia ao direito de requerer exoneração da fiança:*** tem se tornado regra os locadores incluírem cláusula no contrato de locação em que os fiadores expressamente renunciam ao direito previsto no art. 835 do Código Civil, ou seja, a possibilidade de se exonerarem da fiança no caso do contrato prorrogar-se por prazo indeterminado, comprometendo-se a garantir as obrigações locatícias até a efetiva entrega das chaves, quaisquer que sejam as circunstâncias. A jurisprudência tem

decidido pela invalidade desse tipo de cláusula, considerando principalmente a natureza do contrato de fiança. Minha recomendação aos locadores que a pretendem exigir esse tipo de compromisso é no sentido de que, ao menos, tomem o cuidado de expressamente explicar a natureza da cláusula aos fiadores, colhendo em seguida o seu ciente ao lado da cláusula.

JURISPRUDÊNCIA

- Súmula 214 do STJ: "O fiador na locação não responde por obrigações resultantes de aditamento ao qual não anuiu".
- Súmula 549 do STJ: "É válida a penhora de bem de família pertencente a fiador de contrato de locação".
- Súmula 656 do STJ: "É válida a cláusula de prorrogação automática de fiança na renovação do contrato principal. A exoneração do fiador depende da notificação prevista no art. 835 do Código Civil".
- A jurisprudência do STJ é firme no sentido de que, para os contratos firmados a partir da vigência da Lei 12.112/09, que alterou a redação do art. 39 da Lei do Inquilinato (Lei 8.245/91), a prorrogação do contrato de locação por prazo indeterminado implica, automaticamente, a prorrogação da fiança, salvo disposição contratual em contrário e ressalvado o direito de o fiador exonerar-se da obrigação, mediante notificação resilitória. (TJMG, Apelação Cível 1.0000.22.129951-4/001, Rel. Des. Sérgio André da Fonseca Xavier, 18ª Câmara Cível, DJ 04-10-22)
- É abusiva cláusula puramente potestativa que impede que o fiador se exonere de fiança prestada por prazo indeterminado, já que se trata de contrato benéfico, firmado em razão da confiança e da lealdade mantidos entre fiador e afiançado. (TJSP, Ap. Cível 4015381-66.2013.8.26.0602, Rel. Des. Melo Colombi, 14ª Câmara de Direito Privado, DJ 19-2-2019)
- A fiança prestada em contrato de locação, com cláusula de vigência 'até a entrega das chaves', não implica renúncia à faculdade de exonerar-se o fiador da garantia, concedida pelo art. 835 do CC02. (STJ, AgInt no AREsp 687.507/RJ, Min. Ricardo Villas Bôas Cueva, Terceira Turma, DJe 21-9-2017)
- A cláusula de renúncia ao direito de exoneração da fiança é válida durante o prazo determinado inicialmente no contrato; uma vez prorrogado por prazo indeterminado, nasce para o fiador a faculdade de se exonerar da obrigação, desde que observado o disposto no art. 1.500 do CC/16 ou no art. 835 do CC02" (STJ, REsp 1.656.633/SP, Min. Nancy Andrighi, Terceira Turma, DJe 22-8-2017)
- Na prorrogação do contrato de locação celebrado antes da alteração da redação do artigo 39 da Lei nº 8.245/91, efetuada pela Lei 12.112/09, havendo cláusula expressa de responsabilidade do garante até a entrega das chaves, este deverá responder pelas obrigações posteriores, a menos que tenha se exonerado na forma dos artigos 1.500 do Código Civil de 1916 ou 835 do Código Civil vigente. Agravo regimental a que se nega provimento. (STJ, AgRg nos EAREsp 482.011-MS, Min. Maria Isabel Gallotti, Segunda Seção, DJ 10-6-2015)

- A cláusula contratual na qual consta a renúncia do fiador ao benefício previsto no art. 1.500 do CC/16 – atual 835 do CC/02 – não subsiste após o decurso do prazo inicialmente previsto para a duração da locação, uma vez que o Direito não se compraz com relação jurídica eterna e permanente, especialmente no campo dos direitos pessoais, como é o caso da fiança. (STJ, REsp 1.426.857/RJ, Min. Regina Helena Costa, Quinta Turma, *DJe* 19-5-2014)
- Constando do contrato de locação que a responsabilidade do fiador se estende até a efetiva entrega das chaves, subsistindo mesmo após a prorrogação do contrato firmado por prazo certo, não se desonera o garante antes daquele ato, a não ser através de ação própria ou por acordo das partes. (TJSP, Apelação 0011351-66.2008.8.26.0526, Rel. Des. Paulo Ayrosa, *DJ* 19-12-2011)

Art. 40. O locador poderá exigir novo fiador ou a substituição da modalidade de garantia, nos seguintes casos:

I – morte do fiador;

II – ausência, interdição, recuperação judicial, falência ou insolvência do fiador, declaradas judicialmente; (*Redação dada pela Lei nº 12.11209*)

III – alienação ou gravação de todos os bens imóveis do fiador ou sua mudança de residência sem comunicação ao locador;

IV – exoneração do fiador;

V – prorrogação da locação por prazo indeterminado, sendo a fiança ajustada por prazo certo;

VI – desaparecimento dos bens móveis;

VII – desapropriação ou alienação do imóvel;

VIII – exoneração de garantia constituída por quotas de fundo de investimento; (*Incluído pela Lei nº 11.196/05*)

IX – liquidação ou encerramento do fundo de investimento de que trata o inciso IV do art. 37 desta Lei; (*Incluído pela Lei nº 11.196/05*)

X – prorrogação da locação por prazo indeterminado uma vez notificado o locador pelo fiador de sua intenção de desoneração, ficando obrigado por todos os efeitos da fiança, durante 120 (cento e vinte) dias após a notificação ao locador. (*Incluído pela Lei nº 12.112/09*)

Parágrafo único. O Locador poderá notificar o locatário para apresentar nova garantia locatícia no prazo de 30 (trinta) dias, sob pena de desfazimento da locação. (NR) (*Incluído pela Lei nº 12.112/09*)

REFERÊNCIAS LEGISLATIVAS

- arts. 5º, 37, 39, 46, § 1º, 59, § 1º, VII, Lei 8.245/91; arts. 132, 835, CC (contagem de prazos / exoneração da fiança); arts. 726 a 729, CPC (notificação judicial).

ANOTAÇÕES

- ***substituição do fiador***: as hipóteses enumeradas nesse artigo tratam, na sua maioria, de situações que envolvem a perda de capacidade pessoal e/ou patrimonial do fiador, fatos que autorizam ao locador exigir nova garantia locatícia no prazo de 30 (trinta) dias, sob pena de resilição do contrato via ação de despejo com possibilidade de concessão de liminar para desocupação imediata (art. 59, § 1º, VII);
- ***exoneração da fiança***: doutrina e jurisprudência sempre debateram sobre a responsabilidade, ou não, do fiador pelas obrigações locatícias no caso de prorrogação automática do contrato de locação firmado por escrito e com prazo certo (art. 46, § 1º); tentando resolver a questão, a Lei nº 12.112/09 alterou a redação do art. 39 e acrescentou o inciso X neste, deixando claro que a responsabilidade do fiador vai efetivamente até a devolução do imóvel locado (entrega das chaves), porém, nos contratos que estejam valendo por prazo indeterminado, em razão da prorrogação automática, o fiador pode se exonerar da sua obrigação mediante notificação ao credor, permanecendo responsável pelos efeitos da fiança por mais 120 (cento e vinte) dias.
- ***notificação***: pode ser feita por qualquer meio que possibilite o conhecimento inequívoco do locatário, por exemplo: diretamente, mediante "ciência" numa cópia da comunicação; pelo correio, com aviso de recebimento; judicialmente, por meio de processo de notificação (arts. 726 a 729 do CPC); por meio do cartório de notas.

JURISPRUDÊNCIA

- Nos termos do art. 40 da Lei 8.245/91, o locador pode exigir novo fiador em hipóteses que indiquem situação de insolvência, o que não fora comprovado pelo locador. (TJSP, p. 2194145-90.2021.8.26.0000; Rel. Rosangela Telles, *DJ* 9-12-21)
- O art. 40, II, da Lei 8.245/91 permite ao locador exigir a substituição da garantia em caso de recuperação judicial do fiador. Encerrado o prazo para substituição da garantia sem que a locatária tenha apresentado novo fiador, a concessão da liminar de despejo, com fundamento no inciso VII do §1º do art. 59 da Lei nº 8.245/91, é direito do locador. (TJMG, Agravo de Instrumento-Cv 1.0024.18.001300-5/001, Rel. Des. João Cancio, 18ª Câmara Cível, *DJ* 11-2-20)
- É possível a antecipação de tutela para se determinar a desocupação imediata do imóvel locado, diante da exoneração dos fiadores, e da ausência de substituição da garantia pelo locatário, nos termos do art. 40, inciso X e parágrafo único c/c art. 59, § 1º, inciso VII, Lei 8.245/91. (TJMG, Agravo de Instrumento-Cv 1.0079.14.075073-2/001, Rel. Des.(a) Evangelina Castilho Duarte, 14ª Câmara Cível, *DJ* 14-5-15)
- Na prorrogação do contrato de locação, havendo cláusula expressa de responsabilidade do garante após a prorrogação do contrato, este deverá responder pelas obrigações posteriores, a menos que tenha se exonerado na forma dos artigos 1.500 do Código Civil de 1916 ou 835 do Código Civil vigente. Agravo regimental a que se nega provimento. (STJ, AgRg no AREsp 334.208/RJ, Min. Maria Isabel Gallotti, Quarta Turma, *DJ* 25-6-2013)

- O contrato de fiança, de natureza personalíssima, extingue-se com a morte do afiançado, não podendo o fiador ser responsabilizado por obrigações surgidas após o óbito daquele. (STJ, REsp 173026/MG, *DJ* 20-9-1999, Rel. Min. Hamilton Carvalhido, Sexta Turma, v.u.)

Art. 41. O seguro de fiança locatícia abrangerá a totalidade das obrigações do locatário.

REFERÊNCIAS LEGISLATIVAS

- art. 37, III, Lei 8.245/91.

JURISPRUDÊNCIA

- A seguradora deve arcar com a totalidade das obrigações do locatário frente ao contrato de locação, a teor do disposto no art. 41 da Lei 8.245/91, dentro dos limites de responsabilidade da apólice, até a data da efetiva entrega das chaves. (TJRS, p. 70011442928, Rel. Otávio Augusto de Freitas Barcellos, *DJ* 14-9-05)

Art. 42. Não estando a locação garantida por qualquer das modalidades, o locador poderá exigir do locatário o pagamento do aluguel e encargos até o sexto dia útil do mês vincendo.

REFERÊNCIAS LEGISLATIVAS

- arts. 20, 37, 59, § 1º, IX, Lei 8.245/91; arts. 1.467 a 1.472, CC (penhor legal).

ANOTAÇÕES

- *locação sem garantia*: não estando o contrato de locação amparado por nenhum dos tipos de garantia (art. 37), o locador pode cobrar o aluguel e encargos de forma antecipada (até o sexto dia útil do mês vincendo), assim como no caso de não pagamento (art. 9º, III), pode ajuizar ação de despejo com pedido liminar para desocupação imediata (art. 59, § 1º, IX); com estas "vantagens", o legislador procurou minimizar eventuais prejuízos do locador sem garantia (art. 37);
- *penhor legal*: além de ajuizar ação de despejo com pedido liminar, o locador sem garantia poderá reter os bens que guarnecem o prédio locado, no chamado penhor legal. O inquilino pode impedir a constituição do penhor apresentando caução idônea que garanta o total do seu débito. O tema é disciplinado pelos arts. 1.467 a 1.472 do Código Civil.

JURISPRUDÊNCIA

- Da mesma maneira, possível a exigência do pagamento antecipado dos aluguéis, desde que não haja garantia do contrato, o que é realidade nestes autos (art. 20 c.c. art. 42 da Lei 8.245/91). Negado provimento ao recurso. (TJSP, p. 0174426-36.2010.8.26.0100, Rel. Hugo Crepaldi, *DJ* 14-12-11)

Seção VIII
Das penalidades criminais e civis

Art. 43. Constitui contravenção penal, punível com prisão simples de cinco dias a seis meses ou multa de três a doze meses do valor do último aluguel atualizado, revertida em favor do locatário:

I – exigir, por motivo de locação ou sublocação, quantia ou valor além do aluguel e encargos permitidos;

II – exigir, por motivo de locação ou sublocação, mais de uma modalidade de garantia num mesmo contrato de locação;

III – cobrar antecipadamente o aluguel, salvo a hipótese do art. 42 e da locação para temporada.

REFERÊNCIAS LEGISLATIVAS

- arts. 17, 20, 23, I, 37, Lei 8.245/91; art. 1º, Decreto-Lei 3.914/41 (Lei de Introdução do Código Penal e da Lei de Contravenções Penais).

ANOTAÇÕES

- ***contravenção penal***: constitui "a infração penal a que a lei comina, isoladamente, pena de prisão simples ou de multa, ou ambas, alternativa ou cumulativamente" (art. 1º, Dec.-Lei 3.914/41).

JURISPRUDÊNCIA

- A condenação anterior por contravenção penal, já transitada em julgado, embora não caracterize reincidência, gera maus antecedentes criminais. Precedentes do STJ. (TJMG, Apelação Criminal 1.0693.19.000018-4/001, Rel. Des. Doorgal Borges de Andrada, 4ª Câmara Criminal, *DJ* 7-4-21)
- Locação. Despejo por falta de pagamento cumulada com cobrança de aluguéis. Cláusula contratual de compensação do valor de benfeitorias com o dos aluguéis.

Ausência de prova da integralidade das reformas contratadas. Procedência de cobrança de débito remanescente, compensados com os valores devido. Sanção de natureza penal, cuja reversão depende de condenação criminal. Inaplicabilidade na esfera cível. Recurso improvido. (TJSP, p. 9211314-59.2007.8.26.0000, Rel. Eduardo Sá Pinto Sandeville, *DJ* 06-10-09)

- A contravenção penal prevista no art. 43 da Lei 8.245/91, enquadrando-se como infração penal de menor potencial ofensivo, segue o procedimento previsto nos artigos 69 e seguintes da Lei 9.099/95. Recurso improvido. (TJSP, p. 0027030-79.2001.8.26.0000, Rel. Walter Zeni, *DJ* 17-5-01)

Art. 44. Constitui crime de ação pública, punível com detenção de três meses a um ano, que poderá ser substituída pela prestação de serviços à comunidade:

I – recusar-se o locador ou sublocador, nas habitações coletivas multifamiliares, a fornecer recibo discriminado do aluguel e encargos;

II – deixar o retomante, dentro de cento e oitenta dias após a entrega do imóvel, no caso do inciso III do art. 47, de usá-lo para o fim declarado ou, usando-o, não o fizer pelo prazo mínimo de um ano;

III – não iniciar o proprietário, promissário comprador ou promissário cessionário, nos casos do inciso IV do art. 9º, inciso IV, do art. 47, inciso I do art. 52 e inciso II do art. 53, a demolição ou a reparação do imóvel, dentro de sessenta dias contados de sua entrega;

IV – executar o despejo com inobservância do disposto no § 2º do art. 65.

Parágrafo único. Ocorrendo qualquer das hipóteses previstas neste artigo, poderá o prejudicado reclamar, em processo próprio, multa equivalente a um mínimo de doze a um máximo de vinte quatro meses do valor do último aluguel atualizado ou do que esteja sendo cobrado do novo locatário, se realugado o imóvel.

REFERÊNCIAS LEGISLATIVAS

- arts. 9º, IV, 22, VI, 47, III e IV, 52, I, 53, II, 65, § 2º, Lei 8.245/91; art. 1º, Decreto Lei 3.914/41 (crime).

ANOTAÇÕES

- *crime*: informa a legislação que "considera-se crime a infração penal que a lei comina pena de reclusão ou de detenção, quer isoladamente, quer alternativa ou cumulativamente com a pena de multa" (art. 1º, Dec. Lei 3.914/41);
- *luto*: o mandado de despejo não deve ser executado até o trigésimo dia seguinte ao falecimento do cônjuge, ascendente, descendente ou irmão de qualquer das pessoas que habitam o prédio locado (art. 65, § 2º).

 JURISPRUDÊNCIA

- Ao locatário que teve retomado o imóvel para uso próprio do locador, mas sem ocupação deste no prazo de 180 dias, é devida multa, nos termos do parágrafo único do art. 44 da Lei 8.245/91, sobretudo porque não houve demonstração cabal de força maior que tenha justificado a não ocupação do imóvel retomado no prazo legalmente estipulado. (TJRS, p. 70078521093, Rel. Deborah Coleto Assumpção de Moraes, *DJ* 27-09-18)

Seção IX
Das nulidades

Art. 45. São nulas de pleno direito as cláusulas do contrato de locação que visem a elidir os objetivos da presente lei, notadamente as que proíbam a prorrogação prevista no art. 47, ou que afastem o direito à renovação, na hipótese do art. 51, ou que imponham obrigações pecuniárias para tanto.

 REFERÊNCIAS LEGISLATIVAS

- arts. 47, 51, Lei 8.245/91; arts. 421, 421-A, CC (liberdade contratual).

 JURISPRUDÊNCIA

- Ação renovatória – Contrato de locação de imóvel para fins comerciais – Violação ao princípio da adstrição ao pedido – Descabimento – Fundamentação da r. sentença que se ateve a análise dos marcos temporais estabelecidos nos contratos firmados entre as partes, como forma de apurar o prazo mínimo estabelecido no art. 51, II, da Lei 8.245/91 – Lapso temporal existente entre os contratos escritos que não caracteriza interrupção da locação firmada – Dificuldades criadas pela locadora, ora ré, a fim de que fosse firmado novo instrumento contratual – Partes que entabularam acordo nas ações existentes à época (consignação em pagamento e de despejo), revelando a continuidade da relação jurídica existente – Cláusula contratual que afasta o direito à renovação que não merece prevalecer (art. 45 da Lei 8.245/91) – Direito à renovação contratual que se impõe – Mantida a r. sentença de primeiro grau que julgou procedente a ação – Art. 252 do RITJSP – Litigância de má-fé – Pretensão de reconhecimento deduzida nas contrarrazões – Afastamento do pedido – Honorários de sucumbência majorados nos termos do art. 85, § 11, do CPC – Recurso improvido. (TJSP, p. 1027607-93.2021.8.26.0564, Rel. Lígia Araújo Bisogni, *DJ* 3-10-22)
- Enquanto a locação não residencial vige por prazo determinado, o locador não pode pretender a retomada do imóvel por denúncia vazia, ainda que se

disponha a pagar a multa contratual. E qualquer cláusula contratual que afaste essa regra é nula de pleno direito (art. 45, da Lei 8.245/91). (TJGO, p. 0326919-62.2015.8.09.0175, Rel. Fábio Cristóvão de Campos Faria, *DJ* 13-7-20)

- O artigo 4º, da Lei 8.245/91, é vedado ao locador reaver o imóvel alugado antes do término do prazo estipulado para a duração do contrato de locação. São nulas de pleno direito as cláusulas do contrato locatício que visem elidir os objetivos do diploma legal que o rege, conforme inteligência do seu artigo 45. Para que a parte seja condenada em multa por litigância de má fé (art. 17, V, do CPC), necessário restar evidenciado o dolo manifesto em proceder de modo temerário, o que não se vislumbra no presente caso. (TJMG, Apelação Cível 1.0145.14.031217-7/004, Rel. Des.(a) Shirley Fenzi Bertão, 11ª Câmara Cível, *DJ* 13-7-16)
- A renúncia ao direito de preferência firmada quando da contratação da locação é nula, nos termos do art. 45 da Lei 8.245/91, já que a renúncia antecipada visa elidir um dos objetivos fundamentais da lei. (TJSP, p. 0139043-31.2009.8.26.0100, Rel. Gilberto Leme, *DJ* 11-2-14)
- Em face do art. 45 da Lei 8.245/91, é inoperante a cláusula contratual que estabelece que será motivo de rescisão da locação a hipótese de haver alteração de sócios da pessoa jurídica locatária, já que isto afastaria o direito à renovação. (TJSP, p. 9006148-69.2003.8.26.0000, Rel. Luiz De Lorenzi, *DJ* 14-5-03)
- A multa compensatória não é devida pelo simples atraso no pagamento dos aluguéis, porque, consoante o art. 45 da Lei 8.245/91, obsta o pleno exercício do direito de o locatário proceder à purgação da mora, além do que, a Lei do Inquilinato somente prevê a possibilidade de cobrança da referida multa se houver a efetiva desocupação do imóvel dentro de período avençado no contrato de locação, e não quando ele já vige por tempo indeterminado. (TJSP, p. 9059955-43.1999.8.26.0000, Rel. Miguel Cucinelli, *DJ* 17-4-01)

CAPÍTULO II
DAS DISPOSIÇÕES ESPECIAIS

Seção I
Da Locação Residencial

Art. 46. Nas locações ajustadas por escrito e por prazo igual ou superior a trinta meses, a resolução do contrato ocorrerá findo o prazo estipulado, independentemente de notificação ou aviso.

§ 1º Findo o prazo ajustado, se o locatário continuar na posse do imóvel alugado por mais de trinta dias sem oposição do locador, presumir-se-á prorrogada a locação por prazo indeterminado, mantidas as demais cláusulas e condições do contrato.

§ 2º Ocorrendo a prorrogação, o locador poderá denunciar o contrato a qualquer tempo, concedido o prazo de trinta dias para desocupação.

REFERÊNCIAS LEGISLATIVAS

- arts. 5º, 47, 57, 59, 61, Lei 8.245/91; art. 132, CC (contagem de prazos); arts. 726 a 729, CPC (notificação judicial).

ANOTAÇÕES

- *extinção do contrato*: note-se que a extinção do contrato de locação residencial, na hipótese apontada no *caput* deste artigo, ocorre automaticamente, em razão do simples escoamento do prazo acordado pelas partes (contrato cumprido), fato que dispensa qualquer tipo de notificação por parte locador; ou seja, o seu silêncio já é indicação bastante para que o locatário deixe o imóvel locado ao fim do contrato, embora, claro, seja de todo conveniente que ele informe o inquilino da sua intenção de retomar o imóvel ao fim do contrato (evitar mal-entendido e processo judicial); caso o inquilino se recuse a deixar o imóvel ao término do contrato, o locador, até trinta dias após o termo, deverá ajuizar ação de despejo por denúncia vazia (art. 59). Passado este prazo, segundo os §§ 1º e 2º, ocorrerá a prorrogação da locação por prazo indeterminado, exigindo-se do locador, caso queira a resilição do contrato assim prorrogado, a notificação prévia do locatário, concedendo-lhe o prazo de trinta dias para desocupação do prédio.
- *notificação*: pode ser feita por qualquer meio que possibilite o conhecimento inequívoco do locatário, por exemplo: diretamente, mediante "ciência" numa cópia da comunicação; pelo correio, com aviso de recebimento; judicialmente, por meio de processo de notificação (arts. 726 a 729 do CPC); por meio do cartório de notas.

JURISPRUDÊNCIA

- Nos termos dos art. 46, findo o prazo contratual estipulado, se o locatário permanece no imóvel por mais de 30 dias, sem oposição, a locação será prorrogada por tempo indeterminado. Nessa hipótese, para que o proprietário retome o bem, basta que denuncie por escrito o contrato, concedendo ao inquilino 30 dias para a desocupação. (TJMG, p. 3034979-42.2011.8.13.0024, Rel. Alexandre Santiago, *DJ* 17-2-16)
- Locação residencial. Ação de despejo proposta logo após o término do prazo ajustado no contrato. Cerceamento de defesa inocorrente. Questão unicamente de direito. Desnecessidade de notificação premonitória (art. 46 da Lei 8.245/91). APELO NEGADO. (TJSP, p. 4007424-37.2013.8.26.0562, Rel. Maria de Lourdes Lopez Gil, *DJ* 13-3-14)
- Considerando-se que o contrato de locação residencial foi pactuado para viger pelo período de 12 (doze) meses, de rigor a carência da ação, vez que não se admite a retomada do imóvel por denúncia vazia nas locações residenciais ajustadas por escrito e com prazo inferior a 30 (trinta) meses. (TJSP, Apelação 0002703-51.2012, Rel. Paulo Ayrosa, 31ª Câmara de Direito Privado, *DJ* 2-7-2013)

- A jurisprudência do STJ é firme no sentido de que, havendo cláusula contratual expressa, a responsabilidade do fiador, pelas obrigações contratuais decorrentes da prorrogação do contrato de locação, deve perdurar até a efetiva entrega das chaves do imóvel. (STJ, AgRg no AREsp 234.428/SP, Min. Ricardo Villas Bôas Cueva, Terceira Turma, *DJ* 11-6-13)

Art. 47. Quando ajustada verbalmente ou por escrito e com prazo inferior a trinta meses, findo o prazo estabelecido, a locação prorroga-se automaticamente, por prazo indeterminado, somente podendo ser retomado o imóvel:

I – nos casos do art. 9º;

II – em decorrência de extinção do contrato de trabalho, se a ocupação do imóvel pelo locatário estiver relacionada com o seu emprego;

III – se for pedido para uso próprio, de seu cônjuge ou companheiro, ou para uso residencial de ascendente ou descendente que não disponha, assim como seu cônjuge ou companheiro, de imóvel residencial próprio;

IV – se for pedido para demolição e edificação licenciada ou para a realização de obras aprovadas pelo Poder Público, que aumentem a área construída em, no mínimo, vinte por cento ou, se o imóvel for destinado a exploração de hotel ou pensão, em cinquenta por cento;

V – se a vigência ininterrupta da locação ultrapassar cinco anos.

§ 1º Na hipótese do inciso III, a necessidade deverá ser judicialmente demonstrada, se:

a) o retomante, alegando necessidade de usar o imóvel, estiver ocupando, com a mesma finalidade, outro de sua propriedade situado na mesma localidade ou, residindo ou utilizando imóvel alheio, já tiver retomado o imóvel anteriormente;

b) o ascendente ou descendente, beneficiário da retomada, residir em imóvel próprio.

§ 2º Nas hipóteses dos incisos III e IV, o retomante deverá comprovar ser proprietário, promissário comprador ou promissário cessionário, em caráter irrevogável, com imissão na posse do imóvel e título registrado junto à matrícula do mesmo.

REFERÊNCIAS LEGISLATIVAS

- arts. 5º, 45, 46, 57, 59, 61, Lei 8.245/91; art. 132, CC (contagem de prazos); arts. 726 a 729, CPC (notificação judicial).

ANOTAÇÕES

- ***extinção do contrato de locação verbal e por escrito com prazo inferior a trinta meses***: a norma trata de duas situações distintas (locação residencial). Primeiro, do contrato de locação verbal, que se presume por prazo indeterminado (Súmula 24 do TJSP); segundo, do contrato de locação por escrito com prazo inferior a trinta meses. Ao contrário do que vemos na hipótese do art. 46, onde o contrato é por escrito e com prazo igual ou superior a trinta meses, havendo a extinção automática do contrato ao seu final, possibilitando ao locador a retomado do bem mediante "denúncia vazia", ou seja, imotivada, aqui o cumprimento do contrato não provoca automaticamente a extinção da relação jurídica, que, na verdade, se estende por prazo indeterminado, por força deste artigo (ultratividade), até que eventualmente se caracterize alguma das situações indicadas nos incisos, quando então, é somente "então", o locador poderá retomar a posse do seu bem. Com essa restrição, a norma procura encorajar contratos maiores (trinta meses ou mais), fato que, segundo o legislador, pode trazer mais estabilidade ao sistema, embora, claro, represente inegável restrição à autonomia contratual.

JURISPRUDÊNCIA

- Locação residencial. Despejo por denúncia vazia. Impossibilidade. Locação ajustada por apenas 5 meses, para fins residenciais, a atrair a prorrogação por prazo indeterminado prevista no art. 47 da Lei 8.245/91. Sentença de improcedência mantida. (TJSP, p. 1031785-22.2021.8.26.0100, Rel. Ferreira da Cruz, *DJ* 30-1-23)
- Comprovados os requisitos legais do art. 47 da Lei 8.245/91, especialmente a necessidade de retomada do bem locado, pode o autor utilizar-se da ação de despejo para uso próprio, com fundamento no artigo 3º, III, da Lei 9.099/95. Nas ações de despejo para uso próprio, pode-se cumular tal pedido ao de pagamento dos débitos do locatário sem a necessidade de impor ao locador o manejo de outra ação. Isto porque, a necessidade de uso próprio ou para filho, cônjuge ou parente na ordem prevista no art. 47, da Lei 8.245/91, precede à cobrança e esta decorre do dever de entregar o imóvel com as obrigações contratuais cumpridas. A jurisprudência corrente entende haver presunção de veracidade no argumento para uso próprio, sendo este o entendimento consagrado pelo Supremo Tribunal Federal através da Súmula 410, STF: se o locador, utilizando prédio próprio para residência ou atividade comercial, pede o imóvel locado para uso próprio, diverso do que tem o por ele ocupado, não está obrigado a provar a necessidade, que se presume. (TJBA, p. 0012827-60.2015.8.05.0080, Primeira Turma Recursal, Rel. Nicia Olga Andrade de Souza Dantas, *DJ* 15-10-19)
- Apelação cível. Ação de despejo. Preliminar de cerceamento de defesa. Julgamento antecipado da lide. Prova testemunhal desnecessária. Cerceamento não configurado. Contrato de locação original por prazo menor que trinta meses. Direito de retomada regulado pelo art. 47 da Lei 8.245/91. Uso próprio. Presunção de sinceridade do locador. Vigência da locação por prazo superior a cinco anos ininterruptos. Requisitos legais atendidos. (TJPE, p. 0039928-19.2014.8.17.0001, Rel. Francisco Eduardo Goncalves Sertório Canto, *DJ* 29-2-16)
- Apelação Cível. Contrato verbal de locação de imóvel para fins residenciais. Ação de despejo por denúncia vazia. Sentença de procedência. Insurgência dos réus. Notificação dos inquilinos para o exercício do direito de preferência e não para a desocupação do imóvel. Ausência de notificação premonitória. Falta de interesse

de agir. Motivo para desocupação não preencheu uma das hipóteses previstas no art. 47 da Lei 8.245/91. Ação extinta, de ofício, por carência da ação. (TJSP, p. 9001438-30.2009.8.26.0506, Rel. Morais Pucci, *DJ* 11-2-14)
- Em contrato de locação de imóvel residencial que se ajustar prazo de vigência inferior a trinta meses e que se prorrogar ininterruptamente por mais de cinco anos, é possível a retomada do bem pelo locador, conforme artigo 47, inc. V, da Lei 8.245/91, desde que haja a notificação ao locatário do interesse em não dar continuidade à locação e a vigência ininterrupta da locação seja superior a cinco anos. (TJSP, Apelação 0050662-30.2008.8.26.0602, Rel. Des. Antônio Benedito Ribeiro Pinto, *DJ* 14-12-2011)

Seção II
Da locação para temporada

Art. 48. Considera-se locação para temporada aquela destinada à residência temporária do locatário, para prática de lazer, realização de cursos, tratamento de saúde, feitura de obras em seu imóvel, e outros fatos que decorram tão somente de determinado tempo, e contratada por prazo não superior a noventa dias, esteja ou não mobiliado o imóvel.

Parágrafo único. No caso de a locação envolver imóvel mobiliado, constará do contrato, obrigatoriamente, a descrição dos móveis e utensílios que o guarnecem, bem como o estado em que se encontram.

REFERÊNCIAS LEGISLATIVAS

- arts. 3º, 17, 20, 22, 23, 37, Lei 8.245/91; art. 132, CC (contagem de prazos); art. 23, Lei 11.771/08 (contrato de hospedagem).

ANOTAÇÕES

- ***locação para temporada***: considera-se locação para temporada aqueles contratos firmados por prazo máximo de noventa dias, em que o inquilino busca residência temporária, normalmente para a prática de lazer ou outra questão de natureza pessoal. Estando o imóvel mobiliado, como é na verdade de praxe, o contrato de locação deve necessariamente trazer uma descrição dos móveis e utensílios que o guarnecem, assim como indicar o seu estado geral de conservação;
- ***cobrança antecipada do aluguel***: neste tipo de contrato é lícito ao locador exigir o pagamento antecipado do aluguel (art. 20), assim como a apresentação de qualquer das modalidades de garantias previstas nesta lei (art. 37);
- ***locação por aplicativos***: ainda não se estabeleceu na doutrina e na jurisprudência a natureza do contrato de locação feita por meio de aplicativos, como, por exemplo, o Airbnb e Booking; trata-se, portanto, de um contrato atípico de hospedagem,

surgido em razão do avanço da tecnologia. Possui características próprias, que embora semelhantes à "locação para temporada", com ela não se confunde, embora haja decisões judiciais que as comparem, observando que esta, qual seja, a locação por aplicativo, seja uma espécie daquele gênero (locação para temporada). Penso que a locação por aplicativo fica melhor amparada, sob o ponto de vista legal (proteção do usuário deste tipo de serviço), pelo Código de Defesa do Consumidor, que, como se sabe, não se aplica às relações locatícias (veja-se algumas decisões no próximo item);
- *hospedagem*: embora trate também de locação de um espaço, o contrato de hospedagem não se confunde com o contrato de locação para temporada, embora, claro, haja semelhanças. A Lei 11.771/08, a conhecida Lei Geral do Turismo, informa no seu art. 23 que "consideram-se meios de hospedagem os empreendimentos ou estabelecimentos, independentemente de sua forma de constituição, destinados a prestar serviços de alojamento temporário, ofertados em unidades de freqüência individual e de uso exclusivo do hóspede, bem como outros serviços necessários aos usuários, denominados de serviços de hospedagem, mediante adoção de instrumento contratual, tácito ou expresso, e cobrança de diária".

JURISPRUDÊNCIA

- Apelação cível. Relação de consumo. Contrato de hospedagem. Plataforma Airbnb. Alegação de falha na prestação de serviços. Sentença de improcedência. Apelação da parte autora. Apelante que possuía ciência inequívoca acerca do horário previsto para *check-in*, assumindo totalmente o risco da chegada fora do horário contratualmente estipulado. Dano material não comprovado. Pagamento realizado junto a outro estabelecimento. Apesar de a responsabilidade do prestador de serviço ser objetiva, cabe ao consumidor comprovar a ocorrência do fato, dano e nexo causal. Destacando-se que, em que pese ser presumidamente vulnerável, não há como se afastar do consumidor o encargo de produzir prova mínima quanto aos fatos que alega, conforme disposto no art. 373, I, do CPC 2015. Súmula 330 do TJRJ. Sentença integralmente mantida. Desprovimento do recurso. (TJRJ, p. 0011185-50.2021.8.19.0210, Rel. Sônia de Fátima Dias, *DJ* 29-11-22)
- Agravo de instrumento. Decisão que indeferiu a suspensão da cobrança do valor de R$ 24.061,92 referente a diárias de Airbnb. Agravante que acreditava tratar-se de despesa em real, já que tratava-se de imóvel situado no Brasil. No entanto, o montante foi cobrado em dólar. Caráter abusivo e passível de induzir o consumidor em erro. Tutela concedida para suspender a cobrança até decisão final. Agravo provido. (TJSP, p. 0102099-48.2022.8.26.9000, 3ª Turma Cível, Rel. Cristiane Vieira, *DJ* 11-10-22)
- Reparação de danos materiais e morais – Acidente ocorrido em interior de imóvel objeto de locação para temporada – Autora que se machucou no interior do apartamento ao bater contra porta de vidro da sacada do imóvel – Cerceamento de defesa não configurado – Relação de consumo inexistente, regida a locação por lei especial própria – Responsabilidade civil – Necessidade de prova do ato ilícito,

do dano e do nexo causal – Provas dos autos que evidenciam a culpa exclusiva da própria vítima pelos danos por ela sofridos – Sentença de improcedência mantida. Honorários advocatícios de sucumbência majorados, em aplicação ao disposto no artigo 85, § 11, do Código de Processo Civil, observada a gratuidade concedida. Apelação não provida. (TJSP, p. 1015823-59.2021.8.26.0196, Rel. Sá Moreira de Oliveira, *DJ* 20-9-22)

- Locação residencial. Locação por temporada por meio da plataforma do Airbnb. Possibilidade. A locação de imóvel residencial por curtos períodos de tempo por meio de plataformas digitais deve ser enquadrada no conceito de locação para temporada do art. 48 da Lei 8.245/91, de modo que, para impedi-la, ao menos em tese, a proibição deve, no mínimo, constar expressamente na convenção do condomínio, para cuja alteração exige-se o quórum especial de 2/3 de todos os condôminos aptos a deliberar, na forma do art. 1.351 do Código Civil, ou outro mais qualificado constante da própria convenção. Sentença de procedência que anulou a proibição da locação e declarou indevidas as multas aplicadas aos autores da ação. Sentença correta. Recurso não provido. (TJSP, p. 1121332-44.2019.8.26.0100, Rel. Gilson Delgado Miranda, *DJ* 26-7-21)

- A oferta de imóvel em plataformas de compartilhamento de imóveis, tais como o Airbnb, não se trata de locação para temporada, eis que não destinada à residência temporária do locatário, mas sim à sua hospedagem, em caráter eventual e transitório, afastado do conceito de residência, ainda que possa se prolongar no tempo. (TJMG, Apelação Cível 1.0000.21.090813-3/001, Rel. Des. João Cancio, 18ª Câmara Cível, julgamento em 13-7-21, publicação da súmula em 13-7-21)

- Na hipótese, tem-se um contrato atípico de hospedagem, que se equipara à nova modalidade surgida nos dias atuais, marcados pelos influxos da avançada tecnologia e pelas facilidades de comunicação e acesso proporcionadas pela rede mundial da internet, e que se vem tornando bastante popular, de um lado, como forma de incremento ou complementação de renda de senhorios, e, de outro, de obtenção, por viajantes e outros interessados, de acolhida e abrigo de reduzido custo. Trata-se de modalidade singela e inovadora de hospedagem de pessoas, sem vínculo entre si, em ambientes físicos de estrutura típica residencial familiar, exercida sem inerente profissionalismo por aquele que atua na produção desse serviço para os interessados, sendo a atividade comumente anunciada por meio de plataformas digitais variadas. As ofertas são feitas por proprietários ou possuidores de imóveis de padrão residencial, dotados de espaços ociosos, aptos ou adaptados para acomodar, com certa privacidade e limitado conforto, o interessado, atendendo, geralmente, à demanda de pessoas menos exigentes, como jovens estudantes ou viajantes, estes por motivação turística ou laboral, atraídos pelos baixos preços cobrados. Embora aparentemente lícita, essa peculiar recente forma de hospedagem não encontra, ainda, clara definição doutrinária, nem tem legislação reguladora no Brasil, e, registre-se, não se confunde com aquelas espécies tradicionais de locação, regidas pela Lei 8.245/91, nem mesmo com aquela menos antiga, genericamente denominada de aluguel por temporada (art. 48 da Lei de Locações). Diferentemente do caso sob exame, a locação por temporada não prevê aluguel informal e fracionado de quartos existentes num imóvel para hospedagem de distintas pessoas estranhas entre si, mas sim a locação plena e formalizada de imóvel adequado a servir de residência temporária para determinado locatário e, por óbvio, seus familiares ou amigos, por prazo não superior a noventa dias. Tampouco a nova modalidade de hospedagem se enquadra dentre os usuais tipos de hospedagem ofertados, de modo formal e profissionalizado, por hotéis, pousadas, hospedarias, motéis e outros estabelecimentos da rede tradicional provisora de alojamento, conforto e variados serviços à clientela, regida pela Lei 11.771/08. (STJ, REsp 1.819.075/RS, Min. Raul Araújo, T4, *DJe* 27-5-21)

Art. 49. O locador poderá receber de uma só vez e antecipadamente os aluguéis e encargos, bem como exigir qualquer das modalidades de garantia previstas no art. 37 para atender as demais obrigações do contrato.

REFERÊNCIAS LEGISLATIVAS

- arts. 1º, 3º, 17, 20, 22, 23, 37, 48, Lei 8.245/91.

JURISPRUDÊNCIA

- A parte locadora de imóvel para temporada não pode ser compelida a devolver o aluguel que recebeu antecipadamente, se o inadimplemento do contrato ocorreu por culpa exclusiva da parte locatária, que manifestou desistência do negócio quando já havia se iniciado o período da locação, durante as festividades de final de ano, criando embaraços à celebração de novo ajuste pelas locadoras. Aliás, em se tratando de locação por temporada, não existe ilegalidade no ato do locador em exigir o pagamento integral e antecipado dos aluguéis, nos termos do disposto no artigo 49, da lei n.º 8.245/91. (TJSP, Apelação 1010965-15.2013.8.26.0309, Comarca Jundiaí 2ª Vara Cível, Rel. Des. Paulo Ayrosa, *DJ* 7-2-2017)

Art. 50. Findo o prazo ajustado, se o locatário permanecer no imóvel sem oposição do locador por mais de trinta dias, presumir-se-á prorrogada a locação por tempo indeterminado, não sendo mais exigível o pagamento antecipado do aluguel e dos encargos.
Parágrafo único. Ocorrendo a prorrogação, o locador somente poderá denunciar o contrato após trinta meses de seu início ou nas hipóteses do art. 47.

REFERÊNCIAS LEGISLATIVAS

- arts. 3º, 5º, 47, 48, 49, Lei 8.24591; art. 132, CC (contagem de prazos); arts. 726 a 729 do CPC (notificação judicial).

 **ANOTAÇÕES**

- **permanência indevida**: na hipótese de o inquilino se recusar a deixar o imóvel ao término do contrato, o locador, até trinta dias após o termo, deverá ajuizar ação de despejo por denúncia vazia com pedido liminar (art. 59). Ressalte-se que decorrido o referido prazo sem que o locador ajuíze a ação, ocorrerá a prorrogação da locação por prazo indeterminado, exigindo-se do locador, caso venha a requer a resilição do contrato assim prorrogado, a notificação prévia do locatário, concedendo-lhe o prazo de trinta dias para desocupação do prédio.
- **notificação**: pode ser feita por qualquer meio que possibilite o conhecimento inequívoco do locatário, por exemplo: diretamente, mediante "ciência" numa cópia da comunicação; pelo correio, com aviso de recebimento; judicialmente, por meio de processo de notificação (arts. 726 a 729 do CPC); por meio do cartório de notas.

 JURISPRUDÊNCIA

- Locação de imóveis – Ação de despejo por falta de pagamento cumulada com cobrança de aluguéis – Locatário – Ilegitimidade passiva – Inocorrência – Responsabilidade – Termo final – Entrega das chaves – Findo o prazo ajustado, se o locatário permanecer no imóvel sem oposição do locador por mais de trinta dias, presumir-se-á prorrogada a locação por tempo indeterminado. Incidência do art. 50, da Lei 8.245, de 18 de outubro de 1991. (TJSP, p. 0003715-18.2006.8.26.0268, Rel. Luis Fernando Nishi, *DJ* 30-6-15)

Seção III
Da locação não residencial

Art. 51. Nas locações de imóveis destinados ao comércio, o locatário terá direito a renovação do contrato, por igual prazo, desde que, cumulativamente:

I – o contrato a renovar tenha sido celebrado por escrito e com prazo determinado;

II – o prazo mínimo do contrato a renovar ou a soma dos prazos ininterruptos dos contratos escritos seja de cinco anos;

III – o locatário esteja explorando seu comércio, no mesmo ramo, pelo prazo mínimo e ininterrupto de três anos.

§ 1º O direito assegurado neste artigo poderá ser exercido pelos cessionários ou sucessores da locação; no caso de sublocação total do imóvel, o direito a renovação somente poderá ser exercido pelo sublocatário.

§ 2º Quando o contrato autorizar que o locatário utilize o imóvel para as atividades de sociedade de que faça parte e que a esta passe a pertencer o fundo de comércio, o direito a renovação poderá ser exercido pelo locatário ou pela sociedade.

§ 3º Dissolvida a sociedade comercial por morte de um dos sócios, o sócio sobrevivente fica sub-rogado no direito a renovação, desde que continue no mesmo ramo.

§ 4º O direito a renovação do contrato estende-se às locações celebradas por indústrias e sociedades civis com fim lucrativo, regularmente constituídas, desde que ocorrentes os pressupostos previstos neste artigo.

§ 5º Do direito a renovação decai aquele que não propuser a ação no interregno de um ano, no máximo, até seis meses, no mínimo, anteriores à data da finalização do prazo do contrato em vigor.

REFERÊNCIAS LEGISLATIVAS

- arts. 3º, 11, 14, 45, 52, 71 a 75, Lei 8.245/91; art. 132, CC (contagem de prazos).

ANOTAÇÕES

- ***renovação compulsória do contrato de locação***: embora a presente lei tenha trazido mais "liberdade" ao sistema, permitindo às partes estabelecer o alcance e os limites do contrato, o legislador entendeu por bem "interferir" nesta liberdade, prevendo, neste artigo, a possibilidade da renovação compulsória do contrato de locação não residencial (quando presentes, claro, os requisitos previstos nos incisos e parágrafos deste artigo), com escopo de preservar o fundo de comércio ou empresarial (conjunto de bens corpóreos ou não que viabilizam a atividade comercial e/ou empresarial);
- ***ação renovatória de locação***: disciplinada nos arts. 71 a 75 da presente lei, sendo que o leitor encontra modelo dela no capítulo quinto da presente obra (Modelos e formulários).

JURISPRUDÊNCIA

- O art. 51 da lei de locação dá direito ao locatário à renovação locatícia de imóvel não residencial, desde que cumpridos, cumulativamente, todos os requisitos previstos nos seus incisos e parágrafos. Não preenchidos estes requisitos, é de ser indeferida a liminar pretendida de renovação compulsória de locação comercial. (TJMG, Agravo de Instrumento-Cv 1.0000.22.228553-8/001, Rel. Des. José Flávio de Almeida, 12ª Câmara Cível, *DJ* 26-1-23)
- Admite-se a soma dos prazos de contratos de locação escritos não contínuos para que haja a complementação do quinquídio previsto no inciso II do art. 51 da Lei 8.245/91, desde que a interrupção tenha ocorrido por breve período, não superior a 06 (seis) meses, segundo entendimento do STJ (REsp 120.207/SP). (TJMG, Apelação Cível 1.0000.22.000532-6/001, Rel. Des.(a) Aparecida Grossi, 17ª Câmara Cível, *DJ* 7-12-22)
- O locatário possui prazo determinado para ingressar com a ação e assegurar o seu direito à renovação do contrato de locação não residencial, a fim de evitar o perecimento de seu direito pela decadência, conforme teor do § 5º do art. 51 da Lei

8.245/91. – A iminência do término do contrato de locação, aliado à inércia do réu/apelado (locador) em manifestar interesse na renovação contratual, impôs à parte autora o ajuizamento de ação renovatória de contrato de locação não residencial, inclusive para não ver obstada a sua atividade comercial. – Diante do mencionado quadro, as custas processuais e os honorários advocatícios, à luz do princípio da causalidade, deverão ser suportados pelo réu/apelado. (TJDFT, Acórdão 1403526, p. 0723862-23.2019.8.07.0001, 7ª Turma Cível, Rel. Gislene Pinheiro, *DJ* 23-2-22)

- Apelação. Ação renovatória. Locação comercial. Necessidade de comprovação dos requisitos previstos no art. 51 da Lei 8.245/91. Locatária que é professora aposentada e não provou exercer atividade comercial no imóvel, por meio da titular do contrato. Sentença de improcedência mantida. Recurso desprovido. (TJRJ, p. 0099142-96.2016.8.19.0038, Rel. Agostinho Teixeira de Almeida Filho, *DJ* 13-10-21)

- Inicialmente, é de se verificar a presença dos requisitos para a renovação do contrato, previstos no art. 51 da Lei 8.245/91, quais sejam, a existência de contrato por escrito com prazo determinado, o lapso temporal de 5 (cinco) anos e a atuação no ramo de alimentação pelo menos nos últimos três, não tendo o réu comprovado qualquer das exceções previstas no art. 52 da mesma lei. (TJRJ, p. 0004745-19.2017.8.19.0003, Rel. Marco Aurélio Bezerra De Melo, *DJ* 24-11-20)

- A renovação do contrato de locação de imóvel é possível desde que preenchidos os requisitos do art. 51 da Lei n. 8.245/91. Na hipótese dos autos, o Tribunal de origem decidiu, em conformidade com a jurisprudência desta Corte, que em razão de longo período de interrupção entre os contratos escritos não se verificam as condições necessárias para a ação renovatória de aluguel. (STJ, AgInt no AREsp 1.158.400/MG, Min. Antonio Carlos Ferreira, Quarta Turma, *DJe* 18-4-2018)

- Quando o termo final para a propositura da ação renovatória recair em dia não útil, prorroga-se o prazo para o dia seguinte que houver expediente forense. (TJSP, Apelação 9146359-82.2008.8.26.0000, Rel. Des. José Malerbi, *DJ* 19-12-2011)

- O prazo da prorrogação de contrato de locação estabelecido por força de ação renovatória deve ser igual ao do ajuste anterior, observado o limite máximo de cinco anos. Inteligência do art. 51 da Lei nº 8.245/91. (STJ, REsp 182.713/RJ, *DJ* 17-9-1999, p. 125, Rel. Min. Hamilton Carvalhido, Sexta Turma, v.u.)

Art. 52. O locador não estará obrigado a renovar o contrato se:

I – por determinação do Poder Público, tiver que realizar no imóvel obras que importarem na sua radical transformação; ou para fazer modificação de tal natureza que aumente o valor do negócio ou da propriedade;

II – o imóvel vier a ser utilizado por ele próprio ou para transferência de fundo de comércio existente há mais de um ano, sendo detentor da maioria do capital o locador, seu cônjuge, ascendente ou descendente.

§ 1º Na hipótese do inciso II, o imóvel não poderá ser destinado ao uso do mesmo ramo do locatário, salvo se a locação também envolvia o fundo de comércio, com as instalações e pertences.

§ 2º Nas locações de espaço em "shopping-centers", o locador não poderá recusar a renovação do contrato com fundamento no inciso II deste artigo.

§ 3º O locatário terá direito a indenização para ressarcimento dos prejuízos e dos lucros cessantes que tiver que arcar com a mudança, perda do lugar e desvalorização do fundo de comércio, se a renovação não ocorrer em razão de proposta de terceiro, em melhores condições, ou se o locador, no prazo de três meses da entrega do imóvel, não der o destino ou não iniciar as obras determinadas pelo Poder Público ou que declarou pretender realizar.

REFERÊNCIAS LEGISLATIVAS

- arts. 3º, 9º, IV, 11, 14, 35, 45, 51, 71 a 75, Lei 8.24591; art. 132, CC (contagem de prazos).

ANOTAÇÕES

- ***oposição ao direito de renovação compulsória do contrato de locação***: depois de interferir de forma tão decisiva nas relações privadas (art. 51), possibilitando a renovação compulsória do contrato de locação, o legislador buscou "equilibrar" as coisas, prevendo neste artigo aquelas situações que permitem ao locador se opor ao pedido renovatório, com o propósito de preservar os seus próprios interesses.

JURISPRUDÊNCIA

- A indenização pelo fundo de comércio somente é assegurada àquele que goza do direito à renovação. (TJMG, Apelação Cível 1.0000.20.557698-6/001, Rel. Des.(a) Mônica Libânio, 11ª Câmara Cível, *DJ* 10-3-21)
- O ressarcimento do fundo de comércio é obrigatório apenas na hipótese de a locação não residencial, por prazo determinado, deixar de ser renovada por qualquer das razões previstas no § 3º do art. 52 da Lei 8.245/91; impõe-se o dever indenizatório tão-somente ao locador que age com má-fé ou desídia. – O dever jurídico de indenizar o locatário pelo fundo de comércio decorre de norma especial integrante do subsistema jus-locatício, e não de previsão do Direito Civil comum (enriquecimento sem causa às expensas de outrem). (STJ, Acórdão 1060300-PR, p. 2008/0112800-3, 5ª Turma, Rel. Laurita Vaz, *DJ* 2-8-11)
- É firme a jurisprudência do Superior Tribunal de Justiça no sentido de que, nos termos do art. 52, § 3º, da Lei nº 8.245/91, é assegurado ao locatário o direito de ressarcimento por eventuais danos causados pelo locador que, utilizando-se indevidamente da prerrogativa legal insculpida no art. 52, II, da Lei do Inquilinato, empregando-o como subterfúgio especulativo, confere ao imóvel destinação diversa daquela declarada na ação renovatória. (STJ, REsp 594.637/SP, Min. Arnaldo Esteves Lima, Quinta Turma, *DJ* 9-5-2006)

- Depreende-se da súmula 485 do STF que, em sede de locação comercial, é relativa a presunção de sinceridade do locador que pretende retomada do imóvel, ficando a cargo do locatário a comprovação da insinceridade do pedido. (TJMG, Proc. 2.0000.00.404884-0/000(1), Rel. Des. Alvimar de Ávila, *DJ* 22-10-2003)

Art. 53. Nas locações de imóveis utilizados por hospitais, unidades sanitárias oficiais, asilos, estabelecimentos de saúde e de ensino autorizados e fiscalizados pelo Poder Público, bem como por entidades religiosas devidamente registradas, o contrato somente poderá ser rescindido: (*Redação dada pela Lei nº 9.256, de 9-1-1996*)

I – nas hipóteses do art. 9º;

II – se o proprietário, promissário comprador ou promissário cessionário, em caráter irrevogável e imitido na posse, com título registrado, que haja quitado o preço da promessa ou que, não o tendo feito, seja autorizado pelo proprietário, pedir o imóvel para demolição, edificação licenciada ou reforma que venha a resultar em aumento mínimo de cinquenta por cento da área útil.

REFERÊNCIAS LEGISLATIVAS

- arts. 4º, 8º, 9º, 51, Lei 8.245/91.

JURISPRUDÊNCIA

- É firme a jurisprudência do Superior Tribunal de Justiça no sentido de que a locação de imóvel não residencial, para localização e funcionamento de estabelecimento de ensino, ainda que o contrato tenha sido celebrado com prazo determinado, somente será passível de rescisão nas hipóteses previstas no art. 53, §§ 1º e 2º, da Lei 8.245/91. (TJMG, Agravo de Instrumento-Cv 1.0000.22.049329-0/001, Rel. Des. Fernando Lins, 20ª Câmara Cível, *DJ* 8-2-23)
- Agravo de instrumento. Locação de imóvel. Ação renovatória de locação. Insurgência contra decisão que afastou a preliminar de retomada do imóvel para uso próprio formulada pela agravante. Farmácia que não é equiparada a estabelecimento de saúde para efeitos de rescisão da relação locatícia firmada. Lei 13.021/14 que registra a assistência à saúde e reforça a atividade de comércio realizada pelas farmácias, independentemente da natureza delas. Inaplicabilidade do art. 53 da Lei 8.245/91. Recurso provido. (TJSP, p. 2251614-60.2022.8.26.0000, Rel. Alfredo Attié, *DJ* 26-1-23)
- Em se tratando de ação de despejo em razão do não pagamento dos aluguéis, não se aplica a proteção prevista no art. 53 da Lei 8.245/91, sendo autorizada a rescisão do contrato de locação, ainda que o imóvel seja utilizado por hospital. Havendo prova do inadimplemento dos aluguéis, deve ser confirmada a sentença de procedência do pedido inicial. (TJMG, p. 0234465-86.2016.8.13.0702, Rel. Marcos Lincoln, *DJ* 4-6-20)

- O art. 53 da Lei 8.245/91 não afasta o direito do locador na retomada do imóvel em ação renovatória. A retomada do imóvel em ação renovatória é consequência da não renovação, nos termos do art. 74 da Lei 8.245/91. (TJMG, p. 1958777-36.2014.8.13.0024, Rel. José Flávio de Almeida, *DJ* 18-9-19)
- De acordo com precedentes do Superior Tribunal de Justiça, a expressão "estabelecimento de saúde" (art. 53, da Lei 8.245/91) alcança os estabelecimentos de grande e médio porte em que realizadas internações e disponibilizados equipamentos sofisticados, bem como as unidades sanitárias que prestem diretamente serviços em prol da saúde pública (REsp 1.982/SP, Rel. Min. Athos Carneiro, quarta turma, j. 13/0390, *DJ* 2-4-90, p. 2459). – Considerando que o Agravante é laboratório de análises clínicas, não se lhe aplicam as regras dos arts. 53 e 63, § 3º, da Lei do Inquilinato. (TJMG, p. 0673653-90.2016.8.13.0000, Rel. José Marcos Vieira, *DJ* 16-2-17)
- Tendo em vista ser a educação o verdadeiro bem jurídico tutelado pela regra disposta no artigo 53 da Lei nº 8.245/91, e considerando que a própria Constituição Federal é expressa ao incluir a educação infantil e pré-escola no âmbito da proteção conferindo ao ensino, imperioso reconhecer que as escolas infantis e maternais também devem ser englobadas pela regra protetiva prevista na Lei do Inquilinato. (TJSP, Apelação 0003444-93.2011.8.26.0248, Rel. Des. Hugo Crepaldi, *DJ* 14-12-2011)

Art. 54. Nas relações entre lojistas e empreendedores de "shopping-center", prevalecerão as condições livremente pactuadas nos contratos de locação respectivos e as disposições procedimentais previstas nesta lei.

§ 1º O empreendedor não poderá cobrar do locatário em "shopping-center":

a) as despesas referidas nas alíneas "a", "b" e "d" do parágrafo único do art. 22; e

b) as despesas com obras ou substituições de equipamentos, que impliquem modificar o projeto ou o memorial descritivo da data do habite-se e obras de paisagismo nas partes de uso comum.

§ 2º As despesas cobradas do locatário devem ser previstas em orçamento, salvo casos de urgência ou força maior, devidamente demonstradas, podendo o locatário, a cada sessenta dias, por si ou entidade de classe exigir a comprovação das mesmas.

REFERÊNCIAS LEGISLATIVAS

- arts. 1º, 3º, 4º, 9º, 17, 22, 45, Lei 8.245/91.

ANOTAÇÕES

- ***locação em shopping center***: embora as regras gerais de locação sejam aplicadas aos contratos firmados entre lojistas e os administradores de *Shopping centers*, como, por exemplo, no caso da ação renovatória; na verdade, considerando a natureza e complexidade deste tipo de relação, a Lei de Inquilinato preferiu se abster de disciplinar detalhadamente esse tipo de locação, concedendo ampla liberdade às partes, com o escopo de que essas estabeleçam de comum acordo as suas próprias condições contratuais. Essa "liberdade" que, obviamente encontra limite nas disposições legais não só da Lei do Inquilinato, mas também no Código Civil, torna difícil comentar sobre esse tipo de contrato, visto que muito particular de cada caso e lugar. Observo, no entanto, que uma das diferenças bem comum em relação aos contratos ordinários de locação não residencial é a possibilidade da cobrança de aluguel misto, ou seja, uma parte fixa e outra variável, que considera o faturamento do lojista.

JURISPRUDÊNCIA

- Os contratos de locação em *shopping centers* são pactuados livremente, devendo prevalecer o princípio da intervenção mínima do judiciário. Ausente exceção que justifique a intervenção os aluguéis devem ser mantidos. (TJMG, Agravo de Instrumento-Cv 1.0000.22.093373-3/001, Rel. Des. Antônio Bispo, 15ª Câmara Cível, *DJ* 11-8-22)
- Agravo de instrumento – Ação revisional de cláusula contratual – Empreendimento assemelhado a "Shopping Center" – Aplicação análoga do art. 54 da Lei 8.245/91 (Lei de Locações) – A prevalência da autonomia da vontade não significa, contudo, a impossibilidade de intervenção judicial para equilibrar os termos do contrato, de acordo com os princípios da boa-fé contratual e da função social do contrato – A manutenção do referido índice para realizar a correção monetária do aluguel significa um aumento da ordem de um terço do valor do aluguel, o que torna o contrato excessivamente oneroso para a parte locatária, ensejando vantagem desarrazoada para a parte locadora – A correção monetária é mera atualização do valor da moeda corroído pela inflação, não constituindo um plus à obrigação, tampouco eventual remuneração pela assunção de um risco, como se dá em caso de aplicações em produtos de investimento em renda fixa – Precedentes deste E. Tribunal de Justiça – Quando a volatilidade deste índice passa a cumprir uma função mais remuneratória do que propriamente corretiva, é de rigor que a adoção do índice seja revista – Imperiosa a manutenção da r. decisão impugnada – Negado provimento. (TJSP, p. 2253123-60.2021.8.26.0000, Rel. Hugo Crepaldi, *DJ* 30-11-21)
- Nas relações entre lojistas e empreendedores de shopping center se aplica, no que couber, o artigo art. 54 da Lei 8.245/91, que estabelece a prevalência das condições livremente pactuadas em tais contratos atípicos. Isso não implica, contudo, na admissão de cláusulas abusivas no instrumento que coloquem o locatário em manifesta desvantagem, restringindo seus direitos e impondo obrigações iníquas. Recurso a que se nega provimento. (TJRJ, p. 0067691-31.2020.8.19.0000, Rel. Cláudia Telles De Menezes, *DJ* 23-2-21)
- Locação de loja em *shopping center*. Ação renovatória. Os elementos que conduziram à determinação do valor mínimo de aluguel para o período de renovação do contrato estão bem explicitados no laudo pericial. A sentença fixou o valor do locativo em conformidade com os estudos realizados pelo perito a respeito

de questão eminentemente técnica. Não havendo indício de que a avença tenha sido celebrada mediante vício do consentimento, é válida a disposição contratual livremente pactuada que estabelece o pagamento de aluguel equivalente ao dobro do valor mínimo mensal no mês de dezembro. Prevalência do princípio da autonomia da vontade. Exegese do art. 54 da Lei 8.245/91. Precedentes do E. Superior Tribunal de Justiça e desta E. Corte. Recurso improvido. (TJSP, p. 0023671-88.2010.8.26.0006, Rel. Gomes Varjão, *DJ* 6-6-17)

- Nos contratos de locação de loja em *shopping center*, é fixada a cobrança de aluguel percentual, proporcional ao faturamento bruto mensal da atividade comercial, e que se justifica devido à infraestrutura do empreendimento, que colabora para o sucesso do lojista locatário. O aluguel percentual representa um rateio do sucesso, que em parte é possibilitado pela estrutura e planejamento oferecidos pelo *shopping center*. A violação contratual acerca da contraprestação devida pelo uso do espaço locado autoriza o desfazimento da locação, nos termos do art. 9º, II, da Lei 8.245/91. (STJ, REsp 1.295.808-RJ, Rel. Min. João Otávio de Noronha, TS, *DJ* 24-4-2014)

- Os contratos de locação comercial estilo 'shopping centers' são avenças atípicas, porquanto não se resumem ao mero pagamento de quantia em virtude de locação de imóvel não residencial, estabelecendo obrigações estranhas ao pacto de aluguel ordinário, constituindo, pois, contratos mistos. Nessa modalidade de contrato não há que se falar em responsabilidade do empreendedor pelo mero insucesso do lojista, posto que o fracasso comercial é risco inerente à atividade empresária. (TJMG, p. 1.0024.03.970703-9/001(1), Rel. Des. Sebastião Pereira de Souza, *DJ* 13-6-2007)

- A locação entre lojistas e empreendedores de shopping center está prevista na Lei do Inquilinato, estabelecendo o legislador que prevalecem nessa relação as condições livremente pactuadas, obedecidas as disposições procedimentais insertas na norma (art. 54, *caput*). Se a contribuição ao fundo de promoção do Shopping está prevista em sua Convenção Condominial, dela tendo conhecimento o inquilino que, no contrato de locação, obrigara-se de forma expressa à observância da referida convenção, é aquela parcela cobrável do locatário que deixa de liquidá-la pontualmente. (TJMG, p. 2.0000.00.438100-4/000(1), Rel. Des. Selma Marques, *DJ* 26-5-2004)

Art. 54-A. Na locação não residencial de imóvel urbano na qual o locador procede à prévia aquisição, construção ou substancial reforma, por si mesmo ou por terceiros, do imóvel então especificado pelo pretendente à locação, a fim de que seja a este locado por prazo determinado, prevalecerão as condições livremente pactuadas no contrato respectivo e as disposições procedimentais previstas nesta Lei. (*Incluído pela Lei 12.744/12*)

§ 1º Poderá ser convencionada a renúncia ao direito de revisão do valor dos aluguéis durante o prazo de vigência do contrato de locação. (*Incluído pela Lei nº 12.744/12*)

§ 2º Em caso de denúncia antecipada do vínculo locatício pelo locatário, compromete-se este a cumprir a multa convencionada, que não excederá, porém, a soma dos valores dos aluguéis a receber até o termo final da locação. (*Incluído pela Lei nº 12.744/12*)

§ 3º (*Vetado*)

REFERÊNCIAS LEGISLATIVAS

- arts. 3º, 4º, 6º, 19, Lei 8.245/91; art. 421-A, CC (paridade contratual).

ANOTAÇÕES

- **construção ajustada ("built to suit"):** inserido pela Lei 12.744/12, esta norma veio disciplinar situação cada vez mais comum nos dias atuais, onde as empresas preferem alugar um imóvel ao invés de comprá-lo. Nestes casos, o empreendedor, com escopo de atender características próprias do negócio, exige uma série de reformas ou mesmo a construção de um novo prédio ("*built to suit*", ou construção sob medida ou "construção para servir"). O proprietário do bem, por sua vez, concorda em fazer o investimento diante do compromisso de um longo contrato de locação; neste caso, o aluguel remunera não só o uso do imóvel, mas também o investimento feito. A fim de garantir os direitos do investidor, a lei passou a permitir a renúncia ao direito de revisão do valor dos aluguéis (§ 1º), assim como abriu exceção quanto à regra que prevê o pagamento proporcional da multa compensatória (art. 413, CC), possibilitando o pagamento integral da multa, limitado, porém, aos valores dos aluguéis a receber até o termo final da locação (§ 2º);
- **natureza jurídica:** não obstante tenha o legislador optado por inserir este tipo de contrato nesta lei, nomeando-o de contrato de locação, a doutrina ainda discute a sua natureza jurídica; inegável que não é um contrato de locação típico (art. 1º), embora essa seja uma parte importante do negócio, assim como a empreitada a ser desenvolvida pelo locador, contrato de empreitada (compra do imóvel; construção ou reforma do prédio etc.). As contradições evidentes indicam um contrato de locação com natureza mista (atípico).

JURISPRUDÊNCIA

- Pretensão de revisão das condições pactuadas ante a alegação de desequilíbrio contratual em razão da pandemia; não acolhimento. Contrato de locação celebrado na modalidade "built to suit" (adequação do imóvel pelo locador especificamente para a finalidade do locatário), em que a intervenção do poder judiciário deve ser exceção. Preservação da autonomia da vontade das partes. Possibilidade de renúncia ao direito de revisão dos aluguéis, na forma do artigo 54-a, da Lei 8.245/91; cláusula contratual expressa de renúncia; além disso, ausência dos elementos necessários para a aplicação da teoria da imprevisão. Queda do faturamento da autora em razão da pandemia que não restou provada. Onerosidade excessiva e desequilíbrio contratual não comprovados; sentença mantida na integralidade. Recurso conhecido e desprovido. (TJPR, p. 0039574-35.2021.8.16.0014, *DJ* 3-10-22)
- Contrato "built to suit". Necessidade de recompensar os investimentos realizados pela locadora na construção do imóvel. Embora a pandemia seja fato notório, isso não implica que assim também sejam os seus efeitos sobre as relações jurídicas

que alcançou. Hipótese em que a autora não demonstrou a diminuição do seu faturamento, já comprometido antes da crise sanitária, em proporção capaz de impossibilitar o respeito às obrigações assumidas. Perícia desnecessária ao deslinde da quaestio. Recurso da autora desprovido. (TJSP, p. 1065813-53.2020.8.26.0002, Rel. Ferreira da Cruz, *DJ* 2-8-22)

- As partes realizaram a contratação na modalidade "Built to Suit", que envolveu, por parte da contratada, a construção de hospital em imóvel mediante indicação e com as especificações da parte contratante, que passou a desfrutá-lo a título de locação. – A fixação do aluguel, segundo a livre estipulação das partes, levou em conta não apenas a finalidade de servir de contraprestação pelo uso do bem, mas, sobretudo, de retorno do investimento realizado no local. – Assim, diante dessa particularidade, inviável se apresenta cogitar de revisão do valor da contraprestação enquanto não se esgotar o prazo estabelecido no contrato. Tratando-se de negócio jurídico realizado antes da entrada em vigor da lei que disciplinou a matéria, introduzindo o artigo 54-A na Lei 8.245/91, não tem relevância o fato de o contrato não conter previsão específica de renúncia ao direito de revisão do contrato por quaisquer das partes. A impossibilidade de revisão do aluguel é da essência da contratação, por envolver equação financeira, de modo que qualquer iniciativa em sentido diverso implicaria ofensa ao princípio da boa-fé objetiva. Inviável se apresenta o acolhimento do pleito de revisão do aluguel enquanto não ocorrer o termo do prazo contratual previsto pelas partes (1º de dezembro de 2025). Daí advém a improcedência do pedido. (TJSP, p. 1010336-32.2017.8.26.0008, Re. Antonio Rigolin, *DJ* 12-7-22)
- Nos contratos na modalidade "built to suit" (trad. livre: construído para se adequar), em que as partes convencionam a realização de investimento em construção ou reforma no imóvel pelo locador no interesse do locatário, a autonomia da vontade das partes não afasta a aplicação da lei de locações. O pagamento de aluguel corresponde à utilização do imóvel, sendo que compete ao locador entregar o imóvel alugado ao locatário em estado de servir ao uso a que se destina e garantir seu uso. Sem que o locador tenha dado condições ao locatário de utilizar o imóvel, afigura-se incabível a cobrança de multa pela rescisão antecipada do contrato, pois o descumprimento do prazo para a inauguração do empreendimento dá causa ao desfazimento do negócio. No mesmo sentido, se o imóvel não chegou a servir à finalidade da contratação, afigura-se incabível a restituição proporcional do aporte realizado pelo locador. Recurso desprovido. (TJMG, Apelação Cível 1.0000.22.068950-9/001, Rel. Des. Manoel dos Reis Morais, 20ª Câmara Cível, *DJ* 22-6-22)
- O contrato "built to suit" se difere das modalidades usuais de locação comercial e, diante de suas especificidades, as cláusulas contratuais possuem maior força cogente entre as partes, conforme parte final do art. 54-A da Lei 8.245/91, reforçado pelo art. 421-A do Código Civil. (TJMG, Apelação Cível 1.0000.22.005269-0/001, Rel. Des.(a) Lílian Maciel, 20ª Câmara Cível, DJ 22-6-22)
- Apelação. Locação escrita de imóvel comercial na modalidade "built to suit". Ação de cobrança c. c. perdas e danos e lucros cessantes, com pedido julgado parcialmente procedente. Recurso da ré. Rescisão antecipada do contrato por iniciativa da locatária. Legitimidade ativa dos apelados configurada, tendo em vista que

figuraram como locadores na avença. Natureza de locação na modalidade "built to suit" que é evidente, ante a previsão expressa e detalhada no instrumento contratual e a estipulação de substancial reforma do imóvel a cargo dos locadores. Dicção do art. 54-A da Lei 8.245/91. Multa contratual no valor de 10% dos aluguéis restantes até o fim do contrato que não admite redução e não compreende os prejuízos com as reformas realizadas e a realizar. Indenização de tais despesas que é devida por expressa previsão contratual. Quantias despendidas que foram comprovadas e consideradas, por perito judicial, compatíveis com as obras realizadas e a realizar. Verba honorária sucumbencial arbitrada em patamar adequado. Sentença mantida. RECURSO DESPROVIDO, majorados os honorários advocatícios de 15% para 20% do valor da condenação, nos termos do art. 85, § 11, do CPC. (TJSP, p. 1035294-32.2019.8.26.0196, Rel. Sergio Alfieri, *DJ* 27-4-21)

- *Built to suit* (em português: 'construído para servir') é uma expressão conhecida no mercado imobiliário usada para identificar contratos de locação a longo prazo no qual o imóvel é construído para atender aos interesses do locatário, já predeterminado. Traço marcante deste contrato é o fato do terreno e a construção que nele será feita atenderem, de forma especial no que se refere à localização e características, a pessoa que posteriormente irá alugá-lo, por um prazo bastante longo. (TJSP, Apelação 0036632-84.2007.8.26.0000, Rel. Des. Amorim Cantuária, *DJ* 11-5-2011)

- Contrato atípico (*built-to-suit*) que encerra amplo feixe de direitos e deveres, relativos a contratos de construção, empreitada, financiamento e incorporação imobiliária, além de outras características próprias – Cláusula de renúncia à revisão do valor da remuneração mensal paga pela autora válida e eficaz, na medida em que firmada paritariamente com a ré enquanto na livre administração de seus interesses patrimoniais disponíveis, não se confundindo com a renúncia ao direito constitucional de ação (CF, art. 5º, inc. XXXV) – Carência da ação confirmada. (TJSP, Apelação 9156991-70.2008.8.26.0000, Rel. Des. Antônio Benedito Ribeiro Pinto, *DJ* 4-5-2011)

Art. 55. Considera-se locação não residencial quando o locatário for pessoa jurídica e o imóvel destinar-se ao uso de seus titulares, diretores, sócios, gerentes, executivos ou empregados.

REFERÊNCIAS LEGISLATIVAS

- arts. 3º, 4º, 6º, 22, 23, 46, 47, 56, 57, Lei 8.245/91.

ANOTAÇÕES

- **locatário pessoa jurídica**: ao classificar como "não residencial" a locação feita por uma pessoa jurídica, o legislador procurou dar mais liberdade às partes, visto que, como se observa nesta lei, as normas que disciplinam a locação não residencial são mais liberais. Compare-se, por exemplo, os arts. 47 e 57; no primeiro vemos uma série de exigências para se alcançar a possibilidade da "denúncia vazia"; já no segundo, a norma é simples e direta, qual seja, se o contrato de locação está valendo por prazo indeterminado pode ser denunciado pelo locador com prazo de trinta dias para desocupação.

JURISPRUDÊNCIA

- O simples fato de a parte locatária ser pessoa jurídica, mesmo que o imóvel seja utilizado como moradia de uma família, torna a locação como não residencial, porquanto a lista constante do art. 55 da Lei 8.245/91 não é exaustiva, mas, sim, exemplificativa. – O contrato de locação por prazo indeterminado pode ser denunciado por escrito, pelo locador, concedidos ao locatário 30 (trinta) dias para a desocupação (Lei 8.245/91: art. 57). (TJDFT, Acórdão 250211, p. 0053399-04.2002.8.07.0001, 1ª Turma Cível, Rel. José de Aquino Perpétuo, DJ 10-5-06)
- Ação de Despejo. Retomada do imóvel por término contratual. Sentença de procedência, fixando o prazo de seis meses e isenção na sucumbência, ante a concordando da Ré pela desocupação. Recurso de Apelação Cível. Reforma. Aplicação do art. 55, da Lei 8.245/91, que considera como não residencial esse tipo de locação para uso de sócios de empresa locatária. Inaplicável do art. 61 da lei supracitada. Provimento do recurso. (TJRJ, p. 0107374-97.2005.8.19.0001, Rel. Otávio Rodrigues, DJ 3-5-06)

Art. 56. Nos demais casos de locação não residencial, o contrato por prazo determinado cessa, de pleno direito, findo o prazo estipulado, independentemente de notificação ou aviso.

Parágrafo único. Findo o prazo estipulado, se o locatário permanecer no imóvel por mais de trinta dias sem oposição do locador, presumir-se-á prorrogada a locação nas condições ajustadas, mas sem prazo determinado.

REFERÊNCIAS LEGISLATIVAS

- arts. 3º, 4º, 6º, 22, 23, 39, 46, 47, 55, 57, Lei 8.245/91; art. 132, CC (contagem de prazos).

ANOTAÇÕES

- ***permanência indevida***: na hipótese do inquilino se recusar a deixar o imóvel ao término do contrato, o locador, até 30 dias após o termo, deverá ajuizar ação de despejo por denúncia vazia com pedido liminar (art. 59). Ressalte-se que, decorrido o referido prazo sem que o locador ajuíze a ação, ocorrerá a prorrogação da locação por prazo indeterminado, exigindo-se do locador, caso venha a querer a resilição do contrato assim prorrogado, a notificação prévia do locatário (art. 57), concedendo-lhe o prazo de 30 dias para desocupação do prédio.

JURISPRUDÊNCIA

- Agravante que não cumpriu a regra insculpida no parágrafo único do art. 56, da Lei 8.245/91, razão pela qual o contrato passou a ser por prazo indeterminado, aplicando-se à hipótese o art. 57, do mesmo diploma legal; Consectário lógico disso, inaplicável ao caso concreto a hipótese de concessão de liminar para desocupação em 15 (quinze) dias com base no art. 59, § 1º, da Lei 8.245/91, como pretendido pelo agravante, vez que não ajuizou a ação de despejo em até trinta dias após o vencimento do contrato, como preconizado pelo inciso III do mesmo dispositivo legal. Manutenção do decisum; Recurso desprovido, nos termos do voto do Relator. (TJRJ, p. 0004728-16.2022.8.19.0000, Rel. Luiz Fernando de Andrade Pinto, *DJ* 23-6-22)
- O art. 56 da Lei 8.245/91 estabelece que, encerrado o prazo estipulado no contrato de locação comercial, presume-se prorrogada por prazo indeterminado se o locatário permanecer no imóvel por mais de 30 dias sem oposição do locador, hipótese em que cabe ao locador, por força do art. 57 da referida Lei, denunciar o contrato por escrito, concedendo prazo ao locatário para desocupação. (TJMG, Apelação Cível 1.0000.21.007897-8/001, Rel. Des. José Eustáquio Lucas Pereira, 16ª Câmara Cível, *DJ* 10-11-21)
- Contrato por prazo determinado que cessa, de pleno direito, findo o lapso estipulado, independentemente de notificação – Ajuizamento da presente demanda de despejo antes do prazo de 30 dias após o término da vigência que afasta a prorrogação do contrato por prazo indeterminado – Inteligência do art. 56 da Lei 8.245/91 – Reconhecimento da rescisão do contrato, sendo autorizada a retomada do imóvel pelos locadores, devidos os aluguéis e respectivos encargos até a efetiva desocupação do bem. (TJSP, p. 1004394-86.2016.8.26.0482, Rel. Luis Fernando Nishi, *DJ* 22-8-19)
- A responsabilidade dos fiadores persiste na hipótese de prorrogação contratual, conforme disposto no parágrafo único do art. 56 da Lei 8.245/91, o que não significa a perpetuidade da garantia, pois pode o fiador, diante da prorrogação da locação, se insatisfeito, postular sua exoneração na forma prevista em lei. (TJRS, p. 70078457934, Rel. Otávio Augusto De Freitas Barcellos, *DJ* 20-3-19)

Art. 57. O contrato de locação por prazo indeterminado pode ser denunciado por escrito, pelo locador, concedidos ao locatário trinta dias para a desocupação.

REFERÊNCIAS LEGISLATIVAS

- arts. 3º, 4º, 6º, 39, 51, 56, Lei 8.245/91, art. 132, CC (contagem de prazos).

ANOTAÇÕES

- ***denúncia vazia nos contratos não residenciais***: não importa por qual prazo o contrato de locação não residencial tenha sido firmado, vencido e prorrogado nos termos do art. 56, concede a lei ao locador a faculdade e retomá-lo a qualquer tempo, sem que tenha que se justificar (denúncia vazia ou imotivada), desde que notifique o inquilino sobre a sua intenção. Para evitar esse tipo de surpresa, que pode trazer enormes prejuízos ao locatário, esse deve evitar se valer da prorrogação automática prevista no parágrafo único do referido art. 56; ou seja, primeiro, acerte o prazo do contrato de locação não residencial compatível com os investimentos feitos no local, assim como a natureza e riscos do seu negócio; segundo, esteja atento à possibilidade da renovação compulsória do contrato (art. 51);
- ***notificação***: pode ser feita por qualquer meio que possibilite o conhecimento inequívoco do locatário, por exemplo: diretamente, mediante "ciência" numa cópia da comunicação; pelo correio, com aviso de recebimento; judicialmente, por meio de processo de notificação (arts. 726 a 729 do CPC); por meio do cartório de notas.

JURISPRUDÊNCIA

- Apelação cível. Ação despejo por denúncia vazia. Contrato de locação por prazo indeterminado. Sentença de procedência. Comprovada a notificação da locatária. Observância do art. 57 da Lei 8.245/91. Faculdade do locador que não se contrapõe ao princípio da função social da empresa. Há inúmeros instrumentos que asseguram a concretização desse valor jurídico, a começar pela ação renovatória garantida ao locatário em locação não residencial, desde que cumpridos os requisitos legais. Sendo certo que o recorrente não lançou mão da medida para assegurar a permanência no imóvel. Recurso a que se nega provimento. (TJRJ, p. 0050102-31.2018.8.19.0021, Rel. Teresa de Andrade Castro Neves, *DJ* 27-10-22)
- Locação. Despejo. Locação não residencial. Denúncia unilateral da locação pelo locador, nos termos do art. 57 da Lei 8.245/91. Notificação premonitória com prazo de noventa dias para a desocupação voluntária. Possibilidade. Referência do legislador ao lapso de trinta dias que indica o mínimo a ser observado em benefício do locatário, nada impedindo opte o locador por conceder prazo mais extenso. Prazo tipicamente material, relativo a ato interno à relação substancial, a ser praticado antes mesmo da instauração de litígio judicial a respeito. Contagem em dias corridos. Inaplicabilidade ao caso do critério de dias úteis previstos no art. 219, *caput*, do CPC. Liminar regularmente deferida, presentes os requisitos legais. Decisão agravada que se confirma. Agravo de instrumento do réu desprovido. (TJSP, p. 2265032-02.2021.8.26.0000, Rel. Fabio Tabosa, *DJ* 29-1-22)
- Vigorando o contrato de locação por prazo indeterminado e, não sendo mais de interesse do locador manter a locação, faculta-se a rescisão mediante denúncia por escrito da intenção, observado o prazo de 30 (trinta dias) para a desocupação voluntária, conforme estabelece o art. 56, parágrafo único, e art. 57, da Lei 8.245/91.

5. Recurso improvido. (TJDFT, Acórdão 1346571, p. 0701794-45.2020.8.07.0001, 2ª Turma Cível, Rel. João Egmont, *DJ* 9-6-21)

- Apelação cível. Locação não residencial prorrogada por prazo indeterminado. Denúncia vazia. Despejo. Procedência do pedido. Alegação de Cerceamento de defesa. Afastamento. Instrução Probatória suficiente para o deslinde da controvérsia. Quanto ao mérito, é direito potestativo do locador denunciar o contrato por prazo indeterminado caso não lhe convenha, após conceder o prazo de trinta dias para desocupação do locatário, conforme disposto no art. 57 da Lei 8.245/91. Sendo assim, a locação prorrogada por prazo indeterminado pode ser rescindida com base na simples conveniência do locador, exigindo-se apenas a prévia, como ocorreu no caso em análise. Também ao contrário do que defende a apelante, o fundo do comércio é protegido por meio da ação renovatória, da qual não se tem notícia. No tocante à alegação de descumprimento do art. 27, da lei de regência, da mesma forma, sem razão a recorrente. Ausência de indícios de alienação do imóvel. Ademais, o art. 33, da mesma norma, determina que o contrato de locação deve estar averbado na matrícula do imóvel pelo menos trinta dias antes da alienação para que o direito de preferência seja efetivamente respeitado, o que não restou comprovado. Precedentes. Desprovimento do recurso. (TJRJ, p. 0004303-14.2018.8.19.0037, Rel. Helda Lima Meireles, *DJ* 1º-3-21)
- A simples notificação encaminhada pelo locatário ao locador, manifestando sua intenção de renovar o contrato de locação, não tem o condão de obrigar a este último. Prorrogada a locação por tempo indeterminado, está o locador autorizado a denunciá-lo quando melhor lhe aprouver, desde que cumprida a exigência prevista no art. 57 da Lei 8.245/91. 3. Agravo regimental improvido. (STJ, Acórdão 790.640-DF, p. 2006/0145600-0, 5ª Turma, Rel. Arnaldo Esteves Lima, *DJ* 14-11-06)
- O pedido de retomada do imóvel por 'denúncia vazia' prescinde de qualquer fundamentação e a sua iniciativa depende tão somente da vontade do locador em não continuar com a locação, eis que se trata de um direito potestativo, ficando a defesa do réu limitada aos aspectos formais que, se forem cumpridos, conduzem à procedência do pedido. (TJMG, p. 1.0702.00.001473-9/0001(1), Rel. Des. Mauro Soares de Freitas, *DJ* 8-2-2006)

TÍTULO II
DOS PROCEDIMENTOS

CAPÍTULO I
DAS DISPOSIÇÕES GERAIS

Art. 58. Ressalvados os casos previstos no parágrafo único do art. 1º, nas ações de despejo, consignação em pagamento de aluguel e acessório da locação, revisionais de aluguel e renovatórias de locação, observar-se-á o seguinte:

I – os processos tramitam durante as férias forenses e não se suspendem pela superveniência delas;

II – é competente para conhecer e julgar tais ações o foro do lugar da situação do imóvel, salvo se outro houver sido eleito no contrato;

III – o valor da causa corresponderá a doze meses de aluguel, ou, na hipótese do inciso II, do art. 47, a três salários vigentes por ocasião do ajuizamento;

IV – desde que autorizado no contrato, a citação, intimação ou notificação far-se-á mediante correspondência com aviso de recebimento, ou, tratando-se de pessoa jurídica ou firma individual, também mediante telex ou fac-símile, ou, ainda, sendo necessário, pelas demais formas previstas no Código de Processo Civil;

V – os recursos interpostos contra as sentenças terão efeito somente devolutivo.

REFERÊNCIAS LEGISLATIVAS

- arts. 1º, 5º, 9º, 47, II, 67, 68, 71, Lei 8.245/91; arts. 214, 215, 220, 238 a 275, 520, 1.009, 1.022, CPC (férias forenses / citações e intimações / cumprimento provisório da sentença / apelação / embargos de declaração).

ANOTAÇÕES

- *abrangência*: o *caput* da presente norma ressalva expressamente que disciplina quatro ações, quais sejam: ação de despejo (arts. 59 a 66); ação de consignação de aluguel e acessórios da locação (art. 67); ação revisional de aluguel (arts. 68 a 70); ação renovatória (arts. 71 a 75);
- *formas de citação*: o art. 246 do CPC informa que a citação far-se-á: I – pelo correio; II – por oficial de justiça; III – pelo escrivão ou chefe de secretaria, se o citando comparecer em cartório; IV – por edital; V – por meio eletrônico, conforme regulado em lei;
- *efeitos dos recursos*: além de a interposição do recurso obstar o trânsito em julgado da decisão impugnada (art. 502, CPC), fato que impede a formação da coisa julgada, o CPC atribui tradicionalmente aos recursos mais dois efeitos, quais sejam: *efeito devolutivo* e *efeito suspensivo*. Comum a todos os recursos, o "efeito devolutivo" consiste na transferência para o juízo *ad quem* do conhecimento de toda a matéria impugnada e, por óbvio, no limite da impugnação (*tantum devolutum quantum appellatum*), consoante norma do art. 1.002 do CPC. O "efeito suspensivo", por sua vez, impede toda a eficácia da decisão, ou seja, mantém a situação decidida, objeto do recurso, no mesmo estado em que se encontra, até nova decisão pelo órgão *ad quem*. A norma prevista no inciso V deste artigo indica que a apelação, os embargos de declaração e até o recurso inominado (art. 41, Lei 9.099/95) serão recebidos apenas no efeito devolutivo, permitindo o cumprimento provisório do comando judicial (art. 520, CPC).

JURISPRUDÊNCIA

- Conflito negativo de competência. Ação de despejo por falta de pagamento c.c. cobrança de aluguéis e de encargos. Foro de eleição. Demanda originariamente distribuída ao Juízo da 5ª Vara Cível da Comarca de Piracicaba. Declinação da competência e remessa dos autos a uma das Varas Cíveis do Foro Regional do Jabaquara da Comarca da Capital. Descabimento. Competência para o julgamento da demanda definida no artigo 58, II, da Lei 8.245/91. Inexistência de nulidade na cláusula de eleição de foro. Partes que não escolheram juízo específico, mas a Comarca onde está situado o imóvel locado. Conflito conhecido. Competência da 5ª Vara Cível da Comarca de Piracicaba. (TJSP, p. 0040690-08.2022.8.26.0000, Rel. Daniela Cilento Morsello, *DJ* 6-2-23)
- O art. 58, V, da Lei imprime efeito meramente devolutivo aos recursos interpostos contra as sentenças nas ações de despejo, consignação em pagamento de aluguel e acessório da locação, revisionais de aluguel e renovatórias de locação. A lei processual expressamente prevê, em seu art. 520, I, II e § 4º, que a execução provisória corre por iniciativa e responsabilidade do exequente, que se obriga, se a sentença for reformada, a reparar os danos que o executado tenha sofrido. (TJMG, Agravo de Instrumento-Cv 1.0000.22.240667-0/001, Rel. Des. Newton Teixeira Carvalho, 13ª Câmara Cível, *DJ* 2-2-23)
- Inicial que veio instruída com cópia do contrato de locação firmado entre as partes, único documento essencial à propositura da demanda, além do que foi atribuído à causa o valor correspondente a 12 aluguéis, nos termos do inciso III do art. 58 da Lei 8.245/91, pelo que não há de se falar em inépcia da inicial. Não configura cerceamento de defesa a dispensa de provas desnecessárias ao deslinde da demanda. O ajuizamento de ação de despejo por falta de pagamento prescinde de prévia notificação do locatário. A prova da quitação incumbe unicamente ao devedor que deve apresentar o respectivo recibo, pois não há como exigir do credor a prova de fato negativo, qual seja, de que não houve tal pagamento. Recurso desprovido. (TJSP, p. 1017518-87.2017.8.26.0196, Rel. Gilberto Leme, *DJ* 25-7-19)
- O valor da causa na ação revisional de contrato deve corresponder a 12 (doze) meses o valor do aluguel vigente à época do ajuizamento da referida demanda, tendo em vista que, o valor do aluguel pretendido nesta ação pode ou não ser acatado, não podendo o valor da causa ser fixado com base em valor incerto. (TJMG, Proc. 2.0000.00.477126-6/000(1), Rel. Des. Márcia de Paoli Balbino, *DJ* 29-10-2004)

CAPÍTULO II
DAS AÇÕES DE DESPEJO

Art. 59. Com as modificações constantes deste capítulo, as ações de despejo terão o rito ordinário.

§ 1º Conceder-se-á liminar para desocupação em quinze dias, independentemente da audiência da parte contrária e desde que prestada a caução no valor equivalente a três meses de aluguel, nas ações que tiverem por fundamento exclusivo:

I – o descumprimento do mútuo acordo (art. 9º, inciso I), celebrado por escrito e assinado pelas partes e por duas testemunhas, no qual tenha sido ajustado o prazo mínimo de seis meses para desocupação, contado da assinatura do instrumento;

II – o disposto no inciso II do art. 47, havendo prova escrita da rescisão do contrato de trabalho ou sendo ela demonstrada em audiência prévia;

III – o término do prazo da locação para temporada, tendo sido proposta a ação de despejo em até trinta dias após o vencimento do contrato;

IV – a morte do locatário sem deixar sucessor legítimo na locação, de acordo com o referido no inciso I do art. 11, permanecendo no imóvel pessoas não autorizadas por lei;

V – a permanência do sublocatário no imóvel, extinta a locação, celebrada com o locatário;

VI – o disposto no inciso IV do art. 9º, havendo a necessidade de se produzir reparações urgentes no imóvel, determinadas pelo poder público, que não possam ser normalmente executadas com a permanência do locatário, ou, podendo, ele se recuse a consenti-las; (*Incluído pela Lei nº 12.112/09*)

VII – o término do prazo notificatório previsto no parágrafo único do art. 40, sem apresentação de nova garantia apta a manter a segurança inaugural do contrato; (*Incluído pela Lei nº 12.112/09*)

VIII – o término do prazo da locação não residencial, tendo sido proposta a ação em até 30 (trinta) dias do termo ou do cumprimento de notificação comunicando o intento de retomada; (*Incluído pela Lei nº 12.112/09*)

IX – a falta de pagamento de aluguel e acessórios da locação no vencimento, estando o contrato desprovido de qualquer das garantias previstas no art. 37, por não ter sido contratada ou em caso de extinção ou pedido de exoneração dela, independentemente de motivo. (*Incluído pela Lei nº 12.112/09*)

§ 2º Qualquer que seja o fundamento da ação dar-se-á ciência do pedido aos sublocatários, que poderão intervir no processo como assistentes.

§ 3º No caso do inciso IX do § 1º deste artigo, poderá o locatário evitar a rescisão da locação e elidir a liminar de desocupação se, dentro dos 15 (quinze) dias concedidos para a desocupação do imóvel e independentemente de cálculo, efetuar depósito judicial que contemple a totalidade dos valores devidos, na forma prevista no inciso II do art. 62. (NR) (*Incluído pela Lei nº 12.112/09*)

REFERÊNCIAS LEGISLATIVAS

- arts. 5º, 9º, I, IV, 11, I, 14, 37, 40, p. único, 47, II, 48, 56, 58, 60, 62, II, Lei 8.245/91; arts. 300, 318 a 512 do CPC (tutela provisória / procedimento comum); art. 132, CC (contagem de prazos).

ANOTAÇÕES

- ***procedimento da ação de despejo***: o *caput* deste artigo indica que as ações de despejo devem seguir o rito ordinário, hoje "procedimento comum" (arts. 318 a 512, CPC), com as modificações constantes neste capítulo (arts. 59 a 66); contudo, a maior preocupação do legislador é, sem dúvida, apontar as hipóteses em que é possível se requerer a tutela provisória (liminar), buscando inegavelmente dar mais efetividade às ações de despejo. Registre que a doutrina entende que o rol de possibilidades previsto no parágrafo primeiro deste artigo não é taxativo, sendo possível, com arrimo no art. 300 do CPC, que o juiz conceda a liminar com arrimo em outros fatos, mediante argumento a ser apresentado pelo interessado;
- ***legitimidade***: o locador é quem tem legitimidade para a ação de despejo, assim entendida a pessoa que transferiu ao locatário a posse direta do bem locado, mesmo que ele não seja o proprietário do imóvel, salvo nas exceções indicadas pelo art. 60, quando o ajuizamento da ação de despejo demanda que o autor prove sua legitimidade pela juntada de prova da propriedade do imóvel ou do compromisso registrado;
- ***caução na ação de despejo***: a concessão de liminar na ação de despejo exige caução de três meses de aluguel; na prática, a realização desta caução deve ocorrer pelo depósito judicial do valor total; não obstante a literalidade da norma, alguns juízes aceitam outras formas de garantia, desde que se mostrem idôneas; transitado em julgada a sentença que confirmar o despejo, a caução será devolvida ao locador (art. 64);
- ***ação de despejo***: o leitor encontra mais informações sobre essa ação, assim como dicas de como proceder, no capítulo "Questões teóricas e práticas do direito locatício"; já no capítulo "Modelos e formulários", forneço modelo editável da petição inicial.

JURISPRUDÊNCIA

- Locação de imóvel não residencial. Ação de despejo. A pandemia do Covid-19 não representa mais qualquer óbice para a concessão da liminar, que, nos termos do art. 59, § 1º, IX, da Lei 8.245/91, deve ser deferida, para desocupação no prazo de 15 dias, caso a ação seja fundada na falta de pagamento de aluguel e acessórios e o contrato esteja desprovido de garantia. Presentes os requisitos da lei de regência, impõe-se o deferimento do despejo liminar, no prazo de 15 dias, condicionado à prestação de caução. Recurso provido. (TJSP, p. 2024778-97.2023.8.26.0000, Rel. Gomes Varjão, *DJ* 22-2-23)
- Liminar para desocupação do imóvel – Impossibilidade, por falta de amparo legal, da pretendida dispensa da prestação de caução, no valor equivalente a três meses de aluguel, por parte dos agravantes, o que impede a concessão da liminar de despejo, por não preenchimento dos requisitos previstos no art. 59, § 1º, IX, da Lei 8.245/91, independentemente do valor do débito de tratar-se, ou não, de contrato de locação garantido por fiança – Recurso improvido. (TJSP, p. 2015009-65.2023.8.26.0000, Rel. Caio Marcelo Mendes de Oliveira, *DJ* 22-2-23)

- Recurso de agravo de instrumento. Ação de despejo por falta de pagamento cumulada com cobrança de alugueres, com pedido liminar. Falta de pagamento. Presença dos requisitos. Locação de Imóvel residencial. Prestação de caução. Valor do débito que supera a garantia. Contrato desprovido de garantia idônea. Contrato garantido por caução, mas em valor inferior ao débito locatício. Caso que equivale à ausência de garantia. Configuração dos requisitos do artigo 59, § 1º, inciso IX, da Lei 8.245/91. Caução do próprio crédito. Se a hipótese é de contrato de locação que não apresenta nenhuma das garantias previstas no art. 37 da Lei de Locações, cabível a concessão da liminar para desocupação do imóvel, desde que prestada caução. Caução que pode consistir no próprio crédito a receber do locatário inadimplente. Recurso conhecido e dado provimento. (TJRJ, p. 0016616-79.2022.8.19.0000, Rel. Murilo André Kieling Cardona Pereira, *DJ* 7-2-23)
- Agravo de instrumento – Ação de despejo cumulada com cobrança – Tutela provisória de urgência – Indeferimento – art. 59, § 1º, inciso IX da Lei 8.245/91 – Indeferimento – Necessidade do contraditório – Os elementos acostados ao feito não se prestam a comprovar, por si só, o valor da obrigação pendente, porquanto completamente unilaterais, tampouco a cessão desautorizada do imóvel – Cabível a prévia realização de contraditório, de modo a tornar clara a atual situação da relação contratual vigente entre os litigantes, para só então se cogitar a concessão de medida liminar – Manutenção da decisão atacada, ressalvada a possibilidade de reapreciação da matéria após a oitiva da parte contrária – Negado provimento. (TJSP, p. 2270390-11.2022.8.26.0000, Rel. Hugo Crepaldi, *DJ* 13-12-22)
- Locação de imóvel não residencial. Ação de despejo por denúncia vazia. De acordo com o art. 59, § 1º, VIII, da Lei 8.245/91, com redação dada pela Lei 12.112/09, é possível a concessão liminar do despejo, sem oitiva da parte contrária, quando, prestada caução equivalente a três meses de aluguel e findo o prazo da locação não residencial, a ação for proposta em até 30 dias do termo ou do cumprimento de notificação comunicando o intento de retomada, sendo desnecessária a existência de receio de dano irreparável ou de difícil reparação. Tratando-se de despejo por denúncia vazia, a alegação do inquilino de que está quite com os aluguéis não é óbice para a efetivação da medida. Tampouco constitui impedimento legal o argumento de que a desocupação do imóvel prejudicará o exercício de suas atividades empresariais. No mais, recebida a notificação há mais de três meses e tendo a agravante permanecido inerte até o momento, revela-se impertinente a afirmação de que é exíguo o prazo concedido pelo Juízo *a quo*. Recurso improvido. (TJSP, Acórdão 2272821-18.2022.8.26.0000, Rel. Gomes Varjão, *DJ* 25-11-22)
- Apenas o sublocatário legítimo, isto é, o devidamente autorizado pelo locador (art. 13, 8.245/91), deve ser intimado da existência da ação de despejo movida contra o locatário, sob pena da sentença não lhe atingir, nos termos do art. 59, § 2º da Lei 8.245/91. O sublocatário ilegítimo se sujeita integralmente aos efeitos das decisões proferidas na ação de despejo movida contra o locatário. (TJMG, Agravo de Instrumento-Cv 1.0000.19.036932-2/002, Rel. Des.(a) Valéria Rodrigues Queiroz, 15ª Câmara Cível, *DJ* 22-8-19)
- A legislação de regência prevê a utilização da reconvenção sempre que houver conexão com a ação principal ou com o fundamento da defesa. Inteligência do artigo

315 do CPC [**art. 343, nCPC; grifo nosso**]. Presente o vínculo entre o fundamento da defesa e a pretensão reconvinte, consistente no contrato locativo, possível a propositura da reconvenção em ação de despejo. (STJ, REsp 293.784-SP, Rel. Min. Og Fernandes, *DJ* 17-5-2011)
- A petição inicial da ação de despejo não prescinde do cumprimento de todos os requisitos contidos no art. 282 do Código de Processo Civil. [**art. 319, nCPC; grifo nosso**] (STJ, AgRg no Ag 778.174/SP, Min. Laurita Vaz (1120), Quinta Turma, *DJ* 7-11-2006)
- A jurisprudência do Superior Tribunal de Justiça, em consonância com abalizada doutrina, tem se posicionado no sentido de que, presentes os pressupostos legais do art. 273 do CPC [**art. 300, nCPC; grifo nosso**], é possível a concessão de tutela antecipada mesmo nas ações de despejo cuja causa de pedir não estejam elencadas no art. 59, § 1º, da Lei nº 8.245/91. (STJ, REsp 702.205/SP, Min. Rel. Arnaldo Esteves Lima, Quinta Turma, *DJ* 12-9-2006)

Art. 60. Nas ações de despejo fundadas no inciso IV do art. 9º, inciso IV do art. 47 e inciso II do art. 53, a petição inicial deverá ser instruída com prova da propriedade do imóvel ou do compromisso registrado.

REFERÊNCIAS LEGISLATIVAS

- arts. 5º, 9º, IV, 47, IV, 53, II, Lei 8.24591.

ANOTAÇÕES

- ***prova de propriedade***: de natureza pessoal, a relação locatícia não demanda a comprovação da propriedade do imóvel locado, salvo nas hipóteses apontadas no presente artigo (despejo para realização de reparos urgentes determinados pelo Poder Público/despejo para demolição ou edificação licenciada/despejo pelo adquirente para demolição ou edificação licenciada). Uma quarta hipótese é indicada no art. 47, § 2º (despejo para uso próprio). Nestes casos, a simples posse justifica a realização do contrato de locação, assim válido e exigível; contudo, a retomada do bem exige prova de propriedade (nas circunstâncias apontadas).

JURISPRUDÊNCIA

- Locação de imóvel residencial. Despejo por falta de pagamento. Sentença de procedência. Inconformismo. Preliminar de ilegitimidade ativa *ad causam*. Rejeição. À exceção das hipóteses previstas no art. 60, da Lei 8.245/91, nas ações de despejo a prova da propriedade é desnecessária. Relação jurídica "ex locato" que é de direito pessoal e, portanto, dispensa a prova da propriedade do imóvel dado em locação. Tese afastada. Contrato de locação. Ausência de vícios a nulificar a avença.

Inadimplência comprovada. Indemonstrado o cumprimento das obrigações locatícias, em especial o pagamento dos alugueres. Ausência de prova de dispensa do pagamento pelo locador, mercê da suposta contratação de garantia para tomada de empréstimo a juros abusivos, o que sequer é verossímil. Temática a ser descortinada em ação própria (reparo indenizatório em face de exercício abusivo do direito, art. 187 do Código Civil, se o caso). Fato impeditivo, modificativo ou extintivo do direito do autor não comprovado (art. 373, II, do CPC). Sentença mantida. Recurso desprovido. (TJSP, p. 1002739-36.2022.8.26.0008, Rel. Rômolo Russo, *DJ* 13-12-22)

- A Lei de Locações (Lei 8.245/91) só exige a comprovação da propriedade quando a ação de despejo tem como embasamento efetuar reparos urgentes no imóvel determinados pelo Poder Público, que não possam ser executados com a presença do locatário, ou quando visa o locador a demolição ou edificação para aumento da área construída, conforme preceitua o seu art. 60 do mesmo Diploma Legal, o que não é a hipótese dos autos. (TJRJ, p. 0019157-34.2017.8.19.0203, Rel. Carlos José Martins Gomes, *DJ* 13-10-20)
- Apelação – Locação – Ação de despejo c.c. cobrança. O contrato e o débito locatício estão incontroversos nos autos. Tratando-se de dívida em dinheiro, somente a prova de quitação regular elide a pretensão do autor. Pertinência subjetiva da demanda evidenciada. Legitimidade do proprietário. Contrato de natureza pessoal. Desnecessidade de comprovação da propriedade do imóvel. Exegese do art. 60 da Lei Federal 8.245/91. Preliminar afastada. Recurso desprovido. (TJSP, p. 1005880-61.2019.8.26.0269, Rel. Antonio Nascimento, *DJ* 23-6-20)
- Excepcionadas as hipóteses previstas no art. 60 da Lei 8.245/91, a pessoa, física ou jurídica, que figurou como locadora do imóvel no contrato de locação, tem legitimidade para figurar no polo ativo da ação de despejo c/c cobrança de locativos. (TJMG, p. 0130504-65.2009.8.13.0447, Rel. Valdez Leite Machado, *DJ* 29-9-16)

Art. 61. Nas ações fundadas no § 2º do art. 46 e nos incisos III e IV do art. 47, se o locatário, no prazo da contestação, manifestar sua concordância com a desocupação do imóvel, o juiz acolherá o pedido fixando prazo de seis meses para a desocupação, contados da citação, impondo ao vencido a responsabilidade pelas custas e honorários advocatícios de vinte por cento sobre o valor dado à causa. Se a desocupação ocorrer dentro do prazo fixado, o réu ficará isento dessa responsabilidade; caso contrário, será expedido mandado de despejo.

REFERÊNCIAS LEGISLATIVAS

- arts. 46, § 2º, 47, III, IV, 63, Lei 8.245/91; art. 132, CC (contagem de prazos).

ANOTAÇÕES

- ***reconhecimento jurídico do pedido*** com escopo de entregar um processo judicial mais célere, justo e eficaz, o legislador resolveu neste artigo incentivar o reconhecimento jurídico do pedido (ação de despejo), concedendo ao locatário a possibilidade de um prazo maior para desocupação do imóvel locado e a isenção do pagamento do ônus da sucumbência, desde que caracterizada uma das situações apontadas (art. 46, § 2º: denúncia imotivada em razão de contrato de locação residencial firmado por escrito e com prazo igual ou superior a trinta meses que esteja valendo por prazo indeterminado; art. 47, III: ação de despejo em razão de pedido para uso próprio, de seu cônjuge ou companheiro, ou para uso residencial de ascendente ou descendente; art. 47, IV: ação de despejo para demolição do bem ou edificação licenciada ou para realização de obras aprovadas pelo Poder Público).

JURISPRUDÊNCIA

- Inaplicabilidade do prazo de 6 meses para a desocupação, estabelecido no art. 61 da Lei 8.245/91, uma vez que não abarca o despejo por inadimplemento dos aluguéis – Sentença mantida – Honorários recursais devidos – Recursos desprovidos. (TJSP, p. 1002729-31.2021.8.26.0168, Rel. Ângela Lopes, *DJ* 19-12-22)
- Despejo por denúncia vazia. Locação para fins comerciais. Notificação enviada pelas locatárias assinalando o prazo de trinta dias para desocupação voluntária. Inaplicabilidade do art. 61 da Lei 8.245/91. Hipóteses que dizem respeito à locação residencial. Recurso provido. (TJSP, p. 2056331-36.2021.8.26.0000, Rel. Ferreira da Cruz, *DJ* 10-3-22)
- O disposto no art. 61 da Lei 8.245/91 aplica-se às locações residenciais sendo o contrato de locação firmado para fins comerciais, descabe a permanência no imóvel por 06 (seis) meses a partir da citação. (TJPE, p. 0031434-14.2016.8.17.2001, Rel. Jovaldo Nunes Gomes, *DJ* 18-5-17)
- Locação. Ação de despejo por denúncia vazia fundada no art. 46, §2º da Lei 8.245/91. Aplicação do art. 61 da Lei 8.245/91, o prazo de 6 meses a partir da citação para desocupação. Anistia do pagamento dos aluguéis. Não cabimento. Recurso parcialmente provido. (TJSP, p. 0909229-28.2012.8.26.0037, Rel. Nestor Duarte, *DJ* 29-4-15)
- Direito Civil. Locação. Ação de despejo. Concordância com o pedido de restituição do imóvel locado. Desocupação voária após a citação. Isenção dos ônus de sucumbência. Art. 61 da Lei 8.245/91. I. Nas hipóteses prescritas no art. 61 da Lei 8.245/91, o locatário que não objeta a pretensão do locador e desocupa o imóvel locado no prazo máximo de seis meses, contados da citação, fica isento do pagamento das verbas sucumbenciais. II. Uma vez atendido o propósito legal de restituição do imóvel alugado sem resistência, não se pode recusar ao inquilino a isenção do pagamento das custas processuais e dos honorários advocatícios, ainda que a desocupação tenha ocorrido antes da sentença. III. O que interessa, para a obtenção da imunidade legal, é o compromisso do locatário de se despojar da disputa judicial, a postura de reconhecer a procedência do pedido do locador e, o que é mais importante, a devolução do imóvel locado em espaço de tempo vantajoso para o locador. IV. O fato de a restituição ter sido efetivada antes da sentença de maneira alguma pode repercutir contrariamente ao interesse do locatário que, à luz da legislação vigente, renuncia à disputa judicial e

atende ao pleito de entrega do bem locado. V. O juiz não pode frustrar a promessa legal da isenção devido ao fato de o locatário devolver o imóvel alugado antes da prolação da sentença. Não se pode negar o benefício legal ao inquilino que abdica da totalidade do prazo instituído em seu proveito, favorecendo a solução do litígio pela deposição das armas processuais e beneficiando o locador com a pronta recuperação do imóvel locado. VI. Recurso conhecido e provido. (TJDFT, Acórdão 774855, p. 0011595-70.2013.8.07.0001, 4ª Turma Cível, Rel. James Eduardo Oliveira, *DJ* 19-3-14)

Art. 62. Nas ações de despejo fundadas na falta de pagamento de aluguel e acessórios da locação, de aluguel provisório, de diferenças de aluguéis, ou somente de quaisquer dos acessórios da locação, observar-se-á o seguinte: (*Redação dada pela Lei nº 12.112/09*)

I – o pedido de rescisão da locação poderá ser cumulado com o pedido de cobrança dos aluguéis e acessórios da locação; nesta hipótese, citar-se-á o locatário para responder ao pedido de rescisão e o locatário e os fiadores para responderem ao pedido de cobrança, devendo ser apresentado, com a inicial, cálculo discriminado do valor do débito; (*Redação dada pela Lei nº 12.112/09*)

II – o locatário e o fiador poderão evitar a rescisão da locação efetuando, no prazo de 15 (quinze) dias, contado da citação, o pagamento do débito atualizado, independentemente de cálculo e mediante depósito judicial, incluídos: (*Redação dada pela Lei nº 12.112/09*)

a) os aluguéis e acessórios da locação que vencerem até a sua efetivação;

b) as multas ou penalidades contratuais, quando exigíveis;

c) os juros de mora;

d) as custas e os honorários do advogado do locador, fixados em dez por cento sobre o montante devido, se do contrato não constar disposição diversa;

III – efetuada a purga da mora, se o locador alegar que a oferta não é integral, justificando a diferença, o locatário poderá complementar o depósito no prazo de 10 (dez) dias, contado da intimação, que poderá ser dirigida ao locatário ou diretamente ao patrono deste, por carta ou publicação no órgão oficial, a requerimento do locador; (*Redação dada pela Lei nº 12.112/09*)

IV – não sendo integralmente complementado o depósito, o pedido de rescisão prosseguirá pela diferença, podendo o locador levantar a quantia depositada; (*Redação dada pela Lei nº 12.112/09*)

V – os aluguéis que forem vencendo até a sentença deverão ser depositados à disposição do juízo, nos respectivos vencimentos, podendo o locador levantá-los desde que incontroversos;

VI – havendo cumulação dos pedidos de rescisão da locação e cobrança dos aluguéis, a execução desta pode ter início antes da desocupação do imóvel, caso ambos tenham sido acolhidos.

Parágrafo único. Não se admitirá a emenda da mora se o locatário já houver utilizado essa faculdade nos 24 (vinte e quatro) meses imediatamente anteriores à propositura da ação. (NR) (*Redação dada pela Lei nº 12.112/09*)

REFERÊNCIAS LEGISLATIVAS

- art. 9º, III, Lei 8.245/91; art. 132, CC (contagem de prazos).

ANOTAÇÕES

- ***rito ordinário (procedimento comum)***: o art. 59 declara que as ações de despejo, salvo as modificações constantes na própria Lei do Inquilinato, devem obedecer ao rito comum ordinário, hoje simplesmente procedimento comum, previsto no CPC. Destarte, o prazo para apresentação de contestação é de 15 (quinze) dias (art. 335, CPC), contados da juntada aos autos do mandado de citação regularmente cumprido (art. 231, II, CPC). Quando o locatário estiver assistido por Defensor Público, ou quem lhe faça as vezes, o prazo será em dobro (art. 186, CPC; art. 5º, § 5º, da Lei nº 1.060/50);
- ***cumulação do pedido de despejo com cobrança***: optando o autor por cumular o pedido de rescisão do contrato de locação com o pedido de cobrança dos encargos locativos em atraso, deverá incluir no polo passivo, quando se tratar, obviamente, de locação garantida por fiança, os fiadores, que serão citados para responder pelo pedido de cobrança;
- ***purgação da mora***: a Lei nº 12.112/09, que deu nova redação ao parágrafo único, limitou a possibilidade da purgação da mora a uma vez a cada dois anos (na redação anterior, o inquilino podia pedir a purgação da mora até duas vezes por ano); não há dúvida de que o legislador procurou punir o inquilino que se mostra mau pagador.

JURISPRUDÊNCIA

- Locação de imóvel residencial. Ação de despejo por falta de pagamento c.c. cobrança. Presentes os requisitos do art. 59, § 1º, IX, da Lei 8.245/91, era de inteiro rigor o deferimento do despejo liminar. É induvidosa a insuficiência do valor depositado pela ré para purgação da mora, tanto pela ausência de prova de pagamento do rateio condominial indicado na inicial e pela desconsideração dos encargos da mora, custas e honorários advocatícios, a teor do que dispõe o art. 59, § 3º, da lei de regência, quanto pela persistência do inadimplemento posterior ao depósito judicial, em inobservância do disposto no art. 62, V, da Lei 8.245/91. A decisão que deferiu a liminar, proferida há dez meses e que não foi objeto de recurso, concedeu à agravante o prazo de 15 dias para desocupação voluntária, tendo o *decisum* vergastado apenas determinado a expedição do mandado de despejo, porque não verificada a purgação da mora nos termos da lei. Recurso improvido. (TJSP, p. 2280594-17.2022.8.26.0000, Rel. Gomes Varjão, *DJ* 31-1-23)
- Nos termos do contrato e do art. 62 da Lei n. 8.245/91, o fiador é solidariamente responsável pelo pagamento dos acessórios da locação, tais como Imposto Predial e Territorial Urbano, despesas com água, luz e taxa de incêndio até a efetiva entrega das chaves. (TJMG, Apelação Cível 1.0000.22.246650-0/001, Rel. Des. Rogério Medeiros, 13ª Câmara Cível, *DJ* 27-1-23)

- Em consonância com o disposto no art. 62, II, da Lei 8.245/91 é dado ao locatário inadimplente, no prazo de 15 (quinze) dias contados da contestação, depositar em juízo a integralidade do débito exigido pela parte locadora, devidamente corrigido, no intuito de evitar o despejo. Não tendo a parte autora obtido sucesso na impugnação específica e justificada dos valores inicialmente depositados em juízo pela parte locatária fica, num primeiro momento, obstado o despejo. Também as parcelas vencidas ao longo do processo devem ser adimplidas no tempo e modo contratualmente convencionados, inclusive no tocante à correção monetária pelo IGPM. O depósito insuficiente realizado no curso da demanda configura a denominada mora intercorrente, em decorrência da qual é autorizada tanto a rescisão contratual, como o despejo. Não é dado à parte locatária realizar uma segunda emenda da mora dentro da mesma relação processual, principalmente em prazo inferior a vinte e quatro meses. Hipótese na qual, o pagamento do débito remanescente, conquanto devido e revestido de eficácia liberatória, não se confunde com a emenda da mora, para fins de se evitar o despejo. Recursos desprovidos. (TJMG, Apelação Cível 1.0000.22.075654-8/001, Rel. Des. Amauri Pinto Ferreira, 17ª Câmara Cível, *DJ* 14-9-22)
- Locação de imóvel. Ação de despejo cumulada com cobrança. Pedido formulado com base na falta de pagamento e em razão de infrações contratuais. Modificação indevida da fachada do imóvel, falta de contratação de seguro e ausência de notificação sobre problemas elétricos e hidráulicos que não foram impugnadas pela ré. Despejo corretamente decretado. Falta de intimação para complementação do depósito de purgação da mora que não configura nulidade na hipótese. Precedentes. Ré que estava incontroversamente inadimplente com relação a tais valores quando da propositura da demanda. Purgação da mora que não foi efetivada nos termos do art. 62, II, da Lei 8.245/91. Crise financeira que não pode ser oposta à locadora. Inadimplemento da ré que teve início em momento anterior à pandemia. Sentença mantida. Recurso desprovido. (TJSP, p. 1007210-74.2020.8.26.0361, Rel. Milton Carvalho, *DJ* 25-1-22)
- Agravo de instrumento – Locação de imóvel – Ação de despejo por falta de pagamento – Decisão que arbitrou honorários advocatícios em 10% (dez por cento) sobre o débito para o caso de purgação da mora – Inconformismo dos autores – Cabimento – Contrato firmado pelas partes com previsão de honorários advocatícios de 20% (vinte por cento) – Art. 62, II, *d*, parte final, da Lei 8.245/91 – Para efeito de purgação da mora prevalecem os honorários advocatícios no percentual de 20% (vinte por cento) contratados entre as partes quando assim constar no contrato – Decisão reformada – Recurso provido. (TJSP, p. 2159741-47.2020.8.26.0000, Rel. Jayme de Oliveira, *DJ* 23-9-20)
- Havendo expressa cominação contratual quanto ao percentual correspondente aos honorários advocatícios em contrato de locação, para efeito de purgação da mora, é este que deverá ser reconhecido, sendo vedada a fixação de outro pelo Magistrado. (TJSP, Agravo de Instrumento nº 0295073-35.2011.8.26.0000, Rel. Des. Paulo Ayrosa, *DJ* 19-12-2011)
- Na ação de despejo por falta de pagamento, não é admissível cumular o oferecimento de contestação com pedido de purgação da mora. (STJ, REsp 625.832/SP, Min. Laurita Vaz (1120), Quinta Turma, *DJ* 15-10-2009)

Art. 63. Julgada procedente a ação de despejo, o juiz determinará a expedição de mandado de despejo, que conterá o prazo de 30 (trinta) dias para a desocupação voluntária, ressalvado o disposto nos parágrafos seguintes. (*Redação dada pela Lei 12.112/09*)

§ 1º O prazo será de quinze dias se:

a) entre a citação e a sentença de primeira instância houverem decorrido mais de quatro meses; ou

b) o despejo houver sido decretado com fundamento no art. 9º ou no § 2º do art. 46. (*Redação dada pela Lei nº 12.112/09*)

§ 2º Tratando-se de estabelecimento de ensino autorizado e fiscalizado pelo Poder Público, respeitado o prazo mínimo de seis meses e o máximo de um ano, o juiz disporá de modo que a desocupação coincida com o período de férias escolares.

§ 3º Tratando-se de hospitais, repartições públicas, unidades sanitárias oficiais, asilos, estabelecimentos de saúde e de ensino autorizados e fiscalizados pelo Poder Público, bem como por entidades religiosas devidamente registradas, e o despejo for decretado com fundamento no inciso IV do art. 9º ou no inciso II do art. 53, o prazo será de um ano, exceto no caso em que entre a citação e a sentença de primeira instância houver decorrido mais de um ano, hipótese em que o prazo será de seis meses. (*Redação dada pela Lei nº 9.256/96*)

§ 4º A sentença que decretar o despejo fixará o valor da caução para o caso de ser executada provisoriamente.

REFERÊNCIAS LEGISLATIVAS

- arts. 9º, 46, § 2º, 53, II, 64, Lei 8.245/91; art. 132, CC (contagem de prazos).

ANOTAÇÕES

- ***mandado de despejo***: a expedição do mandado de despejo para desocupação voluntária deve ser determinada na própria sentença que rescindiu o contrato de locação (art. 63, *caput*), embora o despejo coercitivo só possa ocorrer após o seu trânsito ou no bojo da execução provisória;
- ***caução***: é termo genérico que indica um conjunto de garantias, que podem ser reais, tais como o penhor e a hipoteca, ou fidejussórias, ou seja, pessoais, como a fiança e o aval.

JURISPRUDÊNCIA

- Agravo de instrumento. Locação de imóvel para fins residenciais. Ação de despejo por falta de pagamento c.c. cobrança. Sentença de procedência dos pedidos. Início da execução provisória. Insurgência dos réus contra decisão que deferiu a expedição do mandado de despejo, fixando o prazo de cinco dias para desocupação voluntária. Inconformismo que prospera. Concordância da locadora, ora agravada, com a pretensão dos agravantes. Prazo que deve ser de quinze dias. Dicção do § 1º, do art. 63 da Lei 8.245/91. Impossibilidade de o magistrado reduzir os prazos peremptórios sem anuência das partes. Dicção do § 1º, do art. 222 do CPC. Pedido de concessão de efeito suspensivo à apelação interposta pelos réus que deve ser formulado pela via adequada prevista no CPC. Decisão reformada. Agravo provido. (TJSP, p. 2215130-46.2022.8.26.0000, Rel. Carmen Lucia da Silva, *DJ* 22-11-22)

- Apelo do réu ao argumento de que é instituição de ensino e, por isso, faz jus ao prazo do art. 63, § 2º e 3º, da Lei 8.245/91. – Autora/apelada que afirma que o réu realizou matrículas para o ano letivo de 2022, mesmo inadimplente. – Desocupação do imóvel que deve ocorrer durante as férias escolares, até dia 10-1-23, em respeito ao art. 63, § 2º, da Lei 8.245/91. – Apesar de já ter transcorrido 07 meses e alguns dias entre a citação ocorrida em 2-7-21 e a sentença em 10-2-22, determinar a desocupação do imóvel em 15 dias trará graves prejuízos aos alunos e suas famílias. – Não aplicação do § 3º do mencionado artigo, eis o fundamento do despejo é o inciso III, do art. 9º da Lei 8.245/91. Recurso conhecido e parcialmente provido. (TJRJ, p. 0005102-98.2021.8.19.0054, Rel. João Batista Damasceno, *DJ* 28-9-22)

- Locação de imóvel. Ação de despejo por denúncia vazia. Procedência. Cumprimento do mandado de despejo durante a pandemia de covid-19. Possibilidade. Conjuntura sanitária atual que, com o avanço da vacinação e o abrandamento das medidas restritivas impostas pelo Poder Público, permite a realização dessa atividade, cumprindo às pessoas envolvidas adotarem as medidas diuturnamente recomendadas por profissionais da saúde para evitar o contágio. Invocação do direito à moradia. Direito fundamental que deve ser garantido pelo Estado, e não pelo particular. Pedido de dilação de prazo para desocupação voluntária. Indeferimento. Prazo de quinze dias previsto expressamente na legislação de regência (Lei 8.245/91, art. 63, § 1º, "b"). Recurso não provido. Arbitramento de honorários sucumbenciais recursais. (TJSP, p. 1016037-87.2020.8.26.0001, Rel. Cesar Lacerda, *DJ* 31-8-21)

- O prazo para desocupação voluntária do imóvel, na hipótese de ser julgada procedente a ação de despejo, será de 15 (quinze) dias se a locação for desfeita em decorrência da falta de pagamento do aluguel e demais encargos (art. 63, § 1º, "b", da Lei 8.245/91). (TJMG, p. 2836497-17.2012.8.13.0024, Rel. José de Carvalho Barbosa, *DJ* 7-11-19)

Art. 64. Salvo nas hipóteses das ações fundadas no art. 9º, a execução provisória do despejo dependerá de caução não inferior a 6 (seis) meses nem superior a 12 (doze) meses do aluguel, atualizado até a data da prestação da caução. (*Redação dada pela Lei nº 12.112/09*)

§ 1º A caução poderá ser real ou fidejussória e será prestada nos autos da execução provisória.

§ 2º Ocorrendo a reforma da sentença ou da decisão que concedeu liminarmente o despejo, o valor da caução reverterá em favor do réu, como indenização mínima das perdas e danos, podendo este reclamar, em ação própria, a diferença pelo que a exceder.

REFERÊNCIAS LEGISLATIVAS

- arts. 9º, 63, Lei 8.245/91.

ANOTAÇÕES

- *execução provisória*: a redação dada a esse artigo pela Lei nº 12.112/09 trouxe importante modificação, uma vez que dispensou expressamente o oferecimento de caução para o caso de execução provisória das sentenças que decretem o despejo em razão de falta de pagamento;
- *caução*: é termo genérico que indica um conjunto de garantias, que podem ser reais, tais como o penhor e a hipoteca, ou fidejussórias, ou seja, pessoais, como a fiança e o aval.

JURISPRUDÊNCIA

- Insurgência contra respeitável decisão que autorizou a execução provisória do despejo decretado em sentença, diante da prestação de caução em valor equivalente a 6 (seis) meses de aluguel, na forma da lei. Descabida a alegação de que o valor mínimo. A título de caução, deveria corresponder a 12 (doze) meses de aluguel. O art. 64 da Lei 8.245/91 prevê, de forma expressa, que o valor da caução não pode ser inferior a 6 (seis) meses de aluguel, nem superior a 12 (doze) meses. Caução prestada de acordo com a lei. A finalidade da caução é acautelar minimamente o locatário em caso de reforma da sentença, sem prejuízo de eventual complementação a título de perdas e danos que superem o valor da caução. Decisão mantida. Recurso de agravo de instrumento não provido. (TJSP, p. 2200721-02.2021.8.26.0000, Rel. Marcondes D'Ângelo, *DJ* 1º-9-21)
- A hipótese de despejo por falta de pagamento autoriza a dispensa de caução para a execução provisória da sentença, *ex vi* do disposto no art. 64 da Lei 8.245/91, com redação conferida pela Lei 12.112 de 2009. 2). Nos termos do art. 497 do Código de Processo Civil, o recurso extraordinário e o recurso especial não impedem a execução provisória da sentença proferida nos autos da ação de despejo. (TJMG, p. 0997455-78.2015.8.13.0000, Rel. Marcos Lincoln, *DJ* 27-4-16)
- Ação mandamental impetrada por locadores e autores de ação de despejo por falta de pagamento cumulada com cobrança de alugueres, em fase de execução provisória, objetivando a substituição da caução em dinheiro por caução do imóvel, objeto da lide. Admissibilidade da Lei nº 8.245/91, artigo 64, parágrafo 1º, em virtude da escolha que melhor atenda à disponibilidade do locador. Inexiste na lei ordem de prioridade quanto ao tipo de caução. Segurança concedida. (2º TACIVIL, 8ª Câmara, MS 3843560/SP, Juiz Renzo Leonardi, j. 29-7-1993, bAASP 1851/189 de 15-6-1994)

Art. 65. Findo o prazo assinado para a desocupação, contado da data da notificação, será efetuado o despejo, se necessário com emprego de força, inclusive arrombamento.

§ 1º Os móveis e utensílios serão entregues à guarda de depositário, se não os quiser retirar o despejado.

§ 2º O despejo não poderá ser executado até o trigésimo dia seguinte ao do falecimento do cônjuge, ascendente, descendente ou irmão de qualquer das pessoas que habitem o imóvel.

REFERÊNCIAS LEGISLATIVAS

- arts. 63, 64, Lei 8.245/91; art. 132, CC (contagem e prazos).

JURISPRUDÊNCIA

- Necessária a notificação pessoal do réu antes de expedição de mandado de despejo forçado – É de rigor que, após a prolação da sentença, haja a notificação pessoal dos ocupantes do imóvel para que realizem a desocupação voluntária, nos termos e prazos do art. 63 e 65 da Lei 8.245/91 – Apenas em caso de não cumprimento do prazo assinalado para a desocupação voluntária em notificação pessoal é que o Juízo poderá expedir mandado de despejo forçado – Precedentes desta E. Corte de Justiça – Recurso provido. (TJSP, p. 2133407-39.2021.8.26.0000, Rel. Hugo Crepaldi, *DJ* 22-7-21)
- O art. 65, § 1º, da Lei 8.245/91, ao dispor sobre o depósito de bens em caso de despejo, não determina que o locador exerça obrigatoriamente o encargo de depositário e possibilita que seja nomeado terceiro para referido encargo, em caso de não retirada voluntária dos objetos pelo locatário. Assim, o locador não está obrigado a aceitar o encargo de depositário de eventuais bens do locatário que permaneçam no imóvel, devendo a Magistrada o nomear outra pessoa que assuma tal função. (TJSP, p. 2248613-14.2015.8.26.0000, Rel. Adilson De Araujo, *DJ* 16-2-16)

Art. 66. Quando o imóvel for abandonado após ajuizada a ação, o locador poderá imitir-se na posse do imóvel.

REFERÊNCIAS LEGISLATIVAS

- arts. 59 a 65, Lei 8.245/91.

ANOTAÇÕES

- ***procedimento***: a fim de imitir-se na posse do prédio locado que foi abandonado pelo inquilino, o locador deve peticionar ao juízo informando tal fato, requerendo a expedição do mandado de imissão de posse. Caso o locador tenha provas quanto ao referido abandono (*v.g.*, fotos, testemunhas etc.), deve apresentá-las com seu pedido; em caso negativo, pode requerer a expedição de mandado de constatação.

JURISPRUDÊNCIA

- No presente caso, observa-se que os argumentos e os documentos colacionados aos autos permitem formular um juízo de probabilidade acerca da existência do direito alegado pela agravante, na medida em que o art. 66 da Lei 8.245/91 autoriza a imissão na posse do imóvel pelo locador quando, após ajuizada a ação de despejo, o imóvel encontrar-se abandonado. – Deste modo, é de ser acolhido o pedido da agravante, com a expedição de mandado de verificação para, somente após a confirmação do abandono, ser deferida a imissão na posse, eis que a certidão do oficial de justiça goza de fé pública. 4. Recurso provido. (TJCE, p. 0634120-17.2019.8.06.0000, Rel. Carlos Alberto Mendes Forte, *DJ* 17-3-21)
- Dispõe o artigo 66 da Lei 8.245/91 que, quando o imóvel for abandonado após ajuizada a ação de despejo, o locador poderá imitir-se na posse do imóvel. – Ciente da desocupação do imóvel, a autora/agravada juntou, além da Ata Notarial, cópia de AR devolvido com a informação de que o destinatário "MUDOU-SE" do endereço informado. Ademais, extrai-se do mandado de verificação que restou constatado pelo Oficial de Justiça a situação de desocupação e abandono do imóvel. – A decisão recorrida, diante das provas do abandono, não comporta reforma, devendo ser mantida, assegurando à agravada a imissão na posse do imóvel sob enfoque. (TJGO, p. 5220530-32.2020.8.09.0000, Rel. Alan Sebastião de Sena Conceição, *DJ* 10-8-20)
- Demonstrados os pressupostos legais exigidos para o reconhecimento do abandono do imóvel pelo locatário, deve-se conceder o pedido de imissão na posse (Lei 8.245/91, art. 66). Recurso provido. (TJSP, p. 2266442-03.2018.8.26.0000, Rel. Maria Lúcia Pizzotti, *DJ* 13-3-19)

CAPÍTULO III
DA AÇÃO DE CONSIGNAÇÃO DE ALUGUEL E ACESSÓRIOS DA LOCAÇÃO

Art. 67. Na ação que objetivar o pagamento dos aluguéis e acessórios da locação mediante consignação, será observado o seguinte:

I – a petição inicial, além dos requisitos exigidos pelo art. 282 do Código de Processo Civil, deverá especificar os aluguéis e acessórios da locação com indicação dos respectivos valores;

II – determinada a citação do réu, o autor será intimado a, no prazo de vinte e quatro horas, efetuar o depósito judicial da importância indicada na petição inicial, sob pena de ser extinto o processo;

III – o pedido envolverá a quitação das obrigações que vencerem durante a tramitação do feito e até ser prolatada a sentença de primeira instância, devendo o autor promover os depósitos nos respectivos vencimentos;

IV – não sendo oferecida a contestação, ou se o locador receber os valores depositados, o juiz acolherá o pedido, declarando quitadas as obrigações, condenando o réu ao pagamento das custas e honorários de vinte por cento do valor dos depósitos;

V – a contestação do locador, além da defesa de direito que possa caber, ficará adstrita, quanto à matéria de fato, a:

a) não ter havido recusa ou mora em receber a quantia devida;

b) ter sido justa a recusa;

c) não ter sido efetuado o depósito no prazo ou no lugar do pagamento;

d) não ter sido o depósito integral;

VI – além de contestar, o réu poderá, em reconvenção, pedir o despejo e a cobrança dos valores objeto da consignatória ou da diferença do depósito inicial, na hipótese de ter sido alegado não ser o mesmo integral;

VII – o autor poderá complementar o depósito inicial, no prazo de cinco dias contados da ciência do oferecimento da resposta, com acréscimo de dez por cento sobre o valor da diferença. Se tal ocorrer, o juiz declarará quitadas as obrigações, elidindo a rescisão da locação, mas imporá ao autor-reconvindo a responsabilidade pelas custas e honorários advocatícios de vinte por cento sobre o valor dos depósitos;

VIII – havendo, na reconvenção, cumulação dos pedidos de rescisão da locação e cobrança dos valores objeto da consignatória, a execução desta somente poderá ter início após obtida a desocupação do imóvel, caso ambos tenham sido acolhidos.

Parágrafo único. O réu poderá levantar a qualquer momento as importâncias depositadas sobre as quais não penda controvérsia.

REFERÊNCIAS LEGISLATIVAS

- arts. 17, 23, I, 79, Lei 8.245⁄91; arts. 319, 539 a 549, CPC (requisitos da petição inicial / ação de consignação em pagamento); arts. 132, 334 a 345, CC (contagem de prazos / consignação em pagamento).

ANOTAÇÕES

- ***delimitação***: quando houver injusta recusa do locador em receber o aluguel ajustado contratualmente ou, ainda, qualquer outra impossibilidade, por exemplo, o sumiço do proprietário, o locatário poderá fazer uso da ação de consignação de aluguel, com escopo de quitar suas obrigações locativas;

- ***ação de consignação de aluguel e encargos***: o leitor encontra mais informações sobre essa ação, assim como dicas de como proceder, no capítulo "Questões teóricas

e práticas do direito locatício"; já no capítulo "Modelos e formulários", forneço modelo editável da petição inicial;
- **contagem de prazos**: segundo o art. 132, § 4º, do CC: "os prazos fixados por hora contar-se-ão de minuto a minuto";
- **contestação**: a Lei do Inquilinato não prevê expressamente qual é o prazo para o oferecimento da contestação na ação de consignação de aluguel. Destarte, considerando-se a norma do art. 79, que informa serem aplicáveis as regras do Código de Processo Civil aos casos omissos, a maioria dos doutrinadores entende ser cabível o prazo do procedimento comum, qual seja, 15 (quinze) dias (art. 335, CPC), contados da data da juntada aos autos do mandado de citação regularmente cumprido (art. 231, II, CPC).

JURISPRUDÊNCIA

- A não comprovação da recusa injustificada do credor impõe a improcedência da ação de consignação de aluguéis. Na ação de consignação de aluguel, nos termos do art. 58, III da Lei 8.245/91, o valor da causa deverá ser o equivalente a doze meses de aluguel, correspondendo, assim, ao conteúdo patrimonial em discussão e ao proveito perseguido pelo autor. (TJMG, Apelação Cível 1.0000.21.116826-5/001, Rel. Des. Marco Aurélio Ferrara Marcolino, 13ª Câmara Cível, *DJ* 20-10-22)
- Em ação de consignação de pagamento de aluguéis, é facultado ao réu, além de contestar, reconvir, pedindo o despejo, a cobrança de valores em atraso ou ainda a diferença do depósito inicial, a teor do que estabelece o art. 67, inciso VI, da Lei do Inquilinato. – Viola o princípio da especialidade a decisão que, em ação de consignação de pagamento de aluguel, não recebe a reconvenção apresentada pelo réu, ao fundamento de que o Código de Processo Civil é norma posterior e revoga as normas anteriores com ele incompatíveis. Deve, no caso, prevalecer a previsão da Lei do Inquilinato. – Recurso conhecido e provido. (TJDFT, Acórdão 1355426, p. 0750620-08.2020.8.07.0000, 7ª Turma Cível, Rel. Cruz Macedo, *DJ* 14-7-21)
- O Instituto processual da consignação em pagamento é meio hábil ao devedor que busca a extinção da obrigação e encontra injustificadamente recusa do credor em receber a quantia ou a coisa, podendo efetuar o depósito judicial ou extrajudicialmente. (TJSP, Agravo de Instrumento 2183690-42.2016.8.26.0000, Comarca São Paulo, Rel. Des. Luis Fernando Nishi, *DJ* 22-6-2017)

CAPÍTULO IV
DA AÇÃO REVISIONAL DE ALUGUEL

Art. 68. Na ação revisional de aluguel, que terá o rito sumário, observar-se-á o seguinte: (*Redação dada pela Lei nº 12.112/09*)
I – além dos requisitos exigidos pelos arts. 276 e 282 do Código de Processo Civil, a petição inicial deverá indicar o valor do aluguel cuja fixação é pretendida;

II – ao designar a audiência de conciliação, o juiz, se houver pedido e com base nos elementos fornecidos tanto pelo locador como pelo locatário, ou nos que indicar, fixará aluguel provisório, que será devido desde a citação, nos seguintes moldes: (*Redação dada pela Lei nº 12.112/09*)

a) em ação proposta pelo locador, o aluguel provisório não poderá ser excedente a 80% (oitenta por cento) do pedido; (*Redação dada pela Lei nº 12.112/09*)

b) em ação proposta pelo locatário, o aluguel provisório não poderá ser inferior a 80% (oitenta por cento) do aluguel vigente; (*Redação dada pela Lei nº 12.112/09*)

III – sem prejuízo da contestação e até a audiência, o réu poderá pedir seja revisto o aluguel provisório, fornecendo os elementos para tanto;

IV – na audiência de conciliação, apresentada a contestação, que deverá conter contraproposta se houver discordância quanto ao valor pretendido, o juiz tentará a conciliação e, não sendo esta possível, determinará a realização de perícia, se necessária, designando, desde logo, audiência de instrução e julgamento; (*Redação dada pela Lei nº 12.112/09*)

V – o pedido de revisão previsto no inciso III deste artigo interrompe o prazo para interposição de recurso contra a decisão que fixar o aluguel provisório. (*Redação dada pela Lei nº 12.112/09*)

§ 1º Não caberá ação revisional na pendência de prazo para desocupação do imóvel (arts. 46, parágrafo 2º e 57), ou quando tenha sido este estipulado amigável ou judicialmente.

§ 2º No curso da ação de revisão, o aluguel provisório será reajustado na periodicidade pactuada ou na fixada em lei.

REFERÊNCIAS LEGISLATIVAS

- arts. 17, 19, 23, I, 69, 79, Lei 8.24591; art. 319, 318 a 512, CPC (requisitos da petição inicial / rito comum); arts. 132, 421, 421-A, CC (contagem de prazos / liberdade contratual).

ANOTAÇÕES

- ***revisão contratual***: não obstante a possibilidade aberta pelo legislador de revisão dos termos do contrato de locação, é prudente lembrarmos que todo o sistema contratual só realmente funciona em razão da preservação do seu princípio básico, qual seja, os contratos devem ser cumpridos ("pacta sunt servanda"). Sem essa certeza, todo o sistema pode falir. Neste diapasão, a Lei 13.874/19, Declaração de Direitos da Liberdade Econômica, alterou a redação do art. 421 do Código Civil, acrescentando parágrafo único que dispõe: "nas relações contratuais privadas, prevalecerão o princípio da intervenção mínima e a excepcionalidade da revisão contratual". Estes dizeres se coadunam com os princípios adotados pela presente lei; sendo assim, cabe aos Magistrados agirem de acordo, cuidando para eventual revisão do contrato de locação não afronte estes princípios;

- **delimitação**: não havendo acordo quanto ao reajuste do aluguel após 3 (três) anos de vigência do contrato de locação ou do último acordo anteriormente realizado, tanto o locador como o locatário têm legitimidade para requerer sua revisão judicial, com escopo de se buscar o reequilíbrio do valor mensal do aluguel, conforme as novas condições do mercado, seja para aumentá-lo além do que permitiu o índice de reajuste monetário adotado, ou para diminuí-lo em razão de fatores que direta ou indiretamente influenciaram negativamente nos aspectos gerais do local. Registre-se, ademais, que a doutrina e a jurisprudência têm entendido cabível essa ação mesmo antes da ocorrência do prazo de 3 (três) anos, desde que ocorra fato relevante que desequilibre substancialmente o contrato de locação, tornando o aluguel excessivamente oneroso ou insignificante. Julgado procedente, o novo aluguel retroage à citação; as diferenças devidas durante a ação de revisão, descontados os alugueres provisórios satisfeitos, que são limitados a 80% (oitenta por cento) do valor pretendido pelo autor, serão pagas devidamente corrigidas, exigíveis após o trânsito em julgado da sentença que fixar o novo aluguel;
- **aluguel provisório**: como objetivo da ação é o reequilíbrio contratual, é comum que o interessado requeira, em tutela provisória, a fixação do "aluguel provisório"; para obter sucesso, a jurisprudência tem informado que o interessado deve oferecer junto com a sua petição inicial elementos que possibilitem ao juiz avaliar a justeza da pretensão, tais como, por exemplo, laudos técnicos, avaliações, depoimentos, anúncios, recortes de jornais etc.;
- **rito sumário**: o novo CPC, Lei 13.105/15, deixou de prevê-lo; considerando, ademais, que não há ainda previsto um rito especial no novo diploma processual, essa ação deve seguir o rito comum (arts. 318 a 512, CPC), com as alterações previstas nesta lei;
- **ação revisional de aluguel**: o leitor encontra mais informações sobre essa ação, assim como dicas de como proceder, no capítulo "Questões teóricas e práticas do direito locatício"; já no capítulo "Modelos e formulários", forneço modelo editável da petição inicial;
- **pedido de reconsideração**: não são raros os casos em que o advogado perde o prazo para recorrer esperando pela apreciação de um pedido de reconsideração. Por vezes, o profissional entende que o Juiz estava mal informado quando tomou a decisão e/ou deixou de perceber algum detalhe relevante; mesmo nessa situação se via obrigado a recorrer, uma vez que eventual pedido de reconsideração não tem, regra geral, o efeito de suspender e/ou interromper o prazo recursal. Atento a essa delicada questão, o legislador inovou, alterando a redação do inciso V desse artigo que, agora, expressamente, interrompe o prazo para interposição do recurso competente, possibilitando, dessa forma, que a parte interessada peça a revisão do aluguel provisório diretamente ao juiz de primeiro grau, sem temer qualquer perda de direito recursal. Essa inovação atende ao desejo natural da parte de "contra-argumentar" com o magistrado, sem a necessidade da interposição do recurso; ou seja, esta alteração incentiva o diálogo entre a parte e o juiz, contribuindo para a diminuição da quantidade de recursos. A ideia é mais do que boa e servirá de inspiração para futuras mudanças no próprio CPC.

JURISPRUDÊNCIA

- Na ação revisional de aluguel poderá o juiz deferir liminarmente a fixação de aluguel provisório com base nos elementos fornecidos a pedido, tanto do locador, quanto do locatário, que será devido desde a citação e não poderá exceder a 80% do aluguel vigente, no caso do pedido do locador, ou, ser inferior a 80% do aluguel no caso de pedido do locatário (art. 68, II, 'a' e 'b', da Lei n° 8.245/91). – Para a fixação do aluguel provisório, mostra-se indispensável a apresentação de elementos convincentes do justo valor perseguido, podendo utilizar como base, o valor de locação de outros imóveis similares na região e avaliação de mercado imobiliário. – Apresentado pela locadora, junto à petição inicial, elementos contundentes de prova da atual avaliação do aluguel do imóvel objeto da lide, com base em laudo técnico elaborado pelo "método comparativo direto de dados de mercado" apresentado por corretor de imóveis regularmente qualificado para o múnus, não merece reforma a decisão que fixou o valor do aluguel provisório na forma requerida pela agravada. (TJMG, Agravo de Instrumento-Cv 1.0000.22.120095-9/001, Rel. Des.(a) Shirley Fenzi Bertão, 11ª Câmara Cível, *DJ* 14-9-22)
- Na ação revisional de aluguel proposta pelo locador, é possível a fixação de aluguel provisório, que não poderá exceder a 80% do valor pretendido, nos termos do art. 68, inc. II, "a", da Lei 8.245/91. Contudo, se os elementos trazidos aos autos não permitem aferir o valor mercadológico do imóvel locado, não será possível a fixação de aluguel provisório. – Na espécie, não há elementos que permitam a fixação de aluguel provisório, sendo necessária a dilação probatória, conforme sinalizado na decisão agravada. 3. Agravo conhecido e não provido. (TJDFT, Acórdão 1377956, p. 0709169-66.2021.8.07.0000, 7ª Turma Cível. Rel. Fábio Eduardo Marques, *DJ* 6-10-21)
- De acordo com o art. 19 c/c art. 68, II, da Lei 8.245/91, não tendo a parte autora locadora apresentado, já no início da ação revisional de aluguel disciplinada por tal diploma normativo, prova de que o valor do aluguel imobiliário que lhe vem sendo pago está abaixo do preço de mercado, deve ser indeferido o seu pedido de fixação de aluguel provisório. (TJMG, p. 0085213-05.2021.8.13.0000, Rel. Ramom Tácio, *DJ* 28-7-21)
- A sucumbência é recíproca quando o novo valor do aluguel é estabelecido de forma equidistante à pretensão do autor e à do réu. (STJ, AgInt nos EDcl no AREsp 952.017/SP, Min. Maria Isabel Gallottit, Quarta Turma, *DJe* 10-4-2017)
- À semelhança do que ocorre na antecipação de tutela, a sentença de improcedência da demanda revisional substitui integralmente a decisão que fixa provisoriamente o valor do aluguel, tornando prejudicado o recurso que visa majorar o aluguel provisório. (STJ, AgInt no AREsp 293.638/MG, Min. Ricardo Villas Bôas Cueva, Terceira Turma, *DJe* 1º-9-2016)
- A ação revisional não se confunde com a renovatória de locação. Na revisional, as benfeitorias e as acessões realizadas pelo locatário, em regra, não devem ser consideradas no cálculo do novo valor do aluguel, para um mesmo contrato. Tais melhoramentos e edificações, no entanto, poderão ser levadas em conta na fixação

do aluguel por ocasião da renovatória, no novo contrato. (STJ, REsp 1.193.926/RS, Min. Antonio Carlos Ferreira, Quarta Turma, *DJe* 11-5-2016)
- A ação revisional de aluguel, por sua natureza, possui campo de cognição restrito, reclamando provas eminentemente técnicas, visto que não abre espaço para discussão de natureza fática. Investiga-se, durante sua fase de instrução, a possibilidade de ajuizamento (pela observância do prazo trienal de que trata o art. 19 da Lei nº 8.24591) e a existência de oscilação do mercado capaz de justificar a pretendida readequação do valor livre e anteriormente ajustado pelas partes. (STJ, Min. Ricardo Villas Bôas Cueva, Terceira Turma, *DJe* 7-3-2016)
- O valor revisado do aluguel substitui por completo o originalmente pactuado, sendo assim exigido desde a citação da parte requerida até o termo final do contrato, considerado este não apenas o expressamente avençado como tal, mas, sim, a data da efetiva desocupação do imóvel no caso de eventual prorrogação do contrato por prazo indeterminado (art. 56, parágrafo único, da Lei nº 8.24591). (STJ, REsp 1.566.231/PE, Min. Ricardo Villas Bôas Cueva, Terceira Turma, *DJe* 7-3-2016)
- Não está o Juiz jungido a fixar o aluguel provisório no valor máximo autorizado pela lei, em sede de liminar (80% do valor pretendido). Pode, perfeitamente, fazê-lo em percentual menor. (TJSP, Agravo de Instrumento 0292821-59.2011.8.26.0000, Rel. Des. Reinaldo Caldas, *DJ* 14-12-2011)

Art. 69. O aluguel fixado na sentença retroage à citação, e as diferenças devidas durante a ação de revisão, descontados os alugueres provisórios satisfeitos, serão pagas corrigidas, exigíveis a partir do trânsito em julgado da decisão que fixar o novo aluguel.

§ 1º Se pedido pelo locador, ou sublocador, a sentença poderá estabelecer periodicidade de reajustamento do aluguel diversa daquela prevista no contrato revisando, bem como adotar outro indexador para reajustamento do aluguel.

§ 2º A execução das diferenças será feita nos autos da ação de revisão.

REFERÊNCIAS LEGISLATIVAS

- arts. 17, 23, I, 58, V, 68, 70, 79, Lei 8.24591; art. 502, 520, CPC (coisa julgada / cumprimento provisório da sentença).

JURISPRUDÊNCIA

- Agravo de instrumento. Ação revisional de aluguel. Impugnação ao cumprimento de sentença parcialmente acolhida. Juros de mora sobre a diferença dos alugueres que deve incidir a partir do trânsito em julgado da sentença. Inteligência do art. 69 da Lei 8.245/91. Honorários advocatícios sucumbenciais arbitrados consoante percentual da redução do crédito. Critério que resultou em valor excessivo dada a incompatibilidade com o trabalho efetivamente realizado. Redução da verba que

se impõe. Recursos parcialmente providos. (TJSP, p. 2106090-03.2020.8.26.0000, Rel. Pedro Baccarat, *DJ* 15-7-20)
- Trânsito em julgado é o termo inicial para se exigir as diferenças dos aluguéis, entre os valores provisórios e os definitivos, que retroagem à citação, com juros de mora contados do trânsito em julgado. Inteligência do art. 69, da Lei nº 8.24591, (TJSP, Agravo de Instrumento 2079779-14.2016.8.26.0000, Rel. Marcos Ramos, *DJ* 15-6-2016)
- Nos termos do art. 69, *caput*, da Lei n. 8.24591, a condenação da ré nos valores retroativos à data da citação deve observar, em seu cálculo, a diferença entre 'os alugueres provisórios satisfeitos' e o arbitrado judicialmente. (STJ, REsp 1193926-RS, Min. Antonio Carlos Ferreira, Quarta Turma, *DJ* 3-5-2016)

Art. 70. Na ação de revisão do aluguel, o juiz poderá homologar acordo de desocupação que será executado mediante expedição de mandado de despejo.

REFERÊNCIAS LEGISLATIVAS

- art. 68, Lei 8.245/91.

CAPÍTULO V
DA AÇÃO RENOVATÓRIA

Art. 71. Além dos demais requisitos exigidos no art. 282 do Código de Processo Civil, a petição inicial da ação renovatória deverá ser instruída com:

I – prova do preenchimento dos requisitos dos incisos I, II e III do art. 51;

II – prova do exato cumprimento do contrato em curso;

III – prova da quitação dos impostos e taxas que incidiram sobre o imóvel e cujo pagamento lhe incumbia;

IV – indicação clara e precisa das condições oferecidas para a renovação da locação;

V – indicação do fiador quando houver no contrato a renovar e, quando não for o mesmo, com indicação do nome ou denominação completa, número de sua inscrição no Ministério da Fazenda, endereço e, tratando-se de pessoa natural, a nacionalidade, o estado civil, a profissão e o número da carteira de identidade, comprovando, desde logo, mesmo que não haja alteração do fiador, a atual idoneidade financeira; (*Redação dada pela Lei nº 12.112/09*)

VI – prova de que o fiador do contrato ou o que o substituir na renovação aceita os encargos da fiança, autorizado por seu cônjuge, se casado for;

VII – prova, quando for o caso, de ser cessionário ou sucessor, em virtude de título oponível ao proprietário.

Parágrafo único. Proposta a ação pelo sublocatário do imóvel ou de parte dele, serão citados o sublocador e o locador, como litisconsortes, salvo se, em virtude de locação originária ou renovada, o sublocador dispuser de prazo que admita renovar a sublocação; na primeira hipótese, procedente a ação, o proprietário ficará diretamente obrigado à renovação.

REFERÊNCIAS LEGISLATIVAS

- arts. 13, 23, I, 37, 51 a 53, Lei 8.245/91; art. 319, CPC (requisitos da petição inicial).

ANOTAÇÕES

- **delimitação**: o locatário de imóvel urbano destinado à atividade comercial (não residencial), industrial ou à atividade de sociedade civil com fins lucrativos (art. 51, III, § 4º, Lei nº 8.245/91 – LI), cujo contrato de locação tenha sido celebrado por escrito e com prazo mínimo total, ou a soma dos prazos ininterruptos, de 5 (cinco) anos, que deseje obter a renovação judicial do vínculo locatício, pode fazer uso da "ação renovatória de locação". Além de atender aos requisitos do art. 319 do CPC, a petição inicial deve indicar de forma clara e precisa as condições oferecidas para a renovação da locação, em especial o valor do novo aluguel e os dados do fiador, caso não seja o mesmo do contrato anterior. Por fim, o locatário decai do direito à ação renovatória se não ajuizar a ação no interregno de 1 (um) ano, no máximo, até 6 (seis) meses, no mínimo, anteriores à data da finalização do prazo do contrato em vigor (art. 51, § 5º, Lei nº 8.245/91 – LI); isto é, se o contrato, por exemplo, tem vencimento para o dia 30-4-23, a ação deve ser ajuizada entre 1º-5-22 e 30-10-22;
- **prova do efetivo cumprimento do contrato**: o inciso segundo exige que o interessado apresente com a petição inicial prova do "exato cumprimento do contrato em curso"; ou seja, não basta que o locatário informe na sua exordial que está cumprindo o acordado, deve na verdade apresentar provas escritas neste sentido, tais como recibos de pagamento do aluguel, das taxas de condomínio, dos tributos, do seguro etc. O locador pode levantar na sua contestação outras questões que eventualmente não estão sendo cumpridas pelo locatário, daí caber ao advogado dispensar a devida atenção ao tema para não comprometer o direito do seu cliente;
- **idoneidade financeira do fiador**: documento essencial à propositura da demanda quando o contrato é garantido por fiança; com escopo de atender à demanda legal, o interessado deve juntar documentos que provem a capacidade dos fiadores de arcarem, caso necessário, com as obrigações legais assumidas no contrato, seja pela juntada de prova de rendimentos ou mesmo pela indicação de patrimônio;
- **ação renovatória**: o leitor encontra mais informações sobre essa ação, assim como dicas de como proceder, no capítulo "Questões teóricas e práticas do direito locatício"; já no capítulo "Modelos e formulários", forneço modelo editável da petição inicial.

JURISPRUDÊNCIA

- Recurso da Autora que não merece prosperar. Autora que no momento da propositura da ação renovatória de contrato de aluguel para fins comerciais estava inadimplente de forma incontroversa com os aluguéis, configurando a violação ao preceito legal disposto no art. 71, II da Lei. 8.245/91 (Lei de Locações). Ausência do exato cumprimento do contrato de locação que afasta, por si só, o direito à renovação ao contrato de locação. Pedido de revisão de cláusulas constantes do contrato de aluguel prejudicadas. Determinação para desocupação do imóvel no prazo de 30 (trinta) dias, nos termos do art. 74 do mesmo diploma legal mantida. Sentença mantida. Honorários majorados. Recurso desprovido. (TJSP, p. 1030067-53.2021.8.26.0564; Rel. L. G. Costa Wagner, *DJ* 31-1-23)
- Apelação cível. Ação Renovatória. Locação de imóvel não residencial. Sentença de improcedência. Recurso do autor/locatário. Não cabimento. Ausência de comprovação do exato cumprimento do contrato locatício renovando, à luz do disposto no art. 71, incisos II e III, da Lei 8.245/91. Locatário que tem de comprovar que pagou as parcelas de IPTU incidentes sobre o imóvel locado, na forma em que se comprometeu quitá-las no contrato celebrado. Inobstante haver demonstrado que no momento do ajuizamento da ação, havia celebrado acordo com órgão público para pagamento do débito parcelado do IPTU, através de REFIS, após o ajuizamento da ação, o locatário deveria comprovar nos autos o pagamento integral do débito, sem o que não é possível considerar preenchido o requisito legal do exato cumprimento do contrato renovando. Dicção do art. 71, inc. II, da Lei 8.245/91. Honorários advocatícios sucumbenciais. Fixação por apreciação equitativa, que se revelou mais benéfica ao autor, que restou vencido na demanda e cujo valor atribuído à causa é de grande monta. Manutenção. Sentença mantida. Aplicabilidade do art. 252 do RITJSP. Recurso desprovido. Majorados honorários advocatícios sucumbências, em sede recursal (art. 85, § 11, do CPC). (TJSP, p. 1007945-13.2019.8.26.0048, Rel. Sergio Alfieri, *DJ* 30-11-22)
- Ação Renovatória. Locação de imóvel comercial. Sentença de improcedência. Primeira apelação desprovida. Segunda apelação provida. – Matéria regida pela Lei 8.245/91, a qual garante o direito à renovação do contrato de locação de imóvel comercial, desde que preenchidos dispostos em lei. – Grife-se que a lei exige em seu art. 71, V a comprovação da idoneidade financeira do fiador, ainda que não haja sua alteração. – Foi a primeira apelante intimida em duas oportunidades a apresentar prova da idoneidade financeira do fiador. Não o fez. – Honorários advocatícios sucumbenciais fixados na forma do art. 85, § 2º, CPC. – Primeira apelação a que se nega provimento. Segunda apelação a que se dá provimento. (TJRJ, p. 0006370-13.2021.8.19.0209, Rel. Horácio dos Santos Ribeiro Neto, *DJ* 17-11-22)
- O entendimento do STJ se orienta no sentido de não configurar julgamento *ultra petita* a fixação de aluguel em valor superior aos propostos pelas partes em ação renovatória. (STJ, AgInt no AREsp 1.038.299/MG, Min. Antonio Carlos Ferreira, Quarta Turma, *DJe* 5-5-2017)

- A ação revisional não se confunde com a renovatória de locação. Na revisional, as benfeitorias e as acessões realizadas pelo locatário, em regra, não devem ser consideradas no cálculo do novo valor do aluguel, para um mesmo contrato. Tais melhoramentos e edificações, no entanto, poderão ser levadas em conta na fixação do aluguel por ocasião da renovatória, no novo contrato. (STJ, REsp 1.193.926/RS, Min. Antonio Carlos Ferreira, Quarta Turma, *DJe* 11-5-2016)
- Como bem ressaltado pelo juiz sentenciante, para o provimento de ação de cunho renovatório de locação de imóvel, é necessário o preenchimento dos requisitos do art. 71 da Lei de Locação, dentre os quais a prova do exato cumprimento do contrato em curso, sem o qual sua improcedência deverá ser decretada. (TJSP, Apelação 9000173-81.2008.8.26.0100, Rel. Des. Soares Levada, *DJ* 22-6-2016)
- O prazo máximo da renovação contratual será de 5 anos, ainda que a vigência da avença locatícia, considerada em sua totalidade, supere esse período, nos termos da jurisprudência desta Corte. (STJ, AgRg no AREsp 633.632-SP, Min. Moura Ribeiro, Terceira Turma, *DJ* 28-4-2015)
- No âmbito da presente ação renovatória de contrato de locação, a controvérsia cinge-se à idoneidade financeira dos fiadores apresentados pela autora para o novo período locatício. – A prova da idoneidade financeira atual dos fiadores é requisito da ação renovatória de locação, conforme elencado no inciso V do art. 71 da Lei 8.245/91, requisito este que, no caso dos autos, não foi atendido pela parte autora, que não comprovou renda ou patrimônio dos fiadores compatível com a obrigação contemplada no contrato que se pretende renovar. – Não estando presentes todos os requisitos necessários à propositura da ação, deve o processo ser extinto, sem exame de mérito. (TJRJ, p. 0177455-95.2010.8.19.0001, Rel. Elton Martinez Carvalho Leme, *DJ* 11-12-13)
- Em ação renovatória de locação de loja situada em *shopping center* não se alteram os critérios de retribuição previstos nos contratos, mas o aluguel mínimo, em si, pode ser objeto de arbitramento, para que se ajuste às novéis condições econômicas sem, entretanto, alterar o equilíbrio organizacional do centro comercial. (TJMG, 2.0000.00.448337-4/000(1), Rel. Des. Luciano Pinto, *DJ* 14-5-2004)

Art. 72. A contestação do locador, além da defesa de direito que possa caber, ficará adstrita, quanto à matéria de fato, ao seguinte:

I – não preencher o autor os requisitos estabelecidos nesta lei;

II – não atender, a proposta do locatário, o valor locativo real do imóvel na época da renovação, excluída a valorização trazida por aquele ao ponto ou lugar;

III – ter proposta de terceiro para a locação, em condições melhores;

IV – não estar obrigado a renovar a locação (incisos I e II do art. 52).

§ 1º No caso do inciso II, o locador deverá apresentar, em contraproposta, as condições de locação que repute compatíveis com o valor locativo real e atual do imóvel.

§ 2º No caso do inciso III, o locador deverá juntar prova documental da proposta do terceiro, subscrita por este e por duas testemunhas, com clara indicação do ramo a ser explorado, que não poderá ser o mesmo do locatário. Nessa hipótese, o locatário poderá, em réplica, aceitar tais condições para obter a renovação pretendida.

§ 3º No caso do inciso I do art. 52, a contestação deverá trazer prova da determinação do Poder Público ou relatório pormenorizado das obras a serem realizadas e da estimativa de valorização que sofrerá o imóvel, assinado por engenheiro devidamente habilitado.

§ 4º Na contestação, o locador, ou sublocador, poderá pedir, ainda, a fixação de aluguel provisório, para vigorar a partir do primeiro mês do prazo do contrato a ser renovado, não excedente a oitenta por cento do pedido, desde que apresentados elementos hábeis para aferição do justo valor do aluguel.

§ 5º Se pedido pelo locador, ou sublocador, a sentença poderá estabelecer periodicidade de reajustamento do aluguel diversa daquela prevista no contrato renovando, bem como adotar outro indexador para reajustamento do aluguel.

REFERÊNCIAS LEGISLATIVAS

- arts. 13, 51, 52, I e II, 71, 74, 75, 79, Lei 8.245/91; arts. 335 a 342, CPC (contestação).

ANOTAÇÕES

- ***contestação***: além das matérias de direito que eventualmente sejam aplicáveis ao caso (arts. 337 e 350, CPC), o interessado tem limitado pelo legislador as questões de fato que pode levantar na sua contestação, conforme indicado nos incisos I a IV do presente artigo. Decidido a se opor ao pedido renovatório, o locador não deve olvidar de requerer conjuntamente com a improcedência do pedido, a expedição do mandado de despejo pelo término do contrato, conforme permitido no art. 74; se não o fizer, terá que ajuizar ação de despejo;
- ***prazo para oferecer a contestação***: a Lei do Inquilinato não prevê expressamente qual é o prazo para o oferecimento de contestação na ação renovatória. Destarte, considerando-se a norma do art. 79, que informa serem aplicáveis as regras do Código de Processo Civil aos casos omissos, a maioria dos doutrinadores entende ser cabível o prazo do procedimento comum ordinário, qual seja, 15 (quinze) dias (art. 335, CPC), contados da data da juntada aos autos do mandado de citação regularmente cumprido (art. 231, II, CPC).

JURISPRUDÊNCIA

- Nos termos do art. 72, § 4º, da Lei 8.245/91, elementos probatórios apresentados junto à contestação são suficientes para a fixação de alugueres provisórios no importe de 80% do valor indicado. – Havendo nos autos laudo pericial produzido, sob crivo do contraditório, presente a probabilidade do direito vindicado pelo locador de majoração dos alugueres, bem como o risco ao resultado útil da demanda, porquanto demonstrada a defasagem do valor pago pelo locatário. (TJMG, Agravo de Instrumento-Cv 1.0000.21.154284-0/001, Rel. Des.(a) Shirley Fenzi Bertão, 11ª Câmara Cível, *DJ* 4-5-22)

- Ementa: Agravo de instrumento – Ação renovatória – Aluguel provisório – Art. 72, § 4º da Lei 8.245/91 – Laudos de avalição trazidos por ambas as partes – Fixação na média das avaliações – Valor justo. Nos termos do § 4º do art. 72 da Lei 8.245/91, "(...) na contestação, o locador, ou sublocador, poderá pedir, ainda, a fixação de aluguel provisório, para vigorar a partir do primeiro mês do prazo do contrato a ser renovado, não excedente a oitenta por cento do pedido, desde que apresentados elementos hábeis para aferição do justo valor do aluguel." Deve ser mantida a decisão que fixou o valor do aluguel provisório em quantia inferior a 80% do valor requerido pela parte Ré em sua contestação. (TJMG, p. 0877828-46.2016.8.13.0000, Rel. Aparecida Grossi, *DJ* 9-11-17)
- Julgada improcedente a ação renovatória, havendo na contestação pedido do locador, deverá o juiz fixar o prazo de até seis meses para a desocupação do imóvel, contados a partir do trânsito em julgado da respectiva sentença. Inteligência dos arts. 52, 72, IV, II, e 74 da Lei 8.245/91. – O pedido pode estar expresso na inicial ou ser extraído de seus termos por interpretação lógico-sistemática. Assim, não há como considerar "extra petita" a decisão que, julgando improcedente o pedido formulado na ação renovatória, fixa prazo para devolução do imóvel locado, se da contestação consta tal pedido, ainda que formulado de forma genérica. – Tendo o Tribunal de origem, com base no conjunto probatório dos autos, firmado a compreensão no sentido de que a recorrente não comprovara o preenchimento de todos os requisitos do art. 71 da Lei 8.245/91, rever tal entendimento demandaria o reexame de matéria fático-probatória, o que atrai o óbice da Súmula 7/STJ. – Se a autora, diante da alegação firmada na contestação de que os requisitos da renovatória não foram preenchidos, se limita a aduzir em sua réplica o cumprimento destes, sem pugnar pela produção de novas provas, não há falar em cerceamento de defesa em face do julgamento antecipado da lide. (STJ, Acórdão 996.621-BA, p. 2007/0242470-8, 5ª Turma, Rel. Arnaldo Esteves Lima, *DJ* 18-11-08)

Art. 73. Renovada a locação, as diferenças dos aluguéis vencidos serão executadas nos próprios autos da ação e pagas de uma só vez.

REFERÊNCIAS LEGISLATIVAS

- arts. 71, 72, Lei 8.245/91; art. 513 e seguintes do CPC (cumprimento da sentença).

JURISPRUDÊNCIA

- Segundo a jurisprudência desta Corte, sobre a diferença entre os valores pagos e os devidos com base na ação renovatória, não incidem juros de mora desde a citação, uma vez que o novo montante depende da formação de título executivo judicial para ser exigido. (STJ, AgInt no AREsp 1978317/SP, Min. Antonio Carlos Ferreira, T4, *DJe* 1º-7-22)

Art. 74. Não sendo renovada a locação, o juiz determinará a expedição de mandado de despejo, que conterá o prazo de 30 (trinta) dias para a desocupação voluntária, se houver pedido na contestação. (*Redação dada pela Lei nº 12.11209*)

§ 1º (*Vetado*)

§ 2º (*Vetado*)

§ 3º (*Vetado*)

REFERÊNCIAS LEGISLATIVAS

- arts. 63, 71, 72, Lei 8.245/91; art. 513 e seguintes do CPC (cumprimento da sentença); art. 132, CC (contagem de prazos).

ANOTAÇÕES

- ***mandado de despejo***: a expedição do mandado de despejo para desocupação voluntária deve ser determinada na própria sentença que indeferiu o pedido renovatório, desde que haja, claro, requerimento do locador neste sentido; se o locador não fez pedido neste sentido, infelizmente terá que ajuizar ação de despejo para obter a desocupação do seu imóvel, salvo se o locatário desocupar voluntariamente o bem.

JURISPRUDÊNCIA

- Agravo de instrumento. Locação de imóvel não residencial. Ação renovatória julgada extinta, sem exame de mérito e com determinação de expedição de mandado de despejo. Cumprimento provisório da sentença. Caução para executar o despejo. Desnecessidade. Aplicação do art. 74 da Lei 8.245/91. Demais questões suscitadas no recurso não conhecidas, por se tratarem de insurgências contra o que restou decidido na sentença e já abordadas em recurso de apelação. Recurso parcialmente conhecido e não provido na parte conhecida. (TJSP, p. 2147210-89.2021.8.26.0000, Rel. Cesar Lacerda, *DJ* 19-7-21)
- Não sendo preenchidos os requisitos do art. 51, da Lei 8.245/91, incabível a renovação do contrato. A teor do que dispõe o art. 74 da Lei 8.245/91, com a redação dada pela Lei 12.112/09, a improcedência da ação renovatória enseja a expedição do mandado de despejo. (TJMG, p. 0221393-56.2011.8.13.0686, Rel. Arnaldo Maciel, *DJ* 4-12-18)
- Na ação renovatória, é possível a execução provisória do julgado, com a determinação de expedição do mandado de despejo para a desocupação do imóvel locado e mediante caução prestada pelo locador, não sendo necessário que se aguarde o trânsito em julgado da sentença. (STJ, REsp 1.290.933-SP, Min. João Otávio de Noronha (1123), Terceira Turma, *DJ* 17-3-2015)

- A teor do disposto na Lei do Inquilinato, é irrelevante, nos domínios da ação renovatória, que a sentença seja de improcedência do pleito ou de carência de ação, na medida em que os seus efeitos, quanto à desocupação do imóvel, são os mesmos. Em qualquer hipótese, improcedência do pleito ou extinção do feito, sem resolução de mérito, havendo pedido formulado na contestação, o juiz deverá fixar prazo para a desocupação do imóvel, o qual começará a fluir a partir do trânsito em julgado da sentença. (STJ, REsp 1.003.816-MG, Rel. Min. Og Fernandes, *DJ* 9-8-2011)
- Nos termos do artigo 74 da Lei nº 8.245/91, não renovada a locação, o prazo fixado para desocupação do imóvel terá início após o trânsito em julgado da sentença, sendo desnecessária a notificação do locatário para que se inicie a sua contagem. (STJ, REsp 203.630/SP, *DJ* 2-8-1999, Rel. Min. Felix Fischer, decisão de 11-5-99, Quinta Turma, v.u.)

Art. 75. Na hipótese do inciso III do art. 72, a sentença fixará desde logo a indenização devida ao locatário em consequência da não prorrogação da locação, solidariamente devida pelo locador e o proponente.

REFERÊNCIAS LEGISLATIVAS

- arts. 52, § 3º, 72, III e § 2º, Lei 8.245/91.

TÍTULO III
DAS DISPOSIÇÕES FINAIS E TRANSITÓRIAS

Art. 76. Não se aplicam as disposições desta lei aos processos em curso.

Art. 77. Todas as locações residenciais que tenham sido celebradas anteriormente à vigência desta lei serão automaticamente prorrogadas por tempo indeterminado, ao término do prazo ajustado no contrato.

Art. 78. As locações residenciais que tenham sido celebradas anteriormente à vigência desta lei e que já vigorem ou venham a vigorar por prazo indeterminado, poderão ser denunciadas pelo locador, concedido o prazo de doze meses para a desocupação.

Parágrafo único. Na hipótese de ter havido revisão judicial ou amigável do aluguel, atingindo o preço de mercado, a denúncia somente poderá ser exercitada após vinte e quatro meses da data da revisão, se esta ocorreu nos doze meses anteriores à data da vigência desta lei.

Art. 79. No que for omissa esta lei aplicam-se as normas do Código Civil e do Código de Processo Civil.

Art. 80. Para os fins do inciso I do art. 98 da Constituição Federal, as ações de despejo poderão ser consideradas como causas cíveis de menor complexidade.

Art. 81. O inciso II do art. 167 e o art. 169 da Lei nº 6.015, de 31 de dezembro de 1973, passam a vigorar com as seguintes alterações:

"Art. 167. [...]

"II – [...]

"16) do contrato de locação, para os fins de exercício de direito de preferência."

"Art. 169. [...]

"III – o registro previsto no nº 3 do inciso I do art. 167, e a averbação prevista no nº 16 do inciso II do art. 167 serão efetuados no Cartório onde o imóvel esteja matriculado mediante apresentação de qualquer das vias do contrato, assinado pelas partes e subscrito por duas testemunhas, bastando a coincidência entre o nome de um dos proprietários e o locador."

Art. 82. O art. 3º da Lei nº 8.009, de 29 de março de 1990, passa a vigorar acrescido do seguinte inciso VII:

"Art. 3º [...]

"VII – por obrigação decorrente de fiança concedida em contrato de locação."

Art. 83. Ao art. 24 da Lei nº 4.591, de 16 de dezembro de 1964, fica acrescido o seguinte § 4º:

"Art. 24. [...]

"§ 4º Nas decisões da assembleia que não envolvam despesas extraordinárias do condomínio, o locatário poderá votar, caso o condômino locador a ela não compareça."

Art. 84. Reputam-se válidos os registros dos contratos de locação de imóveis, realizados até a data da vigência desta lei.

Art. 85. Nas locações residenciais, é livre a convenção do aluguel quanto a preço, periodicidade e indexador de reajustamento, vedada a vinculação à variação do salário mínimo, variação cambial e moeda estrangeira:

I – dos imóveis novos, com habite-se concedido a partir da entrada em vigor desta lei;

II – dos demais imóveis não enquadrados no inciso anterior, em relação aos contratos celebrados, após cinco anos de entrada em vigor desta lei.

Art. 86. O art. 8º da Lei nº 4.380, de 21 de agosto de 1964, passa a vigorar com a seguinte redação:

"Art. 8º O Sistema Financeiro da Habitação, destinado a facilitar e promover a construção e a aquisição da casa própria ou moradia, especialmente pelas classes de menor renda da população, será integrado:

Art. 87. (*vetado*)

Art. 88. (*vetado*)

Art. 89. Esta lei entrará em vigor sessenta dias após a sua publicação.

Art. 90. Revogam-se as disposições em contrário, especialmente:

I – o Decreto nº 24.150, de 20 de abril de 1934;

II – a Lei nº 6.239, de 19 de setembro de 1975;

III – a Lei nº 6.649, de 16 de maio de 1979;

IV – a Lei nº 6.698, de 15 de outubro de 1979;

V – a Lei nº 7.355, de 31 de agosto de 1985;

VI – a Lei nº 7.538, de 24 de setembro de 1986;

VII – a Lei nº 7.612, de 9 de julho de 1987; e

VIII – a Lei nº 8.157, de 3 de janeiro de 1991.

Brasília, 18 de outubro de 1991.

Fernando Collor

Jarbas Passarinho

Capítulo 2
Questões teóricas e práticas do direito locatício

1 QUAIS SÃO OS PRINCÍPIOS FUNDAMENTAIS DO DIREITO CONTRATUAL QUE TAMBÉM SE APLICAM AO CONTRATO DE LOCAÇÃO?

O direito contratual é orientado por três princípios fundamentais: autonomia da vontade, supremacia da ordem pública e obrigatoriedade da convenção.

Segundo o "princípio da autonomia da vontade", as partes são livres para contratar; ou seja, firmar ou não o contrato (liberdade de contratar), e estipular, no contrato, o que lhes convenha (liberdade contratual).

Todavia, a vontade das partes não é e não pode ser absoluta, daí o "princípio da supremacia da ordem pública", ou seja, a vontade das partes é limitada pela lei. Com efeito, "o dirigismo contratual" pelo Estado se apresenta como elemento mitigador da autonomia privada, tendo surgido no final do século XIX como reflexo da Revolução Industrial, embora só tenha se acentuado entre as duas grandes guerras mundiais, seu objetivo é evitar, na medida do possível, o abuso do forte sobre o fraco, juridicamente falando.

A fim de dar segurança jurídica às partes envolvidas no contrato, temos por fim o "princípio da obrigatoriedade da convenção" (*pacta sunt servanda*). Com efeito, a fim de dar efetividade aos contratos, a lei prevê sanções para aquele que deixa de cumpri-lo, escusando-se apenas a inadimplência fruto de caso fortuito ou força maior (art. 393, CC). Hodiernamente, tem ganhado força a chamada "teoria da imprevisão" (*rebus sic stantibus*), que professa a possibilidade da revisão dos contratos que se prolongam pelo tempo (trato sucessivo), quando, em razão de fatos extraordinários e imprevisíveis, se tornam "excessivamente onerosos" para uma das partes.

2 RESUMIDAMENTE, QUAIS SÃO AS PRINCIPAIS CARACTERÍSTICAS DO CONTRATO DE LOCAÇÃO?

A "locação" regulada pela Lei nº 8.245/91, a conhecida Lei do Inquilinato, tem como principais características: I – envolver um contrato bilateral, comutativo, oneroso e não solene; II – quanto a sua forma, o contrato de locação pode ser verbal ou por escrito; III – contrato de locação pode ser firmado por qualquer prazo, dependendo de vênia conjugal, se igual ou superior a dez anos (art. 3º, LI – Lei do Inquilinato); IV – a cessão da locação, a sublocação e o empréstimo do imóvel, total ou parcialmente, dependem do consentimento prévio e escrito do locador (art. 13, LI); V – no contrato de locação, pode o locador exigir do locatário as seguintes modalidades de garantia: caução, fiança e seguro de fiança locatícia, cessão fiduciária de quotas de fundo de investimento (art. 37, LI); VI – é vedada a exigência de mais de uma das modalidades, sob pena de nulidade (art. 43, II, LI); VII – nas locações ajustadas por escrito e por prazo igual ou superior a 30 meses, a resolução do contrato ocorrerá findo o prazo estipulado, independentemente de notificação ou aviso, possibilitando ao locador retomar o imóvel local sem ter que justificar as suas razões (denúncia vazia ou imotivada); VIII – é livre a convenção do aluguel, vedada a sua estipulação em moeda estrangeira e a sua vinculação à variação cambial ou ao salário mínimo (art. 17, LI); IX – na falta de acordo, o aluguel pode ser revisto judicialmente após três anos do último reajuste (art. 19, LI); X – é proibida a cobrança antecipada do aluguel (arts. 20 e 43, III, LI), salvo no caso de o contrato de locação não estar amparado por nenhuma forma de garantia e nos casos de locação para temporada; XI – o locatário pode rescindir o contrato que esteja vigendo por prazo indeterminado a qualquer momento, mediante notificação prévia ao locador com antecedência mínima de 30 dias (arts. 6º, LI); XII – o locatário tem preferência para adquirir o imóvel locado, em igualdade de condições com terceiros (arts. 27 a 34, LI); XIII – se o imóvel for alienado durante a locação, o adquirente poderá denunciar o contrato, com o prazo de 90 dias para a desocupação, salvo se a locação for por tempo determinado e o contrato contiver cláusula de vigência em caso de alienação e estiver averbado junto à matrícula do imóvel (art. 8º, LI); XIV – morrendo o locador, a locação transmite-se aos herdeiros (art. 10, LI); XV – morrendo o locatário, ficarão sub-rogados nos seus direitos e obrigações, nas locações com finalidade residencial, o cônjuge sobrevivente ou o companheiro e, sucessivamente, os herdeiros necessários, nas locações com finalidade comercial, o espólio ou seu sucessor no negócio (art. 11, LI); XV – nas locações de imóveis destinados ao comércio, o locatário terá direito a renovação do contrato, por igual prazo, se presentes as condições legais (arts. 51 e 71, LI); XVI – seja qual for o fundamento do término da locação, a ação do locador para reaver o imóvel é a de despejo (art. 5º, LI).

3 QUAIS CUIDADOS O PROPRIETÁRIO DEVE TER AO ALUGAR SEU IMÓVEL?

Para se ficar longe de problemas, o melhor é entregar a administração do imóvel para uma imobiliária que tenha tradição na administração de bens e que seja respeitada na comunidade. Desta forma, o locador terá certeza de ser corretamente orientado e de dispor, quando necessário (e, nestes casos, cedo ou tarde sempre haverá necessidade), de assistência jurídica gratuita.[1]

O contrato de prestação de serviços deve indicar, entre outras coisas, as condições em que o proprietário entrega o bem, o valor que deseja receber de aluguel, a forma de quitação e os direitos e obrigações da administradora.

---

[1] Quanto a essa possibilidade, é necessário, claro, acordo entre as partes; então, ao negociar com uma imobiliária, não se esqueça de levantar o tema, que deve constar do contrato de prestação de serviços.

Cap. 2 • Questões teóricas e práticas do direito locatício **121**

De qualquer forma, seja por meio de uma administradora ou pessoalmente (como muitos ainda preferem), ao se locar um imóvel se deve tomar, entre outros, os seguintes cuidados: I – pedir para que o interessado, e seu fiador (no caso de a caução ser a fiança), preencherem um cadastro pessoal, com detalhadas informações sobre sua renda e vida pregressa; II – checar o cadastro, as referências e o crédito do interessado junto ao SERASA e ao SPC; III – pedir que o interessado, e seu fiador (no caso de a caução ser a fiança), forneçam cópia de seus documentos pessoais (RG, CPF, certidão de nascimento ou casamento, contracheque), que devem ser conferidos com os originais; IV – nunca entregar as chaves do imóvel antes de checar todas as informações e ter o contrato assinado.

Minha recomendação é que seja feita ainda uma "vistoria inicial", com o escopo de corretamente documentar o estado geral do imóvel, documento que pode ser muito útil na eventualidade do locatário causar danos ao bem.

Após a Lei nº 12.112/09, o proprietário pode optar por firmar um contrato de locação sem qualquer tipo de garantia. Nesse caso, ele terá o direito de obter, no caso de mora quanto às obrigações locatícias, uma liminar para desocupação imediata do imóvel (art. 59, § 1º, IX, LI). É inegável que tal fato pode diminuir bastante os seus prejuízos, mormente se não demorar muito para ajuizar a competente ação de despejo.

4   QUAIS CUIDADOS SÃO NECESSÁRIOS AO SE ALUGAR UM IMÓVEL?

O bom inquilino não tem preço, é ouro puro, e o mercado imobiliário está, mesmo que um pouco lentamente, descobrindo isto. Dessa forma, o conselho para quem precisa alugar um imóvel é "negocie", não se apresse, fiscalize o imóvel, peça pintura, peça reparos, peça prazo e tome cuidado. Não feche negócio no primeiro momento, visite outros imóveis, outras imobiliárias até ter certeza absoluta de que encontrou o melhor imóvel e que está fazendo o melhor negócio.

Se possível, ofereça outro tipo de garantia que não seja a fiança, afinal todos sabem o quanto é constrangedor para aquele que "pede" e para o "amigo" demandado. A melhor opção, no momento, é o seguro fiança, que não envolve familiares e amigos, apenas uma isenta companhia de seguro.

Se a locação não for residencial, o interessado deve ainda: (I) verificar se o locador é o proprietário do imóvel: veja, a Lei do Inquilinato não exige que o locador seja proprietário do bem, apenas que tenha a posse legal dele, mas é importante que quem está, por exemplo, alugando um espaço para abrir uma loja, um comércio, um restaurante etc., tenha ciência se está lidando de fato com o proprietário ou com, por exemplo, o usufrutuário ou com o fideicomissário, visto que no caso destes últimos pode ocorrer a extinção do usufruto ou do fideicomisso e o nuproprietário, que volta neste caso a ter a propriedade plena, resolver fazer a denúncia do contrato de locação (art. 7º), com o escopo de retomar o bem locado; imagine o tamanho do prejuízo que pode advir ao locatário que se veja obrigado a encerrar de forma inesperada as suas atividades; se o interessado sabe com quem está lidando, pode exigir, por exemplo, que nestes casos o nuproprietário concorde com a locação, fato que afasta a possibilidade de denúncia imotivada posteriormente; (II) insistir para que seja incluída uma cláusula de que o contrato de locação vale mesmo no caso eventual de venda do imóvel locado, lembrando que para valer contra terceiros, o contrato deve ser averbado junto ao registro de imóveis. A cautela se justifica porque embora naquele momento o proprietário não pretenda vender o imóvel, essa lhe é uma faculdade natural (dispor do seu bem); considerando que a vida é muito dinâmica, considerando que as circunstâncias mudam muito rapidamente, o bom senso exige que o interessado que pretende investir num negócio onde a localização é importante, pense no assunto, a fim de evitar dor de cabeça depois.

Fechado o negócio, exija uma vistoria inicial, tomando o cuidado de que tudo seja anotado de acordo com a realidade encontrada no local. Seja chato neste momento (não deixe passar nada), mesmo porque quando da vistoria final, todos os locadores são muitos "chatos" e exigentes na hora de conferir como estão o estado das coisas no imóvel.

5   COMO DEVE SER FEITO O CONTRATO DE LOCAÇÃO?

Segundo o art. 129 do Código Civil, os atos jurídicos não dependem de forma especial, salvo quando a lei expressamente o exige. A Lei nº 8.245/91 – LI, que disciplina as relações locatícias, de regra, não exige forma ou formalidade especial para o contrato de locação, que, portanto, pode ser livremente pactuado nos seus termos e forma (verbal ou escrito), respeitando-se, obviamente, os limites legais. Observando-se, tão somente, que apenas os contratos que forem registrados, averbados, junto à matrícula do imóvel garantem o direito de preferência (adjudicação do bem), bem como poderão ser opostos, durante a sua vigência, contra terceiro adquirente, no caso de eventual alienação.

A jurisprudência já estabeleceu que aos contratos de locação não se aplicam as normas do Código de Defesa do Consumidor, Lei nº 8.078/90, que disciplinou expressamente a questão das cláusulas abusivas e dos contratos de adesão (*note-se que a maioria dos contratos de locação são apresentados ao inquilino prontos*), entre outras questões. Embora tal entendimento encontre respaldo formal na lei e na doutrina, é evidente o prejuízo aos inquilinos, que continuam à mercê dos evidentes abusos praticados por algumas administradoras, mormente quanto à porcentagem da multa por atraso, rescisão do contrato, honorários advocatícios e outras despesas. Destarte, é necessário muito cuidado ao assinar-se um contrato de locação, principalmente para quem o está garantindo, como o fiador. Lembre-se da máxima jurídica "*pacta sunt servanda*" (o pacto deve ser cumprido).

6   QUAL É O PRAZO MÁXIMO, E MÍNIMO, DO CONTRATO DE LOCAÇÃO?

A Lei do Inquilinato não estabelece prazo máximo, ou mínimo, para o contrato de locação, que, desta forma, pode ser ajustado por qualquer prazo, dependendo de vênia conjugal se igual ou superior a 10 (dez) anos (art. 3º, LI). Entretanto, no caso de locação residencial é importante atentar para o fato de que só tem direito à chamada denúncia vazia, retomada do imóvel ao término do contrato sem necessidade de fundamentar o pedido, o locador que firmou contrato por escrito e por prazo igual ou superior a 30 (trinta) meses (art. 46, LI). Da mesma forma, só terá direito ao uso da ação renovatória, locação não residencial, o locador que firmou contrato escrito por prazo mínimo de 5 (cinco) anos, ou cuja soma dos prazos ininterruptos, contratos escritos, seja de cinco anos (art. 51, I e II, LI).

Por fim, ainda na questão do prazo, a Lei do Inquilinato, no seu art. 48, estabelece que a locação para temporada pode ter prazo máximo de 90 (noventa) dias.

7   NA LOCAÇÃO RESIDENCIAL, QUAL É A MELHOR OPÇÃO DE PRAZO PARA O CONTRATO LOCATIVO?

Na locação residencial, o contrato de locação deve ser feito preferencialmente pelo prazo de 30 (trinta) meses, vez que nesta hipótese o locador pode, ao fim do contrato, fazer uso da ação de despejo por denúncia vazia, com possibilidade de obtenção de liminar para desocupação em quinze dias (arts. 46 e 59, § 1º, VIII).

Nos contratos feitos por prazo menores (doze meses, por exemplo), a retomada do imóvel pode ser muito mais difícil e demorada. Com efeito, a regra do art. 47 da Lei do Inquilinato informa que, nestes casos, a retomada imotivada só pode ocorrer após cinco anos de vigência ininterrupta do contrato; ou seja, se o locador opta por fazer um contrato de 12 (doze) meses, situação das mais comuns, e o inquilino cumprir regularmente com suas obrigações, este só poderá retomar o imóvel depois de cinco anos de vigência (*o dobro do tempo necessário para os contratos feitos por escrito e com prazo de trinta meses*).

8 COMO AGIR DIANTE DA INADIMPLÊNCIA DO INQUILINO?

Recentemente, atendi uma locadora que me informou, desesperada, que sua inquilina estava em atraso com o pagamento dos aluguéis há 15 (quinze) meses, e que se recusava a sair. Para piorar a situação, o contrato de locação não tinha fiador. Segundo narrou, após o primeiro atraso, ela conversou com a locadora que informou ter perdido o emprego e pediu um prazo de 2 (dois) meses para regularizar a situação ou deixar o imóvel. Esses dois meses se transformaram em 15 (quinze) meses; quando, finalmente, a locadora resolveu procurar ajuda jurídica. Ajuizei a ação de despejo por falta de pagamento e, após regularmente citada, a locatária abruptamente abandonou o imóvel, mudando-se para local incerto e não sabido. No total, foram 18 (dezoito) meses de aluguéis não pagos. Prejuízo, neste caso, irrecuperável.

Obviamente que a melhor forma de se evitar prejuízos como os daquela senhora é exigir sempre, quando da lavratura do contrato, uma boa garantia, vez que, na pior das hipóteses, você acaba executando a garantia e recebendo o que lhe é devido. De qualquer forma, um outro cuidado sempre é oportuno, qual seja, "não demore para ajuizar a ação de despejo". No caso, por exemplo, de o aluguel ter vencimento para todo dia 10 (dez) de cada mês, havendo atraso, a ação de despejo deve se ajuizada após o dia 20 (vinte) e antes do dia 30 (trinta). Desta forma, coloca-se a máquina emperrada da Justiça para funcionar e pune-se, ao mesmo tempo, o locatário que costumeiramente se atrasa.

O ajuizamento da ação de despejo por falta de pagamento não deve impedir o pagamento ou o diálogo entre locador e locatário, muito ao contrário, a conversação é sempre bem-vinda, porém, tomando-se o cuidado de propor a ação no tempo oportuno, a pressa passa a ser do inquilino. Em outras palavras, no caso de inadimplência não perca seu tempo ouvindo desculpas, "tome providências".

9 COMO FAZER A NOTIFICAÇÃO DO INQUILINO PARA QUE DEIXE O IMÓVEL?

Em nenhuma das situações em que a Lei do Inquilinato exige a notificação de uma das partes, seja do locador ou do locatário, com escopo de dar ciência formal de alguma coisa (*v.g.*, que se deseja a desocupação do imóvel ou que se vai deixá-lo; concedendo-se prazo para eventual manifestação sobre a venda do bem; comunicando-se a separação ou divórcio etc.), prevê-se forma especial. Em outras palavras, é necessário apenas que se dê realmente "ciência" à outra parte, dentro dos limites e objetivos previstos na lei.

Esta ciência pode ser feita basicamente por dois modos: I – notificação judicial (arts. 726 a 729 do CPC); II – notificação extrajudicial, por meio do Cartório de Notas ou enviando-se uma carta ao inquilino pelo correio, com aviso de recebimento, ou até pessoalmente, colhendo--se numa cópia a ciência do interessado.

A justiça[2] também tem aceito a notificação feita via "e-mail" ou mesmo por meio do aplicativo "WhatsApp", desde que essas formas estejam previstas no contrato de locação como forma de comunicação entre as partes.

10 EM QUE CASOS O LOCADOR PODE RESCINDIR O CONTRATO DE LOCAÇÃO E RETOMAR A POSSE DIRETA DO IMÓVEL LOCADO?

Regra geral, o locador não pode reaver o imóvel alugado durante o prazo estipulado para a duração do contrato, salvo: I – nos casos de extinção de usufruto ou fideicomisso (art. 7º); II – alienação do imóvel, exceto quando o contrato contenha cláusula de vigência em caso de alienação e esteja averbado junto à matrícula do imóvel (art. 8º); III – por mútuo acordo (art. 9º, I); IV – em decorrência de prática de infração legal ou contratual (art. 9º, II); V – em decorrência de falta de pagamento do aluguel e demais encargos (art. 9º, III); VI – para a realização de reparações urgentes determinadas pelo Poder Público, que não possam ser normalmente executadas com a permanência do locatário no imóvel ou, podendo, ele se recuse a consenti-las (art. 9º, IV).

Além dos casos indicados, em se tratando de locação residencial, poderá o locador retomar o imóvel, em se tratando de contratos firmados por escrito e com prazo igual ou superior a 30 (trinta) meses, ao término da vigência, independentemente de notificação ou aviso; no caso de prorrogação por prazo indeterminado, após notificação para desocupação em 30 (trinta) dias (art. 46, LI).

Nos contratos firmados verbalmente ou por escrito e com prazo inferior a 30 (trinta) meses, que, segundo a lei, prorrogam-se automaticamente por prazo indeterminado, o locador somente poderá retomar o imóvel: I – em decorrência da extinção do contrato de trabalho, se a ocupação do imóvel pelo locatário estiver relacionada com o seu emprego; II – se for pedido para uso próprio, de seu cônjuge ou companheiro, ou para uso residencial de ascendente ou descendente que não disponha, assim como seu cônjuge ou companheiro, de imóvel residencial próprio; III – se for pedido para demolição e edificação licenciada ou para a realização de obras aprovadas pelo Poder Público, que aumentem a área construída em, no mínimo, 20% ou, se o imóvel for destinado a exploração de hotel ou pensão; IV – se a vigência ininterrupta da locação ultrapassar 5 (cinco) anos (art. 47, LI).

Já nos casos de "locação não residencial", o locador pode retomar o imóvel findo o prazo do contrato, independentemente de notificação ou aviso (art. 56, LI). Prorrogado o contrato por prazo indeterminado, o locador poderá denunciar, a qualquer momento, a locação, notificando o inquilino para que deixe o imóvel no prazo de 30 (trinta) dias (art. 57, LI).

11 EM QUE CASOS O INQUILINO PODE RESCINDIR O CONTRATO DE LOCAÇÃO E DEIXAR O IMÓVEL LOCADO?

Ao contrário do que ocorre com o locador, que, de regra, está impedido de retomar o imóvel durante o prazo do contrato, o inquilino pode, a qualquer tempo, denunciar a locação, devolvendo o imóvel, desde que pague a multa pactuada, mitigada proporcionalmente de acordo com o tempo já cumprido do contrato (art. 4º, LI). Dispensa a lei o pagamento da

---

[2] Validade da notificação para acompanhamento da vistoria de entrega por "WhatsApp". Comprovada a ciência do locatário e, ainda, que se tratava do meio ordinário de comunicação entre as partes. (TJSP, p. 1025293-54.2020.8.26.0001, Rel. Rodolfo Cesar Milano, *DJ* 19-5-22)

multa, quando a devolução do imóvel ocorrer em razão de transferência do local de trabalho, determinada pelo empregador, ou, ainda, quando o imóvel precisar de obras que, para sua realização, demandem período superior a 30 (trinta) dias (art. 26, parágrafo único, LI).

No caso dos contratos que estejam valendo por prazo indeterminado, o inquilino poderá denunciar a locação mediante aviso por escrito ao locador, com antecedência mínima de 30 (trinta) dias (art. 6º, LI).

12 COMO FICA A LOCAÇÃO NO CASO DE SEPARAÇÃO OU MORTE DOS INQUILINOS?

Nos casos de separação de fato, separação judicial, divórcio ou dissolução da sociedade concubinária, a locação prosseguirá automaticamente com o cônjuge ou o companheiro que permanecer no imóvel, que se sub-roga em todos os direitos e obrigações. O fato deve ser comunicado por escrito ao locador e, se o contrato for garantido por fiança, aos fiadores, que poderão, por sua vez, exonerar-se das suas responsabilidades mediante notificação ao credor (art. 12, § 2º, LI). O silêncio dos fiadores implica sua concordância em manter o contrato acessório de fiança.

A não notificação do locador implica em quebra contratual, possibilitando o ajuizamento de ação de despejo. No mais, lembro a mudança do imóvel não afasta a responsabilidade do locatário, que continua responsável pelas obrigações contratuais; assim, é de muito interesse daquele que se muda providenciar o mais breve possível a ciência do locador sobre o fato.

No caso de morte do locatário, sub-rogam-se nos seus direitos e obrigação (art. 11, LI): I – nas locações com finalidade residencial, o cônjuge sobrevivente, os herdeiros necessários e as pessoas que viviam na dependência econômica do *de cujus*, desde que residentes no imóvel; II – nas locações com finalidade não residencial, o espólio e, se for o caso, seu sucessor no negócio.

13 O ALUGUEL PODE SER COBRADO ANTECIPADAMENTE?

Como já tivemos oportunidade de observar nesta obra, o aluguel representa a contraprestação paga pelo locatário pelo uso do imóvel locado. A Lei do Inquilinato estabelece como princípio básico da locação a livre convenção do aluguel, vedando tão somente sua estipulação em moeda estrangeira e a sua vinculação à variação cambial ou ao salário mínimo (art. 17, LI).

Quanto à época de sua cobrança, a Lei do Inquilinato, no seu art. 20, é expressa: "*salvo nas hipóteses do art. 42 e da locação para temporada, o locador não poderá exigir o pagamento antecipado do aluguel*".

Na verdade, a Lei do Inquilinato não só veda a cobrança antecipada do aluguel (salvo as hipóteses expressamente admitidas), mas estabelece que tal ato constitui "contravenção penal", punível com prisão simples de cinco dias a seis meses ou multa de três a doze meses do valor do último aluguel atualizado (art. 43, III, LI).

14 QUAIS SÃO OS TIPOS DE GARANTIAS DO CONTRATO DE LOCAÇÃO PERMITIDAS PELA LEI DO INQUILINATO?

Segundo o art. 37 da Lei do Inquilinato, o locador pode exigir uma das seguintes modalidades de garantia: I – caução; II – fiança; III – seguro de fiança locatícia; IV – cessão fiduciária de quotas de investimento. Ressalte-se que constitui contravenção penal, punível com prisão simples de 5 (cinco) dias a 6 (seis) meses ou multa de 3 (três) a 12 (doze) meses do valor do último aluguel, exigir, por motivo de locação ou sublocação, mais de uma modalidade de garantia num mesmo contrato de locação.

A "caução" pode ser prestada em bens móveis, registrada junto ao Cartório de Notas, ou imóveis, registrada junto ao Cartório de Imóveis. Já a caução em dinheiro, que não pode exceder o equivalente a 3 (três) meses de aluguel, deverá ser depositada em caderneta de poupança, autorizada pelo Poder Público e por ele regulamentada, revertendo em benefício do locatário todas as vantagens dela decorrentes por ocasião do levantamento da soma respectiva (art. 38, LI).

A "fiança", que ainda é a modalidade de garantia mais usada nos contratos de locação, consiste numa obrigação acessória, onde um terceiro, denominado fiador, garante o contrato de locação. Pode ser dada por prazo certo ou prazo indeterminado, neste último caso, o fiador pode exonerar-se de sua obrigação notificando o locador de sua intenção (art. 835, CC). Registre-se, ainda, que o locador pode requerer a substituição do fiador quando este tiver sua idoneidade abalada, tal como nos casos de insolvência e falência (art. 40, LI).

No campo das garantias locatícias, a grande novidade trazida pela Lei nº 8.24591 foi o "seguro fiança", onde o locatário, ao invés de envolver um "amigo", contrata um seguro, mediante o pagamento de um prêmio. A SUSEP já regulamentou este tipo de seguro, bastando, para sua contratação, que as partes busquem o auxílio de um corretor de seguros.

Por fim, temos a "cessão fiduciária de quotas de investimento", incluída pela Lei 11.196/05, onde o locatário efetua ou transfere para o nome do locador quotas de investimentos que sejam bastante para garantir as obrigações locatícias, tornando-as indisponíveis.

15 QUAL O LIMITE DA RESPONSABILIDADE DO FIADOR?

Normalmente, o fiador responde solidariamente por todas as obrigações advindas do contrato de locação, porém a jurisprudência tem entendido que não responde ele por valores advindos de acordos entre as partes a que não anuiu expressamente e por despesas de processos judiciais onde não foi parte.

A jurisprudência estabeleceu que a responsabilidade do fiador se estende até a efetiva entrega das chaves, mesmo nos contratos por prazo certo; ressalvando-se a possibilidade de requerer a sua exoneração nos contratos que estejam valendo prazo indeterminado.

16 COMO O FIADOR DEVE PROCEDER PARA EXONERAR-SE DA FIANÇA?

Ao fim do contrato de locação firmado por tempo certo, ou a qualquer momento quando o contrato estiver valendo por prazo indeterminado (art. 835, CC; art. 40, X, LI), o fiador pode exonerar-se da fiança, bastando que notifique o locador de sua intenção. Caso o locador imponha empecilhos, contranotificando, por exemplo, o fiador para informá-lo de que não aceita a exoneração da fiança e que esta deve perdurar até a efetiva entrega das chaves, o fiador deve ajuizar ação declaratória, buscando a tutela jurisdicional para que seja declarada judicialmente a exoneração da fiança, limitando sua responsabilidade até o prazo de 120 (cento e vinte) dias após a notificação.

Sobre esse importante tema é conveniente observar que o Superior Tribunal de Justiça tem decidido, por unanimidade, a favor do direito do fiador de exonerar-se da sua obrigação, entendendo absolutamente inaceitável o vínculo eterno que se criara entre este e o contrato prorrogado por prazo indeterminado, interpretando a cláusula que informa que a responsabilidade do fiador vai até a entrega das chaves, constante de grande parte dos contratos de locação, de forma restritiva, isto é, que tal expressão cinge-se à duração do contrato primitivo, que vigia por tempo determinado.

O entendimento do STJ foi acatado pelo legislador, que, por meio da Lei nº 12.112/09, adaptou a Lei do Inquilinato à possibilidade de o fiador exonerar-se de sua obrigação, mantendo-o, no entanto, responsável por todos os efeitos da fiança por até 120 (cento e vinte) dias após a notificação do locador. Tal prazo se justifica na necessidade de se conceder ao locador prazo para, por sua vez, exigir do inquilino nova garantia.

17 QUEM É RESPONSÁVEL PELO PAGAMENTO DAS DESPESAS E TAXAS DO CONDOMÍNIO?

A Lei do Inquilinato é taxativa quanto a esta matéria, as despesas extraordinárias devem ser suportadas pelo locador (art. 22, X, LI), já as ordinárias devem ser suportadas pelo locatário (art. 23, XII, LI).

Por despesas extraordinárias de condomínio se entendem aquelas que não se refiram aos gastos rotineiros de manutenção do edifício, especialmente: I – obras de reformas ou acréscimos que interessem à estrutura integral do imóvel; II – pinturas de fachadas e laterais, poços de aeração e iluminação, bem como das esquadrias externas; III – obras destinadas a repor as condições de habitabilidade do edifício; IV – indenizações trabalhistas e previdenciárias pela dispensa de empregados, ocorridas em data anterior ao início da locação; V – instalação de equipamentos de segurança e de incêndio, de telefonia, de intercomunicação, de esporte e de lazer; VI – despesas de decoração e paisagismo nas partes de uso comum; VII – constituição de fundo de reserva (art. 22, parágrafo único, LI).

Por despesas ordinárias de condomínio se entendem as necessárias à administração respectiva, especialmente: I – salários, encargos trabalhistas, contribuições previdenciárias e sociais dos empregados do condomínio; II – consumo de água e esgoto, gás, luz e força das áreas de uso comum; III – limpeza, conservação e pintura das instalações e dependências de uso comum; IV – manutenção e conservação das instalações e equipamentos hidráulicos, elétricos, mecânicos e de segurança, de uso comum; V – manutenção e conservação das instalações e equipamentos de uso comum destinados à prática de esportes e lazer; VI – manutenção e conservação de elevadores, porteiro eletrônico e antenas coletivas; VII – pequenos reparos nas dependências e instalações elétricas e hidráulicas de uso comum; VIII – rateios de saldo devedor, salvo se referentes ao período anterior ao início da locação; IX – reposição do fundo de reserva, total ou parcialmente utilizado no custeio ou complementação das despesas referidas nas alíneas anteriores, salvo se referentes a período anterior ao início da locação (art. 23, § 1º, LI).

18 COMO AGIR NOS CASOS EM QUE O INQUILINO PAGA O ALUGUEL, MAS FICA INADIMPLENTE COM O PAGAMENTO DAS TAXAS DO CONDOMÍNIO E DO IMPOSTO PREDIAL?

Infelizmente, é cada vez mais comum o proprietário de um prédio descobrir, após a saída do inquilino, que este deixou grande débito em aberto quanto à taxa do condomínio ou quanto a pagamento de impostos que eram de sua responsabilidade, conforme contrato de locação. Para se evitar estas situações, o melhor é fixar um valor locatício que já inclua todas as despesas do imóvel (condomínio, seguro, impostos etc.), ficando o próprio locador, ou a sua administradora, responsável pelo pagamento.

Tal atitude pode evitar muita "dor de cabeça"; para os que assim não procederam, o conselho é que acompanhem de perto o seu pagamento, pedindo periodicamente prestação de contas do inquilino e checando a situação com a administradora do condomínio. Na hipótese de se constatar atraso nos pagamentos, o locador pode fazer uso da ação de despejo por falta de pagamento.

19 QUEM É RESPONSÁVEL PELO PAGAMENTO DOS IMPOSTOS E TAXAS QUE INCIDAM SOBRE O IMÓVEL LOCADO?

De regra, os impostos, taxas e o prêmio de seguro complementar contra fogo, que incidam ou venham a incidir sobre o imóvel locado, devem ser suportados pelo locador, salvo disposição expressa em contrário no contrato (art. 22, VIII, LI), quando, então, o locador poderá cobrar tais verbas juntamente com o aluguel do mês a que se refiram (art. 25, LI). O locatário, por seu turno, tem direito de exigir recibo de quitação discriminado, onde se indique expressamente "o que" e o "quanto" está sendo pago.

20 QUAIS AS PRINCIPAIS CARACTERÍSTICAS DO CONTRATO DE LOCAÇÃO PARA TEMPORADA?

Segundo a Lei do Inquilinato, considera-se locação para temporada aquela destinada à residência temporária do locatário, para prática de lazer, realização de cursos, tratamento de saúde, feitura de obras em seu imóvel, e outros fatos que decorram tão somente de determinado tempo. Tem como principais características: I – prazo máximo de 90 (noventa) dias; II – a possibilidade de o locador receber de uma só vez e antecipadamente os aluguéis e encargos.

No caso de o imóvel locado for entregue mobiliado, constará obrigatoriamente do contrato a descrição dos móveis e utensílios que o guarnecem, bem como o estado de conservação em que se encontram. Prorrogado o contrato por prazo indeterminado, a locação deixa de ser caracterizada como temporária, perdendo o locador o direito de cobrar antecipadamente o aluguel e encargos.

21 O QUE PODE FAZER O LOCATÁRIO PRETERIDO NO SEU DIREITO DE PREFERÊNCIA?

Como já foi mencionado nesta obra, a Lei do Inquilinato, no seu art. 27, estabelece que o locatário tem preferência na aquisição do imóvel locado em igualdade de condições com terceiros. Com escopo de que este possa manifestar seu interesse, ou não, na aquisição do bem, o locador deve lhe dar ciência de sua intenção de alienar o imóvel, bem como fornecer todas as condições do negócio e, em especial, o preço, a forma de pagamento, a existência de ônus reais, bem como o local e o horário em que pode ser examinada a documentação pertinente.

O locatário preterido no direito de preferência, seja porque não foi comunicado do negócio, seja porque a venda se deu em condições diferentes daquelas de que foi informado, mormente quanto ao preço, poderá reclamar do alienante as perdas e danos ou, depositando o preço e demais despesas do ato de transferência, haver para si o imóvel locado, se o requerer no prazo de seis meses, a contar do registro do ato no Cartório de Imóveis, desde que o contrato de locação esteja averbado pelo menos 30 dias antes da alienação junto à matrícula do imóvel (art. 33, LI).

Majoritária jurisprudência do Superior Tribunal de Justiça tem estabelecido que a averbação do contrato de locação junto ao Cartório de Imóvel não é requisito prejudicial do pedido de indenização por perdas e danos, mas tão somente para os casos em que o locatário desejar a adjudicação do bem.

22 QUAIS OS REQUISITOS DA AÇÃO DE DESPEJO PARA USO PRÓPRIO?

Quando o contrato de locação for ajustado verbalmente ou por escrito com prazo inferior a 30 meses, tendo se prorrogado automaticamente por prazo indeterminado, o locador poderá retomar o imóvel locado para uso próprio, de seu cônjuge ou companheiro, ou para uso de ascendente ou descendente que não disponha, assim como seu cônjuge ou companheiro, de imóvel residencial próprio, utilizando, para tanto, da ação de despejo (art. 47, III, LI).

Não havendo previsão no contrato de locação de foro especial, a ação deve ser proposta na Comarca onde está localizado o imóvel locado, conforme regra do art. 58, inciso II, da Lei do Inquilinato. A petição inicial deve ser endereçada ao Juízo Cível e, além de atender aos requisitos do art. 319 do CPC, deve indicar expressamente o nome do beneficiário do pedido, no caso de não ser o próprio autor, e o grau de parentesco entre ele e o locador. A exordial deve ser acompanhada dos seguintes documentos: I – contrato de locação; II – documentos pessoais do locador; III – documento do ascendente, descendente, companheiro ou companheira, quando for o beneficiário do pedido; IV – certidão de propriedade do imóvel locado ou compromisso de compra e venda ou de cessão de direitos, em caráter irrevogável, devidamente registrado junto à matrícula do imóvel; V – procuração *ad judicia*.

Existe uma presunção legal de sinceridade em relação ao pedido do locador, salvo: I – se este estiver ocupando outro imóvel de sua propriedade situado na mesma localidade ou, residindo ou utilizando imóvel alheio, já tiver retomado o imóvel locado anteriormente; II – o ascendente ou descendente, beneficiário da retomada, residir em imóvel próprio. Nestes casos, a necessidade da retomada deverá ser judicialmente demonstrada.

O valor da causa deve ser fixado em 12 vezes o valor do aluguel, segundo regra do art. 58, inciso III, da LI.

A ação de despejo para uso próprio também pode ser proposta junto ao Juizado Especial Cível, sob a égide da Lei nº 9.099/95, desde que o valor da causa não seja superior a 40 salários mínimos.

23 QUAIS OS REQUISITOS DA AÇÃO DE DESPEJO POR FALTA DE PAGAMENTO?

Antes de preparar a petição inicial, o locador deve decidir se cumula o pedido de despejo por falta de pagamento com o de cobrança dos aluguéis e encargos, conforme permissão da Lei do Inquilinato.

Esta escolha será decisiva para o processamento do feito.

Habitualmente tenho optado por ajuizar a "ação de despejo por falta de pagamento" pura e simples, sem cumulá-la com pedido de cobrança dos aluguéis e encargos. Meus motivos são puramente práticos, considerando que o principal desiderato do locador é a desocupação do imóvel, em razão dos prejuízos que o inquilino inadimplente causa. Destarte, entendo que quanto mais simples for o pedido, mais fácil será obter o resultado, qual seja, o despejo do inquilino. Depois, numa segunda etapa, basta ajuizar a ação de execução de título extrajudicial, sabendo-se que o contrato de locação constitui título executivo extrajudicial (art. 784, VIII, CPC); mas, claro, pode haver outras questões a serem consideradas, principalmente de economia processual, visto que a cumulação do pedido de despejo com o de cobrança possibilita a inclusão dos fiadores no polo passivo da ação (art. 62, LI); ou seja, neste caso se envolve os fiadores desde o início, o que não só pode facilitar o recebimento do débito, como também facilitar a desocupação, visto que normalmente os fiadores ficam assustados com a situação e põem pressão nos inquilinos, normalmente parentes ou amigos próximos.

Não havendo previsão no contrato de locação de foro especial, a ação de despejo por falta de pagamento, cumulada ou não com a cobrança de aluguéis e encargos, deve ser proposta na Comarca onde está localizado o imóvel locado, conforme regra do art. 58, inciso II, da Lei nº 8.245/91. A petição inicial deve ser endereçada ao Juízo Cível e, além de atender aos requisitos do art. 319 do CPC, deve incluir cálculo discriminado do valor do débito (art. 62, I, LI). A exordial deve ser acompanhada dos seguintes documentos: I – contrato de locação; II – documentos pessoais do locador; III – procuração *ad judicia*.

O valor da causa deve ser fixado em 12 (doze) vezes o valor do aluguel, segundo regra do art. 58, inciso III, da Lei nº 8.245/91.

O profissional deve estar atento, igualmente, à possibilidade de requerer liminarmente a desocupação do imóvel (mandado de despejo), conforme permissivo do art. 59, § 1º, da Lei nº 8.245/91, com as alterações que lhe deu a Lei nº 12.112/09.

24 QUAIS VALORES DEVEM COMPOR OS CÁLCULOS A SEREM APRESENTADOS NA AÇÃO DE DESPEJO POR FALTA DE PAGAMENTO?

Na petição inicial da ação de despejo por falta de pagamento, seja ou não cumulada com cobrança dos encargos locatícios, o autor deve apresentar cálculos discriminados do valor do débito. Os cálculos devem expressar exatamente o que é devido pelo inquilino, a fim de possibilitar a ele o direito de "purgar a mora"; ou seja, quitar o seu débito, convalescendo o contrato de locação.

Buscando dificultar a vida dos inquilinos, alguns advogados apresentam cálculos claramente indevidos, incluindo valores de cobrança duvidosa. Regra geral, os cálculos devem envolver apenas os encargos previstos no contrato de locação (*v.g.*, aluguel, multa moratória, impostos, seguro, condomínio etc.).

Não devem ser incluídos nos cálculos eventuais valores de honorários advocatícios, mesmo que previstos no contrato, e despesas e custas do processo, vez que tais valores decorrem naturalmente do processo e devem ser fruto de condenação imposta pelo Juiz.

Indevida, ainda, a inclusão nos cálculos de valores devidos a terceiros (*v.g.*, luz, água etc.), salvo se o autor os tiver pago, sub-rogando-se então nos direitos.

25 QUAIS SÃO OS REQUISITOS DA AÇÃO RENOVATÓRIA?

Tem legitimidade para a ação renovatória, os locatários de imóveis urbanos, destinados à atividade comercial (não residenciais), industrial ou à atividade de sociedade civil com fins lucrativos (art. 51, III, § 4º, LI), cujo contrato a renovar tenha sido celebrado por escrito e com prazo mínimo total, ou a soma dos prazos ininterruptos, de 5 (cinco) anos.

Não havendo previsão, no contrato de locação, de foro especial, a ação deve ser proposta na Comarca onde está localizado o imóvel locado, conforme regra do art. 58, II, da Lei nº 8.245/91.

A petição inicial deve ser endereçada ao Juízo Cível e, além de atender os requisitos do art. 319 do CPC, deve indicar de forma clara e precisa as condições oferecidas para a renovação da locação, em especial o valor do novo aluguel e os dados do fiador, caso não seja o mesmo do contrato anterior (art. 71, LI).

Além de atender aos requisitos legais, a exordial deve ser instruída com cópia dos seguintes documentos: I – contrato, ou contratos, de locação a renovar; II – documento de identidade do locador e ou do contrato social; III – prova de que explora, de forma ininterrupta, o mesmo ramo comercial há pelo menos três anos; IV – prova de estar em dia com as obrigações oriundas do contrato em curso, apresentando os recibos de pagamento dos últimos alugueres, seguro, impostos e taxas, quando o pagamento destes últimos couber ao autor; V – prova de que o fiador do contrato ou o que o vai substituir aceita os encargos da fiança, normalmente por meio de uma declaração com firma reconhecida; VI – prova da idoneidade financeira do fiador, mesmo que seja o mesmo; VII – prova, quando for o caso, de ser cessionário ou sucessor, em virtude de título oponível ao proprietário; VIII – procuração *ad judicia*.

O valor da causa deve ser fixado em 12 (doze) vezes o valor do aluguel, segundo regra do art. 58, III, da Lei nº 8.245/91.

Note-se que, para não perder o direito de propor ação renovatória, o locador deve ajuizá-la no interregno de um ano, no máximo, e seis meses, no mínimo, anteriores à data da finalização do prazo do contrato em vigor (art. 51, § 5º, LI); isto é, se o contrato, por exemplo, tem vencimento para o dia 30-4-2023, a ação deve ser ajuizada entre 1º-5-22 e 30-10-22.

26 QUAIS SÃO OS REQUISITOS DA AÇÃO REVISIONAL DE ALUGUEL?

Não havendo acordo quanto ao reajuste do aluguel, após três anos de vigência do contrato de locação ou do último acordo anteriormente realizado, tanto o locador como o locatário têm legitimidade para requerer sua revisão judicial (art. 19, LI).

Não havendo previsão no contrato de locação de foro especial, a ação deve ser proposta na Comarca onde está localizado o imóvel locado, conforme regra do art. 58, II, da Lei nº 8.245/91.

A petição inicial deve ser endereçada ao Juízo Cível e, além de atender aos requisitos do art. 319 do CPC, deve indicar o valor do aluguel cuja fixação é pretendida, podendo incluir, ainda, pedido de fixação do aluguel provisório, desde que a inicial se faça acompanhar de elementos que o justifiquem.

Além de atender aos requisitos legais, a exordial deve ser instruída com cópia dos seguintes documentos: I – contrato de locação; II – documento de identidade do locador ou locatário, conforme o caso; III – duas ou três avaliações que atestem o valor atual de mercado do imóvel locado; IV – procuração *ad judicia*.

O valor da causa deve ser fixado em 12 (doze) vezes o valor do aluguel, segundo regra do art. 58, III, da Lei nº 8.245/91. Sendo o pedido julgado procedente, o novo aluguel retroage à citação, e as diferenças devidas durante a ação de revisão, descontados os alugueres provisórios satisfeitos, que são limitados a 80% (oitenta por cento) do valor pretendido pelo autor, serão pagas devidamente corrigidas, exigíveis após o trânsito em julgado da sentença que fixar o novo aluguel. A execução das diferenças deverá ser feita nos próprios autos da ação de revisão (art. 69, LI).

Ressalte-se, por fim, que a Lei nº 12.112/09 trouxe a lume importante inovação quanto a essa ação, na medida em que possibilita à parte interessada requerer ao juiz de primeiro grau a revisão, reconsideração, da sua decisão quanto ao aluguel provisório, sem que ocorra a perda do prazo para recorrer da decisão interlocutória. Com efeito, segundo a nova redação do inciso V do art. 68 da Lei do Inquilinato, *"o pedido de revisão previsto no inciso III deste artigo interrompe o prazo para a interposição de recurso contra a decisão que fixar o aluguel provisório"*.

27 QUAIS SÃO OS REQUISITOS DA AÇÃO DE CONSIGNAÇÃO DE ALUGUEL E ENCARGOS?

Recusando-se injustificadamente o locador a receber o aluguel e encargos ou dar a regular quitação, o locatário poderá socorrer-se da ação de consignação de aluguel e acessórios da locação. Não havendo previsão no contrato de locação de foro especial, a ação deve ser proposta na Comarca onde está localizado o imóvel locado, conforme regra do art. 58, inciso II, da Lei nº 8.245/91. A petição inicial deve ser endereçada ao Juízo Cível e, além de atender aos requisitos do art. 319 do CPC, deve especificar os aluguéis e acessórios da locação, bem como seus respectivos valores. A exordial deve ser acompanhada de cópia dos seguintes documentos: I – contrato de locação; II – documento de identidade do locatário; III – procuração *ad judicia*.

O valor da causa deve ser fixado em 12 vezes o valor do aluguel, segundo regra do art. 58, inciso III, da Lei nº 8.245/91. Sabendo-se que o fundamento do pedido é a recusa do locador em receber ou dar quitação dos aluguéis e encargos regularmente devidos, é importante observar que o locatário deve estar preparado para provar a referida recusa, normalmente por meio de testemunhas. Destarte, tomando ciência da recusa do locador, o locatário deve reiterar a tentativa de pagamento, fazendo-se acompanhar de duas testemunhas que, posteriormente, possam confirmar perante o Juízo a recusa do locador.

É perfeitamente compreensível que a pessoa envolvida nesta situação perca o dia do vencimento para pagamento de sua obrigação, porém caso o locatário não proponha a ação no dia imediato, é conveniente que ofereça o aluguel já incluindo eventual multa por atraso, com escopo de evitar discussões inúteis sobre o valor oferecido. O autor deve, ainda, estar atento para o prazo exíguo concedido pela lei para que faça o depósito judicial do valor oferecido, conforme art. 67, inciso II, da Lei nº 8.245/91.

28 QUAIS SÃO OS REQUISITOS DA AÇÃO DE ADJUDICAÇÃO MOVIDA PELO LOCATÁRIO PRETERIDO NO SEU DIREITO DE PREFERÊNCIA?

O locatário que tomou o cuidado de registrar, averbar, o contrato de locação junto ao Cartório de Imóveis, pelo menos 30 dias antes de o imóvel ser alienado, tem direito, no caso de ser preterido no seu direito de preferência, seja porque não foi comunicado do negócio, seja porque a venda se deu em condições diferentes daquelas de que foi informado, mormente quanto ao preço, de requerer, no prazo de seis meses a adjudicação do bem (art. 33, LI).

Não havendo previsão no contrato de locação de foro especial, a ação deve ser proposta na Comarca onde está localizado o imóvel locado, conforme regra do art. 58, inciso II, da Lei nº 8.245/91. A petição inicial deve ser endereçada ao Juízo Cível e atender aos requisitos do art. 319 do CPC, devendo ser acompanhada de cópia dos seguintes documentos: I – contrato de locação; II – documentos pessoais do locatário; III – escritura ou compromisso de compra e venda do imóvel; IV – certidão de propriedade do imóvel locado; V – procuração *ad judicia*.

O locatário deverá, ainda, requerer autorização para, liminarmente, depositar o valor do negócio mais as despesas. O valor do negócio também deverá ser lançado como valor da causa (art. 292, II, CPC).

29 NO CONTRATO DE LOCAÇÃO, PODE SER CUMULADA A COBRANÇA DA CLÁUSULA PENAL MORATÓRIA E DA CLÁUSULA PENAL COMPENSATÓRIA?

Segundo a melhor doutrina, cláusula penal é um pacto acessório, no qual os contratantes estipulam pena pecuniária para o caso de qualquer deles infringir ou retardar culposamente o cumprimento da obrigação.

Cap. 2 • Questões teóricas e práticas do direito locatício **133**

A cláusula penal pode ser de duas espécies: I – *moratória*: quando tem como propósito tão somente garantir o cumprimento de uma determinada cláusula ou desencorajar o retardamento culposo. Neste caso, o credor terá direito de demandar cumulativamente a pena convencional e a prestação principal (art. 411, CC); II – *compensatória*: quando tem como propósito incentivar o cumprimento integral da obrigação e servir de cálculo predeterminado das perdas e danos, no caso de inadimplência absoluta. Neste caso, cabe ao credor optar entre exigir a prestação (se isso for possível), pleitear as perdas e danos, ou preferir a importância convencionada (art. 410, CC).

Como se vê, considerando a natureza diversa das referidas "multas", não há qualquer impedimento para que ambas sejam previstas no contrato de locação. Ressalte-se, no entanto, que não cabe a cobrança da multa compensatória (cláusula penal compensatória) na ação de despejo por falta de pagamento, cumulada ou não com cobrança, vez que nela quem pede a rescisão do contrato é o próprio locatário e o inquilino já está sendo apenado com a cobrança de juros, correção monetária e multa moratória. Neste sentido a jurisprudência: "*a cláusula penal ou multa compensatória não é exigível, porque ela visa compor perdas e danos previamente estabelecidos, para o caso de desocupação voluntária do imóvel pelo inquilino, antes de findo o prazo contratual, o que, no caso em tela, não ocorreu. O inadimplemento dá azo à multa moratória, que, como o termo inicial dos juros e o da correção monetária, regem-se pelo contrato*" (TJSP, Ap. nº 910179001-SP, Rel. Silvia Rocha Gouvêa, *DJ* 22-1-2008).

Não se deve olvidar, ademais, que a inclusão da multa compensatória nos cálculos a serem apresentados na exordial representaria óbice ao direito do inquilino de purgar a mora e convalescer o contrato de locação.

30 QUAL O LIMITE DAS CLÁUSULAS PENAIS MORATÓRIAS E COMPENSATÓRIAS?

Não havendo regra sobre o tema na Lei do Inquilinato, o assunto é disciplinado pela norma prevista no art. 412 do Código Civil, com a seguinte redação: "*O valor da cominação imposta na cláusula penal não pode exceder o da obrigação principal*".

Ordinariamente, os contratos de locação preveem multa moratória no importe de 10% (dez por cento) do aluguel e multa compensatória no valor de 3 (três) aluguéis. Como essa prática não constitui norma legal, não há qualquer impedimento para a fixação de valores maiores ou menores, respeitando-se, obviamente, o limite apontado no art. 412 do Código Civil.

Feitos esses esclarecimentos, registro que entendo ser demasiada a multa moratória no importe de 10% (dez por cento) para o caso de atraso no pagamento do aluguel; penso que o legislador deveria ter limitado essa cláusula penal a 2% (dois por cento), assim como fez o Código do Consumidor, no seu art. 52, § 1º, e o próprio Código Civil, no art. 1.336, § 1º.

No caso da multa compensatória, a norma do art. 4º da Lei nº 8.245/91 estabelece que ela deva ser reduzida equitativamente conforme o tempo efetivamente cumprido do contrato de locação firmado entre as partes, salvo naqueles casos que envolveram a prévia construção ou reforma do imóvel alugado ("construção ajustada"). Nesses contratos, o locatário que rescindir antecipadamente a locação deve pagar a multa por inteiro, desde que ela não ultrapasse a soma dos aluguéis a vencer (art. 54-A, LI).

31 COMO DEVE AGIR O LOCADOR NO CASO DE O INQUILINO ABANDONAR O IMÓVEL LOCADO?

Tomando ciência de que o inquilino abandonou o imóvel, o locador deve inicialmente proceder com vistoria do imóvel, a fim de certificar-se de que este não foi invadido ou está com janelas ou portas abertas. Em seguida, deve procurar a delegacia de polícia e lavrar boletim de ocorrência, com escopo de resguardar os seus direitos. Por fim, deve ajuizar ação de despejo com pedido de antecipação de tutela (imissão na posse), juntando cópia do boletim de ocorrência.

Nestes casos, normalmente o juiz determina a expedição de mandado de constatação, a fim de certificar-se sobre os fatos, bem como apurar se no imóvel ficaram bens do locatário.

32 QUAIS FORAM AS PRINCIPAIS INOVAÇÕES INTRODUZIDAS NA LEI DO INQUILINATO PELA LEI Nº 12.112/09?

Num passado não muito distante, as leis que tratavam do contrato de locação, principalmente a locação residencial, tinham um caráter claramente protetor em relação ao inquilino, mormente quanto à efetivação da desocupação do imóvel locado. Embora essas regras tenham tido a sua utilidade em dado momento da sociedade brasileira, a longo prazo elas acabaram construindo uma tradição que se mostrou nociva aos interesses das partes envolvidas nesse tipo de contrato.

As dificuldades para despejar o inquilino inadimplente acabaram por desestimular a construção de imóveis destinados à locação. A escassez de imóveis para alugar não só causou o aumento desproporcional do valor do aluguel, como levou os proprietários a serem cada vez mais exigentes na hora de firmar o contrato.

É inegável que a atual Lei do Inquilinato já tinha representado uma renovação do instituto quando de sua promulgação, contudo a ação de despejo continuava a ser um procedimento lento, agravada pela própria situação da Justiça brasileira.

Diante dessa realidade, o legislador, entendendo que o momento era propício para mudanças, trouxe a lume, por meio da Lei nº 12.112/09, pequenas alterações que buscam principalmente tornar a ação de despejo um instrumento mais ágil para o locador. Nesse sentido, cabe destacar as seguintes alterações: I – *aumento das hipóteses de despejo liminar*: agora o locador pode obter antecipação da tutela, com o despejo imediato do inquilino, em casos como, por exemplo, a não substituição do fiador, o término do prazo da locação feita por escrito e com prazo de trinta meses, e, também, quando o contrato de locação estiver desprovido de qualquer das garantias previstas na lei; II – *limitação do direito de purgar a mora*: a diminuição das vezes em que o inquilino pode pedir a purgação da mora (agora apenas uma vez a cada dois anos) visa justamente punir o locatário que mostra irresponsabilidade em face de suas obrigações locatícias; III – *alteração do prazo para se efetuar a purgação da mora*: eliminou-se a necessidade de o inquilino pedir ao juiz a purgação da mora; ou seja, no caso de o locatário desejar pagar o seu débito, deve fazê-lo no prazo destinado à resposta (o depósito judicial deve incluir todos os valores devidos); IV – *prazo menor para cumprimento do mandado de despejo*: antes da Lei nº 12.112/09, o locador tinha que aguardar o trânsito em julgado da sentença que decretava o despejo para, só então, pedir a notificação do inquilino para desocupação voluntária; agora, o juiz deve determinar a expedição do mandado de despejo na própria sentença que rescinde o contrato e decreta o despejo; V – *valor menor da caução*: a fim de facilitar o despejo, o legislador diminuiu bastante o valor exigido para o caso de execução provisória (art. 64).

Aproveitou, ademais, o legislador, para atualizar alguns artigos, como, por exemplo: o art. 4º, quanto à proporcionalidade da multa compensatória; o art. 12, quanto à obrigatoriedade de se comunicar a sub-rogação da locação não só ao locador, mas também para eventuais fiadores, que desta ciência poderão pedir exoneração de suas obrigações; o art. 39, quanto à extensão temporal da responsabilidade contratual dos fiadores; o art. 40, regulamentando o direito do fiador de exonerar-se da fiança nos contratos que estejam valendo por prazo indeterminado, fato que já vinha sendo deferido pela jurisprudência.

Merece destaque, por fim, a possibilidade de o interessado pedir reconsideração da decisão que fixou o aluguel provisório na ação revisional sem que venha a perder o seu direito de recorrer dessa mesma decisão no caso de seu pedido de revisão ser indeferido (art. 68, V).

33 QUAIS AS REGRAS QUE ENVOLVEM O CONTRATO DE LOCAÇÃO FRUTO DE "CONSTRUÇÃO AJUSTADA"?

Há alguns anos se percebe uma mudança de atitude em algumas empresas quanto ao mercado imobiliário, elas têm optado por alugar imóveis ao invés de comprá-los; tal atitude levou proprietários a não só reformar seus imóveis, conforme especificações dos clientes, mas até mesmo a construir prédios para atender às suas exigências (*"built to suit"*, ou construção ajustada).

Sem disciplina própria, esses complexos contratos eram classificados como "atípicos", arrimados nas regras gerais do direito contratual. Todavia, a multiplicação dos casos fez nascer a necessidade da disciplina dessa nova relação; as primeiras regras sobre o tema vieram por meio da Lei nº 12.744, de 19 de dezembro de 2012, que alterou a redação do *caput* do art. 4º e acrescentou o art. 54-A na Lei do Inquilinato, classificando os contratos de "construção ajustada" como de natureza locatícia.

No *caput* do novo art. 54-A, o legislador basicamente reconhece a existência desse novo tipo de contrato, dando, em seguida, liberdade às partes para pactuarem, no bojo e nos limites da lei locatícia, as regras que acharem adequadas (prazo e tipo de reforma ou construção; prazo do contrato de locação; multas moratórias e compensatórias). Já no § 1º, o legislador abre a possibilidade de as partes renunciarem ao direito de requerer revisão do aluguel durante o prazo de vigência do contrato de locação; no § 2º estabelece exceção à regra que possibilita ao locatário devolver o imóvel, rescindindo unilateralmente o contrato de locação, mediante o pagamento proporcional da multa compensatória. Em outras palavras, nos contratos de locação que envolvam a chamada "construção ajustada", o locatário que rescinde antecipadamente o contrato locativo terá que pagar a multa compensatória acordada por inteiro, desde que o valor não seja superior à soma dos aluguéis a receber até o final da locação; isso pelo fato de que o aluguel, nestes contratos, não só remunera o uso do bem, mas também o investimento feito pelo locador na reforma ou construção do prédio.

34 O QUE SÃO AS CHAMADAS "CLÁUSULAS DE RAIO"?

Recebe o nome de "cláusula de raio" o acordo inserido em contratos de locação de espaços em *shopping centers*, segundo o qual o inquilino se compromete a não manter atividade semelhante à praticada no imóvel, objeto da locação, em um determinado raio de distância; daí o nome "cláusula de raio".

Em recente julgamento, o Superior Tribunal de Justiça reafirmou a legalidade deste tipo de cláusula, declarando que *"a 'cláusula de raio' inserta em contratos de locação de espaço em shopping center, ou normas gerais do empreendimento,* não é abusiva, pois o shopping center constitui uma estrutura comercial híbrida e peculiar e as diversas cláusulas extravagantes insertas nos ajustes locatícios servem para justificar e garantir o fim econômico do empreendimento" (STJ, REsp 1.535.727-RS, Min. Marco Buzzi, Quarta Turma, *DJ* 10-5-2016).

35 COMO DEVE PROCEDER O LOCATÁRIO QUE DESEJE RESCINDIR O CONTRATO DE LOCAÇÃO QUE ESTEJA VALENDO POR PRAZO INDETERMINADO?

O art. 6º da Lei do Inquilinato permite que o inquilino denuncie o contrato de locação que esteja valendo por prazo indeterminado, de qualquer natureza (residencial ou comercial), sem qualquer ônus, desde que "notifique por escrito" o locador, com antecedência mínima de trinta dias.

Notem que a lei exige que o aviso seja "por escrito" (ato formal), ou seja, não basta que o interessado manifeste sua intensão de forma verbal; o não atendimento desta sujeita o infrator ao pagamento de multa no valor equivalente a um mês de aluguel e encargos.

Aconselho, ainda, ao locatário que marque com antecedência a entrega das chaves, que deve ocorrer preferencialmente logo após vistoria do imóvel (não deixe de cobrar o respectivo comprovante de "tudo ok").

36 COMO AGIR QUANTO À ALTERAÇÃO DO "NOME", OU TITULAR, DAS CONTAS DE CONSUMO (ÁGUA, LUZ E GÁS ETC.)?

Quando aluga um imóvel, o locatário deve transferir para o seu nome as contas de água, luz e gás, usando, para tanto, do contrato de locação. Entretanto, muitos assim não agem (deixam as contas no nome do proprietário ou do ex-inquilino), fato que costuma trazer prejuízos principalmente para o locador que, via de regra, acaba responsabilizado pela justiça por danos morais advindos a ex-inquilinos que têm seus nomes negativados nos serviços de proteção ao crédito em razão de débitos que são de responsabilidade dos novos inquilinos.

Para evitar esse tipo de problema, é prudente inserir no contrato de locação norma expressa sobre o tema, prevendo, por exemplo, multa pela inércia ou até mesmo a rescisão do contrato de locação no caso de o novo inquilino não providenciar em certo prazo a transferência da titularidade das referidas contas (veja exemplo desse tipo de cláusula no capítulo "Modelos e Formulários" item 45 deste livro).

O ex-inquilino que quiser evitar esse tipo de problema deve procurar obter, quanto ao tema, termo expresso no distrato ou no recibo de entrega das chaves. Pode, ainda, requerer também inclusão no contrato de locação de cláusula no mesmo sentido, ou seja, que cabe ao proprietário providenciar a mudança da titularidade das contas de consumo para o seu nome em certo prazo na hipótese de o contrato ser rescindido ou tiver termo. Ocorrendo o pior, ou seja, a negativação do seu nome em razão de débito que não seja da sua responsabilidade, pode ajuizar ação de obrigação de fazer cumulada com reparação de danos em face do ex-locador.

37 AS REGRAS DO CÓDIGO DE DEFESA DO CONSUMIDOR, LEI Nº 8.078/90, SE APLICAM AO CONTRATO DE LOCAÇÃO?

Esta questão sempre surge quando se discute a validade, ou não, de cláusulas penais abusivas no contrato de locação, como, multa moratória no valor de 10% (dez por cento). Infelizmente, a jurisprudência do Superior Tribunal de Justiça já se firmou no sentido de que o CDC não se aplica aos contratos de locação, neste e em outros casos, em razão de que estes têm disciplina própria, qual seja, a Lei do Inquilinato (Lei nº 8.245/91).

Diante desse entendimento, temos que a cláusula penal que estabelece, por exemplo, multa moratória no importe de 10% (dez por cento) da obrigação é válida, visto que a Lei do Inquilinato se omite sobre o tema e o Código Civil normatiza de forma genérica que o limite da cláusula penal é o valor da obrigação principal (art. 412, CC).

38 A MULTIPROPRIEDADE, INSTITUÍDA PELA LEI Nº 13.777/18, É UMA FORMA DE LOCAÇÃO PARA TEMPORADA?

Não, são institutos totalmente diferentes. Segundo o art. 1.358-C do Código Civil, "*multipropriedade é o regime de condomínio em que cada um dos proprietários de um mesmo imóvel é titular de uma fração de tempo, à qual corresponde a faculdade de uso e gozo, com exclusividade, da totalidade do imóvel, a ser exercida pelos proprietários de forma alternada*"; ou seja, enquanto locação é a cessão temporária do uso de um bem, mediante pagamento de uma remuneração (aluguel), a multipropriedade é uma nova forma de condomínio entre coproprietários, cuja base é a divisão temporal do uso direto do bem (dias, semanas, quinzenas, meses etc.). Na multipropriedade, cada coproprietário pode usar e gozar – alugar, ceder, vender etc. – de forma exclusiva o bem em certo tempo (por exemplo, todo mês de janeiro de cada ano).

39 QUAIS OS EFEITOS DA PANDEMIA DA COVID-19, POR CORONAVÍRUS, NOS CONTRATOS DE LOCAÇÃO?

É indiscutível a extrema gravidade das consequências sociais e financeiras causadas pela pandemia da Covid-19, mormente ao se considerar que foi declarado estado de calamidade pública em todo o território nacional, fato que levou ao fechamento obrigatório de inúmeros negócios (isolamento social), atingindo em cheio as relações locatícias. Afinal, como lojistas, comerciantes, empresários, profissionais liberais e até o cidadão comum que perdeu o seu emprego ou se viu impossibilitado de exercer a sua atividade poderiam cumprir com as suas obrigações locatícias, principalmente o pagamento do aluguel, se estavam impedidos pelas autoridades públicas de abrir as suas portas ou mesmo de sair da sua casa?

Na verdade, não poderiam e não puderam por muitos meses. Tais fatos levantaram questões jurídicas importantes, tais como: (I) estando os estabelecimentos fechados por determinação pública, os aluguéis e outros encargos continuam sendo devidos integralmente? (II) no caso de atraso de pagamento dos encargos locatícios, são devidas as multas e os juros legais? (III) nesse período de exceção, o inquilino tem direito à revisão temporária do valor do aluguel? Em qual porcentagem? (IV) o inquilino pode requerer a rescisão do contrato de locação por justa causa (com dispensa de multa)? (V) no caso de inadimplência do inquilino, é possível conseguir, nesse momento, a rescisão do contrato de locação e o despejo?

Todas estas questões são difíceis e, a bem da verdade, sem respostas claras e objetivas (ao menos, por ora), isso porque a nossa legislação não estava preparada para lidar com evento tão universal e imprevisível (não há precedentes).

Muito se tem falado na chamada "teoria da imprevisão", prevista no art. 317 do Código Civil, mas ela, tecnicamente, não é capaz de fundamentar a solução para todas as questões apontadas, visto que a pandemia da Covid-19 não atingiu apenas os inquilinos (um dos lados do contrato), mas também os locadores. Todos, sem exceção, estão sofrendo as consequências deste evento sem precedentes. Veja, se a justiça diminui o valor do aluguel, mesmo que temporariamente, para salvar o negócio do lojista, pode levar à falência a empresa que administra aquele bem e que também assumiu enormes compromissos para disponibilizá-lo em condições de uso.

É este tipo de dilema que impediu nossos governantes de interferir de forma mais direta nas relações locativas, salvo para suspender, em alguns casos, o despejo decretado em sede de "liminar" (art. 9º, Lei 14.010/20), no período que ia até 30 de outubro de 2020. O referido artigo havia sido vetado pelo Presidente da República, mas o veto foi derrubado posteriormente pelo Congresso Nacional.

Claro que a falta de disciplina especifica não impede que os interessados busquem a tutela jurisdicional e as "soluções" têm sido fundamentadas principalmente nos arts. 317, 393, 396, 421, 421-A, 478 e 479 do Código Civil. Lembro, no entanto, que a já referida Lei 14.010/20 impôs limites a estas pretensões ao estabelecer nos seus arts. 6º e 7º que consequências decorrentes da pandemia do coronavirus nas execuções dos contratos, não terão efeitos jurídicos retroativos, assim como que não se consideram fatos imprevisíveis o aumento da inflação, a variação cambial, a desvalorização ou a substituição do padrão monetário. Os referidos artigos também haviam sido vetados pelo Presidente, mas o Congresso derrubou os vetos.

Com efeito, desde o início da pandemia muitos locatários têm ajuizado medidas judiciais requerendo a revisão do contrato de locação (veja-se modelo em capítulo próprio deste livro), seja para obter um desconto no valor do aluguel e encargos ou mesmo requerendo a suspensão do seu pagamento até que toda a situação seja normalizada; outros ainda simplesmente estão requerendo a rescisão do vínculo por justa causa, ou seja, sem o pagamento de multas e juros.

A pandemia ainda está sendo usada como argumento de defesa em ações de despejo por falta de pagamento, não obstante, como se disse, da absoluta falta de base legal (art. 9º da Lei 14.010/20 proíbe apenas a expedição de mandado de despejo em sede de tutela provisória, ou seja, em liminar; não há qualquer impedimento para o cumprimento de mandado de despejo expedido em cumprimento de sentença).

Reconhecendo a dramaticidade do momento, sob o ponto de vista social e financeiro, e buscando, na medida do possível, manter o equilíbrio contratual, assim como preservar a sobrevivência dos empreendimentos, a justiça tem atendido até a este momento boa parte dos pedidos, concedendo por vezes a suspensão parcial ou total dos pagamentos dos aluguéis e encargos, isentando os inquilinos de multas e juros e até negando, neste momento, a execução dos mandados de despejo; além, é claro, de facilitar a rescisão dos contratos quando esta for a vontade do inquilino. A derrubada dos vetos não deve, em minha opinião, mudar esta tendência que é, acima de tudo, uma questão de bom senso.

Não poderia ser outra a atitude do nosso judiciário em momento tão delicado.

40 QUAL É A BASE LEGAL E QUAIS OS REQUISITOS PARA A REVISÃO DO CONTRATO DE LOCAÇÃO EM RAZÃO DA PANDEMIA DA COVID-19?

Inicialmente, há que se esclarecer que esta ação, qual seja, revisão contratual para obter desconto provisório no aluguel e outros encargos, não se confunde com a ação revisional de aluguel prevista nos arts. 68 a 70 da Lei n. 8.245/91; digo isso, porque tenho visto muitos colegas que pretendem a revisão do contrato de locação em razão da pandemia da Covid-19 nomeando as suas ações de "ação revisional de aluguel", o que claramente não é o caso, mesmo porque a referida ação tem procedimento e requisitos bem específicos que não se enquadram no momento atual.

Na verdade, a base legal nem mesmo se encontra na Lei do Inquilinato, mas no Código Civil, mas precisamente nos arts. 317 e 480 daquele diploma legal que trata da teoria da imprevisão; dependendo da natureza dos pedidos feitos pelo interessado, alguns acórdãos ainda apontam como fundamento das suas decisões sobre o tema os arts. 393, 396, 478 e 479 do mesmo diploma legal (quanto a estes artigos não deixe de conferir as restrições impostas pelos arts. 6º e 7º da Lei 14.010/20).

Com arrimo nas circunstâncias adotadas em razão da pandemia da Covid-19, com o isolamento social e o fechamento de todas as atividades consideradas não essenciais, os interessados normalmente pedem a revisão do contrato a fim de suspender temporariamente o pagamento total ou parcial do aluguel e demais encargos locatícios, tais como taxas associativas e condominiais; são comuns ainda os pedidos que envolvem o afastamento da cobrança de multas e juros por atraso no pagamento e até a dispensa da multa compensatória, quando o pedido é no sentido de rescisão do contrato de locação.

Como se disse, há pedidos no sentido de suspensão total do pagamento do aluguel e encargos, para quitação posterior em parcelas (readequação do contrato); outros pedidos, mais fáceis de se obter, buscam apenas a suspensão parcial, variando o desconto pedido entre 30% (trinta por cento) e 80% (oitenta por cento) do aluguel, conforme as circunstâncias do caso. Outros ainda buscam, diante do fechamento total de seus negócios, a declaração de inexigibilidade do aluguel durante aquele período.

Trata-se de processo sujeito ao procedimento comum, normalmente com pedido de tutela provisória de urgência (art. 300, CPC), lembrando que é possível, quando necessário ou inevitável, o ajuizamento de pedido de tutela cautelar antecedente (art. 305, CPC).

Não basta que o interessado argumente na sua exordial sobre os efeitos maléficos da pandemia da Covid-19 sobre os seus negócios e finanças, é necessário que prove estes fatos documentalmente, principalmente por meio da apresentação de balanço contábil e extrato de contas bancárias; quanto mais honestos e detalhados forem os fatos, maiores as chances de sucesso.

41 EM RAZÃO DA PANDEMIA DA COVID-19, OS DESPEJOS FORAM "SUSPENSOS"?

A resposta é simples: não. Embora seja evidente que neste período o Poder Judiciário agiu com muita cautela em relação ao tema, na verdade por todo o período da pandemia sempre foi possível o cumprimento do mandado de despejo, desde que oriundo de sentença de mérito (cumprimento de sentença). O art. 9º da Lei 14.010/20, assim como o art. 6º da Recomendação nº 63 do CNJ proibiram o despejo em sede liminar, ou seja, fruto de tutela provisória de urgência, com escopo de garantir ao inquilino o uso pleno do direito de defesa.

Capítulo 3
Guia rápido de prática jurídica

1 INTRODUÇÃO

Não obstante esteja o processo civil sujeito ao princípio da oralidade, na prática forense a atuação do Advogado dá-se quase que exclusivamente por meio da "petição escrita". Com efeito, é por meio dela que o profissional do direito se dirige ao Poder Judiciário para informar, pedir, explicar, argumentar e, quando necessário, para recorrer.

Diante de tal realidade, fica muito fácil perceber-se a importância que a "petição escrita" tem para o sucesso da demanda submetida a juízo. Uma petição mal apresentada, atécnica, cheia de erros de grafia e exageros dificulta, ou mesmo inviabiliza, a pretensão defendida pelo Advogado; de outro lado, uma petição escorreita, técnica, bem apresentada, facilita, ou pelo menos não atrapalha, a obtenção do direito pretendido.

Conhecer e dominar as técnicas que envolvem a redação da petição jurídica é obrigação de todo profissional do direito, afinal "o maior erro que o jurista pode cometer é não conhecer a técnica, a terminologia da sua profissão".[1]

2 RELACIONAMENTO COM O CLIENTE

Cada profissional tem o seu próprio modo de "lidar" com o cliente, contudo a experiência mostra que alguns cuidados podem evitar problemas no futuro, seja para o cliente, seja para o próprio advogado.

---

[1] MONTEIRO, Washington de Barros. *Curso de direito civil*. 24. ed. São Paulo: Saraiva, 1985. p. 137.

Entre outras atitudes que o caso estiver a exigir, recomendo que o colega:

- escute com atenção os fatos informados pelo cliente, fazendo anotações por escrito (estas anotações devem ser juntadas na pasta do cliente);
- no caso de o cliente ter sido citado ou intimado, indague inicialmente a data em que tal fato ocorreu, depois leia "com atenção" o mandado e a contrafé (cuidado com o prazo para apresentação da defesa);
- após ouvir o cliente, diga, caso se sinta em condições (não tenha qualquer pudor em pedir um prazo para estudar os aspectos jurídicos do tema, marcando uma nova consulta), dê forma "clara" a sua opinião como jurista sobre o problema, apontando, segundo a lei, as alternativas e/ou possibilidades que se apresentam (neste particular, nunca tome decisões pelo cliente);
- nunca faça "promessas" e/ou "prognósticos"; também evite estabelecer prazos; sentindo-se forçado a tanto, sempre "deixe" uma boa margem de segurança; por exemplo, se você pensa que o processo vai demorar 6 (seis) meses, indique que serão 9 (nove) meses, assim você sempre ficará bem com o cliente;
- após o cliente decidir o que quer fazer sobre o assunto (o que pode acontecer no primeiro ou num segundo encontro), fale abertamente sobre os seus honorários, redigindo, no caso de haver um acerto, o respectivo contrato (veja-se modelo no Capítulo "Procuração *Ad Judicia*");
- reduza a termo os fatos informados, observando em destaque as opções e orientações do cliente (o documento final deve ser assinado por ele; é burocrático, mas muito mais seguro); em seguida, o advogado deve entregar, mediante recibo, lista dos documentos de que irá necessitar; neste particular, evite ficar com documentos originais, salvo naqueles casos absolutamente necessários;
- recebidas as cópias dos documentos requeridos, firmada a procuração e o contrato de honorários, o advogado deve preparar a petição que o caso estiver a exigir, observando as regras técnicas e legais;
- preste periodicamente ao cliente contas do seu trabalho e do andamento do processo (pessoalmente, por telefone, por carta ou por *e-mail*); evite ser cobrado, isso acaba manchando a sua reputação;
- antes de qualquer audiência, se reúna com o cliente e lhe explique detalhadamente o que irá acontecer e "como" irá acontecer, discutindo com ele qual a melhor postura a ser adotada, bem como as vantagens e os limites de um possível acordo; neste aspecto, evite a todo custo o "improviso", o preço pode ser muito alto para o seu cliente e para a sua boa fama;
- qualquer que seja o resultado da demanda, entregue cópia da sentença para o cliente, discutindo com ele os próximos passos, quais sejam: apresentação de eventuais recursos (informe sobre os custos e a possibilidade de "aumento" do valor da sucumbência); procedimento executivo.

Como alerta geral, peço vênia para reproduzir o art. 31 da Lei nº 8.906/94-EA, que declara que: "*o advogado deve proceder de forma que o torne merecedor de respeito e que contribua para o prestígio da classe e da advocacia*". Recomendo, ainda, a leitura atenta do Código de Ética da OAB (Resolução CFOAB nº 02/15), mormente o Capítulo III (arts. 9º a 26), que trata das relações com o cliente.

3 REQUISITOS LEGAIS DA PETIÇÃO INICIAL

Segundo o *princípio dispositivo ou da inércia*, cabe à pessoa interessada provocar, por meio do ajuizamento de uma ação, o Poder Judiciário (*nemo judex sine actore*). Em outras palavras, aquele que pensa ter sido violado em seus direitos deve procurar o Estado-juiz, que até então permanece inerte (art. 2º, CPC). A provocação do Poder Judiciário, ou em outras palavras, o exercício do direito de exigir a tutela jurisdicional do Estado, se dá por meio de um ato processual escrito denominado "petição inicial". É ela que dá início ao processo, embora a relação jurídica processual só se complete com a citação válida do réu (art. 240, CPC).

Destarte, pode-se afirmar que a *petição inicial* é o ato processual escrito por meio do qual a pessoa exerce seu direito de ação, provocando a atividade jurisdicional do Estado.

A fim de traçar os exatos parâmetros da lide, possibilitando ao juiz saber sobre o que terá que julgar (art. 141, CPC), o Código de Processo Civil, art. 319, exige que a petição inicial indique: I – o juízo a que é dirigida; II – os nomes, prenomes, o estado civil, a existência de união estável, a profissão, o número de inscrição no Cadastro de Pessoas Físicas ou no Cadastro Nacional da Pessoa Jurídica, o endereço eletrônico, o domicílio e a residência do autor e do réu; III – o fato e os fundamentos jurídicos do pedido; IV – o pedido com as suas especificações; V – o valor da causa; VI – as provas com que o autor pretende demonstrar a verdade dos fatos alegados; VII – a opção do autor pela realização ou não de audiência de conciliação ou de mediação.

Além dos requisitos enumerados acima, a petição inicial deve ser instruída com os documentos indispensáveis à propositura da ação (art. 320, CPC), assim como o instrumento de procuração, onde conste o endereço físico e eletrônico do advogado (arts. 287 e 320, 434, CPC). Quando postular em causa própria, o advogado deve ainda declarar na petição inicial o endereço, físico e eletrônico, onde poderá ser intimado (art. 106, I, CPC).

Não são apenas estes os requisitos da petição inicial, há várias ações que têm requisitos próprios (*v.g.*, possessórias, locação, adoção, demarcação, divisão, pauliana, execução etc.), para os quais também se deve estar atento.

A correta compreensão e domínio dos requisitos legais da petição inicial, além do cuidado com sua forma e apresentação, são imprescindíveis para a obtenção do direito pretendido.

4 ASPECTOS PRÁTICOS DA REDAÇÃO DA PETIÇÃO INICIAL

Do papel e dos caracteres gráficos:

Os cuidados com a petição inicial devem começar da escolha do papel que será usado. Inexperientes, é comum que advogados iniciantes se deixem seduzir por papéis coloridos e com alta gramatura (grossos). Comum, ainda, a inserção de desenhos, brasões e declarações religiosas ou políticas. Tais fatos afrontam a boa técnica, desqualificando o trabalho do advogado e colocando em risco o direito do cliente, mesmo em tempos de processo eletrônico.

A aparência da petição inicial deve transmitir ao Juiz, ao Ministério Público e à parte adversa a ideia de "seriedade" e de "competência", só assim o Advogado proponente terá a chance de obter a total atenção dos envolvidos.

Nenhum aspecto da petição deve chamar mais a atenção do que o seu conteúdo, que deve ser apresentado de forma sóbria e escorreita.

Das margens, do tipo e do tamanho das letras:

Nestes novos tempos dominados pela tecnologia, é raro encontrar-se um advogado que ainda faça uso da velha máquina de escrever. Contudo, observando os trabalhos jurídicos que circulam pelos fóruns, percebe-se claramente que muitos advogados ainda não dominam aspectos básicos da redação por meio dos computadores pessoais. Na verdade, parece que o uso desta nova ferramenta de trabalho provocou uma baixa na qualidade dos trabalhos jurídicos, talvez em razão de os computadores oferecerem, ao contrário das máquinas de escrever, uma gama tão grande de opções. Com efeito, os programas de redação oferecem, entre outras coisas, dezenas de estilos, de formatações, de tipos de letras, fato que parece ainda desnortear o usuário comum.

Não obstante estas evidentes dificuldades, o profissional do direito deve zelar para que suas petições sejam elaboradas com estrita observância das técnicas de redação profissional, mormente no que tange ao uso de margens, espaçamento entre linhas e ao tipo e tamanho das letras. Neste particular, recomendo que o advogado mantenha margem de 3 (três) centímetros do lado esquerdo e 2 (dois) centímetros em cima, em baixo e no lado direito da petição; já quanto ao tipo e tamanho de letra, recomendo que se evitem aventuras, preferindo-se os tipos mais tradicionais ("Times New Roman", "Arial" ou "Book Antiqua"), no tamanho 12 (doze) ou 14 (catorze), com espaçamento entre linhas de 18 (dezoito) ou 20 (vinte).

Endereçar ao "juiz" ou ao "juízo":

Diante da redação do inciso I do art. 319 do Código de Processo Civil, algumas pessoas têm argumentado que agora o correto é endereçar a petição inicial para o "juízo" e não mais ao "juiz" como se faz tradicionalmente. Como se sabe, a palavra "juízo" indica a Vara, ou seja, a unidade de competência da jurisdição; não acho que seja certo endereçar a petição para a Vara, ou juízo; parece-me que o certo é endereçar a petição para o titular da função, ou seja, o "juiz", como se faz; é como mandar uma carta para o Presidente ou Diretor de uma empresa; você não endereça a correspondência pra o "cargo", mas para a pessoa que exerce o cargo naquele momento; afinal "juízo" não tem personalidade, não decide, não pensa, é apenas um lugar, uma unidade da jurisdição, como disse.

Não se busca justiça junto ao "cargo" (juízo), mas junto ao seu titular (pessoa física – juiz), por isso entendo que o endereçamento deve continuar a ser feito ao "juiz". Ao falar em "juízo", o Código está indicando que você deve endereçar ao lugar competente, nada mais.

Dos marcadores:

O advogado deve evitar abusar do uso de "marcadores" (negrito, sublinhado, letras maiúsculas, itálico, aspas etc.).

Alguns colegas ficam tão envolvidos com a questão tratada na petição que acabam exagerando no uso dos marcadores; em todos ou em quase todos os parágrafos da petição há uma frase sublinhada, em letras maiúsculas ou destacada em negrito ou em aspas; isso, quando não se usam todos os marcadores num mesmo parágrafo; já vi muitas petições redigidas desta forma, com frases escritas em letras maiúsculas, negritadas e sublinhadas.

Lamento dizer, mas a petição fica "suja" e "escura", praticamente impossível de ler, sendo que o objetivo das marcações invariavelmente não é atingido, qual seja: chamar a atenção do Magistrado para certo fato ou argumento.

Recomendo ao colega que use com bastante cuidado e parcimônia os MARCADORES.

Das abreviaturas:

O uso indevido de abreviaturas tem se alastrado, sendo comum encontrar-se em quase todas as petições iniciais ao menos o já famoso "V. Exa.". Em tempos de computadores pessoais, como se justificar os endereçamentos feitos da seguinte forma: "Exmo. Sr. Dr. J. Direito da __ V. Cível d. Comarca".

Na redação forense, deve-se evitar o uso de abreviaturas, principalmente na petição inicial e na contestação.

Das técnicas de redação:

Os advogados tradicionalmente usam duas técnicas na redação da petição inicial. A primeira simplesmente divide a inicial por tópicos (dos fatos, do direito, da liminar, dos pedidos, das provas, do valor da causa); já a segunda expõe os fatos de forma articulada, numerando-se de forma sequencial os parágrafos.

Qualquer das duas formas é perfeitamente adequada, embora pessoalmente prefira, como se vê nesta obra, a técnica que divide a inicial de forma articulada em parágrafos, visto que ela se mostra mais adequada aos tempos modernos, que se caracterizam principalmente pelo excesso de processos e absoluta falta de tempo e de paciência por parte dos juízes. No mais, o advogado não precisa nem é obrigado a indicar, ou menos ainda ensinar, o direito para o Magistrado ("narra me factum dabo tibi jus" – narra-me os fatos e eu te darei o direito). Na verdade, todos os juízes que conheço querem que o advogado seja "direto" e "sucinto", ou seja, que lhes dê apenas "os fatos" e faça "o pedido". Se me permite, só faça a sua petição inicial por tópicos quando verificar que necessariamente terá de escrever sobre o "direito" envolvido; ou seja, naqueles casos mais complexos em que o direito ainda é novo ou controvertido.

Tendo escolhido qualquer das técnicas, o profissional deve tomar o cuidado de manter-se fiel ao estilo escolhido.

Do nome da ação:

O nome da ação não se encontra entre os requisitos legais da petição inicial, contudo alguns advogados têm dado cada vez mais atenção a este aspecto da exordial. De fato, alguns profissionais não só põem o nome da ação em destaque (letras maiúsculas e em negrito), como dividem em duas partes o parágrafo destinado à qualificação, interrompendo-o de forma absolutamente inadequada apenas para anunciar de forma especular o nome da ação, que, como já se disse, não é nem mesmo requisito legal da petição inicial (art. 319, CPC).

Tal atitude afronta a boa técnica de redação e deve ser evitada.

Contando os fatos:

Contar os fatos na exordial nada mais é do que informar ao juiz as razões pela qual o autor precisa da tutela jurisdicional. Entretanto, o profissional do direito não pode se limitar a reproduzir na petição inicial as declarações de seu cliente. Com efeito, quando uma pessoa conversa com seu advogado costuma lhe passar de forma emocional um monte de informações, algumas úteis e necessárias para a ação, outras sem qualquer relevância. Não raras vezes, o cliente também tem a falsa ideia de que o ajuizamento da ação é uma maneira de obter vingança contra a pessoa que a ofendeu. Nestes casos, cabe ao profissional do direito ser o fiel conselheiro e orientador, mostrando ao cliente qual exatamente é o papel da Justiça e quais os fatos que são realmente relevantes para a causa.

Ao redigir a petição inicial, o advogado deve ser sucinto, claro e "sempre" respeitoso com a outra parte, não importa quão emocional seja a questão submetida a juízo.

Considerando que para a grande maioria das pessoas escrever é uma atividade difícil, recomendo que o advogado separe um bom tempo para redigir a sua peça, lendo e relendo quantas vezes forem necessárias até que ela se mostre apta a cumprir o seu desiderato. Lembre-se: não só os interesses do cliente estarão em jogo, mas também o seu bom nome.

Da ordem dos pedidos:

É notória a situação caótica em que vive o Poder Judiciário, que já há longa data não se mostra capaz de cumprir a sua missão constitucional. Diante desta realidade, sabemos que o juiz tem muito pouco tempo, e paciência, para ler a petição inicial, mormente quando esta se apresenta confusa e cheia de erros. Não obstante tal fato, alguns colegas insistem em apresentar o "pedido", que é o ponto crucial da petição, escondido no meio dos fatos, normalmente dentro de um longo parágrafo. Comum, ainda, que os pedidos sejam apresentados fora de uma ordem lógica, como se o advogado os redigisse conforme fosse lembrando deles, ou como se simplesmente tivesse preguiça de organizá-los.

Tal fato afronta a boa técnica de redação e deve ser evitado a todo custo. Depois de contar os fatos, o advogado deve organizadamente fazer os pedidos, obedecendo a uma ordem lógica jurídica, conforme a natureza da ação.

Como fazer os pedidos:

Outra questão ligada aos pedidos que atormenta os profissionais do direito é a forma de fazê-lo na prática.

Há uma tradição no sentido de se iniciar o pedido de uma das seguintes formas: I – "Ante o exposto, requer-se a procedência da ação para..."; II – "Ante o exposto, requer-se a procedência do pedido para...".

Data venia dos que assim agem, entendo que "nenhuma destas duas formas está correta".

No primeiro caso, já se pacificou na doutrina o reconhecimento da autonomia do direito de ação (direito de demandar), que é, por assim dizer, sempre procedente, mesmo que a petição inicial seja indeferida ou o pedido julgado improcedente, vez que a parte teve garantido o acesso à justiça; ou seja, pediu e obteve, num sentido ou noutro, a tutela jurisdicional. Já no segundo caso, por uma questão de lógica; com efeito, fazendo o pedido desta forma, o autor estará pedindo a procedência daquilo que de fato ainda não pediu, visto que é na petição inicial que "efetivamente" se faz o pedido; veja, você diz que "requer a procedência do pedido" para em seguida fazê-lo; veja, a contradição é evidente.

Entre muitas maneiras, o pedido pode ser feito da seguinte forma: "Ante o exposto, requer-se seja a ré condenada a pagar indenização pelos danos causados ao autor no valor de..."; "Ante todo o exposto, requer-se seja decretado o divórcio do casal, declarando-se ainda que...". Note, assim você poupa o direito de ação e faz o pedido sem afrontar a lógica e as técnicas de redação. Agora, nas alegações finais você pode usar a expressão "procedência do pedido", conforme feito na petição inicial.

5 DA RESPOSTA DO DEMANDADO

Da mesma forma como garante a todos o direito de ação (demandar perante o Poder Judiciário), a Constituição Federal também garante aos demandados o direito a ampla defesa (art. 5º, LV, CF); isto é, o direito de resistir à pretensão do autor, podendo esta resistência tomar várias formas no processo civil, tais como: contestação, impugnações, embargos e justificativas.

Assim como o autor não está obrigado a litigar, o réu, uma vez citado ou intimado, não está obrigado a se defender; considerado, contudo, que a citação ou intimação o vincula ao processo ou ao procedimento, deve fazê-lo, caso não queira sofrer as consequências por sua omissão (revelia).

Destarte, regularmente citado ou intimado o réu, o executado e o embargado pode: permanecer inerte, sofrendo os efeitos da revelia (art. 344, CPC); reconhecer o pedido do autor, provocando o julgamento antecipado da lide (art. 487, III, "a", CPC); defender-se, apresentando eventualmente exceção de suspeição ou impedimento (art. 146, CPC), contestação (art. 335, CPC), impugnação (art. 525, CPC), justificativas (art. 528, CPC), embargos (arts. 702 e 910, CPC) ou embargos à execução (art. 914, CPC).

Segundo as disposições do Código de Processo Civil, incumbe ao réu na contestação, além de impugnar o pedido do autor, alegar "em preliminar" (art. 337, CPC): (I) inexistência ou nulidade da citação; (II) incompetência absoluta e relativa; (III) incorreção do valor da causa; (IV) inépcia da petição inicial; (V) perempção; (VI) litispendência; (VII) coisa julgada; (VIII) conexão; (IX) incapacidade da parte, defeito de representação ou falta de autorização; (X) convenção de arbitragem; (XI) ausência de legitimidade ou de interesse processual; (XII) falta de caução ou de outra prestação que a lei exige como preliminar; (XIII) indevida concessão do benefício de gratuidade de justiça.

Além das hipóteses apontadas pelo art. 337 do Código de Processo Civil, o requerido pode ainda, em preliminar na contestação, provocar a intervenção de terceiros, seja denunciando à lide (art. 125, CPC) ou chamando ao processo (art. 130, CPC). Pode, por fim, deixar a situação passiva de quem apenas se defende para contra-atacar o autor, oferecendo reconvenção (art. 343, CPC).

Como se vê pelas muitas possibilidades envolvidas, a preparação da defesa é inegavelmente uma tarefa complexa.

As dificuldades já começam no próprio trato com o cliente, enquanto o autor normalmente se apresenta de forma positiva, desejando a demanda, a fim de buscar a satisfação do seu direito ou a reparação de seus danos; o réu, mesmo que nada deva, se vê, a princípio, acuado e assustado, ficando muito mais dependente das orientações do seu Advogado. Não fosse bastante isso, há que se considerar que enquanto o Advogado encarregado de preparar a petição inicial é, de regra, senhor de seu tempo, podendo estudar o problema posto pelo cliente com calma e escolher o melhor momento para ajuizar a ação, o Advogado responsável pela defesa tem prazo fixo e, invariavelmente, mais curto do que o desejável.

Por estas e outras razões, a defesa exige muita atenção do Advogado, o que demanda que este aja com muito cuidado, rapidez e determinação.

Para saber mais sobre a defesa do demandado, recomendo ao leitor a consulta atenta ao meu livro *Prática de contestação no processo civil*, também publicado pela Editora Atlas.

6 DOS DOCUMENTOS A SEREM JUNTADOS À PETIÇÃO INICIAL E À CONTESTAÇÃO

Informa o art. 320 do Código de Processo Civil que a petição inicial deve ser "instruída com os documentos indispensáveis à propositura da ação"; já o art. 434 do mesmo diploma legal informa que "incumbe à parte instruir a petição inicial ou a contestação com os documentos destinados a provar suas alegações"; ou seja, além da juntada de cópia dos seus documentos pessoais, tais como RG, CPF, certidão de nascimento ou casamento, comprovante de residência, destinados a identificar corretamente o litigante, cabe ao interessado juntar à sua petição inicial ou à sua contestação, conforme o caso, os documentos destinados a provar as suas alegações.

Claro que a juntada de documentos não é o único meio de prova no processo civil, na verdade o Código de Processo Civil declara em seu art. 369 que "as partes têm o direito de empregar todos os meios legais, bem como os moralmente legítimos, ainda que não especificados neste Código, para provar a verdade dos fatos em que se funda o pedido ou a defesa e influir eficazmente na convicção do juiz", mas é inegável que a "prova documental" merece um destaque especial, principalmente em razão da sua evidente força de convencimento.

Há ainda que se observar que certos fatos só podem ser provados por documentos, como informa o art. 406 do Código de Processo Civil: "quando a lei exigir instrumento público como da substância do ato, nenhuma outra prova, por mais especial que seja, pode suprir-lhe a falta".

Ao preparar a lista dos documentos que irão instruir a petição inicial ou a contestação, conforme o caso, o Advogado deve inicialmente atentar para aqueles documentos indispensáveis ao caso, seja em razão da lógica jurídica (por exemplo: se o interessado pretende discutir a validade ou algum aspecto de um contrato, ou mesmo requerer o seu cumprimento ou rescisão, deve juntar uma cópia dele; nas ações de divórcio se deve juntar a certidão de casamento; nas ações de adoção, interdição, guarda, alimentos ou execução destes se deve juntar certidão de nascimento; na ação de alimentos gravídicos se deve juntar exame de gravidez positivo ou atestado médico indicando a condição de gestante etc.), seja por expressa imposição da lei (por exemplo: nas ações de demarcação e de divisão se deve juntar os títulos de propriedade, conforme determinam os arts. 574 e 588 do CPC; na ação de dissolução parcial de sociedade se deve juntar o contrato social consolidado, conforme determina o § 1º do art. 599 do CPC; na petição que requer a abertura de inventário se deve juntar necessariamente a certidão de óbito, conforme parágrafo único do art. 615 do CPC etc.).

Na dúvida se algum documento é ou não necessário, minha sugestão é no sentido de que você peça ao cliente que o apresente; veja, é melhor ter o referido documento à sua disposição na pasta do cliente do que ter que novamente contatar o cliente para solicitá-lo.

7 DAS DESPESAS

Informa o art. 82 do Código de Processo Civil que "salvo as disposições concernentes à gratuidade da justiça, incumbe às partes prover as despesas dos atos que realizarem ou requererem no processo"; já o art. 98 do mesmo diploma declara que "a pessoa natural ou jurídica, brasileira ou estrangeira, com insuficiência de recursos para pagar as custas, as despesas processuais e os honorários advocatícios tem direito à gratuidade da justiça, na forma da lei".

Em outras palavras, atuar no processo, como autor ou mesmo como réu, envolve o pagamento de custas e despesas, salvo se o interessado obtiver os benefícios da justiça gratuita.

O pedido de justiça gratuita pode ser feito na petição inicial, na contestação ou em qualquer outro momento processual por simples petição, devendo o interessado declarar expressamente que não possui condições financeiras de arcar com as custas e despesas do processo, normalmente o pedido é acompanhado de uma "declaração de pobreza". Entendendo que faltam os pressupostos legais, o juiz pode determinar ao interessado que prove as suas alegações sob pena de indeferimento.

Não sendo o caso de justiça gratuita, o autor deve apresentar com a inicial os comprovantes do recolhimento das custas processuais, que normalmente envolvem a taxa judiciária, o valor devido pela juntada do mandato e as despesas com diligências do Oficial de Justiça e/ou com o correio. Os valores destas custas variam não só de Estado para Estado, mas também no caso de a ação ser proposta na Justiça Estadual ou Federal. Já o réu deve ao menos recolher a taxa pela juntada do mandato; no caso de que apresente reconvenção, deve ainda recolher a taxa judiciária.

Procure informações sobre a forma de recolhimento e os valores nos sites dos próprios tribunais, junto à sua associação profissional e/ou junto à sua subseção da OAB.

8 CONHECENDO O PROCEDIMENTO

Advogar é principalmente conhecer o trâmite, o procedimento, do processo. Qualquer pessoa pode conhecer o direito material, mas só o advogado tem obrigação de conhecer o direito processual.

Saber como o processo vai acontecer, ou seja, o seu procedimento, é essencial.

O "procedimento comum", previsto nos arts. 318 a 512 do Código de Processo Civil, é a base de todos os procedimentos judiciais; na verdade, os "procedimentos especiais" previstos no CPC ou em leis ordinárias são apenas variações do procedimento comum.

É extremamente vergonhoso quando o Advogado se manifesta em momento impróprio ou deixa de fazê-lo quando deveria; tais atitudes afetam não só a duração do processo, mas também o seu mérito.

Se você tem dificuldades nesta área, estude, se prepare. Você precisa estar familiarizado com as principais fases do procedimento, com escopo de poder agir quando necessário. No caso do "procedimento comum" temos: (I) petição inicial, arts. 319 e 320, CPC; (II) citação, arts. 238 a 259, CPC; (III) audiência de conciliação ou mediação, art. 334, CPC; (IV) contestação, arts. 335 a 342, CPC; (V) providências preliminares, arts. 347 a 353, CPC; (VI) julgamento conforme o estado do processo, arts. 354 a 356, CPC; (VII) saneamento e organização do processo, art. 357, CPC; (VIII) audiência de instrução e julgamento, arts. 358 a 368, CPC; (IX) sentença, arts. 366, 485 a 495, CPC.

9 CUIDADOS AO RECORRER

Fosse porque não havia punição ou pelo fato de que essas punições eram, na prática, pequenas, fosse porque facilitava o contato com o cliente ("perdemos, mas vamos recorrer"), o certo é que a cultura jurídica tornou o recurso contra uma decisão desfavorável quase uma obrigação para o advogado, mesmo que o resultado final acabasse piorando a situação do cliente.

Com efeito, muitos advogados veem no recurso não só uma chance de mudar a decisão judicial impugnada, mas também uma forma de adiar a inevitável constatação de que falharam (erraram; perderam o prazo; não juntaram o documento certo; não impugnaram; faltaram na audiência etc.); o cliente, por sua vez, muitas vezes vê no recurso apenas uma forma de adiar o inevitável cumprimento da sentença (pagar; fazer; entregar; cumprir etc.).

Esses, claro, são os motivos errados para recorrer.

Os juízes "erram muito" e essa é a razão para recorrer (o juiz errou, afrontando os fatos e/ou o direito).

Quando errar num processo, diga isso logo para o cliente, visto que recorrer pode piorar muito a situação (o bom advogado sempre tem, claro, um seguro profissional contra este tipo de risco).

A interposição de recurso não exige poderes especiais (procuração *ad judicia*),[2] contudo, aconselho o advogado a, sempre que possível, consultar antecipadamente o cliente (quer ou não recorrer da decisão?), afinal, o processo é dele e pode haver consequências, como a majoração da sucumbência (art. 85, § 11, CPC), a condenação ao pagamento de multa no valor entre um e cinco por cento do valor atualizado da causa, no caso do "agravo interno" declarado manifestamente inadmissível ou improcedente em votação unânime (art. 1.021, § 4º, CPC).

A conversa com o cliente pode ser uma boa oportunidade para avaliar de forma isenta a decisão a ser impugnada, tipo: como ela afeta o processo? Está fundamentada em documentos e fatos? Foi proferida no momento certo? Ignorou documentos e provas já produzidas nos autos? Está de acordo com a doutrina sobre o tema? Está de acordo com a jurisprudência dos tribunais, principalmente o STJ e STF?

---

[2] Art. 105 do CPC: "A procuração geral para o foro, outorgada por instrumento público ou particular assinado pela parte, habilita o advogado a praticar todos os atos do processo, exceto receber citação, confessar, reconhecer a procedência do pedido, transigir, desistir, renunciar ao direito sobre o qual se funda a ação, receber, dar quitação, firmar compromisso e assinar declaração de hipossuficiência econômica, que devem constar de cláusula específica".

Capítulo 4

Procuração *ad judicia* (mandato judicial)

1 CONTRATO DE MANDATO

Segundo o art. 653 do CC, mandato é o contrato pelo qual uma pessoa, denominada *mandante*, outorga poderes a outrem, denominado *mandatário* ou *procurador*, para que este, em nome do mandante, pratique atos ou administre interesses.

Trata-se de um contrato de natureza consensual e não solene, que se efetiva por meio de uma "procuração" (autorização representativa), que pode ser feita por instrumento particular ou público (art. 654, CC). A procuração por instrumento particular poderá ser feita pelas próprias partes, desde que capazes, podendo ser manuscrita por elas ou por terceiro, digitada, impressa, mas deverá ser obrigatoriamente assinada pelo outorgante.

O mandato pode envolver todos os negócios do mandante (mandato geral), ou ser relativo a um ou mais negócios determinados (mandato especial); de qualquer forma, exige o Código Civil poderes especiais e expressos para aqueles atos que excedem à administração ordinária, em especial atos que envolvam o poder de alienar, hipotecar e transigir (arts. 660 e 661, CC).

Os atos do mandatário só vincularão o representado se praticados em seu nome e dentro dos limites do mandato; pode, no entanto, o mandante ratificar expressa ou tacitamente (mediante ato inequívoco) os atos praticados em seu nome sem poderes suficientes (art. 662, CC), sendo que os efeitos da eventual ratificação retroagirão à data do ato (*ex tunc*).

O mandatário deve agir com o necessário zelo e diligência, transferindo as vantagens que auferir ao mandante, prestando-lhe, ao final, contas de sua gestão (arts. 667 a 674, CC). O mandante, por sua vez, é obrigado a satisfazer a todas as obrigações contraídas pelo mandatário, na conformidade do mandato conferido, e adiantar a importância das despesas necessárias à execução dele, quando o mandatário lhe pedir (arts. 675 a 681, CC).

2 MANDATO JUDICIAL

A outorga ao Advogado de procuração geral para o foro, ou simplesmente "procuração *ad judicia*", tem duas naturezas distintas. Primeiro, indica a existência de contrato de prestação de serviços jurídicos; segundo, torna o Advogado representante legal do outorgante para o foro em geral.

A procuração *ad judicia*, ou procuração para o foro ou para o juízo, é o instrumento que habilita, segundo o art. 104 do Código de Processo Civil, o advogado a praticar, em nome da parte, todo e qualquer ato processual (*v. g.*, ajuizar ação, contestar, reconvir, impugnar, justificar, opor embargos, recorrer, opor exceção etc.), salvo receber a citação, confessar, reconhecer a procedência do pedido, transigir, desistir, renunciar ao direito sobre que se funda a ação, receber, dar quitação e firmar compromisso e assinar declaração de hipossuficiência econômica, vez que a prática desses atos exige que o advogado tenha poderes especiais, expressos no instrumento de mandato (art. 105, CPC). Excepcionalmente permite a lei processual que o advogado ajuíze ação ou pratique outros atos, reputados urgentes, a fim de evitar a decadência ou a prescrição, sem apresentar o instrumento do mandato (*procuração*), desde que assuma o compromisso de exibi-lo no prazo de 15 (quinze) dias; prazo que pode, por despacho do juiz, ser prorrogado por mais 15 (quinze) dias. Caso o instrumento não seja apresentado no prazo, o ato não ratificado será considerado ineficaz relativamente àquele em cujo nome foi praticado, respondendo o advogado pelas despesas e eventuais perdas e danos (art. 104, CPC).

Há, ademais, que se registrar que sempre que o mandato dos procuradores advierem da lei (*v.g.*, Procuradores da União, Estados e Municípios, Defensores Públicos), estes estão dispensados de apresentar procuração.

Sendo o mandato um contrato firmado com base na confiança, pode o mandante e revogá-lo a qualquer momento, sem que tenha sequer que declarar os seus motivos para tanto, não importa em que fase esteja o processo, devendo no mesmo ato constituir outro mandatário para que assuma o patrocínio da causa (art. 111, CPC; arts. 686 e 687, CC; art. 11, Código de Ética e Disciplina). De outro lado, o advogado também pode a qualquer tempo renunciar ao mandato, provando que cientificou o cliente a fim de que este nomeie substituto, continuando a representá-lo por mais 10 (dez) dias, contados da notificação, desde que necessário para lhe evitar prejuízo (art. 112, CPC).

No caso de morte ou incapacidade do advogado, o juiz deverá suspender o feito, concedendo o prazo de 15 (quinze) dias para que a parte constitua outro para representá-la no processo. Findo o prazo sem que a parte tenha nomeado novo procurador, o juiz extinguirá o processo sem julgamento do mérito, se o obrigado for o autor, ou mandará prosseguir o processo à revelia do réu, se o advogado falecido era deste (art. 313, I, § 3º, CPC).

3 SUBSTABELECIMENTO

De regra, o substabelecimento exige, para sua validade, poderes especiais.

Questão relevante quanto ao tema é o da responsabilidade civil pelos atos praticados pelo substabelecido. Três as principais hipóteses: *primeiro*, se o procurador tem poderes para substabelecer, não responde por eventuais danos que venham a ser causados pelo substabelecido, que deverá responder diretamente ao mandante; *segundo*, se o procurador substabelece sem ter poderes para tanto, continuará responsável perante o mandante por eventuais danos advindos da negligência do substabelecido; *terceiro*, se a despeito da procuração expressamente vedar o substabelecimento, o mandatário substabelece a procuração, responderá ao mandante pelos prejuízos causados pelo substabelecido até no caso destes danos advirem de caso fortuito ou força maior.

4 RESPONSABILIDADE CIVIL DOS ADVOGADOS

O exercício da profissão de "advogado" é disciplinado pela Lei nº 8.906/94, o conhecido Estatuto da Advocacia, que em seu art. 32 declara que "o advogado é responsável pelos atos que, no exercício profissional, praticar com dolo ou culpa"; já o § 4º do art. 14 do Código de Defesa do Consumidor, Lei nº 8.078/90, informa que "a responsabilidade pessoal dos profissionais liberais será apurada mediante a verificação de culpa".

No mais, a obrigação do advogado é de meio e não de resultado. Em outras palavras, ao aceitar o mandato, o advogado não se obriga a ganhar a causa, mas tão somente defender os interesses de seu cliente da melhor forma possível, aconselhando e assessorando quando necessário.

Doutrina e jurisprudência têm decidido que o advogado é civilmente responsável: I – pelos erros de direito (desconhecimento de norma jurídica); II – pelas omissões de providências necessárias para ressalvar os direitos do seu constituinte; III – pela perda de prazo; IV – pela desobediência às instruções do constituinte; V – pelos pareceres que der, contrários à lei, à jurisprudência e à doutrina; VI – pela omissão de conselho; VII – pela violação de segredo profissional; VIII – pelo dano causado a terceiro; IX – pelo fato de não representar o constituinte, para evitar-lhe prejuízo, durante os 10 (dez) dias seguintes à notificação de sua renúncia ao mandato judicial; X – pela circunstância de ter feito publicações desnecessárias sobre alegações forenses ou relativas a causas pendentes; XI – por ter servido de testemunha nos casos arrolados no art. 7º, XIX, da Lei nº 8.906/94; XII – por reter ou extraviar autos que se encontravam em seu poder; XIII – por reter ou extraviar documentos do cliente.

5 BASE LEGAL

O contrato de mandato encontra-se disciplinado nos arts. 653 a 692 do Código Civil; já o Código de Processo Civil cuida do tema "dos procuradores" nos arts. 103 a 112. O exercício da profissão de "advogado" é disciplinado pela Lei nº 8.906/94-EA e as "relações de consumo" pela Lei nº 8.078/90-CDC.

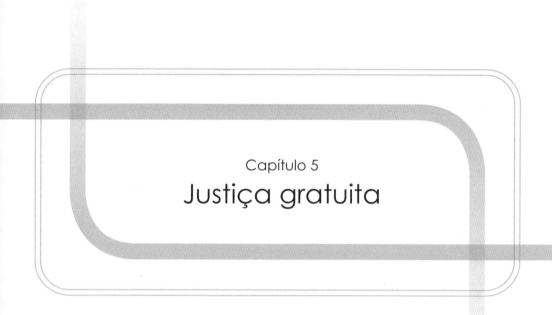

Capítulo 5
Justiça gratuita

1 INTRODUÇÃO

Ao contrário do que a maioria das pessoas pensam, o acesso à Justiça "não é gratuito", cabendo ao interessado adiantar as custas e despesas. Com efeito, informa o art. 82 do Código de Processo Civil caber às partes arcar com as despesas dos atos que realizarem ou requererem no processo.

Contudo, com o escopo de garantir a todos os cidadãos acesso ao Poder Judiciário, o mesmo Código prevê a possibilidade de a pessoa carente de recursos requerer os "benefícios da justiça gratuita", ou seja, a isenção das custas e despesas processuais. Para obter este benefício, basta que o interessado efetue o pedido no processo, sendo costume juntar-se "declaração de pobreza", onde este afirma, sob as penas da lei, que é pobre e não reúne condições de arcar com as custas e despesas do processo.

A declaração de pobreza firmada por pessoa natural deve ser tida como verdadeira (art. 99, § 3º, CPC), sendo que o juiz somente poderá indeferir o pedido se houver nos autos elementos no sentido contrário.

Devido ao constante abuso deste direito, é cada vez mais comum que os juízes determinem ao interessado que comprove o seu estado de carência, juntando, por exemplo, comprovante de renda (art. 5º, LXXIV, CF).

2 FUNDAMENTO

O acesso de todos os cidadãos ao Poder Judiciário é garantido inicialmente pela própria Constituição Federal, que no seu art. 5º, inciso LXXIV, declara que "o Estado prestará assistência jurídica integral e gratuita aos que comprovarem insuficiência de recursos"; já no bojo do processo civil, o fundamento vem da regra esculpida no art. art. 98 do CPC: "a pessoa natural ou jurídica, brasileira ou estrangeira, com insuficiência de recursos para pagar as custas, as despesas processuais e os honorários advocatícios tem direito à gratuidade da justiça, na forma da lei".

3   QUANDO E COMO REQUERER A JUSTIÇA GRATUITA

Normalmente, o pedido de justiça gratuita é feito pelo autor em item próprio na petição inicial e pelo réu na contestação; contudo, não há qualquer impedimento para que o pedido seja feito, de forma justificada, posteriormente. Com efeito, pode acontecer da situação financeira do interessado mudar durante o trâmite do processo, não tendo este, por exemplo, condições de recolher as custas e despesas de um eventual recurso. Nesse caso, o pedido pode ser feito por simples petição intermediária (art. 99, § 1º, CPC), na qual o interessado deve justificar o seu pedido, juntando documentos para provar os seus argumentos.

O leitor encontra neste livro muitos modelos de petição inicial e contestação com pedido expresso de concessão dos benefícios da justiça gratuita (confira).

4   IMPUGNAÇÃO DO PEDIDO FEITO PELA OUTRA PARTE

A parte não é obrigada a impugnar os benefícios da justiça gratuita concedida a outra parte do processo, mas, caso queira, deve fazê-la no momento oportuno, conforme apontado no art. 100 do CPC ("deferido o pedido, a parte contrária poderá oferecer impugnação na contestação, na réplica, nas contrarrazões de recurso ou, nos casos de pedido superveniente ou formulado por terceiro, por meio de petição simples, a ser apresentada no prazo de 15 (quinze) dias, nos autos do próprio processo, sem suspensão de seu curso"), ou seja, o interessado não pode valer-se desse direito em momento que achar mais conveniente.

Na sua impugnação, o interessado deve declarar as razões pelas quais entende que o juiz deve rever a sua decisão que concedeu os benefícios da justiça gratuita a outra parte; pode ainda requerer a produção de provas com escopo de demonstrar a verdade de suas alegações, a exemplo da juntada de documentos e das últimas declarações do imposto de renda, a expedição de ofício a órgãos públicos e até a oitiva de testemunhas.

Recebida a impugnação, o juiz pode – na minha opinião, deve (art. 9º, CPC) – ouvir a outra parte, decidindo em seguida, tudo sem suspender o andamento do processo. Contra a decisão que indeferir ou revogar a gratuidade da justiça, cabe agravo de instrumento (art. 101, CPC), salvo quando a decisão for tomada na própria sentença.

5   DICAS E OBSERVAÇÕES GERAIS

- Normalmente, a impugnação do pedido de justiça gratuita é feita na própria contestação, como preliminar (art. 337, XIII, CPC), ou na petição que oferece réplica. Na impugnação, o interessado deve declarar as razões pelas quais entende que o impugnado não faz jus ao benefício, indicando ou requerendo as provas com as quais pretende provar o alegado. Contra a decisão que acolhe o pedido de revogação do benefício cabe agravo de instrumento (art. 101, CPC);
- Vencido, o advogado do beneficiário da justiça gratuita deve estar atento para que o juiz faça constar na sentença a condição suspensiva da cobrança da sucumbência;

veja, o beneficiário da justiça gratuita vencido será ordinariamente condenado nos ônus da sucumbência, constando, no entanto, que a cobrança ficará suspensa até que eventualmente o credor demonstre que deixou de existir a situação de insuficiência (o prazo prescricional é de cinco anos). No caso de o juiz não fazer constar na sentença a condição suspensiva, situação das mais comuns, o advogado deve interpor embargos de declaração (art. 1.022, CPC);

- Para as pessoas físicas, a simples declaração de pobreza tem *presunção juris tantum*, bastando, a princípio, o simples requerimento, sem nenhuma comprovação prévia, para que lhes seja concedida a assistência judiciária gratuita (STJ, AgInt no AREsp 1.647.231-SP, Min. Raul Araújo, Quarta Turma, *DJe* 25-6-20);

- A presunção de hipossuficiência, oriunda da declaração feita pelo requerente do benefício da justiça gratuita, é relativa, sendo admitida prova em contrário (STJ, AgInt no AREsp 1.064.251-GO, Min. Antonio Carlos Ferreira, Quarta Turma, *DJe* 24-11-17);

- É possível o deferimento do benefício da assistência judiciária gratuita, mesmo após revogação de anterior concessão, desde que comprovado o estado de hipossuficiência do requerente (STJ, AgInt no AREsp 925.712-MG, Min. Moura Ribeiro, Terceira Turma, *DJe* 1º-6-17).

Capítulo 6

Modelos e formulários

1   AÇÃO DE ADJUDICAÇÃO ARRIMADA NA INFRAÇÃO AO DIREITO DE PREFERÊNCIA

Excelentíssimo Senhor Doutor Juiz de Direito da ___ Vara Cível da Comarca de Mogi das Cruzes – São Paulo.

C. A. R., brasileiro, divorciado, comerciante, portador do RG nº 00.000.000-SSP/SP e do CPF nº 000.000.000-00, titular do *e-mail* car@gsa.com.br, residente e domiciliado na Rua José Afonso, nº 00, Vila Nova Fronteira, cidade de Mogi das Cruzes-SP, CEP 00000-000, por seu Advogado, que esta subscreve (mandato incluso), com escritório na Rua Ricardo Vilela, nº 00, Centro, cidade de Mogi das Cruzes-SP, CEP 00000-000, onde recebe intimações (*e-mail*: gediel@gsa.com.br), vem à presença de Vossa Excelência propor ***ação de adjudicação compulsória***, *com pedido liminar*, observando-se o procedimento comum, em face de M. G. U., brasileiro, solteiro, vendedor, portador do RG nº 00.000.000-SSP/SP e do CPF nº 000.000.000-00, com endereço eletrônico desconhecido, residente e domiciliado na Rua Santos do Amaral, nº 00, Vila Nova, cidade de Mogi das Cruzes-SP, CEP 00000-000, e J. O. S., brasileiro, casado, advogado, portador do RG nº 00.000.000-SSP/SP e do CPF nº 000.000.000-00, titular do *e-mail* jos@gsa.com.br, e sua mulher M. R. S., brasileira, casada, do lar, portadora do RG nº 00.000.000-SSP/SP e do CPF nº 000.000.000-00, sem endereço eletrônico conhecido, residentes e domiciliados na Rua Francisco Amaral, nº 00, Vila Penteado, cidade de Mogi das Cruzes-SP, CEP 00000-000, pelos motivos de fato e de direito que a seguir expõe:

1. Em 00 de setembro de 0000, o autor firmou contrato de locação com o réu "M", tendo como objeto o imóvel onde reside, por um período de trinta (30)

meses, sendo fixado aluguel inicial de R$ 500,00 (quinhentos reais), que, após reajuste anual regular, hoje é de R$ 520,00 (quinhentos e vinte reais).

2. O contrato de locação foi regularmente registrado junto ao Cartório de Imóveis desta Comarca, conforme demonstram documentos anexos.

3. Há aproximadamente quinze (15) dias, o autor ficou sabendo que o réu "M" vendeu o imóvel locado para os réus "J" e "M", conforme escritura de compra e venda lavrada junto ao Primeiro Cartório de Notas desta Comarca e regularmente registrada junto ao Cartório de Registro de Imóveis (documentos anexos). Segundo a referida escritura, o negócio foi fechado pelo preço de 56.500,00 (cinquenta e seis mil, quinhentos reais) pagos a vista, sendo as despesas com escritura no total de R$ 980,00 (novecentos e oitenta reais).

4. Embora sempre tenha tido interesse na aquisição do imóvel, mormente em condições tão vantajosas, o autor não foi notificado pelo locador sobre seu interesse na venda do bem, muito menos das condições de tal alienação. Destarte, com escopo de que possa fazer valer seu direito de preferência, conforme previsto na Lei do Inquilinato, busca a tutela jurisdicional.

Ante o exposto, considerando que a pretensão do autor encontra amparo no art. 33 da Lei nº 8.245/91, **requer**:

a) seja autorizado, *in limine litis*, o depósito judicial do valor pago pelo imóvel mais despesas, segundo escritura e documentos anexos, no total de R$ 57.480,00 (cinquenta e sete mil, quatrocentos e oitenta reais);

b) a citação dos réus para que, querendo, apresentem resposta no prazo legal, sob pena de sujeitarem-se aos efeitos da revelia;

c) a adjudicação ao patrimônio do autor do imóvel situado na Rua José Afonso, nº 00, Vila Nova Fronteira, cidade de Mogi das Cruzes-SP, CEP 00000-000, inscrito no Primeiro Cartório de Registro de Imóveis desta Comarca sob a matrícula nº 000.000-0, expedindo-se o competente mandado.

Provará o que for necessário, usando de todos os meios permitidos em direito, em especial pela juntada de documentos (anexos), oitiva de testemunhas (rol anexo) e depoimento pessoal dos réus.

Nos termos do art. 319, inciso VII, do CPC, o requerente registra que "não se opõe à designação de audiência de conciliação".

Dá ao pleito o valor de R$ 57.480,00 (cinquenta e sete mil, quatrocentos e oitenta reais).

Termos em que
p. deferimento.

Mogi das Cruzes, 00 de janeiro de 0000.

Gediel Claudino de Araujo Júnior
OAB/SP 000.000

2 AÇÃO DE COBRANÇA DE ALUGUÉIS E ENCARGOS

Excelentíssimo Senhor Doutor Juiz de Direito da __ Vara Cível da Comarca de Mogi das Cruzes – São Paulo.

C. L. de A., brasileiro, casado, aposentado, portador do RG 00.000.000-SSP/SP e CPF 000.000.000-00, titular do *e-mail* cla@gsa.com.br, residente e domiciliado na Rua José Afonso da Silva, nº 00, Vila Nova Fronteira, cidade de Mogi das Cruzes-SP, CEP 00000-000, por seu Advogado, que esta subscreve (mandato incluso), com escritório na Rua Joaquim de Mello, nº 00, Centro, cidade de Mogi das Cruzes-SP, CEP 00000-000, *onde recebe intimações* (*e-mail*: gediel@gsa.com.br), vem à presença de Vossa Excelência propor *ação de cobrança de aluguéis e encargos*, observando-se o procedimento comum, em face de M. G. B., brasileiro, solteiro, comerciante, portador do RG 00.000.000-SSP/SP e do CPF 000.000.000-00, com endereço eletrônico desconhecido, residente e domiciliado na Rua Santos do Amaral, nº 00, Vila Nova, cidade de Mogi das Cruzes-SP, CEP 00000-000, pelos motivos de fato e de direito que a seguir expõe:

1. Em 00 de agosto de 0000, as partes firmaram contrato escrito de locação comercial por um prazo de 12 (doze) meses, tendo como objeto o imóvel situado na Rua das Mercedes, nº 00, Vila Oliveira, cidade de Mogi das Cruzes-SP, CEP 00000-000; acordaram, outrossim, que o valor mensal do aluguel seria de R$ 3.000,00 (três mil reais), com vencimento para todo dia 15 (quinze) de cada mês, assim como que o locatário responderia pelo IPTU e demais encargos do bem.

2. Vencido o prazo do contrato, este se prorrogou automaticamente por prazo indeterminado.

3. Quando já estava em atraso com dois aluguéis, vencidos nos meses de outubro e novembro de 0000, o inquilino simplesmente entregou as chaves do imóvel; após sua saída, o autor ainda descobriu que ele não quitou os impostos vencidos nos anos de 0000, 0000 e 0000.

4. O valor total do débito é de **R$ 13.594,26 (treze mil, quinhentos e noventa e quatro reais, vinte e seis centavos)**, conforme cálculos anexos, elaborados conforme tabela prática do TJSP.

5. Procurado várias vezes, o réu se recusou a efetuar o pagamento das suas obrigações em aberto, deixando, por fim, de atender aos telefonemas do autor. Destarte, não resta ao credor outra alternativa do que buscar a tutela jurisdicional para receber o seu crédito.

Ante o exposto, considerando que a pretensão do autor encontra arrimo no art. 23, inciso I, da Lei nº 8.245/1991, **requer**:

a) a citação do réu para que, querendo, ofereça contestação no prazo legal, sob pena de sujeitar-se aos efeitos da revelia;

b) seja o réu condenado a pagar ao autor o valor total de **R$ 13.594,26 (treze mil, quinhentos e noventa e quatro reais, vinte e seis centavos)**, referente a obrigações em aberto deixadas pelo réu, quando este deu por findo o contrato de locação firmado entre as partes.

Provará o que for necessário, usando de todos os meios permitidos em direito, em especial pela juntada de documentos (anexos), oitiva de testemunhas e depoimento pessoal do réu.

Nos termos do art. 319, inciso VII, do CPC, o autor registra que "não se opõe à designação de audiência de conciliação".

Dão ao pleito o valor de R$ 13.594,26 (treze mil, quinhentos e noventa e quatro reais, vinte e seis centavos).

Termos em que
p. deferimento.

Mogi das Cruzes, 00 de fevereiro de 0000.

Gediel Claudino de Araujo Júnior
OAB/SP 000.000

3 AÇÃO DE COBRANÇA DE MULTA PREVISTA NO ART. 6º DA LI CONTRA OS FIADORES

Excelentíssimo Senhor Doutor Juiz de Direito da __ Vara Cível da Comarca de Mogi das Cruzes – São Paulo.

C. C. C. de A., brasileiro, casado, empresário, portador do RG 00.000.000-SSP/SP e CPF 000.000.000-00, titular do *e-mail* ccca@gsa.com.br, residente e domiciliado na Rua Ginis Bardazzi Neto, nº 00, Vila Reis, cidade de Mogi das Cruzes-SP, CEP 00000-000, por seu Advogado, que esta subscreve (mandato incluso), com escritório na Rua Joaquim de Mello, nº 00, Centro, cidade de Mogi das Cruzes-SP, CEP 00000-000, *onde recebe intimações* (*e-mail:* gediel@gsa.com.br), vem à presença de Vossa Excelência propor *ação de cobrança de multa*, observando-se o procedimento comum, em face de **M. G. de L.**, brasileiro, casado, comerciante, portador do RG 00.000.000-SSP/SP e do CPF 000.000.000-00, com endereço eletrônico desconhecido, e **B. A. de A.**, brasileira, casada, farmacêutica, portadora do RG 00.000.000-SSP/SP e do CPF 000.000.000-00, com endereço eletrônico desconhecido, ambos residentes e domiciliados na Rua Archangelo Berchelli, nº 00, Cidade Jardim, cidade de Mogi das Cruzes-SP, CEP 00000-000, pelos motivos de fato e de direito que a seguir expõe:

1. Em 00 de junho de 0000, o autor firmou contrato de locação comercial com a empresa VIP Cabeleireiros S/C Ltda., por um prazo de 12 (doze) meses, tendo como objeto o imóvel situado na Rua Doutor Euclides Ferreira da Silva, nº 00, Vila Oliveira, cidade de Mogi das Cruzes-SP, CEP 00000-000; acordaram, outrossim, que o valor mensal do aluguel seria de R$ 3.000,00 (três mil reais), com vencimento para todo dia 15 (quinze) de cada mês, assim como que a locatária responderia pelo IPTU e demais encargos do bem.

Os réus firmaram o referido contrato na qualidade de fiadores.

2. Vencido o prazo do contrato, este se prorrogou automaticamente por prazo indeterminado.

3. No último dia 31 de maio, o Sr. Walter, proprietário e representante da locatária, compareceu no escritório do locador e lhe fez a entrega das chaves, informando que tinha deixado o imóvel locado no dia anterior e que estava dando por findo o contrato de locação firmado entre as partes.

4. Mesmo assim surpreendido, o autor informou sobre a obrigação do locatário em pagar a multa prevista no parágrafo único do art. 6º da Lei nº 8.245/91, a conhecida Lei do Inquilinato, equivalente a um mês de aluguel e encargos, visto que este não procederá com a competente notificação prévia quando a denúncia da locação; o locatário negou tal obrigação, fazendo apenas o pagamento do aluguel do mês vencido.

5. Locador e locatário foram até o imóvel locado e procederam com vistoria, sendo que nada de relevante foi anotado.

6. Diante da recusa do locatário de cumprir com sua obrigação, não resta ao autor outra opção do que buscar a tutela jurisdicional.

Ante o exposto, considerando que a pretensão do autor encontra arrimo no art. 6º, parágrafo único, da Lei nº 8.245/1991, **requer**:

a) a citação dos réus para que, querendo, ofereçam contestação no prazo legal, sob pena de sujeitar-se aos efeitos da revelia;

b) sejam os réus condenados a pagar ao autor o valor total de **R$ 4.254,55 (quatro mil, duzentos e cinquenta e quatro reais, cinquenta e cinco centavos)**, referente ao valor da multa não paga, devidamente corrigida e acrescida de juros moratórios até que ocorra seu efetivo pagamento.

Provará o que for necessário, usando de todos os meios permitidos em direito, em especial pela juntada de documentos (anexos), oitiva de testemunhas e depoimento pessoal do réu.

Nos termos do art. 319, inciso VII, do CPC, o autor registra que "não se opõe à designação de audiência de conciliação".

Dão ao pleito o valor de R$ 4.254,55 (quatro mil, duzentos e cinquenta e quatro reais, cinquenta e cinco centavos).

Termos em que
p. deferimento.

Mogi das Cruzes, 00 de julho de 0000.

Gediel Claudino de Araujo Júnior
OAB/SP 000.000

4 AÇÃO DE CONSIGNAÇÃO DE ALUGUEL

Excelentíssimo Senhor Doutor Juiz de Direito da ___ Vara Cível da Comarca de Mogi das Cruzes – São Paulo.

M. T. P., brasileiro, casado, bancário, portador do RG nº 00.000.000-SSP/SP e do CPF nº 000.000.000-00, titular do *e-mail* mtp@gsa.com.br, residente e domiciliado na Rua José Bonifácio, nº 00, Bairro dos Remédios, cidade de Mogi das Cruzes-SP, CEP 00000-000, por seu Advogado, que esta subscreve (mandato incluso), com escritório na Rua Ricardo Vilela, nº 00, Centro, cidade de Mogi das Cruzes-SP, CEP 00000-000, onde recebe intimações (*e-mail*: gediel@gsa.com.br), vem à presença de Vossa Excelência propor *ação de consignação de aluguel*, observando-se o rito especial previsto no art. 67 da Lei nº 8.245/91 (LI), em face de **O. D. T.**, brasileiro, solteiro, proprietário, portador do RG nº 00.000.000-SSP/SP e do CPF nº 000.000.000-00, sem endereço eletrônico conhecido, residente e domiciliado na Rua Benjamin Constant, nº 00, Vila Ipiranga, cidade de Mogi das Cruzes-SP, CEP 00000-000, pelos motivos de fato e de direito que a seguir expõe:

1. O autor firmou contrato de locação com o réu em 0 de novembro de 0000, por um período de 30 (trinta) meses, com valor locativo inicial de R$ 600,00 (seiscentos reais).

2. Vencido o primeiro ano, o réu exigiu um novo aluguel no valor de R$ 700,00 (setecentos reais), com o que não pode concordar o locatário, que tentou por todas as formas negociar com o locador, que, no entanto, se mostrou irredutível nas suas pretensões.

3. Além de se mostrar intransigente, o locador se recusou a receber o valor contratualmente devido, qual seja, R$ 625,20 (seiscentos e vinte e cinco reais, vinte centavos) para o mês de dezembro de 0000.

Ante o exposto, considerando que a pretensão do autor encontra amparo no art. 335, I, do Código Civil e no art. 67 da Lei 8.245/91 (LI), **requer**:

a) seja autorizado, nos termos do art. 67, inciso II, da Lei supramencionada, a efetuar depósito judicial do valor de R$ 625,20 (seiscentos e vinte e cinco reais, vinte centavos), referente ao aluguel vencido no último dia 0 de dezembro de 0000, bem como o depósito dos alugueres vincendos até final decisão;

b) a citação do réu para que receba o valor depositado ou, se quiser, apresente resposta no prazo legal, sob pena de sujeitar-se aos efeitos da revelia;

c) seja declarada a quitação do aluguel vencido em 0-00-0000, bem como daqueles que se vencerem durante o trâmite do processo, exonerando o autor da sua obrigação.

Provará o que for necessário, usando de todos os meios permitidos em direito, em especial pela juntada de documentos (anexos), oitiva de testemunhas (rol anexo) e depoimento pessoal do réu.

Nos termos do art. 319, inciso VII, do CPC, o requerente registra que "tem interesse na designação de audiência de conciliação".

Dá ao pleito o valor de R$ 7.502,40 (sete mil, quinhentos e dois reais, quarenta centavos).

Termos em que
p. deferimento.

Mogi das Cruzes, 00 de janeiro de 0000.

Gediel Claudino de Araujo Júnior
OAB/SP 000.000

5 AÇÃO DE DESPEJO ARRIMADA NO DECURSO DE PRAZO QUINQUENAL

Excelentíssimo Senhor Doutor Juiz de Direito da ___ Vara Cível da Comarca de Mogi das Cruzes – São Paulo.

B. S. A. R., brasileiro, divorciado, funcionário público, portador do RG nº 00.000.000-SSP/SP e do CPF nº 000.000.000-00, sem endereço eletrônico, residente e domiciliado na Rua Doutor Carlos Augusto dos Santos, nº 00, Ipiranga, cidade de Mogi das Cruzes-SP, CEP 00000-000, por seu Advogado, que esta subscreve (mandato incluso), com escritório na Rua Ricardo Vilela, nº 00, Centro, cidade de Mogi das Cruzes-SP, CEP 00000-000, onde recebe intimações (*e-mail*: gediel@gsa.com.br), vem à presença de Vossa Excelência propor *ação de despejo por denúncia vazia*, observando-se o procedimento comum com as alterações da Lei nº 8.245/91 (LI), em face de **R. V. O.**, brasileiro, solteiro, torneiro mecânico, portador do RG nº 00.000.000-SSP/SP e do CPF nº 000.000.000-00, sem endereço eletrônico conhecido, residente e domiciliado na Rua Maria Auxiliadora do Amaral, nº 00, Jardim Vista Bela, cidade de Mogi das Cruzes-SP, CEP 00000-000, pelos motivos de fato e de direito que a seguir expõe:

1. O autor firmou contrato de locação com o réu em 0 de maio de 0000, por um período de doze (12) meses, com aluguel inicial de R$ 300,00 (trezentos reais), que, após reajustes regulares, é hoje de R$ 360,00 (trezentos e sessenta reais). Decorrido o prazo, o contrato prorrogou-se por prazo indeterminado.

2. Tendo a vigência do contrato ultrapassado cinco (5) anos ininterruptos e não tendo o locador mais interesse na sua continuidade, notificou o locatário para que deixasse o imóvel no prazo de trinta (30) dias, conforme demonstram documentos anexos.

3. Apesar de regularmente ciente da vontade do locador, o réu se recusa a deixar o imóvel, o que demanda a tutela jurisdicional.

Ante o exposto, considerando que a pretensão do autor encontra amparo no art. 47, inciso V, da Lei nº 8.245/91 (LI), **requer**:

a) a citação do réu para que, querendo, apresente resposta no prazo legal, sob pena de sujeitar-se aos efeitos da revelia;

b) seja declarada a resilição do contrato de locação, decretando-se o despejo do locatário, expedindo-se, para tanto, o competente mandado.

Provará o que for necessário, usando de todos os meios permitidos em direito, em especial pela juntada de documentos (anexos) e oitiva de testemunhas.

Nos termos do art. 319, inciso VII, do CPC, o requerente registra que "tem interesse na designação de audiência de conciliação".

Dá ao pleito o valor de R$ 4.320,00 (quatro mil, trezentos e vinte reais).

Termos em que
p. deferimento.

Mogi das Cruzes, 00 de janeiro de 0000.

Gediel Claudino de Araujo Júnior
OAB/SP 000.000

6   AÇÃO DE DESPEJO COM AMPARO EM QUEBRA DE ACORDO

Excelentíssimo Senhor Doutor Juiz de Direito da ___ Vara Cível da Comarca de Mogi das Cruzes – São Paulo.

C. T. A. R., brasileiro, casado, comerciante, portador do RG nº 00.000.000-SSP/SP e do CPF nº 000.000.000-00, titular do *e-mail* ctar@gsa.com.br, residente e domiciliado na Rua José Bonifácio, nº 00, Jardim Brasil, cidade de Mogi das Cruzes-SP, CEP 00000-000, por seu Advogado, que esta subscreve (mandato incluso), com escritório na Rua Ricardo Vilela, nº 00, Centro, cidade de Mogi das Cruzes-SP, CEP 00000-000, onde recebe intimações (*e-mail*: gediel@gsa.com.br), vem à presença de Vossa Excelência propor ***ação de despejo***, *com pedido liminar*, observando-se o procedimento comum com as alterações da Lei nº 8.245/91 (LI), em face de **S. A. R.**, brasileiro, divorciado, funcionário público, portador do RG nº 00.000.000-SSP/SP e do CPF nº 000.000.000-00, sem endereço eletrônico conhecido, residente e domiciliado na Rua Doutor Carlos Augusto dos Santos, nº 00, Ipiranga, cidade de Mogi das Cruzes-SP, CEP 00000-000, pelos motivos de fato e de direito que a seguir expõe:

1. O autor firmou contrato de locação com o réu em 00 de maio de 0000, por um período de doze (12) meses, com aluguel inicial de R$ 300,00 (trezentos reais), que, após reajustes regulares, é hoje de R$ 360,00 (trezentos e sessenta reais). Decorrido o prazo, o contrato prorrogou-se por prazo indeterminado.

2. Não desejando manter a locação, o locador procurou o inquilino e lhe propôs um acordo de rescisão amigável do contrato de locação, com escopo de que este deixasse o imóvel. Segundo os termos deste acordo, o locatário concordava em sair do imóvel no prazo improrrogável de seis meses, ficando, em troca, dispensado do pagamento dos aluguéis e encargos no referido período.

3. Vencido o prazo convencionado, o locatário se recusa a deixar o imóvel, conforme seu compromisso (documento anexo).

Ante o exposto, considerando que a pretensão do autor encontra amparo no art. 47, inciso V, da Lei nº 8.245/91 (LI), **requer**:

a) seja expedido, *in limine litis*, mandado determinando que o réu deixe o imóvel no prazo improrrogável de quinze (15) dias, sob pena de despejo coercitivo, conforme permissivo do art. 59, § 1º, inciso I, da Lei nº 8.245/91. Esclarecendo que a caução, equivalente a três meses do valor do aluguel, está sendo prestada por meio de depósito judicial;

b) a citação do réu para que, querendo, apresente resposta no prazo legal, sob pena de sujeitar-se aos efeitos da revelia;

c) seja reconhecida a resilição amigável do contrato de locação, decretando-se o despejo do locatário, expedindo-se, para tanto, o competente mandado.

Provará o que for necessário, usando de todos os meios permitidos em direito, em especial pela juntada de documentos (anexos) e oitiva de testemunhas.

Nos termos do art. 319, inciso VII, do CPC, o requerente registra que "tem interesse na designação de audiência de conciliação".

Dá ao pleito o valor de R$ 4.320,00 (quatro mil, trezentos e vinte reais).

Termos em que
p. deferimento.

Mogi das Cruzes, 00 de janeiro de 0000.

Gediel Claudino de Araujo Júnior
OAB/SP 000.000

7   AÇÃO DE DESPEJO EM RAZÃO DA ALIENAÇÃO DO IMÓVEL

Excelentíssimo Senhor Doutor Juiz de Direito da ___ Vara Cível da Comarca de Mogi das Cruzes – São Paulo.

P. R. N., brasileiro, casado, professor, portador do RG nº 00.000.000-SSP/SP e do CPF nº 000.000.000-00, titular do *e-mail* prn@gsa.com.br, residente e domiciliado na Rua José Bonifácio, nº 00, Jardim Brasil, cidade de Mogi das Cruzes-SP, CEP 00000-000, por seu Advogado, que esta subscreve (mandato incluso), com escritório na Rua Ricardo Vilela, nº 00, Centro, cidade de Mogi das Cruzes-SP,

CEP 00000-000, onde recebe intimações (*e-mail*: gediel@gsa.com.br), vem à presença de Vossa Excelência propor ***ação de despejo***, observando-se o procedimento comum com as alterações da Lei nº 8.245/91 (LI), em face de **O. B. T.**, brasileiro, solteiro, advogado, portador do RG nº 00.000.000-SSP/SP e do CPF nº 000.000.000-00, sem endereço eletrônico conhecido, residente e domiciliado na Rua Benjamin Constant, nº 00, Vila Ipiranga, cidade de Mogi das Cruzes-SP, CEP 00000-000, pelos motivos de fato e de direito que a seguir expõe:

1. Em 00 setembro de 0000, o autor adquiriu junto ao Sr. D. C. de A. a propriedade do imóvel onde reside o réu, conforme comprovam documentos anexos.

2. O ex-proprietário tinha firmado contrato de locação com o réu pelo prazo de trinta (30) meses, com início em março de 0000 e término em agosto de 0000, com aluguel fixado em R$ 450,00 (quatrocentos e cinquenta reais).

3. Após registrar seu título de domínio, o autor, não tendo interesse na continuidade da locação, notificou o locatário para que deixasse voluntariamente o imóvel no prazo de noventa (90) dias.

4. Decorrido o prazo, o réu, embora ciente da vontade e do direito do locador, se recusa a deixar o imóvel, o que demanda a tutela jurisdicional.

Ante o exposto, considerando que a pretensão do autor encontra amparo no art. 8º da Lei nº 8.245/91 (LI), **requer**:

a) a citação do réu para que, querendo, apresente resposta no prazo legal, sob pena de sujeitar-se aos efeitos da revelia;

b) seja declarada a resilição do contrato de locação, decretando-se o despejo do locatário, expedindo-se, para tanto, o competente mandado.

Provará o que for necessário, usando de todos os meios permitidos em direito, em especial pela juntada de documentos (anexos), oitiva de testemunhas e depoimento pessoal do réu.

Nos termos do art. 319, inciso VII, do CPC, o requerente registra que "tem interesse na designação de audiência de conciliação".

Dá ao pleito o valor de R$ 5.400,00 (cinco mil, quatrocentos reais).

Termos em que
p. deferimento.

Mogi das Cruzes, 00 de janeiro de 0000.

Gediel Claudino de Araujo Júnior
OAB/SP 000.000

Cap. 6 • Modelos e formulários **169**

8 AÇÃO DE DESPEJO PARA REALIZAÇÃO DE OBRAS DETERMINADAS PELO PODER PÚBLICO

Excelentíssimo Senhor Doutor Juiz de Direito da ___ Vara Cível da Comarca de Mogi das Cruzes – São Paulo.

A. D. O., brasileiro, casado, dentista, portador do RG nº 00.000.000-SSP/SP e do CPF nº 000.000.000-00, titular do *e-mail* ado@gsa.com.br, residente e domiciliado na Avenida Major José Bonifácio, nº 00, Vila Cintra, cidade de Mogi das Cruzes-SP, CEP 00000-000, por seu Advogado, que esta subscreve (mandato incluso), com escritório na Rua Ricardo Vilela, nº 00, Centro, cidade de Mogi das Cruzes-SP, CEP 00000-000, onde recebe intimações (*e-mail*: gediel@gsa.com.br), vem à presença de Vossa Excelência propor *ação de despejo para realização de obras*, *com pedido liminar*, observando--se o procedimento comum com as alterações da Lei nº 8.245/91 (LI), em face de **Z. W. V.**, brasileiro, casado, comerciante, portador do RG nº 00.000.000-SSP/SP e do CPF nº 000.000.000-00, sem endereço eletrônico conhecido, residente e domiciliado na Rua Gaspar Conqueiro, nº 00, Socorro, cidade de Mogi das Cruzes-SP, CEP 00000-000, pelos motivos de fato e de direito que a seguir expõe:

1. O autor firmou, por escrito, contrato de locação com o réu por um período de 24 (vinte e quatro) meses, com início em abril de 0000 e término em março de 0000, sendo fixado valor locativo de R$ 300,00 (trezentos reais), tendo como objeto salão comercial situado na Rua Figueira Neto, nº 00, centro, nesta Cidade.

2. Entretanto, há aproximadamente 60 (sessenta) dias, após fortes chuvas que inundaram o imóvel locado, o autor foi intimado pelo Departamento de Obras da Prefeitura Municipal a realizar obras urgentes na estrutura do imóvel, uma vez que, segundo aquele órgão, há risco de desmoronamento em razão de infiltrações e rachaduras, conforme demonstram documentos anexos.

3. Segundo a intimação, o proprietário teria um prazo de 90 (noventa) dias para começar a realização das referidas obras, sob pena de ser penalizado por multa, além de eventual interdição do imóvel. Considerando os riscos apontados pela fiscalização, o tamanho e a urgência das obras requeridas, o locador notificou o locatário para que deixasse o imóvel locado, onde este mantém pequeno comércio de objetos importados, tendo ele se recusado a fazê-lo, sob alegação de que seu negócio sofreria graves prejuízos. Tal situação demanda a tutela jurisdicional.

Ante o exposto, considerando que a pretensão do autor encontra amparo no art. 9º, inciso IV, da Lei nº 8.245/91 (LI), **requer**:

a) a expedição liminar do mandado de despejo, determinando-se a desocupação voluntária do imóvel no prazo improrrogável de 15 (quinze) dias, sob pena de despejo coercitivo, conforme permissivo do art. 59, § 1º, VI, da LI. Registre-se que a caução equivalente a três meses o valor do aluguel, está sendo prestada por meio de depósito judicial vinculado a este processo;

b) a citação do réu para que, querendo, apresente resposta no prazo legal, sob pena de sujeitar-se aos efeitos da revelia;

c) seja declarada a resilição do contrato de locação, com escopo de que sejam efetuadas as obras determinadas pelo Poder Público, confirmando-se o despejo liminarmente concedido.

Provará o que for necessário, usando de todos os meios permitidos em direito, em especial pela juntada de documentos (anexos), oitiva de testemunhas e depoimento pessoal do locatário.

Nos termos do art. 319, inciso VII, do CPC, o requerente registra que "tem interesse na designação de audiência de conciliação".

Dá ao pleito o valor de R$ 3.600,00 (três mil, seiscentos reais).

Termos em que
p. deferimento.

Mogi das Cruzes, 00 de janeiro de 0000.

Gediel Claudino de Araujo Júnior
OAB/SP 000.000

9 AÇÃO DE DESPEJO PARA REALIZAÇÃO DE OBRAS PARA MELHORIA DO IMÓVEL

Excelentíssimo Senhor Doutor Juiz de Direito da ___ Vara Cível da Comarca de Mogi das Cruzes – São Paulo.

F. D. U., brasileiro, casado, industriário, portador do RG nº 00.000.000-SSP/SP e do CPF nº 000.000.000-00, sem endereço eletrônico, residente e domiciliado na Avenida Doutor Guilherme Ramos de Azevedo, nº 00, Centro, cidade de Mogi das Cruzes-SP, CEP 00000-000, por seu Advogado, que esta subscreve (mandato incluso), com escritório na Rua Ricardo Vilela, nº 00, Centro, cidade de Mogi das Cruzes-SP, CEP 00000-000, onde recebe intimações (*e-mail*: gediel@gsa.com.br), vem à presença de Vossa Excelência propor *ação de despejo para realização de obras*, observando-se o procedimento comum com as alterações da Lei nº 8.245/91 (LI), em face de **K. L. Z.**, brasileiro, casado, representante comercial, portador do RG nº 00.000.000-SSP/SP e do CPF nº 000.000.000-00, sem endereço eletrônico conhecido, residente e domiciliado na Rua Arthur Azevedo de Araujo, nº 00, Santa Branca, cidade de Mogi das Cruzes-SP, CEP 00000-000, pelos motivos de fato e de direito que a seguir expõe:

1. O autor firmou contrato de locação com o réu por um período de doze (12) meses, com início em abril de 0000 e término em março de 0000, sendo fixado aluguel inicial de R$ 300,00 (trezentos reais), que, após reajustes regulares, hoje é de R$ 400,00 (quatrocentos reais). Vencido o prazo, o contrato prorrogou-se por tempo indeterminado.

2. Tendo recentemente recebido uma herança, o locador resolveu realizar obras de manutenção e ampliação no imóvel locado, buscando sua valorização.

3. Após as obras terem sido aprovadas pela Prefeitura Municipal, documentos anexos, o autor notificou o locatário para que deixasse o imóvel no prazo de 30 (trinta) dias, informando-o de seu desejo de retomar o imóvel para a realização de obras, conforme permissivo da Lei do Inquilinato.

4. Decorrido o prazo, o réu, embora ciente da vontade e do direito do locador, se recusa a deixar o imóvel, o que demanda a tutela jurisdicional.

Ante o exposto, considerando que a pretensão do autor encontra amparo no art. 47, inciso IV, da Lei nº 8.245/91 (LI), **requer**:

a) a citação do réu para que, querendo, apresente resposta no prazo legal, sob pena de sujeitar-se aos efeitos da revelia;

b) seja declarada a resilição do contrato de locação, decretando-se o despejo do locatário, expedindo-se, para tanto, o competente mandado.

Provará o que for necessário, usando de todos os meios permitidos em direito, em especial pela juntada de documentos e oitiva de testemunhas.

Nos termos do art. 319, inciso VII, do CPC, o requerente registra que "tem interesse na designação de audiência de conciliação".

Dá ao pleito o valor de R$ 4.800,00 (quatro mil, oitocentos reais).

Termos em que
p. deferimento.

Mogi das Cruzes, 00 de janeiro de 0000.

Gediel Claudino de Araujo Júnior
OAB/SP 000.000

10 AÇÃO DE DESPEJO PARA USO DE ASCENDENTE OU DESCENDENTE

Excelentíssimo Senhor Doutor Juiz de Direito da ___ Vara Cível da Comarca de Mogi das Cruzes – São Paulo.

D. O. G. U., brasileiro, casado, analista de sistemas, portador do RG nº 00.000.000-SSP/SP e do CPF nº 000.000.000-00, titular do *e-mail* dogu@gsa.com.br, residente e domiciliado na Rua Coronel Pedro Pereira de Almeida, nº 00, Cruz das Almas, cidade de Mogi das Cruzes-SP, CEP 00000-000, por seu Advogado, que esta subscreve (mandato incluso), com escritório na Rua Ricardo Vilela, nº 00, Centro, cidade de Mogi das Cruzes-SP, CEP 00000-000, onde recebe intimações (*e-mail*: gediel@gsa.com.br), vem à presença de Vossa Excelência propor *ação de despejo para uso próprio (descendente)*, observando-se o procedimento comum com as alterações da Lei nº 8.245/91 (LI), em face de **S. A. R.**, brasileiro, divorciado, funcionário público, portador do RG nº 00.000.000-SSP/SP e do CPF nº 000.000.000-00, sem endereço eletrônico conhecido, residente e domiciliado na Rua Doutor Carlos Augusto dos Santos, nº 00, Ipiranga, cidade de Mogi das Cruzes-SP, CEP 00000-000, pelos motivos de fato e de direito que a seguir expõe:

1. O autor firmou contrato de locação com o réu por um período de doze (12) meses, com início em abril de 0000 e término em março de 0000, sendo fixado valor locativo inicial de R$ 300,00 (trezentos reais), que, após reajustes regulares, hoje é de R$ 350,00 (trezentos e cinquenta reais). Vencido o prazo, o contrato prorrogou-se por tempo indeterminado.

2. Desejando o filho do autor, Sr. C. A. U., contrair matrimônio no próximo mês de dezembro e não sendo este proprietário de imóvel próprio, onde possa instalar sua nova família, este notificou o réu, informando de sua necessidade de retomar o imóvel locado e concedendo o prazo de trinta (30) dias para desocupação voluntária.

3. Decorrido o prazo, o réu, ciente da vontade e do direito do locador, se recusa a deixar o imóvel, o que demanda a tutela jurisdicional.

Ante o exposto, considerando que a pretensão do autor encontra amparo no art. 47, inciso III, da Lei nº 8.245/91 (LI), **requer:**

a) a citação do réu para que, querendo, apresente resposta no prazo legal, sob pena de sujeitar-se aos efeitos da revelia;

b) seja declarada a resilição do contrato de locação, decretando-se o despejo do locatário, expedindo-se, para tanto, o competente mandado.

Provará o que for necessário, usando de todos os meios permitidos em direito, em especial pela juntada de documentos e oitiva de testemunhas.

Nos termos do art. 319, inciso VII, do CPC, o requerente registra que "tem interesse na designação de audiência de conciliação".

Dá ao pleito o valor de R$ 4.200,00 (quatro mil, duzentos reais).

Termos em que
p. deferimento.

Mogi das Cruzes, 00 de janeiro de 0000.

Gediel Claudino de Araujo Júnior
OAB/SP 000.000

11   AÇÃO DE DESPEJO PARA USO PRÓPRIO

Excelentíssimo Senhor Doutor Juiz de Direito da ___ Vara Cível da Comarca de Mogi das Cruzes – São Paulo.

F. E. R., brasileiro, casado, bancário, portador do RG nº 00.000.000-SSP/SP e do CPF nº 000.000.000-00, sem endereço eletrônico, residente e domiciliado na Rua Engenheiro Delcyr Azevedo, nº 00, apartamento 00, Vila Nancy, cidade de Mogi das Cruzes-SP, CEP 00000-000, por seu Advogado, que esta subscreve (mandato incluso), com escritório na Rua Ricardo Vilela, nº 00, Centro, cidade de Mogi das Cruzes-SP, CEP 00000-000, onde recebe intimações (*e-mail*: gediel@gsa.com.br), vem à presença de Vossa Excelência propor *ação de despejo para uso próprio*, observando-se o procedimento comum com as alterações da Lei nº 8.245/91 (LI), em face de **R. O.**, brasileiro, solteiro, torneiro mecânico, portador do RG nº 00.000.000-SSP/SP e do CPF nº 000.000.000-00, sem endereço eletrônico conhecido, residente e domiciliado na Rua Maria Auxiliadora do Amaral, nº 00, Jardim Vista Bela, cidade de Mogi das Cruzes-SP, CEP 00000-000, pelos motivos de fato e de direito que a seguir expõe:

1. O autor firmou contrato de locação com o réu por um período de doze (12) meses, com início em abril de 0000 e término em março de 0000, sendo fixado aluguel inicial de R$ 300,00 (trezentos reais), que, após reajustes regulares, hoje é de R$ 350,00 (trezentos e cinquenta reais). Vencido o prazo, o contrato prorrogou-se por tempo indeterminado.

2. Não podendo mais arcar com os custos do apartamento onde reside (aluguel e encargos), o autor decidiu passar a residir no imóvel locado, de sua propriedade, conforme comprova documentos anexos, notificando o locatário para que o desocupasse no prazo de trinta (30) dias.

3. Decorrido o prazo, o réu, embora ciente da vontade e do direito do locador, se recusa a deixar o imóvel, o que demanda a tutela jurisdicional.

Ante o exposto, considerando que a pretensão do autor encontra amparo no art. 47, inciso III, da Lei nº 8.245/91 (LI), **requer**:

a) a citação do réu para que, querendo, apresente resposta no prazo legal, sob pena de sujeitar-se aos efeitos da revelia;

b) seja declarada a resilição do contrato de locação, decretando-se o despejo do locatário, expedindo-se, para tanto, o competente mandado.

Provará o que for necessário, usando de todos os meios permitidos em direito, em especial pela juntada de documentos (anexos), oitiva de testemunhas e depoimento pessoal do réu.

Nos termos do art. 319, inciso VII, do CPC, o requerente registra que "tem interesse na designação de audiência de conciliação".

Dá ao pleito o valor de R$ 4.200,00 (quatro mil, duzentos reais).

Termos em que
p. deferimento.

Mogi das Cruzes, 00 de janeiro de 0000.

Gediel Claudino de Araujo Júnior
OAB/SP 000.000

12 AÇÃO DE DESPEJO PARA USO PRÓPRIO (AJUIZADA JUNTO AO JUIZADO ESPECIAL CÍVEL – JEC)

Excelentíssimo Senhor Doutor Juiz de Direito do Juizado Especial Cível da Comarca de Mogi das Cruzes – São Paulo.

N. D. O. U., brasileiro, casado, médico, portador do RG nº 00.000.000-SSP/SP e do CPF nº 000.000.000-00, titular do *e-mail* ndou@gsa.com.br, residente e domiciliado na rua Marisa Moreira de Aguiar, nº 00, apartamento 00, Ponte Grande, cidade de Mogi das Cruzes-SP, CEP 00000-000, por seu Advogado, que esta subscreve (mandato incluso), com escritório na Rua Ricardo Vilela, nº 00, Centro, cidade de Mogi das Cruzes--SP, CEP 00000-000, onde recebe intimações (*e-mail*: gediel@gsa.com.br), vem à presença de Vossa Excelência propor ***ação de despejo para uso próprio***, observando-se o rito especial da Lei nº 9.099/95, com complemento da Lei nº 8.245/91 (LI), em face de **C. S. A.**, brasileiro, solteiro, operador de máquina, portador do RG nº 00.000.000-SSP/SP e do CPF nº 000.000.000-00, sem endereço eletrônico conhecido, residente e domiciliado na Rua Benjamin Constant, nº 00, Vila Ipiranga, cidade de Mogi das Cruzes-SP, CEP 00000-000, pelos motivos de fato e de direito que a seguir expõe:

1. O requerente firmou contrato de locação com o réu por um período de doze (12) meses, com início em abril de 0000 e término em março de 0000, sendo fixado aluguel inicial de R$ 300,00 (trezentos reais), que, após reajustes regulares, hoje é de R$ 350,00 (trezentos e cinquenta reais). Vencido o prazo, o contrato prorrogou-se por tempo indeterminado.

2. Não podendo mais arcar com os custos do apartamento onde reside (aluguel e encargos), o autor decidiu passar a residir no imóvel locado, de sua propriedade, conforme comprova documentos anexos, notificando o locatário para que o desocupasse no prazo de trinta (30) dias.

3. Decorrido o prazo, o réu, embora ciente da vontade e do direito do locador, se recusa a deixar o imóvel, o que demanda a tutela jurisdicional.

Ante o exposto, considerando que a pretensão do autor encontra amparo no art. 47, inciso III, da Lei nº 8.245/91 (LI), **requer**:

a) a citação pessoal do réu para que compareça em audiência de conciliação, instrução e julgamento, quando, se quiser, poderá apresentar resposta, sob pena de sujeitar-se aos efeitos da revelia;

b) seja declarada a resilição do contrato de locação, decretando-se o despejo do locatário, expedindo-se, para tanto, o competente mandado.

Provará o que for necessário, usando de todos os meios permitidos em direito, em especial pela juntada de documentos e depoimento pessoal do réu.

Dá ao pleito o valor de R$ 4.200,00 (quatro mil, duzentos reais).

Termos em que
p. deferimento.

Mogi das Cruzes, 00 de janeiro de 0000.

Gediel Claudino de Araujo Júnior
OAB/SP 000.000

13 AÇÃO DE DESPEJO POR DENÚNCIA VAZIA FUNDADA EM CONTRATO DE LOCA-ÇÃO "NÃO RESIDENCIAL" (ESTA AÇÃO DEVE SER AJUIZADA EM ATÉ 30 DIAS DO FIM DO CONTRATO)

Excelentíssimo Senhor Doutor Juiz de Direito da ___ Vara Cível da Comarca de Mogi das Cruzes – São Paulo.

A. D. H., brasileiro, casado, aposentado, portador do RG nº 00.000.000-SSP/SP e do CPF nº 000.000.000-00, sem endereço eletrônico, residente e domiciliado na Rua Vereador Mauro Araujo, nº 00, Vila Oliveira, cidade de Mogi das Cruzes-SP, CEP 00000-000, por seu Advogado, que esta subscreve (mandato incluso), com escritório na Rua Ricardo Vilela, nº 00, Centro, cidade de Mogi das Cruzes-SP, CEP 00000-000, onde recebe intimações (*e-mail*: gediel@gsa.com.br), vem à presença de Vossa Excelência propor *ação de despejo por denúncia vazia*, *com pedido liminar*, observando-se o procedimento comum com as alterações da Lei nº 8.245/91 (LI), em face de **R. B. O. C.-ME**, brasileiro, solteiro, comerciante, portador do RG nº 00.000.000-SSP/SP e do CPF nº 000.000.000-00, sem endereço eletrônico conhecido, residente e domiciliado na Rua Benjamin Constant, nº 00, Vila Ipiranga, cidade de Mogi das Cruzes-SP, CEP 00000-000, pelos motivos de fato e de direito que a seguir expõe:

1. O autor firmou contrato de locação com o réu por um período de 12 (doze) meses, com início em abril de 0000 e término em março de 0000, sendo fixado valor locativo inicial de R$ 300,00 (trezentos reais) e que hoje, após reajustes regulares, é de R$ 360,00 (trezentos e sessenta reais), tendo como objeto salão comercial situado na Rua Figueira Neto, nº 00, centro, nesta Cidade.

2. Não tendo interesse na continuidade do contrato, o autor, embora não estivesse legalmente obrigado, notificou o locatário para que deixasse o imóvel ao seu término, que se deu no dia 00 de março de 0000, consoante comprova documento anexo.

3. Apesar de regularmente ciente da vontade do locador, o réu se recusa a deixar o imóvel.

Ante o exposto, considerando que a pretensão do autor encontra amparo no art. 56, *caput*, da Lei nº 8.245/91 (LI), **requer**:

a) a expedição liminar do mandado de despejo, determinando-se a desocupação voluntária do imóvel no prazo improrrogável de 15 (quinze) dias, sob pena de despejo coercitivo, conforme permissivo do art. 59, § 1º, VIII, da LI. Registre-se que a caução equivalente a três meses do valor do aluguel está sendo prestada por meio de depósito judicial vinculado a este processo;

b) a citação do réu para que, querendo, apresente resposta no prazo legal, sob pena de sujeitar-se aos efeitos da revelia;

c) considerando o decurso do prazo do contrato de locação, seja decretado o despejo do locatário, expedindo-se, para tanto, o competente mandado.

Provará o que for necessário, usando de todos os meios permitidos em direito, em especial pela juntada de documentos (anexos), oitiva de testemunhas e depoimento pessoal do locatário.

Nos termos do art. 319, inciso VII, do CPC, o requerente registra que "não tem interesse na designação de audiência de conciliação".

Dá ao pleito o valor de R$ 4.320,00 (quatro mil, trezentos e vinte reais).

Termos em que
p. deferimento.

Mogi das Cruzes, 00 de janeiro de 0000.

Gediel Claudino de Araujo Júnior
OAB/SP 000.000

14 AÇÃO DE DESPEJO POR DENÚNCIA VAZIA FUNDADA EM CONTRATO DE LOCA-ÇÃO "NÃO RESIDENCIAL" VIGENDO POR PRAZO INDETERMINADO

Excelentíssimo Senhor Doutor Juiz de Direito da ___ Vara Cível da Comarca de Mogi das Cruzes – São Paulo.

A. D. H., brasileiro, casado, aposentado, portador do RG nº 00.000.000-SSP/SP e do CPF nº 000.000.000-00, sem endereço eletrônico, residente e domiciliado na Rua Vereador Mauro Araujo, nº 00, Vila Oliveira, cidade de Mogi das Cruzes-SP, CEP 00000-000, por seu Advogado, que esta subscreve (mandato incluso), com escritório na Rua Ricardo Vilela, nº 00, Centro, cidade de Mogi das Cruzes-SP, CEP 00000-000, onde recebe intimações (*e-mail*: gediel@gsa.com.br), vem à presença de Vossa Excelência propor *ação de despejo por denúncia vazia*, observando-se o procedimento comum com as alterações da Lei nº 8.245/91 (LI), em face de **R. B. O. C.-ME**, brasileiro, solteiro, comerciante, portador do RG nº 00.000.000-SSP/SP e do CPF nº 000.000.000-00, sem endereço eletrônico conhecido, residente e domiciliado na Rua Benjamin Constant, nº 00, Vila Ipiranga, cidade de Mogi das Cruzes-SP, CEP 00000-000, pelos motivos de fato e de direito que a seguir expõe:

1. O autor firmou contrato de locação com o réu por um período de 12 (doze) meses, com início em abril de 0000 e término em março de 0000, sendo fixado valor locativo inicial de R$ 300,00 (trezentos reais) e que hoje, após reajustes regulares, é de R$ 360,00 (trezentos e sessenta reais), tendo como objeto salão comercial situado na rua Figueira Neto, nº 00, Centro, nesta Cidade. Vencido o prazo, o contrato prorrogou-se por prazo indeterminado.

2. Em novembro próximo passado, o locador, não tendo mais interesse na mantença do contrato de locação, notificou o inquilino para que deixasse o imóvel no prazo de trinta (30) dias, conforme demonstram documentos anexos.

3. Apesar de regularmente ciente da vontade do locador, o réu se recusa a deixar o imóvel.

Ante o exposto, considerando que a pretensão do autor encontra amparo no art. 57 da Lei nº 8.245/91 (LI), **requer**:

a) a citação do réu para que, querendo, apresente resposta no prazo legal, sob pena de sujeitar-se aos efeitos da revelia;

b) seja declarada a resilição do contrato de locação, decretando-se o despejo do locatário, expedindo-se, para tanto, o competente mandado.

Provará o que for necessário, usando de todos os meios permitidos em direito, em especial pela juntada de documentos (anexos), oitiva de testemunhas e depoimento pessoal do locatário.

Nos termos do art. 319, inciso VII, do CPC, o requerente registra que "não tem interesse na designação de audiência de conciliação".

Dá ao pleito o valor de R$ 4.320,00 (quatro mil, trezentos e vinte reais).

Termos em que
p. deferimento.

Mogi das Cruzes, 00 de janeiro de 0000.

**Gediel Claudino de Araujo Júnior
OAB/SP 000.000**

15 AÇÃO DE DESPEJO POR DENÚNCIA VAZIA FUNDADA EM CONTRATO DE LOCAÇÃO VIGENDO POR PRAZO INDETERMINADO

Excelentíssimo Senhor Doutor Juiz de Direito da ___ Vara Cível da Comarca de Mogi das Cruzes – São Paulo.

B. T. A. R., brasileiro, casado, comerciante, portador do RG nº 00.000.000-SSP/SP e do CPF nº 000.000.000-00, titular do *e-mail* btar@gsa.com.br, residente e domiciliado na Rua José Bonifácio, nº 00, Vila Pomar, cidade de Mogi das Cruzes--SP, CEP 00000-000, por seu Advogado, que esta subscreve (mandato incluso), com escritório na Rua Ricardo Vilela, nº 00, Centro, cidade de Mogi das Cruzes-SP, CEP 00000-000, onde recebe intimações (*e-mail*: gediel@gsa.com.br), vem à presença de Vossa Excelência propor *ação de despejo por denúncia vazia*, observando-se o procedimento comum com as alterações da Lei nº 8.245/91 (LI), em face de **J. O. D. T.**, brasileiro, solteiro, motorista, portador do RG nº 00.000.000-SSP/SP e do CPF nº 000.000.000-00, sem endereço eletrônico conhecido, residente e domiciliado na Rua Benjamin Constant, nº 00, Vila Ipiranga, cidade de Mogi das Cruzes-SP, CEP 00000-000, pelos motivos de fato e de direito que a seguir expõe:

1. O autor firmou contrato de locação com o réu em 0 de maio de 0000, por um período de trinta (30) meses, com valor locativo inicial de R$ 300,00 (trezentos reais), que, após reajuste regular, hoje é de R$ 320,00 (trezentos e vinte reais). Vencido o prazo, o contrato foi prorrogado por prazo indeterminado.

2. Não tendo interesse na continuidade do contrato, o autor, nos termos da Lei do Inquilinato, notificou o locatário para que deixasse o imóvel no prazo de 30 (trinta) dias.

3. Apesar de regularmente ciente da vontade do locador, o réu se recusa a deixar o imóvel.

Ante o exposto, considerando que a pretensão do autor encontra amparo no art. 46, § 2º, da Lei nº 8.245/91 (LI), **requer**:

a) a citação do réu para que, querendo, apresente resposta no prazo legal, sob pena de sujeitar-se aos efeitos da revelia;

b) seja declarada a resilição do contrato de locação, decretando-se o despejo do locatário, expedindo-se, para tanto, o competente mandado.

Provará o que for necessário, usando de todos os meios permitidos em direito, em especial pela juntada de documentos, oitiva de testemunhas e depoimento pessoal do réu.

Nos termos do art. 319, inciso VII, do CPC, o requerente registra que "tem interesse na designação de audiência de conciliação".

Dá ao pleito o valor de R$ 3.840,00 (três mil, oitocentos e quarenta reais).

Termos em que
p. deferimento.

Mogi das Cruzes, 00 de janeiro de 0000.

Gediel Claudino de Araujo Júnior
OAB/SP 000.000

16 AÇÃO DE DESPEJO POR DENÚNCIA VAZIA FUNDADA NO FATO DE O LOCATÁRIO NÃO TER APRESENTADO NOVA GARANTIA

Excelentíssimo Senhor Doutor Juiz de Direito da ___ Vara Cível da Comarca de Mogi das Cruzes – São Paulo.

B. T. A. R., brasileiro, casado, comerciante, portador do RG nº 00.000.000-SSP/SP e do CPF nº 000.000.000-00, titular do *e-mail* btar@gsa.com.br, residente e domiciliado na Rua José Bonifácio, nº 00, Bairro dos Remédios, cidade de Mogi das Cruzes-SP, CEP 00000-000, por seu Advogado, que esta subscreve (mandato incluso), com escritório na Rua Ricardo Vilela, nº 00, Centro, cidade de Mogi das Cruzes-SP, CEP 00000-000, onde recebe intimações (*e-mail:* gediel@gsa.com.br), vem à presença de Vossa Excelência propor *ação de despejo por denúncia vazia, com pedido liminar,* observando--se o procedimento comum com as alterações da Lei nº 8.245/91 (LI), em face de **J. O. D. T.**, brasileiro, solteiro, motorista, portador do RG nº 00.000.000-SSP/SP e do CPF nº 000.000.000-00, sem endereço eletrônico conhecido, residente e domiciliado na Rua Benjamin Constant, nº 00, Vila Ipiranga, cidade de Mogi das Cruzes-SP, CEP 00000-000, pelos motivos de fato e de direito que a seguir expõe:

1. O autor firmou, por escrito, contrato de locação com a Sra. G. P. T., mulher do réu, em 0 de maio de 0000, por um período de trinta (30) meses, com valor locativo inicial de R$ 300,00 (trezentos reais), que, após reajuste regular, hoje é de R$ 320,00 (trezentos e vinte reais).

2. Em setembro passado, o autor recebeu notificação do réu por meio da qual este lhe informou que sua mulher tinha deixado o lar conjugal (o casal se separou), sendo que este estaria se sub-rogando em todos os direitos locatícios. Pouco depois, o autor recebeu outra notificação, agora dos fiadores, que, sendo genitores, da Sra. G. P. T., informaram não ter mais interesse em continuarem fiadores do contrato, justamente em razão de sua filha não mais residir no imóvel, conforme lhes permite o art. 12, § 2º, da Lei nº 8.245/91-LI (*veja-se documentos anexos*).

3. Diante desta realidade, o autor notificou o sub-rogado para que apresentasse, no prazo de 30 (trinta) dias, fiador idôneo para assumir o encargo da fiança (*veja-se documento anexo*).

4. O prazo decorreu sem que o réu apresentasse novo fiador idôneo.

Ante o exposto, considerando que a pretensão do autor encontra amparo no art. 40, parágrafo único, da Lei nº 8.245/91 (LI), **requer:**

a) a expedição liminar do mandado de despejo, determinando-se a desocupação voluntária do imóvel no prazo improrrogável de 15 (quinze) dias, sob pena de despejo coercitivo, conforme permissivo do art. 59, § 1º, VII, da LI. Registre-se que a caução equivalente a três meses o valor do aluguel, está sendo prestada por meio de depósito judicial vinculado a este processo;

b) a citação do réu para que, querendo, apresente resposta no prazo legal, sob pena de sujeitar-se aos efeitos da revelia;

c) a rescisão do contrato de locação em razão da não apresentação de nova garantia, confirmando-se o mandado de despejo liminarmente expedido.

Provará o que for necessário, usando de todos os meios permitidos em direito, em especial pela juntada de documentos, oitiva de testemunhas e depoimento pessoal do réu.

Nos termos do art. 319, inciso VII, do CPC, o requerente registra que "tem interesse na designação de audiência de conciliação".

Dá ao pleito o valor de R$ 3.840,00 (três mil, oitocentos e quarenta reais).

Termos em que
p. deferimento.

Mogi das Cruzes, 00 de janeiro de 0000.

Gediel Claudino de Araujo Júnior
OAB/SP 000.000

17 AÇÃO DE DESPEJO POR DENÚNCIA VAZIA FUNDADA NO TÉRMINO DO CONTRATO DE LOCAÇÃO FIRMADO POR ESCRITO E COM PRAZO DE TRINTA MESES

Excelentíssimo Senhor Doutor Juiz de Direito da ___ Vara Cível da Comarca de Mogi das Cruzes – São Paulo.

B. T. A. R., brasileiro, casado, comerciante, portador do RG nº 00.000.000-SSP/SP e do CPF nº 000.000.000-00, titular do *e-mail* btar@gsa.com.br, residente e domiciliado na Rua José Bonifácio, nº 00, Bairro dos Remédios, cidade de Mogi das Cruzes-SP, CEP 00000-000, por seu Advogado, que esta subscreve (mandato incluso), com escritório na Rua Ricardo Vilela, nº 00, Centro, cidade de Mogi das Cruzes-SP, CEP 00000-000, onde recebe intimações (*e-mail*: gediel@gsa.com.br), vem à presença de Vossa Excelência propor *ação de despejo por denúncia vazia*, observando-se o procedimento comum com as alterações da Lei nº 8.245/91 (LI), em face de **J. O. D. T.**, brasileiro, solteiro, motorista, portador do RG nº 00.000.000-SSP/SP e do CPF nº 000.000.000-00, sem endereço eletrônico conhecido, residente e domiciliado na Rua Benjamin Constant, nº 00, Vila Ipiranga, cidade de Mogi das Cruzes-SP, CEP 00000-000, pelos motivos de fato e de direito que a seguir expõe:

1. O autor firmou contrato de locação com o réu em 0 de maio de 0000, por um período de trinta (30) meses, com valor locativo inicial de R$ 300,00 (trezentos reais), que, após reajuste regular, hoje é de R$ 320,00 (trezentos e vinte reais).

2. Não tendo interesse na continuidade do contrato, o autor, embora não estivesse legalmente obrigado, notificou o locatário para que deixasse o imóvel ao seu término, que se deu no dia 0 de novembro de 0000, consoante comprova documento anexo.

3. Apesar de regularmente ciente da vontade do locador, o réu se recusa a deixar o imóvel.

Ante o exposto, considerando que a pretensão do autor encontra amparo no art. 46, *caput*, da Lei nº 8.245/91 (LI), **requer**:

a) a citação do réu para que, querendo, apresente resposta no prazo legal, sob pena de sujeitar-se aos efeitos da revelia;

b) considerando o decurso do prazo do contrato de locação, seja decretado o despejo do locatário, desocupando-se o imóvel, expedindo-se, para tanto, o competente mandado.

Provará o que for necessário, usando de todos os meios permitidos em direito, em especial pela juntada de documentos, oitiva de testemunhas e depoimento pessoal do réu.

Nos termos do art. 319, inciso VII, do CPC, o requerente registra que "não se opõe à designação de audiência de conciliação".

Dá ao pleito o valor de R$ 3.840,00 (três mil, oitocentos e quarenta reais).

Termos em que
p. deferimento.
Mogi das Cruzes, 00 de janeiro de 0000.

Gediel Claudino de Araujo Júnior
OAB/SP 000.000

18 AÇÃO DE DESPEJO POR FALTA DE PAGAMENTO ARRIMADA EM CONTRATO DE LOCAÇÃO GARANTIDO POR FIADOR

Excelentíssimo Senhor Doutor Juiz de Direito da __ Vara Cível da Comarca de Mogi das Cruzes – São Paulo.

A. G. L., brasileira, solteira, comerciante, portadora do RG 00.000.000-SSP/SP e CPF 000.000.000-00, titular do *e-mail* agl@gsa.com.br, residente e domiciliada na Rua Santa Mônica, nº 00, Jardim Universo, cidade de Mogi das Cruzes-SP, CEP 00000-000, por seu Advogado, que esta subscreve (mandato incluso), com escritório na Rua Ricardo Vilela, nº 00, Centro, cidade de Mogi das Cruzes-SP, CEP 00000-000, onde recebe intimações (*e-mail*: gediel@gsa.com.br), vem à presença de Vossa Excelência propor *ação de despejo por falta de pagamento*, observando-se o procedimento comum com as alterações da Lei nº 8.245/91-LI, em face de **S. H. T. L.**, brasileira, solteira, vigia, portadora do RG 00.000.000-SSP/SP e CPF 000.000.000-00, sem endereço eletrônico conhecido, residente e domiciliada na Rua Maestro Augusto Conti, conjunto 000, prédio 0, bloco A, apartamento 00, Vila Mariana, cidade de Mogi das Cruzes-SP, CEP 00000-000, pelos motivos de fato e de direito que a seguir expõe:

1. A autora firmou contrato de locação com a ré no dia 00 de janeiro de 0000, por um período de 12 (doze) meses, com valor locatício inicial de R$ 500,00 (quinhentos reais), com vencimento para todo dia 10 (dez) de cada mês. Ainda segundo os termos do contrato, eventual mora implicaria em multa no valor de 10% (dez por cento) sobre o valor do aluguel, tendo ademais a inquilina assumido a obrigação de pagar o condomínio e imposto predial relativo ao imóvel durante o período de locação.

2. A locatária não vem cumprindo com suas obrigações contratuais, estando em mora com os aluguéis e acessórios vencidos desde julho de 0000. O débito, até o momento, é de R$ 2.820,00 (dois mil, oitocentos e vinte reais), consoante os seguintes cálculos:

Mês	Valor	Multa	Cond./IPTU	Total
jul./00	R$ 500,00	R$ 50,00	R$ 100,00	R$ 650,00
ago./00	R$ 500,00	R$ 50,00	R$ 210,00	R$ 760,00
set./00	R$ 500,00	R$ 50,00	R$ 100,00	R$ 650,00
out./00	R$ 500,00	R$ 50,00	R$ 210,00	R$ 760,00

Valor Total: R$ 2.820,00

3. Instada a fazer o pagamento, a ré quedou-se inerte, o que demanda a tutela jurisdicional.

Ante o exposto, considerando que a pretensão da autora encontra amparo no art. 9º, III, da Lei nº 8.245/91-LI, **requer**:

a) a citação da ré para que, querendo, apresente resposta no prazo legal, sob pena de sujeitar-se aos efeitos da revelia;

b) a notificação do Sr. N. O. e da Sra. M. L. O., residentes na Rua América, nº 00, Vila Joia, cidade de Mogi das Cruzes-SP, CEP 00000-000, na qualidade de fiadores do contrato de locação, a fim de que tomem conhecimento do presente feito;

c) seja decretada a rescisão do contrato de locação por falta de pagamento do aluguel e acessórios, determinando-se o despejo imediato da locatária, expedindo-se, para tanto, o competente mandado; condenando-se, ainda, a requerida nos ônus da sucumbência.

Provará o que for necessário, usando de todos os meios permitidos em direito, em especial pela juntada de documentos, oitiva de testemunhas e depoimento pessoal da ré.

Nos termos do art. 319, inciso VII, do CPC, a requerente registra "que não se opõe à designação de audiência de conciliação".

> Dá ao pleito o valor de R$ 6.000,00 (seis mil reais)
>
> Termos em que
> p. deferimento.
>
> Mogi das Cruzes, 00 de novembro de 0000.
>
> **Gediel Claudino de Araujo Júnior**
> **OAB/SP 000.000**

19 AÇÃO DE DESPEJO POR FALTA DE PAGAMENTO ARRIMADA EM CONTRATO DE LOCAÇÃO SEM GARANTIA

Excelentíssimo Senhor Doutor Juiz de Direito da ___ Vara Cível da Comarca de Mogi das Cruzes – São Paulo.

N. G. A., brasileira, viúva, aposentada, portadora do RG nº 00.000.000-SSP/SP e do CPF nº 000.000.000-00, titular do *e-mail* nga@gsa.com.br, residente e domiciliada na Rua Santa Mônica, nº 00, Jardim Universo, cidade de Mogi das Cruzes-SP, CEP 00000-000, por seu Advogado, que esta subscreve (mandato incluso), com escritório na Rua Ricardo Vilela, nº 00, Centro, cidade de Mogi das Cruzes-SP, CEP 00000-000, onde recebe intimações (*e-mail*: gediel@gsa.com.br), vem a presença de Vossa Excelência propor *ação de despejo por falta de pagamento*, observando-se o procedimento comum, *com pedido de liminar* (art. 59, § 1º, IX, Lei nº 8.245/91-LI), em face de **S. L.**, brasileira, solteira, vigia, portadora do RG nº 00.000.000-SSP/SP e do CPF nº 000.000.000-00, sem endereço eletrônico conhecido, residente e domiciliada na Rua Maestro Augusto Conti, conjunto 000, prédio 0, bloco A, apartamento 00, Vila Mariana, cidade de Mogi das Cruzes-SP, CEP 00000-000, pelos motivos de fato e de direito que a seguir expõe:

1. A autora firmou, por escrito, contrato de locação com a ré no dia 00 de janeiro de 0000, por um período de 30 (trinta) meses, com valor locatício inicial de R$ 500,00 (quinhentos reais), tendo como objeto o imóvel onde hoje reside a ré. Ressalte-se, ainda, que o referido contrato não está amparado por qualquer forma de garantia.

2. A ré encontra-se em mora com os alugueres vencidos desde julho de 0000. O débito total, até o momento, é de R$ 2.200,00 (dois mil, duzentos reais), consoante os seguintes cálculos:

Mês	Valor aluguel	Pagto.	Multa (10%)	Total
jul./00	R$ 500,00	0,00	R$ 50,00	R$ 550,00
ago./00	R$ 500,00	0,00	R$ 50,00	R$ 550,00
set./00	R$ 500,00	0,00	R$ 50,00	R$ 550,00
out./00	R$ 500,00	0,00	R$ 50,00	R$ 550,00

VALOR TOTAL DO DÉBITO: R$ 2.200,00

3. Não obstante todos os esforços da locatária, a inquilina não regularizou a sua situação, fato que demanda a presente medida.

Ante o exposto, considerando que a pretensão da autora encontra amparo no art. 9º, III, da Lei nº 8.245/91-LI, **requer**:

a) a expedição liminar do mandado de despejo, determinando-se a desocupação voluntária do imóvel no prazo improrrogável de 15 (quinze) dias, sob pena de despejo coercitivo, conforme permissivo do art. 59, § 1º, IX, da LI (*registre-se que a caução equivalente a três meses o valor do aluguel está sendo prestada por meio de depósito judicial vinculado a este processo*);

b) a citação da ré para que, querendo, apresente resposta no prazo legal, sob pena de sujeitar-se aos efeitos da revelia;

c) a rescisão do contrato de locação por falta de pagamento, validando o mandado de despejo liminarmente expedido; condenando-se, ainda, a requerida nos ônus da sucumbência.

Provará o que for necessário, usando de todos os meios permitidos em direito, em especial pela juntada de documentos (anexos), oitiva de testemunhas e depoimento pessoal da ré.

Nos termos do art. 319, inciso VII, do CPC, a requerente registra "que não se opõe à designação de audiência de conciliação".

Dá ao pleito o valor de R$ 6.000,00 (seis mil reais).

Termos em que
p. deferimento.

Mogi das Cruzes, 00 de novembro de 0000.

Gediel Claudino de Araujo Júnior
OAB/SP 000.000

20 AÇÃO DE DESPEJO POR FALTA DE PAGAMENTO CUMULADA COM COBRANÇA DOS ENCARGOS LOCATÍCIOS (LOCAÇÃO GARANTIDA POR FIADORES)

Excelentíssimo Senhor Doutor Juiz de Direito da ___ Vara Cível da Comarca de Mogi das Cruzes – São Paulo.

N. G. A., brasileira, viúva, aposentada, portadora do RG nº 00.000.000-SSP/SP e do CPF nº 000.000.000-00, titular do *e-mail* nga@gsa.com.br, residente e domiciliada na Rua Santa Mônica, nº 00, Jardim Universo, cidade de Mogi das Cruzes-SP, por seu Advogado, que esta subscreve (mandato incluso), com escritório na

Rua Ricardo Vilela, nº 00, Centro, cidade de Mogi das Cruzes-SP, CEP 00000-000, onde recebe intimações (*e-mail*: gediel@gsa.com.br), vem à presença de Vossa Excelência propor *ação de despejo por falta de pagamento cc cobrança*, observando-se o procedimento comum com as alterações da Lei nº 8.245/91 (LI), em face de **S. L.**, brasileira, solteira, vigia, portadora do RG nº 00.000.000-SSP/SP e do CPF nº 000.000.000-00, sem endereço eletrônico conhecido, residente e domiciliada na Rua Maestro Augusto Conti, conjunto 000, prédio 0, bloco A, apartamento 00, bairro Vila Mariana, cidade de Mogi das Cruzes--SP, **B. R. G.**, brasileiro, casado, aposentado, portador do RG nº 00.000.000-SSP/SP e do CPF nº 000.000.000-00, sem endereço eletrônico conhecido, e **L. G.**, brasileira, casada, do lar, portadora do RG nº 00.000.000-SSP/SP e do CPF nº 000.000.000-00, sem endereço eletrônico conhecido, residentes e domiciliados na Rua José Vicente de Carvalho, nº 00, Jardim Rodeio, cidade de Mogi das Cruzes-SP, CEP 00000-000, pelos motivos de fato e de direito que a seguir expõe:

1. A autora firmou contrato de locação com a ré no dia 0 de janeiro de 0000, por um período de 12 (doze) meses, com valor locatício inicial de R$ 250,00 (duzentos e cinquenta reais); os encargos locatícios estão garantidos por fiança prestada pelos réus B. R. G. e L. G.

2. A ré S. L. encontra-se em mora com os alugueres vencidos desde julho de 0000. O débito total, até o momento, é de R$ 2.200,00 (dois mil, duzentos reais), consoante os seguintes cálculos:

Mês	Valor aluguel	Pagto.	Multa (10%)	Total
jul./00	R$ 500,00	0,00	R$ 50,00	R$ 550,00
ago./00	R$ 500,00	0,00	R$ 50,00	R$ 550,00
set./00	R$ 500,00	0,00	R$ 50,00	R$ 550,00
out./00	R$ 500,00	0,00	R$ 50,00	R$ 550,00

VALOR TOTAL DO DÉBITO: R$ 2.200,00

3. Não obstante todos os esforços da locatária, a inquilina não regularizou a sua situação, fato que demanda a presente medida.

Ante o exposto, considerando que a pretensão da autora encontra amparo nos arts. 9º, III, e 62, I, da Lei nº 8.245/91 (LI), **requer**:

a) a citação dos réus para que, querendo, apresentem resposta no prazo legal, ou, no mesmo prazo, purguem a mora, depositando em juízo o total dos valores devidos (*inclusive as obrigações eventualmente vencidas no curso do processo*), sob pena de sujeitar-se aos efeitos da revelia;

b) a rescisão do contrato de locação por falta de pagamento, determinando-se o despejo da locatária, expedindo-se, para tanto, o competente mandado;

c) sejam os réus solidariamente condenados a pagar o valor total dos encargos locatícios até efetiva desocupação do imóvel.

Provará o que for necessário, usando de todos os meios permitidos em direito, em especial pela juntada de documentos (anexos), oitiva de testemunhas (rol anexo) e depoimento pessoal dos réus.

Nos termos do art. 319, inciso VII, do CPC, a requerente registra que "tem interesse na designação de audiência de conciliação".

Dá ao pleito o valor de R$ 6.000,00 (seis mil reais).

Termos em que
p. deferimento.

Mogi das Cruzes, 00 de novembro de 0000.

Gediel Claudino de Araujo Júnior
OAB/SP 000.000

21 AÇÃO DE DESPEJO POR FALTA DE PAGAMENTO CUMULADA COM COBRANÇA DOS ENCARGOS LOCATÍCIOS (LOCAÇÃO SEM GARANTIA)

Excelentíssimo Senhor Doutor Juiz de Direito da ___ Vara Cível da Comarca de Mogi das Cruzes – São Paulo.

N. G. A., brasileira, viúva, aposentada, portadora do RG nº 00.000.000-SSP/SP e do CPF nº 000.000.000-00, titular do *e-mail* nga@gsa.com.br, residente e domiciliada na Rua Santa Mônica, nº 00, Jardim Universo, cidade de Mogi das Cruzes-SP, CEP 00000-000, por seu Advogado, que esta subscreve (mandato incluso), com escritório na Rua Ricardo Vilela, nº 00, Centro, cidade de Mogi das Cruzes-SP, CEP 00000-000, onde recebe intimações (*e-mail*: gediel@gsa.com.br), vem à presença de Vossa Excelência propor *ação de despejo por falta de pagamento cc cobrança*, observando-se o procedimento comum, *com pedido liminar*, com as alterações da Lei nº 8.245/91 (LI), em face de **S. L.**, brasileira, solteira, vigia, portadora do RG nº 00.000.000-SSP/SP e do CPF nº 000.000.000-00, sem endereço eletrônico conhecido, residente e domiciliada na Rua Maestro Augusto Conti, conjunto 000, prédio 0, bloco A, apartamento 00, Vila Mariana, cidade de Mogi das Cruzes-SP, CEP 00000-000, pelos motivos de fato e de direito que a seguir expõe:

1. A autora firmou, por escrito, contrato de locação com a ré no dia 0 de janeiro de 0000, por um período de 30 (trinta) meses, com valor locatício inicial de R$ 500,00 (quinhentos reais). Ressalte-se, ainda, que o referido contrato não está amparado por qualquer forma de garantia.

2. A ré S. L. encontra-se em mora com os aluguéres vencidos desde julho de 0000. O débito total, até o momento, é de R$ 2.200,00 (dois mil, duzentos reais), consoante os seguintes cálculos:

Mês	Valor aluguel	Pagto.	Multa (10%)	Total
jul./00	R$ 500,00	0,00	R$ 50,00	R$ 550,00
ago./00	R$ 500,00	0,00	R$ 50,00	R$ 550,00
set./00	R$ 500,00	0,00	R$ 50,00	R$ 550,00
out./00	R$ 500,00	0,00	R$ 50,00	R$ 550,00

VALOR TOTAL DO DÉBITO: R$ 2.200,00

3. Não obstante todos os esforços da locatária, a inquilina não regularizou a sua situação, fato que demanda a presente medida.

Ante o exposto, considerando que a pretensão da autora encontra amparo nos arts. 9º, III, e 62, I, da Lei nº 8.245/91 (LI), **requer**:

a) os benefícios da justiça gratuita, vez que se declara pobre no sentido jurídico do termo, conforme declaração anexa;

b) a expedição liminar do mandado de despejo, determinando-se a desocupação voluntária do imóvel no prazo improrrogável de 15 (quinze) dias, sob pena de despejo coercitivo, conforme permissivo do art. 59, § 1º, IX, da LI. Registre-se que a caução equivalente a três meses o valor do aluguel, está sendo prestada por meio de depósito judicial vinculado a este processo;

c) a citação da ré para que, querendo, apresente resposta no prazo legal, ou, no mesmo prazo, purgue a mora, depositando em juízo o total dos valores devidos (*inclusive as obrigações eventualmente vencidas no curso do processo*), sob pena de sujeitar-se aos efeitos da revelia;

d) a rescisão do contrato de locação por falta de pagamento, confirmando-se o mandado de despejo liminarmente expedido;

e) a condenação da ré ao pagamento do valor total dos encargos locatícios, vencidos e não pagos, até a efetiva desocupação do imóvel.

Provará o que for necessário, usando de todos os meios permitidos em direito, em especial pela juntada de documentos (anexos), oitiva de testemunhas (rol anexo) e depoimento pessoal da ré.

Nos termos do art. 319, inciso VII, do CPC, a requerente registra que "tem interesse na designação de audiência de conciliação".

Dá ao pleito o valor de R$ 6.000,00 (seis mil reais).

Termos em que
p. deferimento.

Mogi das Cruzes, 00 de novembro de 0000.

Gediel Claudino de Araujo Júnior
OAB/SP 000.000

22 AÇÃO DE DESPEJO POR TÉRMINO DO CONTRATO DE TRABALHO

Excelentíssimo Senhor Doutor Juiz de Direito da ___ Vara Cível da Comarca de Mogi das Cruzes – São Paulo.

        B. B. COMÉRCIO DE LOUÇAS S/C LTDA., inscrita no CNPJ sob nº 000.000.000/0000-00, neste ato regularmente representada por seu sócio gerente Sr. H. W. A., brasileiro, casado, comerciante, portador do RG 00.000.00-SSP/SP e do CPF 000.000.000-00, sem endereço eletrônico, com sede na Avenida Engenheiro Guilherme Zenith Rodrigues, nº 00, Centro, cidade de Mogi das Cruzes-SP, CEP 00000-000, por seu Advogado, que esta subscreve (mandato incluso), com escritório na Rua Ricardo Vilela, nº 00, Centro, cidade de Mogi das Cruzes-SP, CEP 00000-000, onde recebe intimações (*e-mail*: gediel@gsa.com.br), vem à presença de Vossa Excelência propor *ação de despejo, com pedido liminar*, observando-se o procedimento comum com as alterações da Lei nº 8.245/91 (LI), em face de **V. N. B.**, brasileiro, solteiro, técnico de manutenção, portador do RG nº 00.000.000-SSP/SP e do CPF nº 000.000.000-00, sem endereço eletrônico conhecido, residente e domiciliado na Rua Guimarães Rosa, nº 00, Jardim Ruth, cidade de Mogi das Cruzes-SP, CEP 00000-000, pelos motivos de fato e de direito que a seguir expõe:

        1. Em 00 de maio de 0000, o autor firmou contrato de locação com o réu por prazo indeterminado, sendo fixado aluguel inicial de R$ 300,00 (trezentos reais), que, após reajustes regulares, hoje é de R$ 400,00 (quatrocentos reais).

        2. O referido contrato de locação estava expressamente vinculado ao contrato de trabalho também firmado pelas partes, que foi rescindindo em 00.00.0000, tendo sido o locatário expressamente notificado para que deixasse o imóvel no prazo de trinta (30) dias (documentos anexos).

        3. Decorrido o prazo, o réu, embora ciente da vontade e do direito do locador, se recusa a deixar o imóvel, o que demanda a tutela jurisdicional.

        Ante o exposto, considerando que a pretensão do autor encontra amparo nos arts. 47, inciso II, e 59, § 1º, inciso II, da Lei nº 8.245/91 (LI), **requer**:

        a) seja expedido, *in limine litis*, mandado determinando que o réu deixe o imóvel no prazo improrrogável de quinze (15) dias, sob pena de despejo coercitivo, conforme permissivo do art. 59, § 1º, inciso II, da Lei nº 8.245/91. Esclarecendo que a caução, equivalente a três meses do valor do aluguel, está sendo prestada por meio de depósito judicial;

        b) a citação do réu para que, querendo, apresente resposta no prazo legal, sob pena de sujeitar-se aos efeitos da revelia;

        c) seja declarada a resilição do contrato de locação, decretando-se o despejo do locatário, expedindo-se, para tanto, o competente mandado.

Provará o que for necessário, usando de todos os meios permitidos em direito, em especial pela juntada de documentos (anexos), oitiva de testemunhas e depoimento pessoal do réu.

Nos termos do art. 319, inciso VII, do CPC, a requerente registra que "tem interesse na designação de audiência de conciliação".

Dá ao pleito o valor de R$ 4.800,00 (quatro mil, oitocentos reais).

Termos em que
p. deferimento.

Mogi das Cruzes, 00 de janeiro de 0000.

Gediel Claudino de Araujo Júnior
OAB/SP 000.000

23 AÇÃO DE EXECUÇÃO CONTRA DEVEDOR SOLVENTE COBRANDO ALUGUÉIS NÃO PAGOS E OUTROS ENCARGOS LOCATÍCIOS, ARRIMADA EM TÍTULO EXTRAJUDICIAL (CONTRATO DE LOCAÇÃO)

Excelentíssimo Senhor Doutor Juiz de Direito da _____ Vara Cível da Comarca de Mogi das Cruzes – São Paulo.

N. D. O. U., brasileira, casada, médica, portadora do RG nº 00.000.000-SSP/SP e do CPF nº 000.000.000-00, titular do *e-mail* ndou@gsa.com.br, residente e domiciliado na Rua Marisa Moreira de Aguiar, nº 00, apartamento 00, Ponte Grande, cidade de Mogi das Cruzes-SP, CEP 00000-000, por seu Advogado, que esta subscreve (mandato incluso), com escritório na Rua Ricardo Vilela, nº 00, Centro, cidade de Mogi das Cruzes-SP, CEP 00000-000, onde recebe intimações (*e-mail*: gediel@gsa.com. br), vem à presença de Vossa Excelência propor *execução contra devedor solvente*, observando-se o procedimento previsto nos artigos 824 a 909 do Código de Processo Civil, em face de **M. A. N.**, brasileiro, casado, vendedor, portador do RG nº 00.000.000-SSP/SP e do CPF nº 000.000.000-00, sem endereço eletrônico conhecido, e de **R. I. N.**, brasileira, casada, do lar, portadora do RG nº 00.000.000-SSP/SP e do CPF nº 000.000.000-00, sem endereço eletrônico conhecido, residentes e domiciliados na Rua José de Aguiar, nº 00, Jardim das Oliveiras, cidade de Mogi das Cruzes-SP, CEP 00000-000, pelos motivos de fato e de direito que a seguir expõe:

1. Os executados são fiadores de contrato de locação firmado entre os exequentes e o Sr. O. L. R., que foi resilido por falta de pagamento, conforme sentença proferida nos autos do processo nº 0000000-00.0000.0.00.0000, que tramitou junto à Primeira Vara Cível deste Foro e Comarca (documentos anexos).

2. Ao deixar o imóvel em 00 de outubro de 0000, o locatário deixou um débito no valor total de R$ 1.685,00 (um mil, seiscentos e oitenta e cinco reais), referente a aluguéis e encargos em atraso, conforme os seguintes cálculos:

Mês	Vl. do Aluguel	Multa	Cond./IPTU	Total
Jul./00	R$ 250,00	R$ 25,00	R$ 30,00	R$ 305,00
Ago./00	R$ 250,00	R$ 25,00	R$ 110,00	R$ 385,00
Set./00	R$ 250,00	R$ 25,00	R$ 30,00	R$ 305,00
Out./00	R$ 250,00	R$ 25,00	R$ 110,00	R$ 385,00
Nov./00	R$ 250,00	R$ 25,00	R$ 30,00	R$ 305,00

Valor Total do Débito: R$ 1.685,00

3. Os executados são solidariamente responsáveis por todas as obrigações oriundas daquela relação locatícia, conforme cláusula do contrato de locação que firmaram (cópia anexa).

Ante o exposto, requer-se a citação dos executados para que efetuem, no prazo de 3 (três) dias, o pagamento do valor total de **R$ 1.685,00 (um mil, seiscentos e oitenta e cinco reais)**, sob pena de terem penhorados os bens; ficando desde já indicado para penhora o imóvel onde residem, consoante permissivo previsto no § 2º do art. 829 do Código de Processo Civil.

Dá-se ao pleito o valor de R$ 1.685,00 (um mil, seiscentos e oitenta e cinco reais).

Termos em que
p. deferimento.

Mogi das Cruzes, 00 de janeiro de 0000.

Gediel Claudino de Araujo Júnior
OAB/SP 000.000

24 AÇÃO DE EXECUÇÃO CONTRA DEVEDOR SOLVENTE COBRANDO ALUGUÉIS NÃO PAGOS E OUTROS ENCARGOS LOCATÍCIOS, ARRIMADA EM TÍTULO JUDICIAL (PETIÇÃO DE INÍCIO DA FASE EXECUTIVA)

Excelentíssimo Senhor Doutor Juiz de Direito da 3ª Vara Cível da Comarca de Mogi das Cruzes – São Paulo.

Processo nº 0000000-00.0000.0.00.0000
Ação de Despejo por Falta de Pagamento cc. cobrança

G. A. B., brasileira, casada, médica, portadora do RG nº 00.000.000-SSP/SP e do CPF nº 000.000.000-00, titular do *e-mail* ndou@gsa.com.br, residente e domiciliado na Rua Marisa Moreira de Aguiar, nº 00, apartamento 00, Ponte Grande, cidade de Mogi das Cruzes-SP, CEP 00000-000, por seu Advogado, que esta subscreve (mandato incluso), com escritório na Rua Ricardo Vilela, nº 00, Centro, cidade de Mogi das Cruzes--SP, CEP 00000-000, onde recebe intimações (*e-mail*: gediel@gsa.com.br), nos autos do processo que move em face de **M. A. N.**, brasileiro, casado, vendedor, portador do RG nº 00.000.000-SSP/SP e do CPF nº 000.000.000-00, sem endereço eletrônico conhecido, e de **R. I. N.**, brasileira, casada, do lar, portadora do RG nº 00.000.000-SSP/SP e do CPF nº 000.000.000-00, sem endereço eletrônico conhecido, residentes e domiciliados na Rua José de Aguiar, nº 00, Jardim das Oliveiras, cidade de Mogi das Cruzes-SP, CEP 00000-000, vem à presença de Vossa Excelência informar e ao final requerer:

1. Na r. sentença de fls. 00/00, transitada em julgado, os executados, na qualidade de fiadores do contrato de locação, foram condenados a pagar os aluguéis e encargos em atraso.

2. O valor total do débito é de R$ 1.685,00 (um mil, seiscentos e oitenta e cinco reais), consoante os seguintes cálculos:

Mês	Vl. do Aluguel	Multa	Cond./IPTU	Total
Jul./00	R$ 250,00	R$ 25,00	R$ 30,00	R$ 305,00
Ago./00	R$ 250,00	R$ 25,00	R$ 110,00	R$ 385,00
Set./00	R$ 250,00	R$ 25,00	R$ 30,00	R$ 305,00
Out./00	R$ 250,00	R$ 25,00	R$ 110,00	R$ 385,00
Nov./00	R$ 250,00	R$ 25,00	R$ 30,00	R$ 305,00

Valor Total do Débito: R$ 1.685,00

Ante o exposto, requer-se a "intimação" dos executados para que efetuem, no prazo de 15 (quinze) dias, o pagamento do valor total de **R$ 1.685,00 (um mil, seiscentos e oitenta e cinco reais)**, sob pena de incidência da multa prevista no art. 523, § 1º, do CPC, bem como a expedição do mandado de penhora e avaliação; ficando desde já indicado para penhora o bem onde os executados residem, de sua propriedade, conforme documentos anexos.

Termos em que
p. deferimento.

Mogi das Cruzes, 00 de janeiro de 0000.

Gediel Claudino de Araujo Júnior
OAB/SP 000.000

25 AÇÃO DE INDENIZAÇÃO POR PERDAS E DANOS ARRIMADA EM DESVIO DE USO

Excelentíssimo Senhor Doutor Juiz de Direito da ___ Vara Cível da Comarca de Mogi das Cruzes – São Paulo.

C. L. B., brasileiro, casado, fisioterapeuta, portador do RG nº 00.000.000-SSP/SP e do CPF nº 000.000.000-00, titular do *e-mail* clb@gsa.com.br, residente e domiciliado na Rua Horizonte Perdido, nº 00, Jardim Leymar, cidade de Mogi das Cruzes-SP, CEP 00000-000, por seu Advogado, que esta subscreve (mandato incluso), com escritório na Rua Ricardo Vilela, nº 00, Centro, cidade de Mogi das Cruzes-SP, CEP 00000-000, onde recebe intimações (*e-mail*: gediel@gsa.com.br), vem à presença de Vossa Excelência propor *ação de indenização por perdas e danos*, observando-se o procedimento comum, em face de **G. D. O. L.**, brasileiro, casado, comerciante, portador do RG nº 00.000.000-SSP/SP e do CPF nº 000.000.000-00, sem endereço eletrônico conhecido, residente e domiciliado na Rua Vicente do Amaral, nº 00, Vila Oliveira, cidade de Mogi das Cruzes-SP, CEP 00000-000, pelos motivos de fato e de direito que a seguir expõe:

1. Em ação de despejo processada junto à Terceira Vara Cível deste Foro e Comarca, sob o número 0000000-00.0000.0.00.0000, o réu retomou imóvel que mantinha alugado para o autor por quase 10 (dez) anos, sob a alegação de que necessitava do mesmo para uso de seu filho G. O. L., que, segundo informou, não era proprietário de outro imóvel.

2. Em sua contestação, o autor, na qualidade de locatário, questionou a sinceridade do pedido, argumentando que o objetivo real era o baixo valor do aluguel, fruto da longa locação. No entanto, suas razões não foram ouvidas e o despejo foi decretado, trazendo graves prejuízos ao autor, que teve sua vida muito complicada, vez que não conseguiu alugar outro imóvel no mesmo bairro, tendo que levar sua família para outro lugar, distante do seu trabalho e da escola dos filhos menores.

3. A mudança alterou radicalmente a vida do autor, que viu suas despesas aumentarem repentinamente. A nova casa tinha aluguel bem maior, o autor e os filhos passaram a ter que pegar, respectivamente, condução para ir até ao trabalho e a escola. Além dos prejuízos materiais, houve também graves danos morais, vez que as crianças estranharam em muito o novo ambiente e os adultos perderam antigas amizades e tiveram que mudar a igreja que frequentavam há muitos anos.

4. Passados alguns meses, o autor descobriu que o filho do réu não se mudou para o imóvel locado, que, ao contrário, já se encontra alugado para um certo Sr. Thiago (não conseguiu a qualificação completa) com um novo aluguel bem maior do que aquele que pagava.

Ante o exposto, considerando que a pretensão do autor encontra arrimo nas disposições do art. 44, parágrafo único, da Lei nº 8.245/91 (LI), **requer**:

a) os benefícios da justiça gratuita, vez que se declara pobre no sentido jurídico do termo, conforme declaração anexa;

b) a citação do réu para que, querendo, ofereça resposta no prazo legal, sob pena de sujeitar-se aos efeitos da revelia;

c) seja expedido, em liminar, mandado de constatação, com escopo de verificar-se o nome e qualificação do atual inquilino do imóvel situado na Rua das Hortênsias, nº 00, Vila Moraes, nesta Cidade, bem como o valor do aluguel;

d) seja o réu condenado a pagar multa, prevista na Lei do Inquilinato, no valor máximo de 24 (vinte e quatro) vezes o valor do aluguel atual, a ser apurado, e indenização por danos morais no valor de 100 (cem) salários mínimos, além de honorários advocatícios e demais cominações legais;

e) comprovados os fatos, seja oficiado ao órgão do Ministério Público, com escopo de que tome as providências necessárias para responsabilizar criminalmente o réu, conforme norma do art. 44 da Lei nº 8.245/91 (LI).

Provará o que for necessário, usando de todos os meios permitidos em direito, em especial pela juntada de documentos (anexos), oitiva de testemunhas (rol anexo) e depoimento pessoal do réu.

Nos termos do art. 319, inciso VII, do CPC, o requerente registra que "tem interesse na designação de audiência de conciliação".

Dá ao pleito o valor de R$ 100.000,00 (cem mil reais).

Termos em que
p. deferimento.

Mogi das Cruzes, 00 de janeiro de 0000.

Gediel Claudino de Araujo Júnior
OAB/SP 000.000

26 AÇÃO DE INDENIZAÇÃO POR PERDAS E DANOS ARRIMADA EM INFRAÇÃO AO DIREITO DE PREFERÊNCIA

Excelentíssimo Senhor Doutor Juiz de Direito da ___ Vara Cível da Comarca de Mogi das Cruzes – São Paulo.

W. L. B., brasileiro, casado, fisioterapeuta, portador do RG nº 00.000.000-SSP/SP e do CPF nº 000.000.000-00, titular do *e-mail* wlb@gsa.com.br, residente e domiciliado na Rua Horizonte Perdido, nº 00, Jardim Leymar, cidade de Mogi das Cruzes-SP, CEP 00000-000, por seu Advogado, que esta subscreve (mandato incluso), com escritório na Rua Ricardo Vilela, nº 00, Centro, cidade de Mogi das Cruzes-SP, CEP 00000-000, onde recebe intimações (*e-mail*: gediel@gsa.com.br), vem à presença de Vossa Excelência propor *ação de indenização por perdas e danos*, observando-se o procedimento comum, em face de **D. O. L.**, brasileiro, casado, comerciante, portador do RG nº 00.000.000-SSP/SP e do CPF nº 000.000.000-00, sem endereço eletrônico conhecido, residente e domiciliado na Rua Vicente do Amaral, nº 00, Vila Oliveira, cidade de Mogi das Cruzes-SP, CEP 00000-000, pelos motivos de fato e de direito que a seguir expõe:

1. Em razão de ação de despejo processada junto à Terceira Vara Cível desta Comarca, sob o número 0000000-00.0000.0.00.0000, promovida pelo Sr. A. C. de A., o autor foi compelido a deixar o imóvel que alugara junto ao réu.

2. Segundo a exordial daquele feito, o Sr. A. C. de A., que havia adquirido o imóvel locado, não teria interesse na continuidade da locação, requerendo que o autor o desocupasse. Surpreso, vez que não fora notificado do interesse do locador em alienar o imóvel, porém sem nada poder fazer em face do pedido, em razão de não estar o contrato de locação registrado junto ao Cartório de Registro de Imóveis, o autor deixou o imóvel.

3. O desrespeito ao direito de preferência do autor, caracterizado por sua não notificação do negócio, causou-lhe enormes prejuízos, vez que se viu privado de adquirir o imóvel onde residia por valor inferior ao valor de mercado. Segundo a escritura de compra e venda, o imóvel foi negociado por R$ 13.600,00 (treze mil, seiscentos reais) e, conforme avaliações anexas, seu preço de mercado é de aproximadamente R$ 75.000,00 (setenta e cinco mil reais).

4. O autor possui uma poupança pessoal de R$ 5.000,00 (cinco mil reais), extrato anexo, e poderia facilmente levantar o restante do valor com a venda de seu carro e um empréstimo bancário, o que torna absolutamente inaceitável a omissão do réu em lhe oferecer o imóvel.

5. Não bastassem os óbvios prejuízos advindos ao autor pelo não respeito ao seu direito de preferência, há que se considerar que a mudança alterou radicalmente sua vida, mormente pelo aumento repentino das despesas. A sua nova casa, também fruto de locação, tem aluguel bem maior, e ele e seus filhos passaram a ter que pegar condução para ir, respectivamente, ao trabalho e à escola. Além dos prejuízos materiais, houve também graves danos morais, vez que as crianças estranharam em muito o novo ambiente e os adultos perderam antigas amizades e tiveram que mudar a igreja que frequentavam há muitos anos.

Ante o exposto, considerando que a pretensão do autor encontra arrimo nas disposições do art. 33 da Lei nº 8.245/91 (LI), **requer**:

a) a citação do réu para que, querendo, ofereça resposta no prazo legal, sob pena de sujeitar-se aos efeitos da revelia;

b) seja o réu condenado a indenizar o autor pelos prejuízos materiais e morais sofridos, fixando-se o valor da indenização em R$ 61.400,00 (sessenta e um mil, quatrocentos reais), referente a diferença entre o valor efetivo da alienação e o valor de mercado do bem, além de honorários advocatícios, despesas processuais e demais cominações legais.

Provará o que for necessário, usando de todos os meios permitidos em direito, em especial pela juntada de documentos, oitiva de testemunhas e depoimento pessoal do réu.

Nos termos do art. 319, inciso VII, do CPC, o requerente registra que "tem interesse na designação de audiência de conciliação".

Dá ao pleito o valor de R$ 61.400,00 (sessenta e um mil, quatrocentos reais).

Termos em que
p. deferimento.

Mogi das Cruzes, 00 de janeiro de 0000.

Gediel Claudino de Araujo Júnior
OAB/SP 000.000

27 AÇÃO DE REVISÃO DE CONTRATO DE LOCAÇÃO EM RAZÃO DA PANDEMIA DA COVID-19

Excelentíssimo Senhor Doutor Juiz de Direito da __ Vara Cível do Foro de Mogi das Cruzes, São Paulo.

S. MODA COMÉRCIO DE ROUPAS LTDA., pessoa jurídica de direito privado, inscrita no CNPJ sob o nº 00.000.000/0000-00, titular do endereço eletrônico "smodaroupasltda@gsa.com.br", situada na Rua Capitão Manoel Rudge, nº 00, Vila Oliveira, cidade de Mogi das Cruzes-SP, CEP 00000-000, por seu Advogado que esta subscreve (mandato incluso), com escritório na Rua Adelino Torquato, nº 00, sala 00, Centro, cidade de Mogi das Cruzes-SP, onde recebe intimações (e-mail: gediel@gsa.com.br), vem à presença de Vossa Excelência propor **ação de revisão de contrato de locação,** observando-se o procedimento comum, *com pedido liminar (art. 300, CPC)*, em face de **H. DE B.**, brasileiro, casado, proprietário, portador do RG 00.000.00-0-SSP/SP e CPF 000.000.000-00, titular do endereço eletrônico "hb@gsa.com.br", residente e domiciliado na Rua Hugo Torres, nº 00, Jardim Nove de Julho, cidade de Mogi das Cruzes-SP, CEP 00000-000, pelos motivos de fato e de direito que a seguir expõe:

Dos Fatos:

A autora, que exerce atividade de comércio de vestuário, firmou contrato de locação não residencial com o réu em 00.00.0000 pelo período de 60 (sessenta) meses, tendo como objetivo o imóvel indicado na qualificação como sua sede, com valor locatício mensal inicial de R$ 8.000,00 (oito mil reais), sendo que na atualidade o aluguel está acordado em R$ 9.700,00 (nove mil e setecentos reais).

Extremamente zelosa das suas obrigações, a autora sempre cumpriu pontualmente os encargos locativos, como demonstram documentos anexos. Entretanto, a situação mudou drasticamente a partir de março deste ano, quando, em razão da pandemia da Covid-19, foi decretado pelas autoridades públicas estado de calamidade pública, determinando-se o fechamento temporário de todas as atividades consideradas não essenciais, como é o caso do negócio da requerente.

Embora seja compreensível, do ponto de vista sanitário, a determinação das autoridades, afinal estamos diante da maior crise de saúde pública da era moderna, as consequências para os negócios da autora foram devastadoras, visto que o seu faturamento foi abruptamente reduzido a zero (nada), embora quase todas as obrigações tenham se mantido inalteradas.

Há ainda que se considerar que o negócio da autora já vinha sofrendo as consequências de seguidas crises econômicas.

Entre tantas medidas que a autora, por meio da sua proprietária, Senhora "S", teve que tomar diante deste quadro, a principal, claro, foi tentar negociar com o réu, seu locador, o valor do aluguel.

Inicialmente a autora, por meio da sua representante legal, requereu um desconto de 80% (oitenta por cento) no valor do aluguel, comprometendo-se a manter o pagamento do imposto predial em dia. Douto Magistrado, pode parecer à primeira vista que a pretensão de desconto era muito alta, mas há que se lembrar que o faturamento total da empresa passou a ser "zero", como já se disse, sendo que os poucos recursos de que dispunha naquele momento estavam destinados ao pagamento dos encargos trabalhistas e dos fornecedores (compromissos previamente assumidos).

Neste sentido, vejam-se documentos anexos, entre eles extrato bancário do período e declaração do contador da empresa autora.

Infelizmente, o réu em nenhum momento se mostrou disposto a negociar, sendo que o máximo a que chegou foi oferecer a suspensão da cobrança de 30% (trinta por cento) do valor do aluguel (documentos anexos), para posterior pagamento em parcelas a partir de agosto de 0000.

Não satisfeito em recusar acordo mais realista diante de quadro tão dramático, o locador ainda ameaçou a inquilina com ação de despejo e protesto do título (a autora está em atraso com os aluguéis vencidos em março e abril), não deixando alternativa à empresa senão a de buscar a tutela jurisdicional por meio desta.

Do Direito:

Nenhuma pessoa, jurista ou juiz, discorda que a pandemia da Covid-19, causada por coronavírus, constitui evento "extraordinário" e "imprevisível", trazendo modificação profunda na realidade socioeconômica atual e, no caso dos contratos em geral, razão evidente para sua revisão ("onerosidade excessiva").

Sobre o tema, a Desembargadora Lígia Araújo Bisogni do TJSP, no julgamento do Agravo nº 2075326-34.2020.8.26.0000, declarou *"ressalte-se que não restam dúvidas sobre a imprevisibilidade da pandemia (COVID-19) e de sua magnitude, bem assim das consequências econômicas que vem ocasionando".*

Situação tão única e dramática demanda não só bom senso das pessoas, mas principalmente dos nossos julgadores, com escopo de garantir o equilíbrio das relações contratuais e, via de consequência, a manutenção dos negócios e dos empregos.

Neste sentido a norma do art. 317 do Código Civil: *"quando, por motivos imprevisíveis, sobrevier desproporção manifesta entre o valor da prestação devida e o do momento de sua execução, poderá o juiz corrigi-lo, a pedido da parte, de modo que assegure, quanto possível, o valor real da prestação".* Já o art. 480 do mesmo diploma informa que "*se no contrato as obrigações couberem a apenas uma das partes, poderá ela pleitear que a sua prestação seja reduzida, ou alterado o modo de executá-la, a fim de evitar a onerosidade excessiva*".

As normas espelham o que a doutrina chama de "teoria da imprevisão", que indica a necessidade da readequação da prestação que em razão de eventos extraordinários e imprevisíveis acarrete "onerosidade excessiva" para uma das partes, justamente o caso da autora, como já se explicou.

Neste sentido a lição do ilustre Desembargador, deste Egrégio Tribunal, Doutor Fábio Henrique Podestá, proferida nos autos do Agravo nº 2105029-10.2020.8.26.0000, *in verbis*: "*conquanto nosso ordenamento jurídico adote o princípio da força obrigatória dos contratos (pacta sunt servanda), a atual situação econômica, instaurada pela pandemia do Covid-19, justifica a intervenção judicial nas relações contratuais, sobretudo para garantir o equilíbrio contratual, a boa-fé e função social, princípios limitadores da autonomia privada*".

Além da obrigação de se rever os termos do contrato firmado entre as partes, com escopo de se restabelecer o seu equilíbrio, há que se observar que a situação atual isenta a devedora do pagamento de multas e juros advindos da inadimplência, visto que resultantes de caso fortuito e força maior. Neste sentido o art. 393 do Código Civil: "*o devedor não responde pelos prejuízos resultantes de caso fortuito ou força maior, se expressamente não se houver por eles responsabilizado. Parágrafo único. O caso fortuito ou de força maior verifica-se no fato necessário, cujos efeitos não era possível evitar ou impedir*".

Da Tutela Provisória de Urgência:

Deve ser concedida, em caráter liminar, tutela provisória de urgência que "suspenda" a cobrança do aluguel pelo período em que durar a declaração de estado de calamidade neste município, assim como a cobrança de multa e juros em razão da mora na sua quitação, visto que presentes os requisitos legais, quais sejam: a fumaça do bom direito e o perigo da demora.

A fumaça do bom direito se manifesta não só na literalidade das normas legais que tratam do assunto (arts. 317 e 480, CC), na notoriedade dos drásticos efeitos gerados pela pandemia da Covid-19, mas também nas dezenas de decisões que este Egrégio Tribunal tem proferido sobre o tema, reconhecendo a necessidade e a oportunidade da revisão dos contratos de locação no que concerne ao valor do aluguel nestes tempos.

O perigo da demora, assim como o risco ao resultado útil do processo, se evidencia na medida em que a efetivação imediata de atos de cobrança ou de protesto, já anunciados pelo locador (documentos anexos), pode acabar por inviabilizar por completo o negócio da autora, forçando o seu imediato fechamento, o que representará não só prejuízos para os seus proprietários, mas também para seus funcionários e para a sociedade como um todo.

Em outras palavras, de nada adiantará no futuro uma sentença que reconheça o direito da autora de obter a revisão do contrato durante o período em que foi obrigada a permanecer fechada se esta, em razão de atos do locador, já tiver todo o seu negócio inviabilizado.

Dos Pedidos:

Ante o exposto, considerando que a pretensão da autora encontra arrimo nos artigos 317, 393, 478 e 480 do Código Civil, **requer**:

a) os benefícios da justiça gratuita, vez que se declara pobre no sentido jurídico do termo, conforme declaração anexa (a autora, como se disse, está sem faturamento, impossibilitada no momento de arcar com os custos do processo);

b) seja concedida liminar, em tutela provisória de urgência (art. 300, CPC), no sentido de determinar a "suspensão imediata" da cobrança total do aluguel devido em razão do contrato firmado entre as partes pelo período em que durar a pandemia da Covid-19; ficando ainda o locador proibido de protestar o nome da autora, ajuizar ação de despejo, executar garantias e/ou tomar qualquer providência para cobrar os valores devidos e não pagos neste período;

c) a citação do réu para que, querendo, apresente resposta no prazo legal, sob pena de sujeitar-se aos efeitos da revelia;

d) a revisão contratual, no sentido de conceder desconto de 80% (oitenta por cento) no valor do aluguel mensal durante o período em que se mantiver o fechamento obrigatório do comércio (serviços não essenciais); concedendo à autora período de 30 (trinta) dias para quitação do débito a partir da sentença (o réu se recusa a receber o valor parcial), dispensando-se o pagamento de multa e juros em razão das circunstâncias excepcionais deste período.

Das Provas, da Audiência de Conciliação e do Valor da Causa:

Provará o que for necessário, usando de todos os meios permitidos em direito, em especial pela juntada de documentos (anexos) e oitiva de testemunhas (rol anexo).

Em atenção ao que determina o art. 319, VII, do CPC, a autora registra que TEM interesse na designação de audiência de conciliação.

Dá-se ao feito o valor de R$ 38.800,00 (trinta e oito mil e oitocentos reais).

Termos em que,
p. deferimento.

Mogi das Cruzes, 00 de maio de 0000.

GEDIEL CLAUDINO DE ARAUJO JUNIOR
OAB/SP 000.000

28 AÇÃO DECLARATÓRIA BUSCANDO A EXTINÇÃO DA FIANÇA

Excelentíssimo Senhor Doutor Juiz de Direito da ___ Vara Cível da Comarca de Mogi das Cruzes – São Paulo.

R. E. G. I., brasileiro, casado, aposentado, portador do RG nº 00.000.000-SSP/SP e do CPF nº 000.000.000-00, sem endereço eletrônico, e sua mulher **M. A. I.**, brasileira, casada, aposentada, portadora do RG nº 00.000.000-SSP/SP e do CPF nº 000.000.000-00, sem endereço eletrônico, residentes e domiciliados na Rua Antônio Cavalcanti da Silveira, nº 00, Vila Nancy, cidade de Mogi das Cruzes-SP, CEP 00000-000, por seu Advogado, que esta subscreve (mandato incluso), com escritório na Rua Ricardo Vilela, nº 00, Centro, cidade de Mogi das Cruzes-SP, CEP 00000-000, onde recebe intimações (*e-mail*: gediel@gsa.com.br), vêm à presença de Vossa Excelência propor *ação declaratória de extinção de fiança*, observando-se o procedimento comum, em face de **B. E.**, brasileiro, solteiro, comerciante, portador do RG nº 00.000.000-SSP/SP e do CPF nº 000.000.000-00, sem endereço eletrônico conhecido, residente e domiciliado na Rua José Carlos da Silva, nº 00, Jardim Nova Cidade, cidade de Mogi das Cruzes-SP, CEP 00000-000, pelos motivos de fato e de direito que a seguir expõem:

1. Em 00 de abril de 0000, os autores firmaram contrato de locação com o réu na qualidade de fiadores do locatário, Sr. A. C. de V..

2. O referido contrato, que tem como objeto o imóvel situado na Rua das Laranjeiras, nº 00, Vila Araci, cidade de Mogi das Cruzes-SP, foi firmado por prazo certo, ou seja, trinta (30) meses, com início em maio de 0000 e término em outubro de 0000, sendo fixado aluguel inicial de R$ 1.800,00 (um mil, oitocentos reais).

3. Terminado o referido contrato, as partes, locador e locatário, deixaram que este se convertesse em locação por prazo indeterminado, conforme previsão na Lei do Inquilinato. Entretanto, os autores, que aceitaram garantir o contrato por prazo certo, não desejam manter o contrato acessório de fiança por prazo indeterminado.

4. Com este intuito, notificaram o locador de sua disposição, dando por terminada sua responsabilidade quanto ao referido contrato de locação. Inconformado, o proprietário contranotificou os autores, informando que não aceitava a exoneração da fiança e alertando que a obrigação dos fiadores se estenderia até a efetiva entrega das chaves.

5. A atitude do locador colocou os autores na posição de não poderem exonerar-se da referida obrigação, o que demanda o presente feito, com escopo de que seja declarada a cessação dos ônus advindos do contrato de fiança.

Ante o exposto, considerando que a pretensão dos autores encontra arrimo nas disposições do art. 1.500 do Código Civil e do art. 40, X, da Lei nº 8.245/91-LI, **requerem:**

a) a citação do réu para que, querendo, apresente resposta no prazo legal, sob pena de sujeitar-se aos efeitos da revelia;

b) a notificação do locatário, Sr. A. C. de V., para que fique ciente da presente ação, em razão de seu evidente interesse no pedido;

c) seja declarada a exoneração da fiança a partir do término do prazo da notificação extrajudicial promovida pelos autores em 00 de dezembro de 0000. Condenando-se, ainda, o réu nos honorários advocatícios e demais cominações legais.

Provarão o que for necessário, usando de todos os meios permitidos em direito, em especial pela juntada de documentos (anexos), oitiva de testemunhas (rol anexo) e depoimento pessoal do réu.

Nos termos do art. 319, inciso VII, do CPC, os requerentes registram que "tem interesse na designação de audiência de conciliação".

Dão ao pleito o valor de R$ 21.600,00 (vinte e um mil, seiscentos reais).

Termos em que
p. deferimento.

Mogi das Cruzes, 00 de junho de 0000.

Gediel Claudino de Araujo Júnior
OAB/SP 000.000

29 AÇÃO DECLARATÓRIA DE INEXISTÊNCIA DE DÉBITO CUMULADA COM INDENIZAÇÃO POR PERDAS E DANOS

Excelentíssimo Senhor Doutor Juiz de Direito da __ Vara Cível da Comarca de Mogi das Cruzes – São Paulo.

S. G., brasileiro, divorciado, comerciante, portador do RG 00.000.000-SSP/SP e CPF 000.000.000-00, titular do *e-mail* sg@gsa.com.br, residente e domiciliado na Rua José Urbano Sanches, nº 00, Centro, cidade de Mogi das Cruzes-SP, CEP 00000-000, por seu Advogado, que esta subscreve (mandato incluso), com escritório na Rua Joaquim de Mello, nº 00, Centro, cidade de Mogi das Cruzes-SP, CEP 00000-000, *onde recebe intimações* (*e-mail*: gediel@gsa.com.br), vem à presença de Vossa Excelência propor *ação declaratória de inexistência de débito cumulada com indenização por perdas e danos*, observando-se o procedimento comum, em face de **S. ADMINISTRAÇÃO E EMPREENDIMENTOS IMOBILIÁRIOS LTDA.**, inscrita no CNPJ 000.000.000/0000-00, situada na Rua Barão de Jaceguai, nº 00, Centro, cidade de Mogi das Cruzes-SP, CEP 00000-000, pelos motivos de fato e de direito que a seguir expõe:

1. Em 00 de março de 0000, as partes firmaram contrato escrito de locação residencial por um prazo de 36 (trinta e seis) meses, tendo como objeto o imóvel situado na Rua José Urbano Sanches, nº 00, Centro, cidade de Mogi das Cruzes-SP, CEP 00000-000; acordaram, outrossim, que o valor mensal do aluguel seria de R$ 1.200,00 (um mil, duzentos reais), com vencimento para todo dia 30 (trinta) de cada mês, assim como que o locatário responderia pelo IPTU e demais encargos do bem.

2. Passado pouco mais de um ano de vigência do referido contrato, as partes, diante do interesse do autor na aquisição do referido imóvel, firmaram em 00.00.0000 distrato do contrato de locação e no mesmo dia firmaram "compromisso de compra e venda", conforme provam documentos anexos.

3. Não obstante o novo acordo, alguns meses depois o autor foi surpreendido com o recebimento de boletos de cobrança do aluguel referente aos meses de agosto e setembro (justamente os dois meses seguintes após o distrato). Estranhando a cobrança, ligou para o Senhor Elvis, corretor e representante da ré; este, depois de saber do ocorrido, informou que a cobrança se referia aos meses entre o termo do acordo e aprovação do financiamento bancário que levou à quitação do contrato de compra e venda (locação verbal).

4. O autor discordou veementemente da cobrança, visto que nenhum acordo havia sido firmado neste sentido e o distrato da locação tinha data certa. De nada adiantou os protestos do autor, visto que alguns dias depois recebeu notificação de protesto, ou seja, seu nome estava indo a protesto em razão dos referidos débitos; descobriu, outrossim, que seu nome havia sido negativo junto ao SERASA (documentos anexos).

5. Diante destes fatos, não resta ao autor outra alternativa do que buscar a tutela jurisdicional.

Ante o exposto, considerando que a pretensão do autor encontra arrimo no art. 19, I, CPC, assim como nos arts. 186 e 927 do Código Civil, **requer**:

a) seja determina a urgente e imediata "sustação do protesto" do título emitido pela ré com arrimo no contrato de locação, oficiando, via fax, ao Primeiro Cartório de Protesto da Comarca, situado na Rua Olegário Paiva, nº 00, centro, Mogi das Cruzes-SP, CEP 00000-000, telefone 00-0000-0000, assim como o cancelamento do apontamento negativo junto ao SERASA;

b) a citação da ré para que, querendo, ofereça contestação no prazo legal, sob pena de sujeitar-se aos efeitos da revelia;

c) seja declarada a inexistência do débito cobrado pela ré, tornando definitiva a liminar;

d) seja a ré condenada ao pagamento de danos morais, em razão da negativação do nome do autor, assim como da ameaça de protesto do título de crédito, no valor de R$ 20.000,00 (vinte mil reais).

Provará o que for necessário, usando de todos os meios permitidos em direito, em especial pela juntada de documentos (anexos), oitiva de testemunhas e depoimento pessoal do representante legal da ré, para o qual deverá ser oportunamente intimado.

Nos termos do art. 319, inciso VII, do CPC, o autor registra que "não se opõe à designação de audiência de conciliação".

Dão ao pleito o valor de R$ 33.594,26 (trinta e três mil, quinhentos e noventa e quatro reais, vinte e seis centavos).

Termos em que
p. deferimento.

Mogi das Cruzes, 00 de novembro de 0000.

Gediel Claudino de Araujo Júnior
OAB/SP 000.000

30 AÇÃO RENOVATÓRIA

Excelentíssimo Senhor Doutor Juiz de Direito da ___ Vara Cível da Comarca de Mogi das Cruzes – São Paulo.

B. B. SOCIEDADE CIVIL LTDA., inscrita no CGC sob nº 000.000.000/0000-00, neste ato regularmente representada por seu sócio gerente Sr. H. W. A., brasileiro, casado, comerciante, portador do RG 00.000.00-SSP/SP e do CPF 000.000.000-00, sem endereço eletrônico, com sede na Avenida Engenheiro Guilherme Zenith Rodrigues, nº 00, Centro, cidade de Mogi das Cruzes-SP, CEP 00000-000, por seu Advogado, que esta subscreve (mandato incluso), com escritório na Rua Ricardo Vilela, nº 00, Centro, cidade de Mogi das Cruzes-SP, CEP 00000-000, onde recebe intimações (*e-mail*: gediel@gsa.com.br), vem à presença de Vossa Excelência propor *ação renovatória*, observando-se o procedimento comum com as alterações dos arts. 71 a 75 da Lei nº 8.245/91 (LI), em face de G. R. B., brasileiro, casado, comerciante, portador do RG nº 00.000.000-SSP/SP e do CPF nº 000.000.000-00, sem endereço eletrônico conhecido, residente e domiciliado na Rua Vicente do Amaral, nº 00, Vila Oliveira, cidade de Mogi das Cruzes-SP, CEP 00000-000, pelos motivos de fato e de direito que a seguir expõe:

1. Em 00 de maio de 0000, a autora firmou contrato de locação com o réu por um prazo de doze (12) meses, tendo como objeto salão comercial onde se encontra sediada. Ano após ano, o contrato foi expressamente renovado, por meio de um aditamento firmado pelas partes e o fiador. O aluguel atual é de R$ 1.200,00 (um mil, duzentos reais).

2. No próximo mês de maio, o contrato de locação firmado entre as partes estará completando cinco (5) anos. Nos termos da Lei do Inquilinato, a autora deseja a renovação compulsória do contrato, informando, para tanto, que: encontra-se rigorosamente em dia com suas obrigações contratuais (documentos anexos); em todo o período de locação manteve o mesmo ramo de atividade, qual seja, comércio de roupas femininas (documentos anexos); os fiadores, cuja idoneidade financeira se comprova pela juntada de certidão de propriedade do imóvel onde residem e que garante a fiança, concordam expressamente com a renovação e mantença da fiança (declaração com firma reconhecida anexa).

3. O contrato a ser renovado deverá manter as mesmas condições gerais e especiais, devendo o valor do aluguel ser fixado em R$ 1.300,00 (um mil, trezentos reais).

Ante o exposto, considerando que a pretensão do autor encontra arrimo nas disposições dos arts. 51 e 71 da Lei nº 8.245/91 (LI), **requer**:

a) a citação do réu para que, querendo, ofereça resposta no prazo legal, sob pena de sujeitar-se aos efeitos da revelia;

b) seja decretada a renovação do contrato de locação pelo prazo de 5 (cinco) anos, com início em junho de 0000 e término em maio de 0000, com aluguel inicial no valor de R$ 1.300,00 (um mil, trezentos reais), mantidas as demais condições, especialmente no que se refere à garantia (fiança), impostos e seguro.

Provará o que for necessário, usando de todos os meios permitidos em direito, em especial pela juntada de documentos, oitiva de testemunhas e depoimento pessoal do réu.

Nos termos do art. 319, inciso VII, do CPC, o requerente registra que "tem interesse na designação de audiência de conciliação".

Dá ao pleito o valor de R$ 15.600,00 (quinze mil, seiscentos reais).

Termos em que
p. deferimento.

Mogi das Cruzes, 00 de janeiro de 0000.

Gediel Claudino de Araujo Júnior
OAB/SP 000.000

31 AÇÃO REVISIONAL DE ALUGUEL

Excelentíssimo Senhor Doutor Juiz de Direito da ___ Vara Cível da Comarca de Mogi das Cruzes – São Paulo.

M. L. C. de A., brasileiro, casado, comerciante, portador do RG nº 00.000.000-SSP/SP e do CPF nº 000.000.000-00, titular do *e-mail* mlca@gsa.com.br, residente e domiciliado na Rua José Bonifácio, nº 00, Bairro dos Remédios, cidade de Mogi das Cruzes-SP, CEP 00000-000, por seu Advogado, que esta subscreve (mandato incluso), com escritório na Rua Ricardo Vilela, nº 00, Centro, cidade de Mogi das Cruzes-SP, CEP 00000-000, onde recebe intimações (*e-mail*: gediel@gsa.com.br), vem à presença de Vossa Excelência propor *ação revisional de aluguel, com pedido liminar*, observando-se o procedimento comum com as alterações previstas nos arts. 68 a 70 da Lei nº 8.245/91 (LI), em face de **J. L. U.**, brasileiro, solteiro, vendedor, portador do RG nº 00.000.000-SSP/SP e do CPF nº 000.000.000-00, sem endereço eletrônico conhecido, residente e domiciliado na Rua Joaquim de Mello Freire, nº 00, Jardim Ipiranga, cidade de Mogi das Cruzes-SP, CEP 00000-000, pelos motivos de fato e de direito que a seguir expõe:

1. O autor firmou contrato de locação com o réu em 00 de novembro de 0000, por um período de 30 (trinta) meses, com aluguel inicial de R$ 300,00 (trezentos reais), e que, após reajustes regulares, hoje é de R$ 340,00 (trezentos e quarenta reais). Vencido o prazo, o contrato prorrogou-se por tempo indeterminado.

2. Embora, como se disse, o aluguel tenha sofrido regulares reajustes pelos índices legais, passados aproximadamente cinco (5) anos de seu início, encontra-se muito defasado em face do valor de mercado, considerando imóveis do mesmo porte naquela região, conforme demonstram três avaliações anexas.

3. Elaboradas por conhecidas imobiliárias desta Cidade, as avaliações apontam para um aluguel em torno de R$ 700,00 (setecentos reais), que, no caso, é a pretensão do autor.

4. Considerando a necessidade de revisão do valor do aluguel, o autor procurou o locatário, contudo este se recusou a discutir o assunto, razão pela qual busca-se a tutela jurisdicional por meio desta.

Ante o exposto, considerando que a pretensão do autor encontra amparo no art. 19 da Lei nº 8.245/91 (LI), **requer**:

a) seja fixado aluguel provisório no valor de R$ 540,00 (quinhentos e quarenta reais), equivalente a oitenta (80%) por cento do valor pretendido, intimando-se o réu para que, a partir da citação, passe a pagá-lo;

b) a citação do réu para que, requerendo, apresente contestação no prazo legal, sob pena de sujeitar-se aos efeitos da revelia;

c) seja declarada a revisão do aluguel, com escopo de fixá-lo no montante de R$ 700,00 (setecentos reais), devido a partir da citação, condenando-se o réu, ainda, aos honorários advocatícios, despesas processuais e demais cominações legais.

Provará o que for necessário, usando de todos os meios permitidos em direito, em especial pela juntada de documentos (anexos), perícia técnica, oitiva de testemunhas (rol anexo) e depoimento pessoal do réu.

Nos termos do art. 319, inciso VII, do CPC, o requerente registra que "tem interesse na designação de audiência de conciliação".

Dá ao pleito o valor de R$ 8.400,00 (oito mil, quatrocentos reais).

Termos em que
p. deferimento.

Mogi das Cruzes, 00 de janeiro de 0000.

Gediel Claudino de Araujo Júnior
OAB/SP 000.000

32 CONTESTAÇÃO DE AÇÃO DE COBRANÇA ARRIMADA EM CONTRATO DE LOCAÇÃO

Excelentíssimo Senhor Doutor Juiz de Direito da 3ª Vara Cível do Foro Regional de Itaquera, Comarca de São Paulo.

Processo nº 0000000-00.0000.0.00.0000
Ação de cobrança

T. C. A. DA S., já qualificada, por seu Advogado, que esta subscreve (mandato incluso), com escritório na Rua Ricardo Vilela, nº 00, Centro, cidade de Mogi das Cruzes-SP, CEP 00000-000, onde recebe intimações (*e-mail*: gediel@gsa.com.br), nos autos do processo que lhe move **E. R. D.**, vem à presença de Vossa Excelência apresentar *contestação*, conforme as seguintes razões:

Dos Fatos:

A autora ajuizou o presente feito asseverando, em apertada síntese, que manteve contrato de locação com a ré por um período aproximado de nove anos; informou, ainda, que a ré devolveu as chaves do imóvel em 00-00-0000, deixando, no entanto, débito de dois alugueres, assim como danos no imóvel que estimou em R$ 15.000,00 (quinze mil reais). Requereu, por fim, a condenação da ré ao pagamento da importância total de R$ 18.845,22 (dezoito mil, oitocentos e quarenta e cinco reais, vinte e dois centavos), mais o pagamento de multa no valor de três alugueres por descumprimento do contrato, além da condenação nos ônus da sucumbência.

Recebida a exordial, este douto Juízo determinou a citação da ré via correio.

Em síntese, o necessário.

Da Impugnação da Justiça Gratuita:

Dando crédito a declaração que a requerente juntou aos autos, fls. 00, este douto Juízo concedeu a ela, ao receber a exordial, os benefícios da justiça gratuita (art. 98, CPC).

A autora não é pobre.

Com efeito, a Justiça não é "gratuita", e o cidadão que deseja buscar os seus serviços deve arcar com o ônus da aventura, mormente neste caso onde claramente estão ausentes os pressupostos legais, como se argumenta no lugar próprio.

A Constituição Federal, art. 5º, inciso LXXIV, garante a gratuidade da justiça somente aos que comprovarem insuficiência de recursos; isto é, não basta a simples e vazia afirmação para a concessão do benefício, sendo exigível demonstre o requerente encontrar-se impossibilitado de custear as despesas do processo.

Além de proprietário do imóvel que alugava para a requerida, a impugnada é proprietária de outros 4 (quatro) imóveis, que se encontram igualmente alugados; além da renda que advém destes bens, ela é funcionária pública aposentada e recebe pensão do seu falecido marido.

Estes fatos podem ser facilmente comprovados acessando este douto Juízo o cadastro da Receita Federal, em especial as últimas declarações de renda da impugnada. Diligência que fica desde já requerida.

Sendo assim, requer-se a revogação do benefício da justiça gratuita concedida à autora, que deverá ser intimada a recolher as despesas processuais que deixou de recolher, sob pena de extinção do presente feito sem julgamento de mérito.

Do Mérito:

Douto Magistrado, a ré *NADA DEVE À AUTORA*.

"Dos supostos alugueres em atraso."

Em março de 0000, a ré, não mais tendo interesse em manter o contrato de locação, que à época vigia por prazo indeterminado, informou a administradora, C. IMÓVEIS, que iria deixar o imóvel. Conversou, ainda, com o preposto da empresa que, conforme acordo feito quando da assinatura do contrato de locação, não pagaria os últimos dois meses de alugueres, visto que tinha pago, a título de caução, dois meses de alugueres; o combinado era justamente no sentido de que ela ficaria no final do contrato sem pagar dois meses de alugueres ou receberia o dinheiro de volta, devidamente acrescido de juros e correção monetária.

Embora o pagamento da caução não esteja expressamente previsto no contrato de locação, por razões que a ré desconhece, visto que fez efetivamente o pagamento (*como a maioria das pessoas, ela firmou o contrato sem lê-lo*), fato que pode ser provado por testemunhas (rol anexo), há expressa menção a ela no recibo de entrega de chaves ("depósito caução", fls. 14).

Por que outra razão a ré, inquilina fiel por quase 10 (dez) anos, deixaria de quitar com suas "duas últimas" obrigações? Nenhuma razão, ela não deixaria e "não deixou".

Como se disse, a ré **"nada deve a título de aluguel atrasado"**. Registre-se, por cautela, que ao contrário do declarado na exordial, o valor mensal do aluguel era de apenas R$ 723,50.

Nada deve também a título de obrigações em aberto referente à conta de luz e água, conforme documentos que junta.

"Da suposta reparação de danos."

Quando da devolução das chaves, os representantes da imobiliária visitaram o imóvel e não apontaram no "recibo de chaves" nenhum fato relevante. De fato, a ré sempre cuidou do imóvel locado como se fosse seu; ou seja, com atenção e carinho, como demonstram algumas fotos que tirou ao deixar o imóvel (anexas).

É compreensível que a autora quisesse pintar o imóvel e fazer pequenos reparos após a saída da inquilina, afinal foram quase dez anos de locação; o que não é compreensível, ou mesmo razoável, é que queira cobrar os custos desta reforma da ré; afinal a proprietária do imóvel é a autora, responsável, portanto, pela conservação do bem.

Em outras palavras: é totalmente desarrazoado que queira imputar a responsabilidade pela conservação do bem para a ex-inquilina.

Ora, se de fato entendesse a autora que a ré provocou danos graves no seu imóvel deveria não só fazer constar tal fato num laudo de vistoria, *para a qual a inquilina deveria ser chamada a participar*, como deveria manter o imóvel no estado para possível perícia, com escopo de adequadamente apurar-se o dano e a responsabilidade por ele. Claro que assim não agiu a autora; na verdade, o imóvel já está alugado para terceira pessoa.

Veja-se o absurdo: a própria autora constata os supostos danos e sem dar qualquer chance de defesa para a ré manda que os consertos sejam feitos por pessoa de sua confiança, depois simplesmente apresenta a conta para a ex-inquilina.

Como se disse, a ré devolveu o imóvel em bom estado de conservação, considerando que nele ficou, pagando aluguel, por quase dez anos, não tendo qualquer responsabilidade quanto ao custo de nova pintura ou mesmo de obras de recuperação; neste particular, registre-se que a locatária sempre fez uso regular do bem, nunca tendo recebido qualquer advertência da locadora ou de seus prepostos.

"Da impropriedade da cobrança de multa compensatória."

Além da condenação da ré em valores a título de alugueres em atraso e reparação de danos, a autora também pediu a sua condenação ao pagamento de multa compensatória no valor de 3 (três) alugueres.

Sem qualquer sentido a cobrança de "multa compensatória" visto que o contrato de locação estava vigendo por prazo indeterminado há longa data; nestes casos, é perfeitamente lícito ao inquilino devolver o imóvel mediante prévia notificação de 30 (trinta) dias (art. 46, § 2º, Lei nº 8.245/91), exatamente o que foi feito no presente caso.

Não tendo havido quebra de contrato por prazo certo, indevida a multa compensatória.

Dos Pedidos:

Ante o exposto, requer-se sejam os pedidos julgados improcedentes, condenando-se a autora nos ônus da sucumbência.

Provará o que for necessário, usando de todos os meios admitidos em direito, em especial pela juntada de documentos (anexos), oitiva de testemunhas (rol anexo), perícia no imóvel e depoimento pessoal da autora.

Requer, outrossim, os benefícios da justiça gratuita, vez que se declara pobre no sentido jurídico do termo, conforme declaração anexa.

Termos em que
p. deferimento.

São Paulo, 00 de abril de 0000.

Gediel Claudino de Araujo Júnior
OAB/SP 000.000

33 CONTESTAÇÃO DE AÇÃO DE CONSIGNAÇÃO DE ALUGUEL COM RECONVENÇÃO PEDINDO DESPEJO POR FALTA DE PAGAMENTO

Excelentíssimo Senhor Doutor Juiz de Direito da 3ª Vara Cível da Comarca de Mogi das Cruzes – São Paulo.

Processo nº 0000000-00.0000.0.00.0000
Ação de Consignação de Aluguel

F. O. T., já qualificado, por seu Advogado, que esta subscreve (mandato incluso), com escritório na Rua Ricardo Vilela, nº 00, Centro, cidade de Mogi das Cruzes-SP, CEP 00000-000, onde recebe intimações (*e-mail*: gediel@gsa.com.br), nos autos do processo que lhe move **M. L. C. A.**, vem à presença de Vossa Excelência oferecer *contestação*, pelos motivos de fato e de direito que a seguir expõe:

Dos Fatos:

O locatário ajuizou a presente ação de consignação de aluguel asseverando que o locador se recusou a receber o valor legalmente devido, consoante contrato de locação firmado entre as partes.

Requereu, então, autorização para efetuar o depósito dos valores que entende serem os corretos, o que foi deferido, e, no mérito, requereu desse o juízo quitação dos alugueres vencidos e depositados.

Em síntese, os fatos.

Do Mérito:

Não é verdadeira a alegação do autor quanto à recusa do locador em receber o aluguel legalmente devido, qual seja R$ 315,00 (trezentos e quinze reais). De fato, as partes estavam negociando um reajuste maior do que o índice legal no valor do aluguel, porém, em nenhum momento, o réu se recusou a receber e dar quitação do que é regularmente contratado.

Estando as partes em negociação causou espécie ao locador o sumiço do locatário, que, ficando de trazer uma contraproposta, simplesmente desapareceu.

Da Reconvenção:

O reconvinte firmou em 00 de novembro de 0000, por um período de trinta meses, contrato de locação com o reconvindo, tendo sido fixado o valor inicial do aluguel em R$ 300,00 (trezentos reais); hoje, após os reajustes legais, o valor é de R$ 315,00 (trezentos e quinze reais).

O locatário encontra-se em mora com os alugueres vencidos nos meses de dezembro de 0000 e janeiro de 0000. O total do débito, até o momento, é de 933,00 (novecentos e trinta e três reais), consoante os seguintes cálculos:

Mês	Vl. do Aluguel	Multa	Cond./IPTU	Total
Dez./00	R$ 315,00	R$ 31,50	R$ 120,00	R$ 466,50
Dez./00	R$ 315,00	R$ 31,50	R$ 120,00	R$ 466,50

Valor Total do Débito: R$ 933,00

Diante da mora comprovada do locatário, de rigor a rescisão do contrato de locação, expedindo-se o competente mandado de despejo.

Ante o exposto, requer:

a) não tendo havido recusa do locador em receber o aluguel legalmente devido, a improcedência do pedido, condenando-se o autor nos honorários advocatícios e demais cominações legais;

b) a rescisão, em reconvenção, do contrato de locação por falta de pagamento, expedindo-se o competente mandado de despejo para desocupação imediata do imóvel locado.

Provará o que for necessário, usando de todos os meios permitidos em direito, em especial pela juntada de documentos (anexos), oitiva de testemunhas e depoimento pessoal do autor reconvindo.

Termos em que
p. deferimento.

Mogi das Cruzes, 00 de janeiro de 0000.

Gediel Claudino de Araujo Júnior
OAB/SP 000.000

34 CONTESTAÇÃO DE AÇÃO DE DESPEJO PARA USO PRÓPRIO

Excelentíssimo Senhor Doutor Juiz de Direito da 3ª Vara Cível da Comarca de Mogi das Cruzes – São Paulo.

Processo nº 0000000-00.0000.0.00.0000

Ação de Despejo para Uso Próprio

J. B. B., já qualificado, por seu Advogado, que esta subscreve (mandato incluso), com escritório na Rua Ricardo Vilela, nº 00, Centro, cidade de Mogi das Cruzes-SP, CEP 00000-000, onde recebe intimações (*e-mail*: gediel@gsa.com.br), nos autos do processo que lhe move **L. F. L.**, vem à presença de Vossa Excelência oferecer ***contestação***, nos termos a seguir articulados:

Dos Fatos:

O autor ajuizou o presente feito asseverando, em apertada síntese, que por motivos de ordem pessoal deseja rescindir o contrato de locação, retomando o imóvel locado para uso próprio.

Recebida a exordial, este douto juízo determinou a citação do réu para responder.

Em apertada síntese, os fatos.

Do Mérito:

A atual legislação retira por completo o direito de defesa da inquilina, que, desta forma, fica à mercê dos interesses do proprietário, não obstante esteja absolutamente em dia com suas obrigações.

Embora tenha sérias dúvidas sobre a sinceridade do pedido, a locatária, por absoluta falta de opção, concorda com a desocupação do imóvel, requerendo, tão somente, a concessão do prazo de 6 (seis) meses para fazê-lo, conforme norma do art. 61 da Lei nº 8.245/91 (**LI**).

Ante o exposto, a ré concorda com o pedido exordial, requerendo, tão somente, o prazo de 6 (seis) meses para desocupação, nos termos do art. 61, Lei nº 8.245/91.

Provará o que for necessário, usando de todos os meios permitidos em direito, em especial pela juntada de documentos e oitiva de testemunhas.

Termos em que
p. deferimento.

Mogi das Cruzes, 00 de abril de 0000.

Gediel Claudino de Araujo Júnior
OAB/SP 000.000

35 CONTESTAÇÃO DE AÇÃO DE DESPEJO POR DENÚNCIA VAZIA FUNDADA EM TÉRMINO DO CONTRATO FIRMADO POR ESCRITO E COM PRAZO DE 30 MESES

Excelentíssimo Senhor Doutor Juiz de Direito da 3ª Vara Cível da Comarca de Mogi das Cruzes – São Paulo.

Processo nº 0000000-00.0000.0.00.0000
Ação de Despejo por Denúncia Vazia

        M. L. R., já qualificada, por seu Advogado, que esta subscreve (mandato incluso), com escritório na Rua Ricardo Vilela, nº 00, Centro, cidade de Mogi das Cruzes-SP, CEP 00000-000, onde recebe intimações (*e-mail*: gediel@gsa.com.br), nos autos do processo que lhe move **J. O. S.**, vem à presença de Vossa Excelência oferecer ***contestação***, nos termos a seguir articulados:

Dos Fatos:

        O autor ajuizou o presente feito informando que firmara contrato de locação com a ré pelo prazo de trinta (30) meses, tendo como objeto o imóvel situado na Rua José Bonifácio, nº 00, Bairro dos Remédios, nesta Cidade. Asseverou, ademais, que por não ter interesse na continuidade da locação notificou a inquilina para que, ao término do contrato, deixasse o imóvel, porém que esta se recusara a fazê-lo.

        Fundamentado na Lei do Inquilinato, requereu a citação da locatária para responder e, ao final, seu despejo.

        Em resumo, os fatos.

Preliminarmente:

        O autor deve ser intimado a regularizar sua representação processual, visto que a "cópia" da procuração *ad judicia* juntada às fls. 04 não atende às determinações dos arts. 104 e 287 do Código de Processo Civil, bem como do art. 692 do Código Civil.

        A respeito do tema, o ilustre Luiz Carlos de Araújo, MM. Juiz do Tribunal Regional do Trabalho da 15ª Região-Campinas proferiu o voto condutor no acórdão proferido no Agravo de Petição nº 11.384/93-3, que decidiu:

> **"A procuração 'ad judicia' ou substabelecimento, em cópia reprográfica, apresenta irregularidade por não obedecer às prescrições do art. 1.324, do Código Civil, pois, em tais casos, obrigatoriamente deve o mandatário juntar aos autos o instrumento original de procuração, eis que o referido documento só tem validade para um determinado processo. O ato público de autenticação apenas confere a validade formal para a cópia, mas não duplica**

> a relação do direito material que o documento instrumentaliza. Assim sendo, a procuração 'ad judicia' ou substabelecimento, em cópia reprográfica, apresenta irregularidade, por não atender aos requisitos dos arts. 37 e 254, do Código de Processo Civil, art. 1.324, do Código Civil e 70, do Estatuto da Ordem dos Advogados do Brasil, desautorizando o conhecimento do recurso [...] (sic)."

Como demonstrado, o autor deve ser intimado a regularizar sua representação processual, sob pena de extinção do feito sem julgamento do mérito, conforme art. 485, inciso IV, do Código de Processo Civil.

Do Mérito:

A atual legislação retira por completo o direito de defesa da inquilina, que, desta forma, fica à mercê dos interesses do proprietário, não obstante esteja absolutamente em dia com suas obrigações.

Destarte, visto que não pode discutir o mérito do pedido do autor, a locatária concorda com a desocupação do imóvel, requerendo, tão somente, a concessão do prazo de seis (6) meses para fazê-lo. Tal pedido se arrima na aplicação analógica do art. 61 da Lei nº 8.245/91 (LI).

Ante o exposto, a ré concorda com o pedido exordial, requerendo, tão somente, o prazo de seis (6) meses para desocupação, nos termos do art. 61, Lei nº 8.245/91.

Provará o que for necessário, usando de todos os meios permitidos em direito, em especial pela juntada de documentos e oitiva de testemunhas.

Reitera, outrossim, o pedido de justiça gratuita, vez que se declara pobre no sentido jurídico do termo.

Termos em que
p. deferimento.

Mogi das Cruzes, 00 de abril de 0000.

Gediel Claudino de Araujo Júnior
OAB/SP 000.000

36 CONTESTAÇÃO DE AÇÃO DE DESPEJO POR DENÚNCIA VAZIA FUNDADA EM TÉRMINO DO CONTRATO FIRMADO POR ESCRITO VENCIDO E PRORROGADO POR PRAZO INDETERMINADO

Excelentíssimo Senhor Doutor Juiz de Direito da 3ª Vara Cível da Comarca de Mogi das Cruzes – São Paulo.

Processo nº 0000000-00.0000.0.00.0000
Ação de Despejo por Denúncia Vazia

J. B. B., já qualificado, por seu Advogado, que esta subscreve (mandato incluso), com escritório na Rua Ricardo Vilela, nº 00, Centro, cidade de Mogi das Cruzes-SP, CEP 00000-000, onde recebe intimações (*e-mail*: gediel@gsa.com.br), nos autos do processo que lhe move **L. F. L.**, vem à presença de Vossa Excelência oferecer *contestação*, nos termos a seguir articulados:

Dos Fatos:

A autora ajuizou a presente ação de despejo por denúncia vazia em face do réu, asseverando, em apertada síntese, que vencido o prazo do contrato de locação solicitou a desocupação do imóvel, no que não teria sido atendida pelo locatário. Requereu, por fim, a rescisão do contrato de locação, determinando-se o despejo do inquilino.

Recebida a inicial, fls. 22, este douto juízo determinou a citação do réu para responder.

Em síntese, os fatos.

Preliminarmente

"Da carência de ação."

O presente feito deve ser extinto sem julgamento do mérito, vez que a autora deixou de atender ao requisito do § 2º do art. 46 da Lei nº 8.245/91 (LI), *in verbis*:

"Art. 46. § 2º Ocorrendo a prorrogação, o locador poderá denunciar o contrato a qualquer tempo, concedido o prazo de trinta dias para desocupação."

Douto Magistrado, a autora por duas vezes denunciou o contrato de locação firmado com o réu, *porém nenhuma destas denúncias podem efetivamente dar arrimo ao presente pedido.* Com efeito, segundo se vê dos documentos juntados aos autos, fls. 18, a locatária fez a primeira denúncia em 00.00.0000, ou seja, antes mesmo do vencimento do contrato. Não obstante tenha feito a denúncia, como se disse, a autora, diante da inércia do inquilino, não ajuizou a ação de despejo no prazo de 30 dias posteriores como seria de rigor.

Passados vários meses, a autora resolveu novamente "denunciar" o contrato de locação, fls. 19, que agora, segundo a já citada norma da Lei do Inquilinato, vigorava por prazo indeterminado. Contudo, também neste caso a locatária, diante de nova inércia do inquilino, "deixou" de ajuizar a ação de despejo no prazo legal, provocando, mais uma vez, a prorrogação do contrato de locação por prazo indeterminado.

Desta feita, passado quase UM ANO após a última notificação, a autora resolveu ajuizar o presente feito, pedindo a desocupação do bem, contudo deve ser julgada carecedora de ação, vez que deixou de atentar para a norma legal já citada.

Ora, não tendo, como da primeira vez, ajuizado a competente ação de despejo no prazo legal, MAIS UMA VEZ o contrato de locação prorrogou-se por prazo indeterminado. Impossível qualquer interpretação em contrário; fosse assim, todos os locatários fariam, logo após o término do prazo do contrato de locação, a sua denúncia, "deixando" para ajuizar a ação de despejo quando bem quisessem, mantendo os inquilinos em constante estado de inquietação.

As reiteradas "inércias" da locatária provocaram repetidamente a prorrogação do contrato. Neste diapasão, nenhuma culpa ou conduta inconveniente pode ser atribuída ao locatário, que deseja e sempre desejou permanecer no imóvel. Desejasse a autora realmente a desocupação do imóvel locado, deveria MAIS UMA VEZ atender a norma legal "e" ajuizar a competente ação de despejo no tempo próprio.

Destarte, considerando que a autora deixou de atender norma legal que constitui "pressuposto" da presente ação, deve, como já disse, ser ela declarada carecedora de ação, extinguindo-se o feito sem julgamento de mérito.

Do Mérito:

Pelas razões expostas na preliminar, que, com certeza, levarão a extinção do processo, este douto Juízo dificilmente chegará a apreciar o pedido da autora (rescisão do contrato de locação e despejo); contudo, ***ad cautelam***, observa que se a tanto chegar-se, o que, repita-se, se aceita tão somente para contra-argumentar, "requer-se" seja concedido, por analogia, ao locatário o benefício do art. 61 da Lei do Inquilinato.

Com efeito, considerando que neste caso a lei tira do inquilino qualquer forma de defesa, mesmo que tenha este sempre cumprido regularmente com suas obrigações contratuais, informa-se a este douto Juízo que, no mérito, o réu CONCORDA COM O PEDIDO, requerendo tão somente o prazo de 6 (seis) meses para desocupar o imóvel, conforme permissivo do art. 61 da Lei nº 8.245/91-LI.

Ante o exposto, considerando que o autor deixou de atender aos requisitos legais (*falta de notificação denunciando a locação*), requer-se a extinção do presente feito sem julgamento de mérito, vez que lhe falta os pressupostos de constituição e de desenvolvimento válido e regular, condenando-se, ademais, a autora nos honorários advocatícios e demais cominações legais; ou, no mérito, se a tanto chegar-se, seja lhe concedido o prazo de 6 (seis) meses para desocupar o imóvel.

Provará o que for necessário, usando de todos os meios permitidos em direito, em especial pela juntada de documentos, perícia contábil, oitiva de testemunhas e depoimento pessoal da autora.

Termos em que
p. deferimento.

Mogi das Cruzes, 00 de dezembro de 0000.

Gediel Claudino de Araujo Júnior
OAB/SP 000.000

37 CONTESTAÇÃO DE AÇÃO DE DESPEJO POR FALTA DE PAGAMENTO

Excelentíssimo Senhor Doutor Juiz de Direito da 3ª Vara Cível da Comarca de Mogi das Cruzes – São Paulo.

Processo nº 0000000-00.0000.0.00.0000
Ação de Despejo por Falta de Pagamento

S. A. G., já qualificado, por seu Advogado, que esta subscreve (mandato incluso), com escritório na Rua Ricardo Vilela, nº 00, Centro, cidade de Mogi das Cruzes-SP, CEP 00000-000, onde recebe intimações (*e-mail*: gediel@gsa.com.br), nos autos do processo que lhe move **J. V. J.**, vem à presença de Vossa Excelência oferecer ***contestação***, nos termos a seguir articulados:

Dos Fatos:

O autor ajuizou a presente ação de despejo por falta de pagamento cumulada com cobrança em face do réu, asseverando, em apertada síntese, que ele estaria em atraso com suas obrigações locatícias, não pagando os alugueres vencidos após o mês de maio de 2006 e as parcelas do IPTU. Cobrou, ainda, a multa compensatória. Requereu, por fim, a rescisão do contrato de locação, determinando-se o despejo do inquilino.

Recebida a inicial, fls. 20, este douto juízo determinou a citação do réu para responder.

Em síntese, os fatos.

Preliminarmente:

"Da inépcia da petição inicial."

O presente feito deve ser extinto sem julgamento do mérito, vez que o autor deixou de cumprir o que determina o art. 62, inciso I, da Lei nº 8.245/91 (LI), *in verbis*:

"I – o pedido de rescisão da locação poderá ser cumulado com o pedido de cobrança dos aluguéis e acessórios da locação; nesta hipótese, citar-se-á o locatário para responder ao pedido de rescisão e o locatário e os fiadores para responderem ao pedido de cobrança, devendo ser apresentado, com a inicial, cálculo discriminado do valor do débito." (*Redação dada pela Lei nº 12.112/09*)

Em outros termos, junto com a inicial o locador deve apresentar cálculo discriminando o "correto" valor do débito, isto é, os cálculos devem espelhar "exatamente" o que é devido, possibilitando, desta forma, que o locatário exercite o seu direito de purgar a mora. No presente caso, o autor não agiu como determina a lei, ao contrário, de maneira desarrazoada apresentou na inicial cálculos claramente indevidos, colimando, com certeza, inviabilizar o direito do réu de purgar a mora, quitando suas obrigações.

Os cálculos, fls. 3/4, se apresentam indevidos, vez que incluem a cobrança de: I – multa moratória de 10% (dez por cento); II – parcela do IPTU; III – multa compensatória no valor de 3 (três) aluguéis.

A multa moratória no importe de 10% (dez por cento), embora expressamente prevista no contrato de locação, é abusiva e, portanto, ilegal, vez que imposta de forma unilateral, não tendo o inquilino expressamente concordado com ela, opondo seu visto ao lado da cláusula, como seria de absoluto rigor. Além de ilegal, vez que estabelecida de forma unilateral, a multa moratória no montante de 10% (dez por cento) é imoral, atentatória contra a dignidade do cidadão, que, mais uma vez, se vê explorado pela pessoa que se encontra em posição mais forte.

Com o advento do novo Código Civil, o Juiz, que já tinha o dever moral de atuar, passou a ter autorização legal para reduzir equitativamente a cláusula penal, *in verbis*:

"Art. 413. A penalidade deve ser reduzida equitativamente pelo juiz se a obrigação principal tiver sido cumprida em parte, ou *se o montante da penalidade for manifestamente excessivo, tendo-se em vista a natureza e a finalidade do negócio.*" (grifo nosso)

Neste caso, a excessividade se mostra evidente, mormente se considerarmos que os índices oficiais de inflação apontam para uma "inflação anual" próxima de 7% (sete por cento).

Não satisfeito em cobrar multa moratória frontalmente injusta e ilegal, o locador ainda acrescentou nos cálculos cobrança de valores a título de IPTU, deixando, no entanto, de apresentar qualquer documento que legitime sua cobrança. Com efeito, ao que se sabe, o IPTU é devido à Prefeitura Municipal de Mogi das Cruzes e não ao locador. O locador só teria legitimidade para fazer a referida cobrança se tivesse ele quitado as referidas contas, visto que neste caso ocorreria a "sub-rogação legal".

Entretanto, o locador não só não apresentou qualquer comprovante de que quitou os referidos valores, como, o que é ainda mais grave, não apresentou qualquer documento que demonstre que os referidos valores são de fato devidos.

Afinal que valores são aqueles? Por acaso é o locador credor ou fornecedor dos referidos serviços? Nenhuma coisa nem outra, o que demonstra a ilegalidade da cobrança, e inclusão nos cálculos do suposto débito do réu.

O pior ficou para o final.

O locador tinha tanta certeza de que o réu não quitaria o seu débito, afinal apresentou valores claramente indevidos, que também requereu a INDEVIDA multa compensatória. Mostrando ignorância quanto à natureza da "multa compensatória", o autor que já havia cobrado, como se demonstrou, absurda multa moratória, incluiu nos cálculos valor da multa garantidora do contrato, devida tão somente quando é o INQUILINO quem pede a rescisão antecipada do contrato, o que obviamente não é o caso dos autos, onde é o AUTOR QUEM PEDE A RESCISÃO DO CONTRATO.

Como demonstrado, o autor deixou de cumprir as determinações legais, incluindo nos cálculos valores claramente indevidos. Não resta dúvida de que seu desiderato era inviabilizar o direito do locatário de purgar a mora, razão pela qual procurou acrescentar valores indevidos, que, como se vê, quase dobram o valor do débito cobrado.

Como é cediço, a mora do inquilino não pode servir de fonte de riqueza para o locador; não pode amparar pretensões ilegais. A jurisprudência, à unanimidade, determina, nestes casos, seja a ação declarada improcedente, *in verbis*:

> **"A menção, na inicial, de quantia superior a devida acarreta improcedência da ação de despejo (*RT* 712/191, 714/169, *JTAERGS* 91/331)."**

Do Mérito:

Pelas razões expostas na preliminar, que, com certeza, levarão à extinção do processo, este douto Juízo dificilmente chegará a apreciar os pedidos do autor (rescisão do contrato de locação, despejo e cobrança); contudo, *ad cautelam*, observa que se a tanto chegar-se, o que, repita-se, se aceita tão somente para contra-argumentar, deve este douto Juízo designar audiência preliminar (art. 331, CPC), onde as partes poderão discutir e debater a existência de eventual débito, bem como seu montante correto e a forma de sua quitação.

Ante o exposto, considerando que o autor deixou de atender aos requisitos legais (*petição inicial inepta*), "requer-se a extinção do presente feito sem julgamento de mérito", vez que lhe faltam os pressupostos de constituição e de desenvolvimento válido e regular, condenando-se, ademais, o autor nos honorários advocatícios e demais cominações legais.

Provará o que for necessário, usando de todos os meios permitidos em direito, em especial pela juntada de documentos (anexos), perícia contábil, oitiva de testemunhas e depoimento pessoal do autor.

Termos em que
p. deferimento.

Mogi das Cruzes, 00 de novembro de 0000.

Gediel Claudino de Araujo Júnior
OAB/SP 000.000

38 CONTRATO DE LOCAÇÃO NÃO RESIDENCIAL GARANTIDO POR CAUÇÃO EM BEM IMÓVEL

CONTRATO DE LOCAÇÃO NÃO RESIDENCIAL

Locador: F. B. R., brasileiro, casado, proprietário, portador do RG 00.000.00-SSP/SP e do CPF 000.000.000-00, titular do *e-mail* fbr@gsa.com.br e do telefone 00-00000-0000, residente e domiciliado na Rua da Justiça, nº 00, Centro, cidade de Mogi das Cruzes-SP, CEP 0000-000.

Locatário: CGA Administração S/S Ltda., inscrita no CNPJ 000.000.000/0000-0, titular do e-mail gsaadm@gsa.com.br e do telefone 00-00000-0000, representada, neste ato, por seu diretor comercial Sr. G. F. R., brasileiro, casado, comerciante, portador do RG 0.000.000-SSP/SP e do CPF 000.000.000-00, residente e domiciliado na Rua Bernardo Guimarães, nº 00, Vila Cintia, cidade de Mogi das Cruzes-SP, CEP 00000-000.

Objeto da Locação: imóvel situado na Rua Fernando de Albuquerque, nº 00, Vila Oliveira, cidade de Mogi das Cruzes-SP, CEP 00000-000.

Prazo da Locação: 12 (doze) meses, com início em 1º de janeiro de 0000.[1]

Valor do Aluguel: R$ 900,00 (novecentos reais) por mês.

Vencimento: o aluguel deve ser pago até o dia 10 (dez) de cada mês, vencendo o primeiro em 10-2-0000.

Local de Pagamento: O aluguel deverá ser pago, até o dia do vencimento, no escritório da administradora "Verde Mar", situado na Rua Antônio da Silva, nº 00, Centro, cidade de Mogi das Cruzes-SP, CEP 00000-000, titular do *e-mail* verdemar@gsa.com.br, telefone 11-00000-0000.

Tipo de Garantia: caução em bem imóvel, descrito e indicado em cláusula própria.

CLÁUSULAS CONTRATUAIS GERAIS:

cláusula primeira: o aluguel sofrerá reajuste anual, com base no índice IGPM, ou outro índice que venha a ser implantado pelo governo;

cláusula segunda: o locatário declara que recebe o imóvel em perfeitas condições de uso, após ter feito vistoria pessoal (relatório anexo);

cláusula terceira: o locatário se compromete a devolver o imóvel locado ao fim do contrato, independentemente de notificação ou interpelação judicial (art. 56, Lei 8.245/91);

cláusula quarta: o pagamento da conta de luz e água é da inteira responsabilidade do locatário, devendo, ao término do contrato, demonstrar a quitação de suas obrigações até a entrega efetiva das chaves;

cláusula quinta: o aluguel será devido até a entrega efetiva das chaves, que só se considerará efetiva após vistoria do imóvel pelo locador ou seu preposto;

---

[1] Lembro que para ter direito à prorrogação compulsória do contrato de locação ao seu final, este deve ser feito pelo prazo mínimo de cinco anos ou a soma dos prazos ininterruptos anteriores, sempre por escrito, seja de cinco aos (art. 51, II). Confira as demais condições da "ação renovatória" no capítulo "Questões teóricas e práticas do direito locatício".

cláusula sexta: o locatário deverá entregar, *in continenti*, ao locador os carnês e cobranças de impostos, taxas e outros que venha a receber, sob pena de responder pelas despesas e multas decorrentes de eventuais atrasos no pagamento;

cláusula sétima: os impostos e taxas que incidirem sobre o imóvel durante a locação serão de responsabilidade exclusiva do locatário, e deverão ser pagos juntamente com o aluguel, mediante recibo discriminado;

cláusula oitava: é de responsabilidade do locatário a contratação de seguro contra incêndio, com prêmio equivalente a 100 (cem) vezes o valor do aluguel, até o término do primeiro mês de locação, devendo demonstrar a contratação juntamente com o pagamento do primeiro aluguel, sob pena de quebra de contrato;

cláusula nona: os contratantes elegem o foro da comarca de Mogi das Cruzes para dirimir conflitos advindos deste contrato;

cláusula décima: o não pagamento do aluguel até o dia do pagamento implicará na cobrança de multa moratória no valor de 10% (dez por cento), sem prejuízo dos juros e correção monetária;

cláusula décima primeira: no caso de qualquer das partes ser obrigada a socorrer-se das vias judiciais para resolver conflitos advindos deste contrato, fica acertado que a parte culpada responderá por todas as despesas judiciais mais 20% (vinte por cento) de honorários advocatícios sobre o valor dado à causa;

cláusula décima segunda: qualquer das partes que der causa à resilição deste contrato, fora os casos expressamente autorizados em lei, responderá por multa compensatória no valor de três (3) aluguéis;

cláusula décima terceira: *como garantia de suas obrigações assumidas neste contrato, o locatário oferece em caução imóvel de sua propriedade situado na rua José Alvarez de Almeida, nº 00, bairro Jardim Pavão, cidade de Mogi das Cruzes-SP, com valor venal, exercício de 0000, de R$ 35.000,00 (trinta e cinco mil reais), matriculado sob o nº 00.000 junto ao Primeiro Cartório de Registro de Imóveis de Mogi das Cruzes;*

Parágrafo único: caberá ao locador providenciar a averbação do presente contrato junto ao Cartório de Imóveis, conforme norma do art. 38, § 1º, da Lei nº 8.245/91.

cláusula décima quarta: a comunicação entre as partes deverá ser feita preferencialmente por e-mail (conforme declarado na qualificação deste contrato), pelo aplicativo WhatsApp ou por mensagens de textos, considerando-se válidas e regulares todas as comunicações feitas por essa forma;

Parágrafo único: as partes se comprometem a informar qualquer alteração nos seus endereços eletrônicos, assim como do número do telefone, considerando-se válida qualquer notificação encaminhada para e-mail ou telefone antigo não atualizado por desídia do titular.

Por estarem nestes termos acordados, firmam, na presença de duas testemunhas, o presente contrato em duas vias de igual teor.

Mogi das Cruzes, 00 de janeiro de 0000.

Locador
Locatário
Testemunhas

39 CONTRATO DE LOCAÇÃO NÃO RESIDENCIAL GARANTIDO POR FIADOR

CONTRATO DE LOCAÇÃO NÃO RESIDENCIAL

Locador: F. B. R., brasileiro, casado, proprietário, portador do RG 00.000.00-SSP/SP e do CPF 000.000.000-00, titular do *e-mail* fbr@gsa.com.br e do telefone 00-00000-0000, residente e domiciliado na Rua da Justiça, nº 00, Centro, cidade de Mogi das Cruzes-SP, CEP 0000-000.

Locatário: CGA Administração S/S Ltda., inscrita no CNPJ 000.000.000/0000-0, titular do e-mail gsaadm@gsa.com.br e do telefone 00-00000-0000, representada, neste ato, por seu diretor comercial Sr. G. F. R., brasileiro, casado, comerciante, portador do RG 0.000.000-SSP/SP e do CPF 000.000.000-00, residente e domiciliado na Rua Bernardo Guimarães, nº 00, Vila Cintia, cidade de Mogi das Cruzes-SP, CEP 00000-000.

Objeto da Locação: imóvel situado na Rua Fernando de Albuquerque, nº 00, Vila Oliveira, cidade de Mogi das Cruzes-SP, CEP 00000-000.

Prazo da Locação: 12 (doze) meses, com início em 1º de janeiro de 0000.[2]

Valor do Aluguel: R$ 900,00 (novecentos reais) por mês.

Vencimento: o aluguel deve ser pago até o dia 10 (dez) de cada mês, vencendo o primeiro em 10-2-0000.

Local de Pagamento: O aluguel deverá ser pago, até o dia do vencimento, no escritório da administradora "Verde Mar", situado na Rua Antônio da Silva, nº 00, Centro, cidade de Mogi das Cruzes-SP, CEP 00000-000, titular do *e-mail* verdemar@gsa.com.br, telefone 11-00000-0000.

Tipo de Garantia: fiança, conforme cláusulas gerais abaixo.

Fiadores: T. A. S. e sua mulher J. C. S., brasileiros, casados, ele, titular do *e-mail* tas@gsa.com.br e do telefone 00-00000-0000, funcionário público, portador do RG 00.000.000-SSP/SP e do CPF 000.000.000-00, ela, titular do *e-mail* jcs@gsa.com.br e do telefone 00-00000-0000, do lar, portadora do RG 0.000.000-SSP/SP e do CPF 000.000.000-00, residentes e domiciliados na Rua Henrique Botani, nº 00, Jardim Amoredo, cidade de Mogi das Cruzes-SP, CEP 00000-000.

CLÁUSULAS CONTRATUAIS GERAIS:

cláusula primeira: o aluguel sofrerá reajuste anual, com base no índice IGPM, ou outro índice que venha a ser implantado pelo governo;

cláusula segunda: o locatário declara que recebe o imóvel em perfeitas condições de uso, após ter feito vistoria pessoal (relatório anexo);

cláusula terceira: o locatário se compromete a devolver o imóvel locado ao fim do contrato, independentemente de notificação ou interpelação judicial;

---

[2] Lembro que para ter direito a prorrogação compulsória do contrato de locação ao seu final, este deve ser feito pelo prazo mínimo de cinco anos ou a soma dos prazos ininterruptos anteriores, sempre por escrito, seja de cinco aos (art. 51, II). Confira as demais condições da "ação renovatória" no capítulo "Questões teóricas e práticas do direito locatício".

cláusula quarta: o pagamento da conta de luz e água é da inteira responsabilidade do locatário, devendo, ao término do contrato, demonstrar a quitação de suas obrigações até a entrega efetiva das chaves;

cláusula quinta: o aluguel será devido até a entrega efetiva das chaves, que só se considerará efetiva após vistoria do imóvel pelo locador ou seu preposto;

cláusula sexta: o locatário deverá entregar, *in continenti*, ao locador os carnês e cobranças de impostos, taxas e outros que venha a receber, sob pena de responder pelas despesas e multas decorrentes de eventuais atrasos no pagamento;

cláusula sétima: os impostos e taxas que incidirem sobre o imóvel durante a locação serão de responsabilidade exclusiva do locatário, e deverão ser pagos juntamente com o aluguel, mediante recibo discriminado;

cláusula oitava: é de responsabilidade do locatário a contratação de seguro contra incêndio, com prêmio equivalente a 100 (cem) vezes o valor do aluguel, até o término do primeiro mês de locação, devendo demonstrar a contratação juntamente com o pagamento do primeiro aluguel, sob pena de quebra de contrato;

cláusula nona: os contratantes elegem o foro da comarca de Mogi das Cruzes para dirimir conflitos advindos deste contrato;

cláusula décima: o não pagamento do aluguel até o dia do pagamento implicará na cobrança de multa moratória no valor de 10% (dez por cento), sem prejuízo dos juros e correção monetária;

cláusula décima primeira: no caso de qualquer das partes ser obrigada a socorrer-se das vias judiciais para resolver conflitos advindos deste contrato, fica acertado que a parte culpada responderá por todas as despesas judiciais mais 20% (vinte por cento) de honorários advocatícios sobre o valor dado à causa;

cláusula décima segunda: qualquer das partes que der causa à resilição deste contrato, fora os casos expressamente autorizados em lei, responderá por multa compensatória no valor de três (3) aluguéis;

cláusula décima terceira: *os fiadores respondem solidariamente por todas as obrigações fruto deste contrato (até a entrega das chaves), inclusive as despesas judiciais e aquelas oriundas do mau uso do imóvel, renunciando expressamente o benefício de ordem estabelecido no art. 794 do Código de Processo Civil e no art. 827 do Código Civil, conforme permissão prevista no art. 828, inciso I, do mesmo diploma.*

cláusula décima quarta: a comunicação entre as partes e os fiadores deverá ser feita preferencialmente por e-mail (conforme declarado na qualificação deste contrato), pelo aplicativo WhatsApp ou por mensagens de textos, considerando-se válidas e regulares todas as comunicações feitas por essa forma;

Parágrafo único: as partes e os fiadores se comprometem a informar qualquer alteração nos seus endereços eletrônicos, assim como do número do telefone, considerando-se válida qualquer notificação encaminhada para e-mail ou telefone antigo não atualizado por desídia do titular.

Por estarem nestes termos acordados, firmam, na presença de duas testemunhas, o presente contrato em duas vias de igual teor.

Mogi das Cruzes, 00 de janeiro de 0000.

Locador
Locatário
Fiadores
Testemunhas

40 CONTRATO DE LOCAÇÃO PARA TEMPORADA COM PAGAMENTO ANTECIPADO DO ALUGUEL

CONTRATO DE LOCAÇÃO RESIDENCIAL

Locador: F. B. R., brasileiro, casado, proprietário, portador do RG 00.000.00-SSP/SP e do CPF 000.000.000-00, titular do *e-mail* fbr@gsa.com.br e do telefone 00-00000-0000, residente e domiciliado na Rua da Justiça, nº 00, Centro, cidade de Mogi das Cruzes-SP, CEP 0000-000.

Locatário: C. E. G., brasileiro, casado, comerciante, portador do RG 0.000.000-SSP/SP e do CPF 000.000.000-00, titular do *e-mail* ceg@gsa.com.br, telefone 11-00000-0000.

Objeto da Locação: casa situada na Rua Fernando de Albuquerque, nº 00, Vila Oliveira, cidade de Mogi das Cruzes-SP, CEP 00000-000.

Prazo da Locação: 90 dias, com início em 1º de janeiro de 2000 e término em 30 de março de 0000.

Valor do Aluguel: R$ 400,00 (quatrocentos reais) por mês; ou seja R$ 1.200,00 (um mil, duzentos reais) pelo período.

Vencimento: a vista, pago no ato da assinatura do contrato, servindo este contrato de recibo de quitação (valor total de R$ 1.200,00).

CLÁUSULAS CONTRATUAIS GERAIS:

cláusula primeira: *o imóvel locado está mobiliado com os seguintes bens móveis: cama de casal, com colchão; guarda-roupa de 4 portas; um criado mudo de madeira; sofá de 3 lugares; sofá de 2 lugares; geladeira usada marca Cônsul; fogão 4 bocas, marca Continental; um botijão de gás vazio; uma mesa de fórmica e quatro cadeiras;*

Parágrafo único: todos os móveis estão em "bom estado" de conservação, conforme termo de vistoria firmado pelo locatário.

cláusula segunda: o locatário declara que recebe o imóvel em perfeitas condições de uso e habitabilidade, após ter feito vistoria pessoal (relatório anexo);

cláusula terceira: o locatário se compromete a devolver o imóvel locado ao fim do contrato, independentemente de notificação ou interpelação judicial;

cláusula quarta: o pagamento da conta de luz e água é da inteira responsabilidade do locatário, devendo, ao término do contrato, demonstrar a quitação de suas obrigações até a entrega efetiva das chaves;

cláusula quinta: o locatário deverá entregar, *in continenti*, ao locador os carnês e cobranças de impostos, taxas e outros que venha a receber, sob pena de responder pelas despesas e multas decorrentes de eventuais atrasos no pagamento;

cláusula sexta: os impostos e taxas que incidirem sobre o imóvel durante a locação serão de responsabilidade exclusiva do locador;

cláusula sétima: os contratantes elegem o foro da comarca de Mogi das Cruzes para dirimir conflitos advindos deste contrato;

cláusula oitava: no caso de qualquer das partes ser obrigada a socorrer-se das vias judiciais para resolver conflitos advindos deste contrato, fica acertado que a parte culpada responderá por todas as despesas judiciais mais 20% (vinte por cento) de honorários advocatícios sobre o valor dado à causa;

cláusula nona: a comunicação entre as partes deverá ser feita preferencialmente por e-mail (conforme declarado na qualificação deste contrato), pelo aplicativo WhatsApp ou por mensagens de textos, considerando-se válidas e regulares todas as comunicações feitas por essa forma;

Parágrafo único: as partes se comprometem a informar qualquer alteração nos seus endereços eletrônicos, assim como do número do telefone, considerando-se válida qualquer notificação encaminhada para e-mail ou telefone antigo não atualizado por desídia do titular.

Por estarem nestes termos acordados, firmam, na presença de duas testemunhas, o presente contrato em duas vias de igual teor.

Mogi das Cruzes, 00 de janeiro de 0000.

Locador
Locatário
Testemunhas

41 CONTRATO DE LOCAÇÃO RESIDENCIAL GARANTIDO POR CAUÇÃO EM BEM IMÓVEL

CONTRATO DE LOCAÇÃO RESIDENCIAL

Locador: F. B. R., brasileiro, casado, proprietário, portador do RG 00.000.00-SSP/SP e do CPF 000.000.000-00, titular do *e-mail* fbr@gsa.com.br e do telefone 00-00000-0000, residente e domiciliado na Rua da Justiça, nº 00, Centro, cidade de Mogi das Cruzes-SP, CEP 0000-000.

Locatário: C. E. G., brasileiro, casado, comerciante, portador do RG 0.000.000-SSP/SP e do CPF 000.000.000-00, titular do *e-mail* ceg@gsa.com.br, telefone 11-00000-0000.

Objeto da Locação: casa situada na Rua Fernando de Albuquerque, nº 00, Vila Oliveira, cidade de Mogi das Cruzes-SP, CEP 00000-000.

Prazo da Locação: 30 (trinta) meses, com início em 1º de janeiro de 0000 e término em 30 de junho de 0000.

Valor do Aluguel: R$ 1.600,00 (um mil, seiscentos reais) por mês.

Vencimento: o aluguel deve ser pago até o dia 10 (dez) de cada mês, vencendo o primeiro em 10-2-0000.

Local de Pagamento: O aluguel deverá ser pago, até o dia do vencimento, no escritório da administradora "Verde Mar", situado na Rua Antônio da Silva, nº 00, Centro, cidade de Mogi das Cruzes-SP, CEP 00000-000, titular do *e-mail* verdemar@gsa.com.br, telefone 11-00000-0000.

Tipo de Garantia: caução em bem imóvel, descrito e indicado em cláusula própria.

CLÁUSULAS CONTRATUAIS GERAIS:

cláusula primeira: o aluguel sofrerá reajuste anual, com base no índice IGPM, ou outro índice que venha a ser implantado pelo governo;

cláusula segunda: o locatário declara que recebe o imóvel em perfeitas condições de uso e habitabilidade, após ter feito vistoria pessoal (relatório anexo);

cláusula terceira: o locatário se compromete a devolver o imóvel locado ao fim do contrato, independentemente de notificação ou interpelação judicial (art. 46, Lei 8.245/91);

cláusula quarta: o pagamento da conta de luz e água é da inteira responsabilidade do locatário, devendo, ao término do contrato, demonstrar a quitação de suas obrigações até a entrega efetiva das chaves;

cláusula quinta: o aluguel será devido até a entrega efetiva das chaves, que só se considerará efetiva após vistoria do imóvel pelo locador ou seu preposto;

cláusula sexta: o locatário deverá entregar, *in continenti*, ao locador os carnês e cobranças de impostos, taxas e outros que venha a receber, sob pena de responder pelas despesas e multas decorrentes de eventuais atrasos no pagamento;

cláusula sétima: os impostos e taxas que incidirem sobre o imóvel durante a locação serão de responsabilidade exclusiva do locatário, e deverão ser pagos juntamente com o aluguel, mediante recibo discriminado;

cláusula oitava: é de responsabilidade do locatário a contratação de seguro contra incêndio, com prêmio equivalente a 100 (cem) vezes o valor do aluguel, até o término do primeiro mês de locação, devendo demonstrar a contratação juntamente com o pagamento do primeiro aluguel, sob pena de quebra de contrato;

cláusula nona: os contratantes elegem o foro da comarca de Mogi das Cruzes para dirimir conflitos advindos deste contrato;

cláusula décima: o não pagamento do aluguel até o dia do pagamento implicará na cobrança de multa moratória no valor de 10% (dez por cento), sem prejuízo dos juros e correção monetária;

cláusula décima primeira: no caso de qualquer das partes ser obrigada a socorrer-se das vias judiciais para resolver conflitos advindos deste contrato, fica acertado que a parte culpada responderá por todas as despesas judiciais mais 20% (vinte por cento) de honorários advocatícios sobre o valor dado à causa;

cláusula décima segunda: qualquer das partes que der causa a resilição deste contrato, fora os casos expressamente autorizados em lei, responderá por multa compensatória no valor de três (3) aluguéis;

cláusula décima terceira: *como garantia de suas obrigações assumidas neste contrato, o locatário oferece em caução imóvel de sua propriedade situado na rua José Alvarez de Al-*

meida, nº 00, bairro Jardim Pavão, cidade de Mogi das Cruzes-SP, com valor venal, exercício de 0000, de R$ 35.000,00 (trinta e cinco mil reais), matriculado sob o nº 00.000 junto ao Primeiro Cartório de Registro de Imóveis de Mogi das Cruzes;

Parágrafo único. Caberá ao locador providenciar a averbação do presente contrato junto ao Cartório de Imóveis, conforme norma do art. 38, § 1º, da Lei nº 8.245/91.

cláusula décima quarta: a comunicação entre as partes deverá ser feita preferencialmente por e-mail (conforme declarado na qualificação deste contrato), pelo aplicativo WhatsApp ou por mensagens de textos, considerando-se válidas e regulares todas as comunicações feitas por essa forma;

Parágrafo único: as partes se comprometem a informar qualquer alteração nos seus endereços eletrônicos, assim como do número do telefone, considerando-se válida qualquer notificação encaminhada para e-mail ou telefone antigo não atualizado por desídia do titular.

Por estarem nestes termos acordados, firmam, na presença de duas testemunhas, o presente contrato em duas vias de igual teor.

Mogi das Cruzes, 00 de janeiro de 0000.

Locador
Locatário
Testemunhas

42 CONTRATO DE LOCAÇÃO RESIDENCIAL GARANTIDO POR CAUÇÃO EM BEM MÓVEL

CONTRATO DE LOCAÇÃO RESIDENCIAL

Locador: F. B. R., brasileiro, casado, proprietário, portador do RG 00.000.00-SSP/SP e do CPF 000.000.000-00, titular do *e-mail* fbr@gsa.com.br e do telefone 00-00000-0000, residente e domiciliado na Rua da Justiça, nº 00, Centro, cidade de Mogi das Cruzes-SP, CEP 0000-000.

Locatário: C. E. G., brasileiro, casado, comerciante, portador do RG 0.000.000-SSP/SP e do CPF 000.000.000-00, titular do *e-mail* ceg@gsa.com.br, telefone 11-00000-0000.

Objeto da Locação: casa situada na Rua Fernando de Albuquerque, nº 00, Vila Oliveira, cidade de Mogi das Cruzes-SP, CEP 00000-000.

Prazo da Locação: 30 (trinta) meses, com início em 1º de janeiro de 0000 e término em 30 de junho de 0000.

Valor do Aluguel: R$ 1.600,00 (um mil, seiscentos reais) por mês.

Vencimento: o aluguel deve ser pago até o dia 10 (dez) de cada mês, vencendo o primeiro em 10-2-0000.

Local de Pagamento: O aluguel deverá ser pago, até o dia do vencimento, no escritório da administradora "Verde Mar", situado na Rua Antônio da Silva, nº 00, Centro, cidade de Mogi das Cruzes-SP, CEP 00000-000, titular do *e-mail* verdemar@gsa.com.br, telefone 11-00000-0000.

Tipo de Garantia: caução em bem móvel, descrito e indicado em cláusula própria.

CLÁUSULAS CONTRATUAIS GERAIS:

cláusula primeira: o aluguel sofrerá reajuste anual, com base no índice IGPM, ou outro índice que venha a ser implantado pelo governo;

cláusula segunda: o locatário declara que recebe o imóvel em perfeitas condições de uso e habitabilidade, após ter feito vistoria pessoal (relatório anexo);

cláusula terceira: o locatário se compromete a devolver o imóvel locado ao fim do contrato, independentemente de notificação ou interpelação judicial (art. 46, Lei 8.245/91);

cláusula quarta: o pagamento da conta de luz e água é da inteira responsabilidade do locatário, devendo, ao término do contrato, demonstrar a quitação de suas obrigações até a entrega efetiva das chaves;

cláusula quinta: o aluguel será devido até a entrega efetiva das chaves, que só se considerará efetiva após vistoria do imóvel pelo locador ou seu preposto;

cláusula sexta: o locatário deverá entregar, *in continenti*, ao locador os carnês e cobranças de impostos, taxas e outros que venha a receber, sob pena de responder pelas despesas e multas decorrentes de eventuais atrasos no pagamento;

cláusula sétima: os impostos e taxas que incidirem sobre o imóvel durante a locação serão de responsabilidade exclusiva do locatário, e deverão ser pagos juntamente com o aluguel, mediante recibo discriminado;

cláusula oitava: é de responsabilidade do locatário a contratação de seguro contra incêndio, com prêmio equivalente a 100 (cem) vezes o valor do aluguel, até o término do primeiro mês de locação, devendo demonstrar a contratação juntamente com o pagamento do primeiro aluguel, sob pena de quebra de contrato;

cláusula nona: os contratantes elegem o foro da comarca de Mogi das Cruzes para dirimir conflitos advindos deste contrato;

cláusula décima: o não pagamento do aluguel até o dia do pagamento implicará na cobrança de multa moratória no valor de 10% (dez por cento), sem prejuízo dos juros e correção monetária;

cláusula décima primeira: no caso de qualquer das partes ser obrigada a socorrer-se das vias judiciais para resolver conflitos advindos deste contrato, fica acertado que a parte culpada responderá por todas as despesas judiciais mais 20% (vinte por cento) de honorários advocatícios sobre o valor dado à causa;

cláusula décima segunda: qualquer das partes que der causa a resilição deste contrato, fora os casos expressamente autorizados em lei, responderá por multa compensatória no valor de três (3) aluguéis;

cláusula décima terceira: *como garantia de suas obrigações assumidas neste contrato, o locatário oferece em caução veículo de sua propriedade, marca FIAT/STILO, ano 0000, placa GGG 0000, chassi 000000000, com valor de mercado aproximado de R$ 40.000,00 (quarenta mil reais);*

Parágrafo único. Caberá ao locador providenciar a averbação do presente contrato junto ao Cartório de Títulos e Documentos desta Comarca, conforme norma do art. 38, § 1º, da Lei nº 8.245/91.

cláusula décima quarta: a comunicação entre as partes deverá ser feita preferencialmente por e-mail (conforme declarado na qualificação deste contrato), pelo aplicativo WhatsApp ou por mensagens de textos, considerando-se válidas e regulares todas as comunicações feitas por essa forma;

Parágrafo único: as partes se comprometem a informar qualquer alteração nos seus endereços eletrônicos, assim como do número do telefone, considerando-se válida qualquer notificação encaminhada para e-mail ou telefone antigo não atualizado por desídia do titular.

Por estarem nestes termos acordados, firmam, na presença de duas testemunhas, o presente contrato em duas vias de igual teor.

Mogi das Cruzes, 00 de janeiro de 0000.

Locador
Locatário
Testemunhas

43 CONTRATO DE LOCAÇÃO RESIDENCIAL GARANTIDO POR CAUÇÃO EM DINHEIRO (CASA)

CONTRATO DE LOCAÇÃO RESIDENCIAL

Locador: F. B. R., brasileiro, casado, proprietário, portador do RG 00.000.00-SSP/SP e do CPF 000.000.000-00, titular do *e-mail* fbr@gsa.com.br e do telefone 00-00000-0000, residente e domiciliado na Rua da Justiça, nº 00, Centro, cidade de Mogi das Cruzes-SP, CEP 0000-000.

Locatário: C. E. G., brasileiro, casado, comerciante, portador do RG 0.000.000-SSP/SP e do CPF 000.000.000-00, titular do *e-mail* ceg@gsa.com.br, telefone 11-00000-0000.

Objeto da Locação: casa situada na rua Fernando de Albuquerque, nº 00, Vila Oliveira, cidade de Mogi das Cruzes-SP, CEP 00000-000.

Prazo da Locação: 30 (trinta) meses, com início em 1º de janeiro de 0000 e término em 30 de junho de 0000.

Valor do Aluguel: R$ 1.600,00 (um mil, seiscentos reais) por mês.

Vencimento: o aluguel deve ser pago até o dia 10 (dez) de cada mês, vencendo o primeiro em 10-2-0000.

Local de Pagamento: O aluguel deverá ser pago, até o dia do vencimento, no escritório da administradora "Verde Mar", situado na Rua Antônio da Silva, nº 00, Centro, cidade de Mogi das Cruzes-SP, CEP 00000-000, titular do *e-mail* verdemar@gsa.com.br, telefone 11-00000-0000.

Tipo de Garantia: caução em dinheiro, conforme cláusulas gerais abaixo.

CLÁUSULAS CONTRATUAIS GERAIS:

cláusula primeira: o aluguel sofrerá reajuste anual. com base no índice IGPM, ou outro índice que venha a ser implantado pelo governo;

cláusula segunda: o locatário declara que recebe o imóvel em perfeitas condições de uso e habitabilidade, após ter feito vistoria pessoal (relatório anexo);

cláusula terceira: o locatário se compromete a devolver o imóvel locado ao fim do contrato, independentemente de notificação ou interpelação judicial (art. 46, Lei 8.245/91);

cláusula quarta: o pagamento da conta de luz e água é da inteira responsabilidade do locatário, devendo, ao término do contrato, demonstrar a quitação de suas obrigações até a entrega efetiva das chaves;

cláusula quinta: o aluguel será devido até a entrega efetiva das chaves, que só se considerará efetiva após vistoria do imóvel pelo locador ou seu preposto;

cláusula sexta: o locatário deverá entregar, *in continenti*, ao locador os carnês e cobranças de impostos, taxas e outros que venha a receber, sob pena de responder pelas despesas e multas decorrentes de eventuais atrasos no pagamento;

cláusula sétima: os impostos e taxas que incidirem sobre o imóvel durante a locação serão de responsabilidade exclusiva do locatário, e deverão ser pagos juntamente com o aluguel, mediante recibo discriminado;

cláusula oitava: é de responsabilidade do locatário a contratação de seguro contra incêndio, com prêmio equivalente a 100 (cem) vezes o valor do aluguel, até o término do primeiro mês de locação, devendo demonstrar a contratação juntamente com o pagamento do primeiro aluguel, sob pena de quebra de contrato;

cláusula nona: os contratantes elegem o foro da comarca de Mogi das Cruzes para dirimir conflitos advindos deste contrato;

cláusula décima: o não pagamento do aluguel até o dia do pagamento implicará na cobrança de multa moratória no valor de 10% (dez por cento), sem prejuízo dos juros e correção monetária;

cláusula décima primeira: no caso de qualquer das partes ser obrigada a socorrer-se das vias judiciais para resolver conflitos advindos deste contrato, fica acertado que a parte culpada responderá por todas as despesas judiciais mais 20% (vinte por cento) de honorários advocatícios sobre o valor dado à causa;

cláusula décima segunda: qualquer das partes que der causa à resilição deste contrato, fora os casos expressamente autorizados em lei, responderá por multa compensatória no valor de três (3) aluguéis;

cláusula décima terceira: *como garantia de suas obrigações assumidas neste contrato, o locatário oferece caução correspondente ao valor de três (3) meses de aluguel;*

§ 1º o valor da caução será depositado em caderneta de poupança em nome das partes, conforme art. 38, § 2º, da Lei nº 8.245/91;

§ 2º a caução, bem como eventuais proventos, serão devolvidos ao locatário ao fim da locação, caso este esteja quite com suas obrigações, sejam legais ou contratuais.

cláusula décima quarta: a comunicação entre as partes deverá ser feita preferencialmente por e-mail (conforme declarado na qualificação deste contrato), pelo aplicativo WhatsApp ou por mensagens de textos, considerando-se válidas e regulares todas as comunicações feitas por essa forma;

Parágrafo único: as partes se comprometem a informar qualquer alteração nos seus endereços eletrônicos, assim como do número do telefone, considerando-se válida qualquer notificação encaminhada para e-mail ou telefone antigo não atualizado por desídia do titular.

Por estarem nestes termos acordados, firmam, na presença de duas testemunhas, o presente contrato em duas vias de igual teor.

Mogi das Cruzes, 00 de janeiro de 0000.

Locador
Locatário
Testemunhas

44 CONTRATO DE LOCAÇÃO RESIDENCIAL GARANTIDO POR FIADOR (APARTAMENTO OU CASA EM CONDOMÍNIO FECHADO)

CONTRATO DE LOCAÇÃO RESIDENCIAL

Locador: F. B. R., brasileiro, casado, proprietário, portador do RG 00.000.00-SSP/SP e do CPF 000.000.000-00, titular do *e-mail* fbr@gsa.com.br e do telefone 00-00000-0000, residente e domiciliado na Rua da Justiça, nº 00, Centro, cidade de Mogi das Cruzes-SP, CEP 00000-000.

Locatário: C. E. G., brasileiro, casado, comerciante, portador do RG 0.000.000-SSP/SP e do CPF 000.000.000-00, titular do *e-mail* ceg@gsa.com.br, telefone 11-00000-0000.

Objeto da Locação: apartamento nº 00, bloco D, Conjunto Residencial Colinas do Sol, situado na Avenida Vereador Mauro Araújo, nº 00, Vila Oliveira, cidade de Mogi das Cruzes-SP, CEP 00000-000.

Prazo da Locação: 30 (trinta) meses, com início em 1º de janeiro de 0000 e término em 30 de junho de 0000.

Valor do Aluguel: R$ 1.900,00 (um mil, novecentos reais) por mês.

Vencimento: o aluguel deve ser pago até o dia 10 (dez) de cada mês, vencendo o primeiro em 10-2-0000.

Local de Pagamento: O aluguel deverá ser pago, até o dia do vencimento, no escritório da administradora "Verde Mar", situado na Rua Antônio da Silva, nº 00, Centro, cidade de Mogi das Cruzes-SP, CEP 00000-000, titular do *e-mail* verdemar@gsa.com.br, telefone 11-00000-0000.

Tipo de Garantia: fiança, conforme cláusulas gerais abaixo.

Fiadores: T. A. S. e sua mulher J. C. S., brasileiros, casados, ele, funcionário público, titular do *e-mail* tas@gsa.com.br e do telefone 00-00000-0000, portador do RG 00.000.000-SSP/SP e do CPF 000.000.000-00, ela, do lar, titular do *e-mail* jcs@gsa.com.br e do telefone 00-00000-0000, portadora do RG 0.000.000-SSP/SP e do CPF 000.000.000-00, residentes e domiciliados na Rua Henrique Botani, nº 00, Jardim Amoredo, cidade de Mogi das Cruzes-SP, CEP 00000-000.

CLÁUSULAS CONTRATUAIS GERAIS:

cláusula primeira: o aluguel sofrerá reajuste anual, com base no índice IGPM, ou outro índice que venha a ser implantado pelo governo;

cláusula segunda: o locatário declara que recebe o imóvel em perfeitas condições de uso e habitabilidade, após ter feito vistoria pessoal (relatório anexo);

cláusula terceira: o locatário se compromete a devolver o imóvel locado ao fim do contrato, independentemente de notificação ou interpelação judicial (art. 46, Lei 8.245/91);

cláusula quarta: o pagamento da conta de luz, água e taxa do condomínio é da inteira responsabilidade do locatário, devendo, ao término do contrato, demonstrar a quitação de suas obrigações até a entrega efetiva das chaves;

cláusula quinta: o aluguel será devido até a entrega efetiva das chaves, que só se considerará efetiva após vistoria do imóvel pelo locador ou seu preposto;

cláusula sexta: o locatário deverá entregar, *in continenti*, ao locador os carnês e cobranças de impostos, taxas e outros que venha a receber, sob pena de responder pelas despesas e multas decorrentes de eventuais atrasos no pagamento;

cláusula sétima: *o valor dos impostos e taxas, inclusive condominial, que incidirem sobre o imóvel durante a locação serão de responsabilidade exclusiva do locatário;*

cláusula oitava: o locatário se declara ciente e de acordo com o regulamento interno do condomínio, que integra este contrato;

cláusula nona: é de responsabilidade do locatário a contratação de seguro contra incêndio, com prêmio equivalente a 100 (cem) vezes o valor do aluguel, até o término do primeiro mês de locação, devendo demonstrar a contratação juntamente com o pagamento do primeiro aluguel, sob pena de quebra de contrato;

cláusula décima: os contratantes elegem o foro da comarca de Mogi das Cruzes para dirimir conflitos advindos deste contrato;

cláusula décima primeira: o não pagamento do aluguel até o dia do pagamento implicará na cobrança de multa moratória no valor de 10% (dez por cento), sem prejuízo dos juros e correção monetária;

cláusula décima segunda: no caso de qualquer das partes ser obrigada a socorrer-se das vias judiciais para resolver conflitos advindos deste contrato, fica acertado que a parte culpada responderá por todas as despesas judiciais mais 20% (vinte por cento) de honorários advocatícios sobre o valor dado à causa;

cláusula décima terceira: qualquer das partes que der causa à resilição deste contrato, fora os casos expressamente autorizados em lei, responderá por multa compensatória no valor de três (3) aluguéis;

cláusula décima quarta: *os fiadores respondem solidariamente por todas as obrigações fruto deste contrato (até a entrega, devolução, das chaves), inclusive as despesas judiciais e aquelas oriundas do mau uso do imóvel, renunciando expressamente o benefício de ordem estabelecido no art. 794 do Código de Processo Civil e no art. 827 do Código Civil, conforme permissão prevista no art. 828, inciso I, do mesmo diploma.*

cláusula décima quinta: a comunicação entre as partes e os fiadores deverá ser feita preferencialmente por e-mail (conforme declarado na qualificação deste contrato), pelo aplicativo WhatsApp ou por mensagens de textos, considerando-se válidas e regulares todas as comunicações feitas por essa forma;

Parágrafo único: as partes e os fiadores se comprometem a informar qualquer alteração nos seus endereços eletrônicos, assim como do número do telefone, considerando-se válida qualquer notificação encaminhada para e-mail ou telefone antigo não atualizado por desídia do titular.

Por estarem nestes termos acordados, firmam, na presença de duas testemunhas, o presente contrato em duas vias de igual teor.

Mogi das Cruzes, 00 de janeiro de 0000.

Locador
Locatário
Fiadores
Testemunhas

45 CONTRATO DE LOCAÇÃO RESIDENCIAL GARANTIDO POR FIADOR (APARTAMENTO OU CASA EM CONDOMÍNIO FECHADO COM DESPESAS CONDOMINIAIS E IMPOSTOS JÁ INCLUÍDOS NO ALUGUEL)

CONTRATO DE LOCAÇÃO RESIDENCIAL

Locador: F. B. R., brasileiro, casado, proprietário, portador do RG 00.000.00-SSP/SP e do CPF 000.000.000-00, titular do *e-mail* fbr@gsa.com.br e do telefone 00-00000-0000, residente e domiciliado na Rua da Justiça, nº 00, Centro, cidade de Mogi das Cruzes-SP, CEP 0000-000.

Locatário: C. E. G., brasileiro, casado, comerciante, portador do RG 0.000.000-SSP/SP e do CPF 000.000.000-00, titular do *e-mail* ceg@gsa.com.br, telefone 11-00000-0000.

Objeto da Locação: apartamento nº 00, bloco D, Conjunto Residencial Colinas do Sol, situado na Avenida Vereador Mauro Araújo, nº 00, Vila Oliveira, cidade de Mogi das Cruzes-SP, CEP 00000-000.

Prazo da Locação: 30 (trinta) meses, com início em 1º de janeiro de 0000 e término em 30 de junho de 0000.

Valor do Aluguel: R$ 1.800,00 (um mil, oitocentos reais) por mês.

Vencimento: o aluguel deve ser pago até o dia 10 (dez) de cada mês, vencendo o primeiro em 10-2-0000.

Local de Pagamento: O aluguel deverá ser pago, até o dia do vencimento, no escritório da administradora "Verde Mar", situado na Rua Antônio da Silva, nº 00, Centro, cidade de Mogi das Cruzes-SP, CEP 00000-000, titular do *e-mail* verdemar@gsa.com.br, telefone 11-00000-0000.

Tipo de Garantia: fiança, conforme cláusulas gerais abaixo.

Fiadores: T. A. S. e sua mulher J. C. S., brasileiros, casados, ele, funcionário público, titular do *e-mail* tas@gsa.com.br e do telefone 00-00000-0000, portador do RG 00.000.000-

SSP/SP e do CPF 000.000.000-00, ela, do lar, titular do *e-mail* jcs@gsa.com.br e do telefone 00-00000-0000, portadora do RG 0.000.000-SSP/SP e do CPF 000.000.000-00, residentes e domiciliados na Rua Henrique Botani, nº 00, Jardim Amoredo, cidade de Mogi das Cruzes-SP, CEP 00000-000.

CLÁUSULAS CONTRATUAIS GERAIS:

cláusula primeira: o aluguel sofrerá reajuste anual, com base no índice IGPM, ou outro índice que venha a ser implantado pelo governo;

cláusula segunda: o locatário declara que recebe o imóvel em perfeitas condições de uso e habitabilidade, após ter feito vistoria pessoal (relatório anexo);

cláusula terceira: o locatário se compromete a devolver o imóvel locado ao fim do contrato, independentemente de notificação ou interpelação judicial (art. 46, Lei 8.245/91);

cláusula quarta: o pagamento da conta de luz e água é da inteira responsabilidade do locatário, devendo, ao término do contrato, demonstrar a quitação de suas obrigações até a entrega efetiva das chaves;

cláusula quinta: o aluguel será devido até a entrega efetiva das chaves, que só se considerará efetiva após vistoria do imóvel pelo locador ou seu preposto;

cláusula sexta: o locatário deverá entregar, *in continenti*, ao locador os carnês e cobranças de impostos, taxas e outros que venha a receber, sob pena de responder pelas despesas e multas decorrentes de eventuais atrasos no pagamento;

cláusula sétima: *o valor dos impostos e taxas, inclusive condominial, que incidirem sobre o imóvel durante a locação serão de responsabilidade exclusiva do locador*;

cláusula oitava: o locatário se declara ciente e de acordo com o regulamento interno do condomínio, que integra este contrato;

cláusula nona: é de responsabilidade do locatário a contratação de seguro contra incêndio, com prêmio equivalente a 100 (cem) vezes o valor do aluguel, até o término do primeiro mês de locação, devendo demonstrar a contratação juntamente com o pagamento do primeiro aluguel, sob pena de quebra de contrato;

cláusula décima: os contratantes elegem o foro da comarca de Mogi das Cruzes para dirimir conflitos advindos deste contrato;

cláusula décima primeira: o não pagamento do aluguel até o dia do pagamento implicará na cobrança de multa moratória no valor de 10% (dez por cento), sem prejuízo dos juros e correção monetária;

cláusula décima segunda: no caso de qualquer das partes ser obrigada a socorrer-se das vias judiciais para resolver conflitos advindos deste contrato, fica acertado que a parte culpada responderá por todas as despesas judiciais mais 20% (vinte por cento) de honorários advocatícios sobre o valor dado à causa;

cláusula décima terceira: qualquer das partes que der causa à resilição deste contrato, fora os casos expressamente autorizados em lei, responderá por multa compensatória no valor de três (3) aluguéis;

cláusula décima quarta: *os fiadores respondem solidariamente por todas as obrigações fruto deste contrato (até a entrega, devolução, das chaves), inclusive as despesas judiciais e aquelas oriundas do mau uso do imóvel, renunciando expressamente o benefício de ordem* *estabelecido no art. 794 do Código de Processo Civil e no art. 827 do Código Civil, conforme permissão prevista no art. 828, inciso I, do mesmo diploma.*

cláusula décima quinta: a comunicação entre as partes e os fiadores deverá ser feita preferencialmente por e-mail (conforme declarado na qualificação deste contrato), pelo aplicativo WhatsApp ou por mensagens de textos, considerando-se válidas e regulares todas as comunicações feitas por essa forma;

Parágrafo único: as partes e os fiadores se comprometem a informar qualquer alteração nos seus endereços eletrônicos, assim como do número do telefone, considerando-se válida qualquer notificação encaminhada para e-mail ou telefone antigo não atualizado por desídia do titular.

Por estarem nestes termos acordados, firmam, na presença de duas testemunhas, o presente contrato em duas vias de igual teor.

Mogi das Cruzes, 00 de janeiro de 0000.

Locador

Locatário

Fiadores

Testemunhas

46 CONTRATO DE LOCAÇÃO RESIDENCIAL GARANTIDO POR FIADOR (CASA)

CONTRATO DE LOCAÇÃO RESIDENCIAL

Locador: F. B. R., brasileiro, casado, proprietário, portador do RG 00.000.00-SSP/SP e do CPF 000.000.000-00, titular do *e-mail* fbr@gsa.com.br e do telefone 00-00000-0000, residente e domiciliado na Rua Joaquim de Mello Freire, nº 00, Vila Oliveira, cidade de Mogi das Cruzes-SP, CEP 00000-00.

Locatário: C. E. G., brasileiro, casado, comerciante, portador do RG 0.000.000-SSP/SP e do CPF 000.000.000-00, titular do *e-mail* ceg@gsa.com.br, telefone 11-00000-0000.

Objeto da Locação: casa situada na Rua Fernando de Albuquerque, nº 00, Vila Industrial, cidade de Mogi das Cruzes-SP, CEP 00000-000.

Prazo da Locação: 30 (trinta) meses, com início em 1º de janeiro de 0000 e término em 30 de junho de 0000.

Valor do Aluguel: R$ 2.100,00 (dois mil, cem reais) por mês.

Vencimento: o aluguel deve ser pago até o dia 10 (dez) de cada mês, vencendo o primeiro em 10-2-0000.

Local de Pagamento: O aluguel deverá ser pago, até o dia do vencimento, no escritório da administradora "Verde Mar", situado na Rua Antônio da Silva, nº 00, centro, cidade de Mogi das Cruzes-SP, CEP 00000-000, telefone 11-0000-000, *e-mail* verdemar@gsa.com.br, telefone 11-00000-0000.

Tipo de Garantia: fiança, conforme cláusulas gerais abaixo.

Fiadores: T. A. S. e sua mulher J. C. S., brasileiros, casados, ele, funcionário público, titular do *e-mail* tas@gsa.com.br e do telefone 00-00000-0000, portador do RG 00.000.000-SSP/SP e do CPF 000.000.000-00, titular do *e-mail* tas@gsa.com.br, ela, do lar, titular do *e-mail* jcs@gsa.com.br e do telefone 00-00000-0000, portadora do RG 0.000.000-SSP/SP e do CPF 000.000.000-OO, residentes e domiciliados na Rua Desembargador Sérgio Cordeiro, nº 00, Jardim Rodeio, cidade de Mogi das Cruzes-SP, CEP 00000-000.

CLÁUSULAS CONTRATUAIS GERAIS:

cláusula primeira: o aluguel sofrerá reajuste anual, com base no índice IGPM, ou outro índice que venha a ser implantado pelo governo;

cláusula segunda: o locatário declara que recebe o imóvel em perfeitas condições de uso e habitabilidade, após ter feito vistoria pessoal (relatório anexo);

cláusula terceira: o locatário se compromete a devolver o imóvel locado ao fim do contrato, independentemente de notificação ou interpelação judicial (art. 46, Lei 8.245/91);

cláusula quarta: o pagamento da conta de luz e água é da inteira responsabilidade do locatário, devendo, ao término do contrato, demonstrar a quitação de suas obrigações até a entrega efetiva das chaves;

cláusula quinta: o aluguel será devido até a entrega efetiva das chaves, que só se considerará efetiva após vistoria do imóvel pelo locador ou seu preposto;

cláusula sexta: o locatário deverá entregar, *in continenti*, ao locador os carnês e cobranças de impostos, taxas e outros que venha a receber, sob pena de responder pelas despesas e multas decorrentes de eventuais atrasos no pagamento;

cláusula sétima: os impostos e taxas que incidirem sobre o imóvel durante a locação serão de responsabilidade exclusiva do locatário, e deverão ser pagos juntamente com o aluguel, mediante recibo discriminado;

cláusula oitava: é de responsabilidade do locatário a contratação de seguro contra incêndio, com prêmio equivalente a 100 (cem) vezes o valor do aluguel, até o término do primeiro mês de locação, devendo demonstrar a contratação juntamente com o pagamento do primeiro aluguel, sob pena de quebra de contrato;

cláusula nona: o locatário deverá providenciar a transferência para o seu nome das contas de luz e água no prazo de 60 (sessenta) dias, devendo demonstrar sua ação ao locador quando do pagamento do terceiro aluguel, sob pena de quebra de contrato;

cláusula décima: o não pagamento do aluguel até o dia do pagamento implicará na cobrança de multa moratória no valor de 10% (dez por cento), sem prejuízo dos juros e correção monetária;

cláusula décima primeira: no caso de qualquer das partes ser obrigada a socorrer-se das vias judiciais para resolver conflitos advindos deste contrato, fica acertado que a parte culpada responderá por todas as despesas judiciais mais 20% (vinte por cento) de honorários advocatícios sobre o valor dado à causa;

cláusula décima segunda: qualquer das partes que der causa à resilição deste contrato, fora os casos expressamente autorizados em lei, responderá por multa compensatória no valor de três (3) aluguéis;

cláusula décima terceira: *os fiadores respondem solidariamente por todas as obrigações fruto deste contrato (até a entrega, devolução, das chaves), inclusive as despesas judiciais e* aquelas oriundas do mau uso do imóvel, renunciando expressamente o benefício de ordem estabelecido no art. 794 do Código de Processo Civil e no art. 827 do Código Civil, conforme permissão prevista no art. 828, inciso I, do mesmo diploma;

cláusula décima quarta: *os fiadores "renunciam" ao direito previsto no art. 835 do Código Civil (exoneração da fiança antes da entrega das chaves), se comprometendo a garantir as obrigações do presente contrato de locação até a entrega efetiva das chaves, mesmo que o contrato seja renovado por prazo indeterminado como prevê o art. 46, § 1º, da Lei 8.245/91;*[3]

cláusula décima quinta: os contratantes elegem o foro central da comarca de Mogi das Cruzes/SP para dirimir conflitos advindos deste contrato.

cláusula décima sexta: a comunicação entre as partes e os fiadores deverá ser feita preferencialmente por e-mail (conforme declarado na qualificação deste contrato), pelo aplicativo WhatsApp ou por mensagens de textos, considerando-se válidas e regulares todas as comunicações feitas por essa forma;

Parágrafo único: as partes e os fiadores se comprometem a informar qualquer alteração nos seus endereços eletrônicos, assim como do número do telefone, considerando-se válida qualquer notificação encaminhada para e-mail ou telefone antigo não atualizado por desídia do titular.

Por estarem nestes termos acordados, firmam, na presença de duas testemunhas, o presente contrato em duas vias de igual teor.

Mogi das Cruzes, 00 de janeiro de 0000.

Locador
Locatário
Fiadores
Testemunhas

47 CONTRATO DE LOCAÇÃO RESIDENCIAL GARANTIDO POR SEGURO DE FIANÇA LOCATÍCIA

CONTRATO DE LOCAÇÃO RESIDENCIAL

Locador: F. B. R., brasileiro, casado, proprietário, portador do RG 00.000.00-SSP/SP e do CPF 000.000.000-00, titular do *e-mail* fbr@gsa.com.br e do telefone 00-00000-0000, residente e domiciliado na Rua da Justiça, nº 00, Centro, cidade de Mogi das Cruzes-SP, CEP 0000-000.

Locatário: C. E. G., brasileiro, casado, comerciante, portador do RG 0.000.000-SSP/SP e do CPF 000.000.000-00, titular do *e-mail* ceg@gsa.com.br, telefone 11-00000-0000.

Objeto da Locação: casa situada na Rua Fernando de Albuquerque, nº 00, Vila Oliveira, cidade de Mogi das Cruzes-SP, CEP 00000-000.

---

[3] Minha recomendação é que se explique aos fiadores a natureza dessa cláusula, colhendo-se um visto de ciência ao lado dela.

Prazo da Locação: 30 (trinta) meses, com início em 1º de janeiro de 0000 e término em 30 de junho de 0000.

Valor do Aluguel: R$ 600,00 (seiscentos reais) por mês.

Vencimento: o aluguel deve ser pago até o dia 10 (dez) de cada mês, vencendo o primeiro em 10-2-0000.

Local de Pagamento: O aluguel deverá ser pago, até o dia do vencimento, no escritório da administradora "Verde Mar", situado na Rua Antônio da Silva, nº 00, Centro, cidade de Mogi das Cruzes-SP, CEP 00000-000, titular do *e-mail* verdemar@gsa.com.br, telefone 11-00000-0000.

Tipo de Garantia: seguro de fiança locatícia.

CLÁUSULAS CONTRATUAIS GERAIS:

cláusula primeira: o aluguel sofrerá reajuste anual, com base no índice IGPM, ou outro índice que venha a ser implantado pelo governo;

cláusula segunda: o locatário declara que recebe o imóvel em perfeitas condições de uso e habitabilidade, após ter feito vistoria pessoal (relatório anexo);

cláusula terceira: o locatário se compromete a devolver o imóvel locado ao fim do contrato, independentemente de notificação ou interpelação judicial (art. 46, Lei 8.245/91);

cláusula quarta: o pagamento da conta de luz e água é da inteira responsabilidade do locatário, devendo, ao término do contrato, demonstrar a quitação de suas obrigações até a entrega efetiva das chaves;

cláusula quinta: o aluguel será devido até a entrega efetiva das chaves, que só se considerará efetiva após vistoria do imóvel pelo locador ou seu preposto;

cláusula sexta: o locatário deverá entregar, *in continenti*, ao locador os carnês e cobranças de impostos, taxas e outros que venha a receber, sob pena de responder pelas despesas e multas decorrentes de eventuais atrasos no pagamento;

cláusula sétima: os impostos e taxas que incidirem sobre o imóvel durante a locação serão de responsabilidade exclusiva do locatário, e deverão ser pagos juntamente com o aluguel, mediante recibo discriminado;

cláusula oitava: é de responsabilidade do locatário a contratação de seguro contra incêndio, com prêmio equivalente a 100 (cem) vezes o valor do aluguel, até o término do primeiro mês de locação, devendo demonstrar a contratação juntamente com o pagamento do primeiro aluguel, sob pena de quebra de contrato;

cláusula nona: os contratantes elegem o foro da comarca de Mogi das Cruzes para dirimir conflitos advindos deste contrato;

cláusula décima: o não pagamento do aluguel até o dia do pagamento implicará na cobrança de multa moratória no valor de 10% (dez por cento), sem prejuízo dos juros e correção monetária;

cláusula décima primeira: no caso de qualquer das partes ser obrigada a socorrer-se das vias judiciais para resolver conflitos advindos deste contrato, fica acertado que a parte culpada responderá por todas as despesas judiciais mais 20% (vinte por cento) de honorários advocatícios sobre o valor dado à causa;

cláusula décima segunda: qualquer das partes que der causa à resilição deste contrato, fora os casos expressamente autorizados em lei, responderá por multa compensatória no valor de três (3) aluguéis;

cláusula décima terceira: *como garantia de suas obrigações assumidas neste contrato, o locatário se compromete a contratar seguro de fiança locatícia no prazo de 20 dias;*

§ 1º a contratação do seguro representa cláusula resolutiva quanto ao presente contrato; ou seja, não sendo apresentados os documentos que comprovem a contratação do seguro no prazo estipulado no "caput", este contrato fica sem efeito;

§ 2º as chaves do imóvel só serão entregues após a apresentação dos documentos que comprovem a contratação do seguro.

cláusula décima quarta: a comunicação entre as partes deverá ser feita preferencialmente por e-mail (conforme declarado na qualificação deste contrato), pelo aplicativo WhatsApp ou por mensagens de textos, considerando-se válidas e regulares todas as comunicações feitas por essa forma;

Parágrafo único: as partes se comprometem a informar qualquer alteração nos seus endereços eletrônicos, assim como do número do telefone, considerando-se válida qualquer notificação encaminhada para e-mail ou telefone antigo não atualizado por desídia do titular.

Por estarem nestes termos acordados, firmam, na presença de duas testemunhas, o presente contrato em duas vias de igual teor.

Mogi das Cruzes, 00 de janeiro de 0000.

Locador
Locatário
Testemunhas

48 CONTRATO DE LOCAÇÃO RESIDENCIAL SEM GARANTIA

CONTRATO DE LOCAÇÃO RESIDENCIAL

Locador: F. B. R., brasileiro, casado, proprietário, portador do RG 00.000.00-SSP/SP e do CPF 000.000.000-00, titular do *e-mail* fbr@gsa.com.br e do telefone 00-00000-0000, residente e domiciliado na Rua da Justiça, nº 00, Centro, cidade de Mogi das Cruzes-SP, CEP 0000-000.

Locatário: C. E. G., brasileiro, casado, comerciante, portador do RG 0.000.000-SSP/SP e do CPF 000.000.000-00, titular do *e-mail* ceg@gsa.com.br, telefone 11-00000-0000.

Objeto da Locação: casa situada na Rua Fernando de Albuquerque, nº 00, Vila Oliveira, cidade de Mogi das Cruzes-SP, CEP 00000-000.

Prazo da Locação: 30 (trinta) meses, com início em 1º de janeiro de 0000 e término em 30 de junho de 0000.

Valor do Aluguel: R$ 600,00 (seiscentos reais) por mês.

Vencimento: o aluguel deve ser pago até o dia 10 (dez) de cada mês, vencendo o primeiro em 10-2-0000.

Local de Pagamento: O aluguel deverá ser pago, até o dia do vencimento, no escritório da administradora "Verde Mar", situado na Rua Antônio da Silva, nº 00, Centro, cidade de Mogi das Cruzes-SP, CEP 00000-000, titular do *e-mail* verdemar@gsa.com.br, telefone 11-00000-0000.

Tipo de Garantia: locação "sem garantia".

CLÁUSULAS CONTRATUAIS GERAIS:

cláusula primeira: o aluguel sofrerá reajuste anual, com base no índice IGPM, ou outro índice que venha a ser implantado pelo governo;

cláusula segunda: o locatário declara que recebe o imóvel em perfeitas condições de uso e habitabilidade, após ter feito vistoria pessoal (relatório anexo);

cláusula terceira: o locatário se compromete a devolver o imóvel locado ao fim do contrato, independentemente de notificação ou interpelação judicial (art. 46, Lei 8.245/91);

cláusula quarta: o pagamento da conta de luz e água é da inteira responsabilidade do locatário, devendo, ao término do contrato, demonstrar a quitação de suas obrigações até a entrega efetiva das chaves;

cláusula quinta: o aluguel será devido até a entrega efetiva das chaves, que só se considerará efetiva após vistoria do imóvel pelo locador ou seu preposto;

cláusula sexta: o locatário deverá entregar, *in continenti*, ao locador os carnês e cobranças de impostos, taxas e outros que venha a receber, sob pena de responder pelas despesas e multas decorrentes de eventuais atrasos no pagamento;

cláusula sétima: os impostos e taxas que incidirem sobre o imóvel durante a locação serão de responsabilidade exclusiva do locatário, e deverão ser pagos juntamente com o aluguel, mediante recibo discriminado;

cláusula oitava: é de responsabilidade do locatário a contratação de seguro contra incêndio, com prêmio equivalente a 100 (cem) vezes o valor do aluguel, até o término do primeiro mês de locação. Devendo demonstrar a contratação juntamente com o pagamento do primeiro aluguel, sob pena de quebra de contrato;

cláusula nona: os contratantes elegem o foro da comarca de Mogi das Cruzes para dirimir conflitos advindos deste contrato;

cláusula décima: o não pagamento do aluguel até o dia do pagamento implicará cobrança de multa moratória no valor de 10% (dez por cento), sem prejuízo dos juros e correção monetária;

cláusula décima primeira: no caso de qualquer das partes ser obrigada a socorrer-se das vias judiciais para resolver conflitos advindos deste contrato, fica acertado que a parte culpada responderá por todas as despesas judiciais mais 20% (vinte por cento) de honorários advocatícios sobre o valor dado à causa;

cláusula décima segunda: qualquer das partes que der causa a resilição deste contrato, fora os casos expressamente autorizados em lei, responderá por multa compensatória no valor de três (3) aluguéis.

cláusula décima terceira: a comunicação entre as partes deverá ser feita preferencialmente por e-mail (conforme declarado na qualificação deste contrato), pelo aplicativo

WhatsApp ou por mensagens de textos, considerando-se válidas e regulares todas as comunicações feitas por essa forma;

Parágrafo único: as partes se comprometem a informar qualquer alteração nos seus endereços eletrônicos, assim como do número do telefone, considerando-se válida qualquer notificação encaminhada para e-mail ou telefone antigo não atualizado por desídia do titular.

Por estarem nestes termos acordados, firmam, na presença de duas testemunhas, o presente contrato em duas vias de igual teor.

Mogi das Cruzes, 00 de janeiro de 0000.

Locador
Locatário
Testemunhas

49   CONTRATO DE PRESTAÇÃO DE SERVIÇOS ADVOCATÍCIOS

CONTRATO DE PRESTAÇÃO DE SERVIÇOS ADVOCATÍCIOS

CONTRATANTE: **B. L. A.**, brasileira, casada, farmacêutica, portadora do RG 00.000.000-SSP/SP e do CPF 000.000.000-00, titular do *e-mail* bla@gsa.com.br, residente e domiciliada na Rua José Urbano, nº 00, Jardim Brasil, cidade de Mogi das Cruzes-SP, CEP 00000-000.

CONTRATADO: **Dr. Gediel Claudino de Araujo Júnior**, brasileiro, casado, Advogado, inscrito na OAB-SP sob o nº 000.000, portador do RG 00.000.000-SSP/SP e do CPF 000.000.000-00, titular do *e-mail* gediel@gsa.com.br, com escritório na Rua Adelino Torquato, nº 00, Parque Monte Líbano, cidade de Mogi das Cruzes-SP, CEP 00000-000, telefone 11-00000-0000.

Pelo presente instrumento particular, as partes supraqualificadas convencionam entre si o seguinte:

1º O CONTRATADO obriga-se a ajuizar "Ação de Despejo por Falta de Pagamento" em face do Sr. D. C. A., conforme termos do mandato que lhe é outorgado em apartado;

2º A medida judicial referida no item anterior deverá ser ajuizada no prazo de 30 (trinta) dias, contados da entrega efetiva de todos os documentos solicitados pelo CONTRATADO, conforme recibo anexo;

3º Pelos serviços, a CONTRATANTE pagará ao CONTRATADO o valor total de R$ 9.000,00 (nove mil reais), sendo R$ 3.000,00 (três mil reais) à vista, neste ato, servindo o presente de recibo de quitação, e R$ 6.000,00 (seis mil reais) em 4 (quatro) parcelas mensais e consecutivas de R$ 1.500,00 (um mil e quinhentos reais), vencendo a primeira em 00.00.0000;

4º Os honorários serão devidos, qualquer que seja o resultado da ação;

5º Distribuída a medida judicial, o total dos honorários será devido mesmo que haja composição amigável quanto ao pedido, venha a CONTRATANTE a desistir do pedido ou, ainda, se for revogada a procuração sem culpa do CONTRATADO;

Parágrafo único. Na hipótese de desistência antes do ajuizamento da ação, serão devidos 50% (cinquenta por cento) do valor contratado;

6º A CONTRATANTE responderá, ainda, por todas as despesas do processo, sendo que o pagamento deverá ser feito de imediato tão logo a conta lhe seja apresentada, não respondendo o CONTRATADO por qualquer prejuízo que advenha da demora ou do não pagamento de qualquer despesa;

7º Na eventualidade de ser necessária a interposição de qualquer recurso (razões ou contrarrazões), serão ainda devidos ao CONTRATADO honorários extras de R$ 1.000,00 (um mil reais), valor este que deverá ser quitado antes do protocolo do recurso, sob pena de o Advogado ficar dispensado do serviço;

8º O contato entre as partes, objetivando apresentação de contas de despesas, informações sobre o andamento do processo, convocações ou solicitações para reuniões e/ou audiências no fórum e até mesmo para eventual "notificação" quanto à renúncia ou destituição do mandato deverá ser feito "preferencialmente" por meio de mensagem eletrônica via e-mails informados na qualificação deste contrato, cabendo às partes mantê-los atualizados, sob pena de serem considerados válidos os contatos e notificações enviados aos endereços eletrônicos constantes neste contrato;

9º Qualquer medida judicial ou extrajudicial que tenha como objeto o conteúdo deste contrato deverá ser ajuizada no Foro da Comarca de Mogi das Cruzes-SP (foro de eleição).

Por estarem, assim, justos e contratados, firmam o presente instrumento, que é elaborado em duas vias, de igual teor, sendo uma para cada parte.

Mogi das Cruzes, 00 de setembro de 0000.

B. L. A.

Gediel Claudino de Araujo Júnior

50   DECLARAÇÃO DE POBREZA4

DECLARAÇÃO

Eu, **GEDIEL CLAUDINO DE ARAUJO JUNIOR**, brasileiro, casado, funcionário público, portador do RG 00.000.000-SSP/SP e do CPF 000.000.000-00, titular do e-mail gediel@gsa.com.br, residente e domiciliado na Rua Francisco Martins, nº 00, Jardim Armênia, cidade de Mogi das Cruzes-SP, CEP 00000-000, **DECLARO** a quem interessar e para todos os fins de direito, sob pena de ser responsabilizado criminalmente por falsa declaração, que sou pobre no sentido jurídico do termo, pois não possuo condi-

---

[4] Segundo regra do art. 82 do Código de Processo Civil cabe às partes arcar com as despesas dos atos que realizarem ou requererem no processo; no entanto, o próprio Código, buscando garantir a todos acesso à Justiça, prevê a possibilidade de a pessoa carente requerer os "benefícios da justiça gratuita", que envolve a isenção das custas e despesas processuais. Para obter este benefício, basta que o interessado efetue o pedido, sendo costume juntar-se "declaração de pobreza"; a declaração feita por pessoa natural deve ser tida como verdadeira (art. 99, § 3º, CPC), sendo que o juiz somente poderá indeferir o pedido se houver nos autos elementos no sentido contrário. Devido ao abuso deste direito, é cada vez mais comum os juízes determinarem que o interessado comprove o seu estado de carência, juntando, por exemplo, comprovante de renda (art. 5º, LXXIV, CF).

çöes de pagar as custas e despesas do processo, assim como os honorários advocatícios, sem prejuízo de meu sustento próprio e de minha família, necessitando, portanto, da gratuidade da Justiça, nos termos do art. 98 do Código de Processo Civil.

Mogi das Cruzes, 00 de janeiro de 0000.

51 EMBARGOS À EXECUÇÃO

Excelentíssimo Senhor Doutor Juiz de Direito da 3ª Vara Cível da Comarca de Mogi das Cruzes – São Paulo.

Distribuição por dependência

Processo nº 0000000-00.0000.0.00.00000

Execução contra devedor solvente

S. A. R., brasileira, divorciada, vendedora, portadora do RG 00.000.000-SSP/SP e CPF 000.000.000-00, titular do *e-mail* sar@gsa.com.br, residente e domiciliada na Rua Rodrigues Alves, nº 00, Vila Esperança, cidade de Mogi das Cruzes-SP, CEP 00000-000, por seu Advogado, que esta subscreve (mandato incluso), com escritório na Rua Francisco Martins, nº 00, Centro, Mogi das Cruzes-SP, CEP 00000-000, *onde recebe intimações* (*e-mail*: gediel@gsa.com.br), vem à presença de Vossa Excelência oferecer *embargos à execução*, observando-se o procedimento previsto nos arts. 914 a 920 do Código de Processo Civil, em face de **V. F.**, brasileiro, casado, aposentado, portador do RG 00.000.000-SSP/SP e CPF 000.000.000-00, titular do *e-mail* vf@gsa.com.br, residente e domiciliado na Rua José Eurico França, nº 00, Jardim Europa, cidade de Mogi das Cruzes-SP, CEP 00000-000, pelos motivos de fato e de direito que a seguir expõe:

Dos fatos:

Em agosto de 0000, o embargado ajuizou ação de execução contra devedor solvente fundado em título extrajudicial, consistente num contrato de locação, em face da embargante asseverando, em síntese, que esta fora sua inquilina por 18 (dezoito) meses, tendo sido despejada judicialmente. Alegou, ainda, que, ao deixar o imóvel a embargante teria deixado uma dívida no valor total de R$ 12.300,00 (doze mil, trezentos reais), referente a aluguéis não pagos, multas, juros e honorários advocatícios.

Recebida a petição inicial, este douto Juízo fixou os honorários advocatícios em 10% (dez por cento) e determinou a citação da executada para efetuar o pagamento no prazo legal, sob pena de penhora de tantos bens quanto bastem para quitar o débito.

Em resumo, os fatos.

Do excesso de execução:

"Dos horários advocatícios".

Não obstante seja verdade que a embargante ficou devendo algum valor para o locador, há que se observar que não estão corretos os cálculos que apresentou com sua petição inicial. Com efeito, entre os valores do suposto débito incluiu o exequente a importância de R$ 1.400,00 (um mil, quatrocentos reais) a título de honorários advocatícios referente à sucumbência na ação de despejo por falta de pagamento que moveu em face da embargante, que correu junto à Terceira Vara local, processo nº 0000000-00.0000.0.00.0000.

Embora tenha realmente sido condenada a pagar tal valor naquele processo, a título de sucumbência, a cobrança ficou suspensa por ser a locatária beneficiária da justiça gratuita, conforme norma do art. 98 do CPC, sendo, portanto, ilegal a sua cobrança, vez que, infelizmente, a embargante continua pobre no sentido jurídico do termo (veja-se declaração anexa).

"Das contas de luz e água".

Há que se observar, ainda, que o embargado incluiu nos cálculos o valor de R$ 420,00 (quatrocentos e vinte reais), referente a uma conta de água e luz, competência do último mês, em que esteve na casa a embargante, contudo, como se observa dos documentos juntos a este, as referidas contas foram devidamente quitadas pela embargante.

Indevida, portanto, sua cobrança.

"Do aluguel referente ao mês de abril de 0000".

Também a cobrança do aluguel vencido no mês de abril se mostra indevida, visto que, conforme recibo anexo, o pagamento foi feito pela embargante (depósito em conta-corrente).

"Da proporcionalidade da cláusula penal".

Informa expressamente o art. 413 do Código Civil que a cláusula penal *"deve ser reduzida equitativamente pelo juiz se a obrigação principal tiver sido cumprida em parte, ou se o montante da penalidade for manifestamente excessivo, tendo-se em vista a natureza e a finalidade do negócio"*.

Ao apresentar os cálculos do débito, o embargado de forma abusiva apresentou cálculos cobrando o valor total da multa, sem considerar que a executada tinha cumprido 60% (sessenta por cento) do período total do contrato. Tal fato demanda, exige, a redução proporcional da cláusula penal e o recalculo do débito.

"Do valor correto do débito".

Afastados os erros e abusos do credor quanto aos cálculos do débito, temos que o valor correto deste é de R$ 4.450,00 (quatro mil, quatrocentos e cinquenta reais).

Infelizmente, a embargante não tem como quitar à vista este valor, visto que se encontra desempregada e sem recursos. Ciente, no entanto, de suas obrigações legais e morais, propõe-se a quitar o débito em 10 (dez) parcelas mensais e consecutivas no valor de R$ 445,00.

Da nulidade da penhora:

Uma semana após ter sido regularmente citada na ação de execução movida pelo embargado, a executada recebeu a visita do Oficial de Justiça que, adentrando em sua casa, procedeu com a penhora de sua geladeira, lavrando o respectivo auto, onde nomeou a devedora como depositária.

Entretanto, há que se reconhecer a nulidade da referida penhora, vez que o bem penhorado é, por força legal, impenhorável. Neste sentido o art. 833, II, do CPC: *"os móveis, os pertences e as utilidades que guarnecem a residência do executado, salvo os de elevado valor ou os que ultrapassem as necessidades comuns correspondentes a um médio padrão de vida".*

Não fosse bastante clara a lei, a conclusão é amplamente endossada pela jurisprudência, *in verbis*:

> **"PENHORA – BEM DE FAMÍLIA – GELADEIRA – BEM IN-DISPENSÁVEL DO LAR, MÁXIME QUANDO LÁ EXISTEM CRIANÇAS MENORES – IMPENHORABILIDADE – RECUR-SO NÃO PROVIDO. Negar, nos dias de hoje, que uma geladeira é indispensável ao lar, máxime quando lá existem crianças menores, é pretender argumentar com rematado absurdo"** (Ap. 243.354-2, Jales, Rel. Pinheiro Franco, TJSP, *JTJ* 164/136).

Dos pedidos:

Ante o exposto, requer-se:

a) os benefícios da justiça gratuita, uma vez que se declara pobre no sentido jurídico do termo, conforme declaração anexa;

b) a intimação do embargado, na pessoa de seu advogado, para que, querendo, apresente impugnação no prazo legal;

c) sejam julgados procedentes os presentes embargos, a fim de fixar-se como valor correto do débito a importância de R$ 4.450,00 (quatro mil, quatrocentos e cinquenta reais), bem como declarar-se a nulidade da penhora da geladeira da embargante, liberando-se o bem e condenando-se o embargado nos ônus da sucumbência;

d) seja concedido ao devedor o direito de quitar o débito em 10 (dez) parcelas mensais e consecutivas no valor de R$ 445,00 (quatrocentos e quarenta e cinco reais).

Das provas:

Provará o que for necessário, usando de todos os meios permitidos em direito, em especial pela juntada de documentos (anexos), declarados autênticos pelo subscritor desta, sob sua responsabilidade pessoal, oitiva de testemunhas (rol anexo) e depoimento pessoal do embargado.

Do valor da causa:

Dá-se à causa o valor de R$ 4.450,00 (quatro mil, quatrocentos e cinquenta reais).

Termos em que
p. deferimento.

Mogi das Cruzes, 00 de novembro de 0000.

Gediel Claudino de Araujo Júnior
OAB/SP 000.000

52 EMBARGOS DE DECLARAÇÃO EM RAZÃO DE OMISSÃO QUANTO AO VALOR DA CAUÇÃO

Excelentíssimo Senhor Doutor Juiz de Direito da 3ª Vara Cível da Comarca de Mogi das Cruzes – São Paulo.

Processo nº 0000000-00.0000.0.00.0000
Ação de Despejo por falta de pagamento

E. S. P., já qualificado, por seu Advogado, que esta subscreve (mandato incluso), com escritório na Rua Ricardo Vilela, nº 00, Centro, cidade de Mogi das Cruzes-SP, CEP 00000-000, onde recebe intimações (*e-mail*: gediel@gsa.com.br), nos autos do processo que lhe move E. B. S., vem à presença de Vossa Excelência interpor *embargos de declaração*, observando-se o procedimento previsto nos arts. 1.022 a 1.026 do Código de Processo Civil, pelos motivos de fato e de direito que a seguir expõe:

1. A respeitável sentença de fls. 81/84, que rescindiu o contrato de locação e determinou o despejo da locatária, "deixou", no entanto, de fixar o valor da caução para o caso de execução provisória.

2. Com efeito, o § 4º do art. 63 da Lei nº 8.245/91 determina expressamente que "a sentença que decretar o despejo fixará o valor da caução para o caso de ser executada provisoriamente", norma que infelizmente não foi atendida pela já citada decisão judicial, que julgando procedente o pedido da autora olvidou a mencionada norma.

Ante o exposto, considerando que a pretensão da embargante encontra arrimo no art. 1.022, inciso II, do Código de Processo Civil, "requer-se" o acolhimento do presente embargo, com escopo de que se supra a mencionada "omissão" da r. sentença, fixando-se o valor da caução para o caso de a sentença vir a ser executada provisoriamente.

Termos em que
p. deferimento.

Mogi das Cruzes, 00 de dezembro de 0000.

Gediel Claudino de Araujo Júnior
OAB/SP 000.000

53 NOTIFICAÇÃO EXTRAJUDICIAL (ENTREGUE VIA CORREIO, COM AR; OU PESSOALMENTE, MEDIANTE RECIBO EM CÓPIA), INFORMANDO AO FIADOR SOBRE A SEPARAÇÃO FÁTICA DO CASAL

Ilmo. Sr. e Sra.
G. A. T. K. / M. A. K.
Rua Antônio Vieira, nº 00 – Vila Oliveira
Mogi das Cruzes-SP
CEP 00000-000

Prezados Senhores,

Nos termos da Lei do Inquilinato, venho, por meio desta, informar a Vossas Senhorias que a minha mulher G. P. R, que firmou o contrato de locação do imóvel situado na Rua Vicente do Amaral, nº 00, Vila Magra, nesta Cidade, deixou, por razões de ordem pessoal, o imóvel locado.

Informo, outrossim, que pretendo continuar no imóvel, mantendo, na forma da lei, o contrato de locação.

Atenciosamente,

Mogi das Cruzes, 00 de março de 0000.

Gediel Claudino de Araujo Júnior

54 NOTIFICAÇÃO EXTRAJUDICIAL (ENTREGUE VIA CORREIO, COM AR; OU PESSOALMENTE, MEDIANTE RECIBO EM CÓPIA), INFORMANDO AO LOCADOR SOBRE EXONERAÇÃO DA FIANÇA

Ilmo. Sr.

G. A. T. K.

Rua Antônio Vieira, nº 00 – Vila Oliveira

Mogi das Cruzes-SP

CEP 00000-000

Prezado Senhor,

Na qualidade de fiadores do contrato de locação tendo por objeto o imóvel de sua propriedade, situado na Rua Campos Verdes, nº 00, Vila do Comércio, nesta Cidade, vimos, nos termos da Lei do Inquilinato, NOTIFICAR Vossa Senhoria de nossa decisão de nos exonerar do contrato acessório de fiança firmado em relação ao referido contrato.

Essa decisão fundamenta-se no fato de que a nossa filha, locatária do imóvel, veio a separar-se de fato do seu marido, Sr. J. B. T., que permaneceu no imóvel, sub-rogando-se nos direitos e obrigações advindas do referido contrato de locação.

Atenciosamente,

Mogi das Cruzes, 00 de março de 0000.

Gediel Claudino de Araujo Júnior
Sueli Araujo

55 NOTIFICAÇÃO EXTRAJUDICIAL (ENTREGUE VIA CORREIO, COM AR; OU PESSOALMENTE, MEDIANTE RECIBO EM CÓPIA), INFORMANDO AO LOCADOR SOBRE SUB-ROGAÇÃO EM RAZÃO DE SEPARAÇÃO FÁTICA DO CASAL

Ilmo. Sr.

G. A. T. K.

Rua Antônio Vieira, nº 00 – Vila Oliveira

Mogi das Cruzes-SP

CEP 00000-000

Prezado Senhor,

Nos termos da Lei do Inquilinato, venho, por meio desta, informar a Vossa Senhoria que a minha mulher G. P. R, que firmou o contrato de locação, deixou, por razões de ordem pessoal, o imóvel locado.

Informo, outrossim, que pretendo continuar no imóvel, mantendo, na forma da lei, o contrato de locação.

Atenciosamente,

Mogi das Cruzes, 00 de março de 0000.

Gediel Claudino de Araujo Júnior

56 NOTIFICAÇÃO EXTRAJUDICIAL (ENTREGUE VIA CORREIO, COM AR; OU PESSOALMENTE, MEDIANTE RECIBO EM CÓPIA), INFORMANDO AO LOCATÁRIO QUE O INQUILINO IRÁ DEIXAR O IMÓVEL LOCADO NO PRAZO DE 30 DIAS

Ilmo. Sr.

G. A. T. K.

Rua Antônio Vieira, nº 00 – Vila Oliveira

Mogi das Cruzes-SP

CEP 00000-000

Prezado Senhor,

Nos termos da Lei do Inquilinato, venho, por meio desta, NOTI-FICAR a Vossa Senhoria que estarei deixando o imóvel de sua propriedade situado na Rua Guilherme Rodrigues, nº 00, Jardim Armênia, nesta Cidade, no prazo máximo de 30 (trinta) dias.

Oportunamente, entrarei em contato pessoal para marcarmos o dia da entrega das chaves, assim como para efetuarmos a vistoria do imóvel.

Atenciosamente,

Mogi das Cruzes, 00 de março de 0000.

Gediel Claudino de Araujo Júnior

57 NOTIFICAÇÃO EXTRAJUDICIAL (ENTREGUE VIA CORREIO, COM AR; OU PESSOALMENTE, MEDIANTE RECIBO EM CÓPIA), INFORMANDO LOCATÁRIO SOBRE DESEJO DE VENDA DO IMÓVEL (DIREITO DE PREFERÊNCIA)

Ilmo. Sr.

G. A. T. K.

Rua Antônio Vieira, nº 00 – Vila Cintra

Mogi das Cruzes-SP

CEP 00000-000

Prezado Senhor,

Nos termos da Lei do Inquilinato, venho por meio desta informar a Vossa Senhoria que estarei colocando à venda o imóvel locado, de minha propriedade, nos seguintes termos: R$ 40.000,00 (quarenta mil reais) a vista.

Caso tenha interesse na aquisição, favor informar sua concordância com a proposta ou, ainda, apresentando contraproposta. Informo, outrossim, que qualquer alteração nas condições do negócio será comunicada imediatamente.

Atenciosamente,

Mogi das Cruzes, 00 de março de 0000.

Gediel Claudino de Araujo Júnior

58 NOTIFICAÇÃO EXTRAJUDICIAL (ENTREGUE VIA CORREIO, COM AR; OU PESSOALMENTE, MEDIANTE RECIBO EM CÓPIA), PEDINDO A DESOCUPAÇÃO DO IMÓVEL

Ilmo. Sr.

G. A. T. K.

Rua Antônio Vieira, nº 00 – Vila Cintra

Mogi das Cruzes-SP

CEP 00000-000

Prezado Senhor,

Nos termos da Lei do Inquilinato e na qualidade de locador e proprietário, venho por meio desta informar, NOTIFICAR, a Vossa Senhoria que não tenho mais interesse na manutenção do contrato de locação do imóvel situado na Rua Antônio Vieira, nº 00, Vila Cintra, nesta Cidade.

Sendo assim, requeiro que desocupe o referido imóvel no prazo improrrogável de 30 (trinta) dias, sob pena de ser ajuizada a competente ação de despejo.

Atenciosamente,

Mogi das Cruzes, 00 de março de 0000.

Gediel Claudino de Araujo Júnior

59 NOTIFICAÇÃO JUDICIAL (AÇÃO DE NOTIFICAÇÃO)

Excelentíssimo Senhor Doutor Juiz de Direito da ___ Vara Cível da Comarca de Mogi das Cruzes – São Paulo.

P. T. D. W., brasileiro, casado, vendedor, portador do RG 00.000.000-0-SSP/SP e do CPF 000.000.000-00, titular do *e-mail* ptdw@gsa.com.br, residente e domiciliado na Rua Francisco Urizes, nº 00, Mogi Moderno, cidade de Mogi das Cruzes-SP, CEP 00000-000, por seu Advogado, que esta subscreve (mandato incluso), com escritório na Rua Ricardo Vilela, nº 00, Centro, cidade de Mogi das Cruzes-SP, CEP 00000-000, onde recebe intimações (*e-mail*: gediel@gsa.com.br), vem à presença de Vossa Excelência requerer, com supedâneo nos arts. 726 a 729 do Código de Processo Civil, a *notificação* de **J. T. B.**, brasileiro, casado, mecânico, portador do RG 00.000.000-0-SSP/SP e do CPF 000.000.000-00, sem endereço eletrônico conhecido, residente e domiciliado na Rua Campos Salles, nº 000, Alto do Ipiranga, cidade de Mogi das Cruzes-SP, CEP 00000-000, dos termos a seguir articulados:

1. Em 00 dezembro de 0000, o requerente firmou contrato de locação com o requerido por um prazo de trinta (30) meses, o aluguel inicial foi fixado em R$ 250,00 (duzentos e cinquenta reais), que, após reajustes regulares, hoje é de R$ 320,00 (trezentos e vinte reais). Vencido o prazo, o contrato prorrogou-se por prazo indeterminado.

2. Embora o locatário venha cumprindo regularmente suas obrigações, o requerente não deseja manter o contrato de locação.

Ante o exposto, considerando que a pretensão do requerente encontra arrimo no art. 46, § 2º, da Lei nº 8.245/91 (LI), **requer**, com escopo de prevenir responsabilidades e ressalvar seus direitos, a regular notificação do requerido para que deixe o imóvel no prazo de trinta (30) dias, sob pena de ser ajuizada contra ele a competente ação de despejo.

Feita a notificação, "requer-se" sejam os autos entregues ao requerente.

Dá ao pleito o valor de R$ 3.840,00 (três mil, oitocentos e quarenta reais).

Termos em que
p. deferimento.

Mogi das Cruzes, 00 de março de 0000.

Gediel Claudino de Araujo Júnior
OAB/SP 000.000

60 PETIÇÃO ARROLANDO TESTEMUNHAS

60.1 Modelo

Excelentíssimo Senhor Doutor Juiz de Direito da 3ª Vara Cível da Comarca de Mogi das Cruzes – São Paulo.

Processo nº 0000000-00.0000.0.00.0000
Ação de indenização por perdas e danos

      S. A. de A., representada por sua genitora **J. M. de A.**, já qualificada, por seu Advogado que esta subscreve (mandato incluso), com escritório na Rua Francisco Martins, nº 00, Centro, Mogi das Cruzes-SP, CEP 00000-000, *onde recebe intimações (e--mail*: gediel@gsa.com.br), nos autos do processo que move em face de **L. M. dos S.**, vem à presença de Vossa Excelência apresentar "rol de testemunhas", anexo I.

      Nos termos do que determina o § 1º do art. 455 do Código de Processo Civil, requer-se a juntada de cópia da correspondência de intimação enviada às referidas testemunhas, assim como cópia dos comprovantes de recebimento (AR).

Termos em que
p. deferimento.

Mogi das Cruzes, 00 de janeiro de 0000.

Gediel Claudino de Araujo Júnior
OAB/SP 000.000

ANEXO I
ROL DE TESTEMUNHAS

      1. **M. B. M.**, brasileira, solteira, operadora de teleatendimento, portadora do RG nº 00.000.000-SSP/SP e CPF nº 000.000.000-00, residente e domiciliada na Avenida Ricieri José Marcatto, nº 00, Vila Suissa, cidade de Mogi das Cruzes-SP (tel.: 00-00000-0000), CEP 00000-000.

2. **A. G. S.**, brasileiro, casado, operador de teleatendimento, residente e domiciliado na Rua Benedito Martins dos Santos, nº 00, bloco 00, apartamento 00, Jardim Bela Vista, cidade de Mogi das Cruzes-SP, CEP 00000-000.

3. **F. G. C.**, brasileira, casada, cozinheira, portadora do RG 00.000.000-SSP/SP e do CPF 000.000.000-00, residente e domiciliada na Rua Adriano Pereira, nº 00, Jundiapeba, cidade de Mogi das Cruzes-SP, CEP 00000-000.

60.2 Segundo modelo (carta que o advogado deve enviar para as pessoas que arrolou como testemunhas, a fim de lhes dar conhecimento da audiência)

Mogi das Cruzes, 00 de março de 0000.

Ilma. Sra.

M. B. M.

Avenida Ricieri José Marcatto, nº 00, Vila Suissa

Mogi das Cruzes-SP

CEP 00000-000

Prezada Senhora,

Nos termos do § 1º do art. 455 do Código de Processo Civil, informo que Vossa Senhoria foi arrolada como testemunha da Senhora B. A. de A. no processo que ela move contra o Banco B. S.A.

O douto Juízo da Terceira Vara do Foro de Mogi das Cruzes designou o dia 00 de maio de 00, às 15h00, para a colheita do seu depoimento.

A audiência ocorrerá no Fórum de Mogi das Cruzes, situado na Rua Cândido Xavier, nº 00, Centro Cívico, Mogi das Cruzes/SP.

Seu comparecimento é obrigatório.

Atenciosamente

Gediel C. Araujo Jr.

Advogado

61 PETIÇÃO RENUNCIANDO AO MANDATO JUDICIAL

Excelentíssimo Senhor Doutor Juiz de Direito da 3ª Vara Cível da Comarca de Mogi das Cruzes – São Paulo.

Processo nº 0000000-00.0000.0.00.0000
Ação de Despejo por Falta de Pagamento
Autor: G. S.
Réu: W. A. S.

Gediel Claudino de Araujo Júnior, brasileiro, casado, advogado, com escritório na Rua Adelino Torquato, nº 00, Parque Monte Líbano, cidade de Mogi das Cruzes-SP, CEP 00000-000, *onde recebe intimações* (*e-mail*: gediel@gsa.com.br), nos autos do processo em epígrafe, vem à presença de Vossa Excelência "renunciar", a pedido, o mandato concedido pelo réu, vez que este pretende constituir outro Advogado. Requer--se, portanto, seja o nome do subscritor desta riscado da contracapa.

Termos em que,
p. deferimento.

Mogi das Cruzes, 00 de outubro de 0000.

Gediel Claudino de Araujo Júnior
OAB/SP 000.000

62 PETIÇÃO REQUERENDO A JUNTADA DE DOCUMENTO

Excelentíssimo Senhor Doutor Juiz de Direito da 3ª Vara Cível da Comarca de Mogi das Cruzes – São Paulo.

Processo nº 0000000-00.0000.0.00.0000
Ação de Consignação em Pagamento

L. B. B. de F., já qualificada, por seu Advogado que esta subscreve (mandato incluso), com escritório na Rua Francisco Martins, nº 00, Centro, Mogi das Cruzes-SP, CEP 00000-000, *onde recebe intimações* (*e-mail*: gediel@gsa.com.br), nos autos do processo que move em face de **M. de S. M. B.**, vem à presença de Vossa Excelência requerer a juntada de comprovante de depósito judicial das obrigações em aberto, conforme autorizado por este douto Juízo.

Termos em que
p. deferimento.

Mogi das Cruzes, 00 de junho de 0000.

Gediel Claudino de Araujo Júnior
OAB/SP 000.000

63 PETIÇÃO REQUERENDO HABILITAÇÃO

Excelentíssimo Senhor Doutor Juiz de Direito da 3ª Vara Cível da Comarca de Mogi das Cruzes – São Paulo.

Processo nº 0000000-00.0000.0.00.0000

Ação de Despejo por Falta de Pagamento

Autora: P. R. A.

Réu: O. P. U. e/o

R. A. S., brasileira, casada, professora, portadora do RG 00.000.000-SSP/SP e do CPF 000.000.000-00, titular do *e-mail* ras@gsa.com.br, residente e domiciliada na Travessa Maria Augusta Pacheco de Abreu, nº 00, Vila Júlia, cidade de Mogi das Cruzes-SP, CEP 00000-000, e **J. A. S.**, brasileiro, solteiro, fiscal, portador do RG 00.000.000-SSP/SP e do CPF 000.000.000-00, titular do *e-mail* jas@gsa.com.br, residente e domiciliado na Avenida Niterói, nº 00, Vila Moraes, cidade de Mogi das Cruzes-SP, CEP 00000-000, ambos por seu Advogado que esta subscreve (mandato incluso), com escritório na Rua Francisco Martins, nº 00, Centro, Mogi das Cruzes-SP, CEP 00000-000, *onde recebe intimações* (*e-mail*: gediel@gsa.com.br), nos autos do processo em epígrafe, vem à presença de Vossa Excelência, na qualidade de únicos herdeiros da autora, que infelizmente faleceu no último dia 00.00.0000 (certidão de óbito anexa), requererem sua *habilitação*, a ser processada nos próprios autos (art. 689, CPC), no polo ativo do presente feito, fazendo-se as devidas correções e anotações.

Requerem, ademais, os benefícios da justiça gratuita, vez que se declaram pobres no sentido jurídico do termo, conforme declarações anexas.

Termos em que
p. deferimento.

Mogi das Cruzes, 00 de dezembro de 0000.

Gediel Claudino de Araujo Júnior
OAB/SP 000.000

64 PETIÇÃO REQUERENDO IMISSÃO DE POSSE EM RAZÃO DE O INQUILINO TER ABANDONADO O IMÓVEL LOCADO

Excelentíssimo Senhor Doutor Juiz de Direito da 3ª Vara Cível da Comarca de Mogi das Cruzes – São Paulo.

Processo nº 0000000-00.0000.0.00.0000
Ação de Despejo por Falta de Pagamento

        J. Q. N., já qualificado, por seu Advogado, que esta subscreve (mandato incluso), com escritório na Rua Ricardo Vilela, nº 00, Centro, cidade de Mogi das Cruzes-SP, CEP 00000-000, onde recebe intimações (*e-mail*: gediel@gsa.com.br), nos autos do processo que move em face de **O. T. V.**, vem à presença de Vossa Excelência informar que o réu, após a citação, abandonou intempestivamente o imóvel locado, mudando-se para lugar incerto ou não sabido. Destarte, requer-se seja expedido mandado de constatação e de imissão de posse a favor do locador, conforme permissivo do art. 66 da Lei nº 8.245/91.

        Termos em que
        p. deferimento.

        Mogi das Cruzes, 00 de fevereiro de 0000.

        Gediel Claudino de Araujo Júnior
        OAB/SP 000.000

65 PETIÇÃO REQUERENDO VISTA COM ESCOPO DE PREPARAR RESPOSTA

Excelentíssimo Senhor Doutor Juiz de Direito da 3ª Vara Cível da Comarca de Mogi das Cruzes – São Paulo.

Processo nº 0000000-00.0000.0.00.0000
Ação de Despejo por Falta de Pagamento

        L. F. S., já qualificado, por seu Advogado, que esta subscreve (mandato incluso), com escritório na Rua Ricardo Vilela, nº 00, Centro, cidade de Mogi das Cruzes-SP, CEP 00000-000, onde recebe intimações (*e-mail*: gediel@gsa.com.br), nos autos do processo que lhe move **J. V. F. P.**, vem à presença de Vossa Excelência requerer vista dos autos, fora do cartório, com escopo de que possa preparar sua resposta.

        Requer, outrossim, os benefícios da justiça gratuita, vez que se declara pobre no sentido jurídico do termo, conforme declaração anexa.

Cap. 6 • Modelos e formulários   255

Termos em que
p. deferimento.

Mogi das Cruzes, 00 de fevereiro de 0000.

Gediel Claudino de Araujo Júnior
OAB/SP 000.000

66   PROCURAÇÃO *AD JUDICIA* – PESSOA FÍSICA

PROCURAÇÃO *AD JUDICIA*

S. A. de A., brasileira, casada, professora, portadora do RG 000.000-0-SSP/SP e do CPF 000.000.000-00, residente e domiciliada na Rua José Urbano Sanches, nº 00, Vila Oliveira, cidade de Mogi das Cruzes-SP, CEP 00000-000, titular do *e-mail* saa@gsa.com.br, pelo presente instrumento de procuração, nomeia e constitui seu bastante procurador o **Dr. Gediel Claudino de Araujo Júnior**, brasileiro, casado, Advogado inscrito na OAB/SP sob o nº 000.000, com escritório na Rua Adelino Torquato, nº 00, Parque Monte Líbano, cidade de Mogi das Cruzes-SP, CEP 00000-000, titular do *e-mail* gediel@gsa.com.br, a quem confere amplos poderes para o foro em geral, com a cláusula *ad judicia*, em qualquer Juízo, Instância ou Tribunal, podendo propor contra quem de direito (*vide cláusula restritiva abaixo*) as ações competentes e defender nas contrárias, seguindo umas e outras, até decisão final, usando os recursos legais que se fizerem necessários e/ou oportunos. Conferindo-lhe, ainda, poderes especiais para confessar, desistir, transigir, firmar compromissos ou acordos, receber e dar quitação, agindo em conjunto ou separadamente, podendo ainda substabelecer esta em outrem, com ou sem reservas de iguais poderes, dando tudo por bom, firme e valioso.

Especialmente para: propor Ação Revisional de Aluguel em face de José Maria de Tal.

Mogi das Cruzes, 00 de maio de 0000.

67   PROCURAÇÃO PARA O JUÍZO (*AD JUDICIA*), PESSOA JURÍDICA[5]

PROCURAÇÃO *AD JUDICIA*

Sociedade Civil de Educação T. O., inscrita no CNPJ sob o nº 00.000.000/0000-00, titular do endereço eletrônico sociedadecivileducação@gsa.com, com sede na Rua Capitão Manoel Caetano, nº 00, Centro, cidade de Mogi das Cruzes-SP, CEP 00000-000, neste ato representada por seu Presidente, Prof. S. A. S., portador do RG 0.000.000-SSP/SP e do CPF 000.000.000-00, pelo presente instrumento de procuração, nomeia e constitui seu bastante procurador o **Dr. Gediel Claudino de Araujo**

---

[5] No caso de pessoas jurídicas de direito privado, o interessado deve sempre fornecer o contrato social e, quando necessário, a ata da assembleia que legitima a pessoa que firma o instrumento.

Júnior, brasileiro, casado, Advogado inscrito na OAB/SP sob o nº 000.000, com escritório na Rua Adelino Torquato, nº 00, Parque Monte Líbano, cidade de Mogi das Cruzes-SP, CEP 00000-000, a quem confere amplos poderes para o foro em geral, com a cláusula *ad judicia*, em qualquer Juízo, Instância ou Tribunal, podendo propor contra quem de direito (*vide cláusula restritiva abaixo*) as ações competentes e defender nas contrárias, seguindo umas e outras, até decisão final, usando os recursos legais que se fizerem necessários e/ ou oportunos. Conferindo-lhe, ainda, poderes especiais para confessar, desistir, transigir, firmar compromissos ou acordos, receber e dar quitação, agindo em conjunto ou separadamente, podendo ainda substabelecer esta em outrem, com ou sem reservas de iguais poderes, dando tudo por bom, firme e valioso.

> **Especialmente para**: propor Ação de Despejo por Denúncia Vazia contra S. D. B.

> Mogi das Cruzes, 00 de maio de 0000.

68 RECURSO DE AGRAVO DE INSTRUMENTO CONTRA DECISÃO QUE INDEFERIU PEDIDO DE LIMINAR EM AÇÃO DE DESPEJO

Excelentíssimo Senhor Doutor Desembargador Presidente do Egrégio Tribunal de Justiça do Estado de São Paulo.

M. A., brasileiro, divorciado (convivente), empresário, portador do RG nº 0.000.000-SSP/AL e do CPF nº 000.000.000-00, sem endereço eletrônico, residente e domiciliado na Rua Emilio Zapile, nº 00, Vila Oliveira, cidade de Mogi das Cruzes-SP, CEP 00000-000, por seu Advogado, que esta subscreve (mandato incluso), com escritório na Rua João Vicente Amaral, nº 00, Centro, Mogi das Cruzes-SP, CEP 00000-000, *onde recebe intimações* (e-mail: gediel@gsa.com.br), vem respeitosamente à presença de Vossa Excelência, não se conformando, *data venia*, com a r. decisão do *Meritíssimo Juiz de Direito da Segunda Vara Cível do Foro de Mogi das Cruzes-SP,* expedida nos autos da ação de despejo por falta de pagamento cumulada com cobrança de aluguéis e encargos que move em face de **B. N. J.,** da mesma **agravar por instrumento**, *com pedido liminar*, observando-se o procedimento dos arts. 1.015 a 1.020 do Código de Processo Civil, em conformidade com as inclusas razões.

Para tanto, junta cópia de "todo o processo" de primeiro grau (petição inicial e documentos que a acompanham, inclusive procuração outorgada pela parte, decisão ora agravada e a certidão de intimação). Deixa de juntar procuração *ad judicia* do agravado, vez que ainda não se deu sua citação nos autos.

O subscritor da presente petição DECLARA, sob as penas da lei, que todas as cópias que formam o presente instrumento CONFEREM com os originais (art. 425, IV, CPC).

Requer, portanto, seja o presente recurso recebido e regularmente processado.

Termos em que,

p. deferimento.

Mogi das Cruzes/São Paulo, 00 de abril de 0000.

Gediel Claudino de Araujo Júnior
OAB/SP 000.000

Razões do recurso

Processo nº 0000000-00.0000.0.00.0000

Ação de Despejo por Falta de Pagamento cc Cobrança

Segunda Vara Cível do Foro de Mogi das Cruzes-SP

Agravante: M. A.

Agravado: o Juízo/B. N. J.

Egrégio Tribunal
Colenda Câmara

Dos Fatos:

Em abril de 0000, o agravante ajuizou em face do réu ação de despejo por falta de pagamento cumulada com cobrança, asseverando que firmará contrato verbal de locação com ele, sem prazo certo, com aluguel mensal no valor de R$ 600,00 (seiscentos reais). Declarou, ademais, que o inquilino pagou de forma correta o aluguel nos primeiros seis meses (juntou-se cópia dos recibos), mas que se encontrava em mora com os aluguéis vencidos nos meses de fevereiro, março e abril do presente ano. Com a inicial, juntou cálculos do débito e requereu a concessão de tutela provisória, no sentido de que emitido liminarmente o mandado de despejo, visto que a locação não se encontra garantida.

Recebida a exordial, o douto Juízo agravado INDEFERIU o pedido liminar.

Em síntese, o necessário.

Da Liminar:

Ab initio, consoante permissivo do art. 1.019, inciso I, do Código de Processo Civil, *requer-se* seja deferido "liminar" no sentido de determinar, conforme permissivo do art. 59, § 1º, inciso IX, da Lei nº 8.245/91, a expedição de "mandado de despejo", determinando-se que o inquilino desocupe o imóvel locado no prazo de quinze dias.

A fumaça do bom direito (ou verossimilhança da alegação, ou relevância do fundamento da demanda) consubstancia-se na literalidade do permissivo legal citado, ou seja, é a Lei do Inquilinato que determina a expedição de mandado e de despejo no caso de locação sem garantia, como ocorre no presente caso.

O perigo da demora da tutela, *periculum in mora*, se evidencia justamente na falta de garantias do contrato de locação, ou seja, a cada mês que o inquilino ficar no imóvel, representa irreparável prejuízo para o proprietário, fato que demanda a urgência da tutela, conforme prevista na Lei do Inquilinato.

Do Mérito:

A respeitável decisão guerreada merece reparos. Com efeito, o douto Magistrado *a quo*, ao indeferir o pedido de tutela provisória argumentou, basicamente, que "no caso em tela, não há prova inequívoca de que a locação noticiada na exordial não esteja, de fato, garantida por qualquer das modalidades previstas no art. 37 da Lei nº 8.245/91".

Data vênia do entendimento expresso pelo ilustre Juiz, é da essência do contrato de locação verbal a inexistência de garantias; esse tipo de contrato, aceito pela legislação, reveste-se de natural informalidade, incompatível, portanto, com a adoção de qualquer das garantias previstas no art. 37 da LI, quais sejam: caução, fiança, seguro de fiança locatícia, cessão fiduciária de quotas de fundo de investimento.

Não é necessário grande esforço para concluir que a adoção de qualquer das garantias mencionadas exige, demanda, formalidades que são absolutamente incompatíveis com um contrato de locação verbal envolvendo pequeno imóvel, como no presente caso. De outro lado, exigir do locador a prova de fato negativo (inexistência de garantias), afronta a lógica jurídica; ninguém pode ser obrigado a provar o que não existe.

Além de afrontar a interpretação básica dos fatos apresentados, e mesmo a lógica jurídica, como se disse, a decisão agravada ainda afronta a boa índole do autor, visto que parte do princípio de que ele procurou a justiça com mentiras. Nesse caso, temos uma total inversão de valores, ou seja, todos são desonestos até prova em contrário. Não seria mais justo e até mais fácil acreditar, diante de fatos tão simples, que o autor está dizendo a verdade?

De qualquer forma, mesmo que se ignore a afronta à honra do recorrente que a decisão agravada aponta, temos que é não só improvável, mas verdadeiramente impossível que um contrato de locação verbal seja efetivamente garantido por uma das formas previstas no art. 37 da LI. Diante de tal evidência e considerando o permissivo legal previsto no art. 59, § 1º, inciso IX, da já referida Lei do Inquilinato, a faculdade do juiz é na verdade obrigação, a fim de evitar prejuízos irreparáveis ao locador (critério e decisão do próprio legislador).

Como se vê, de absoluto rigor a revisão urgente da decisão agravada.

Registre-se, por fim, que a caução foi prestada em dinheiro (depósito judicial), conforme documentos anexos.

Dos Pedidos:

Ante todo o exposto, requer-se o *provimento do presente recurso* com escopo de se determinar a imediata expedição do "mandado de despejo", a fim de que o inquilino desocupe o imóvel locado no prazo improrrogável de 15 (quinze) dias.

Termos em que,
p. deferimento.

Mogi das Cruzes/São Paulo, 00 de abril de 0000.

Gediel Claudino de Araujo Júnior
OAB/SP 000.000

69 RECURSO DE APELAÇÃO EM AÇÃO DE DESPEJO POR FALTA DE PAGAMENTO ARRIMADA EM ILEGITIMIDADE PASSIVA DA PARTE E INÉPCIA DA PETIÇÃO, REQUERENDO AINDA REVISÃO DOS HONORÁRIOS (RECORRENTE CURADOR ESPECIAL)

Excelentíssimo Senhor Doutor Juiz de Direito da 3ª Vara Cível da Comarca de Mogi das Cruzes – São Paulo.

Processo nº 0000000-00.0000.0.00.0000
Ação de Despejo por Falta de Pagamento cc Cobrança

C. de M., já qualificado, por seu Advogado, que esta subscreve (mandato incluso), com escritório na Rua Ricardo Vilela, nº 00, Centro, cidade de Mogi das Cruzes-SP, CEP 00000-000, onde recebe intimações (*e-mail*: gediel@gsa.com.br), "no exercício do *munus* de Curador Especial", nos autos do processo que lhe move **M. I. da C.,** vem perante Vossa Excelência, não se conformando, *data venia*, com a r. sentença de fls. 00/00, da mesma *apelar* para o Egrégio Tribunal de Justiça do Estado de São Paulo, consoante razões que apresenta anexo.

Requer, para tanto, seja o presente recurso recebido e regularmente processado.

Termos em que
p. deferimento.

Mogi das Cruzes, 00 de setembro de 0000.

Gediel Claudino de Araujo Júnior
OAB/SP 000.000

Razões do recurso

Processo nº 0000000-00.0000.0.00.0000
Terceira Vara Cível da Comarca de Mogi das Cruzes
Apelante: C. de M.

Apelado: M. I. da C.

Egrégio Tribunal
Colenda Câmara

Dos Fatos:

A recorrida ajuizou a presente ação de despejo por falta de pagamento cumulada com cobrança em face do réu asseverando, em apertada síntese, que ele estaria em atraso com suas obrigações locatícias desde outubro de 0000. Na inicial informou os cálculos de débito, fls. 00. Requereu, por fim, a rescisão do contrato de locação, determinando-se o despejo do inquilino e sua condenação ao pagamento do débito total de R$ 2.065,04 (dois mil, sessenta e cinco reais, quatro centavos), mais os encargos que se vencerem durante o processo.

Recebida a inicial, o douto Juízo de primeiro grau determinou a citação do réu para responder; contudo, o Sr. Oficial de Justiça constatou que o réu não mais morava no imóvel, fls. 00. A autora, então, pediu a citação por hora certa, que ocorreu na pessoa da companheira do réu, fls. 00, nomeando o Juízo o Advogado que esta subscreve para que apresentasse defesa, na qualidade de Curador Especial ao citado fictamente.

A curadoria especial ofertou contestação, fls. 00/00, alegando, em preliminar, carência da ação por ilegitimidade de parte e pedindo ainda o reconhecimento da inépcia da petição inicial em razão dos cálculos do débito não se apresentarem corretos.

Conclusos os autos, sobreveio a r. sentença recorrida, fls. 00/00.

Em síntese, os fatos.

Do Mérito:

A respeitável sentença guerreada, não obstante o conhecido brilhantismo de seu prolator, *não deve permanecer*, vez que não representa o melhor direito para o caso *sub judice*. Com efeito, não deveria, *data venia*, o douto Magistrado *a quo* ter afastado as preliminares levantadas pelo réu, como se verá:

Ilegitimidade do recorrente.

A sucessão no contrato de locação ocorre, como se sabe, *ex lege*, não havendo necessidade de a parte produzir prova neste sentido, não obstante tenha o Senhor Oficial de Justiça consignado que a companheira do apelante informou-o neste sentido. O Oficial, ao contrário do que observado pelo douto juiz sentenciante, disse textualmente que "**DEIXEI DE CITAR CÉLIO DE MACEDO, porque ele não está residindo atualmente no imóvel**", fls. 00.

Tal fato era e é de conhecimento do locador. Neste sentido, veja-se que em sua manifestação em réplica, fls. 00/00, ele pede o indeferimento da liminar, contudo não nega que tivesse ciência de que o Sr. "C" não mais residia no imóvel.

Nobre julgador, no imóvel objeto desta ação mora, segundo declarou o Senhor Oficial de Justiça, uma senhora e seus quatros filhos, e o senso comum de Justiça clama que a eles seja garantido o direito constitucional de defesa; isso só será possível se a ação de despejo a ela for dirigida.

Destarte, requer-se seja reconhecida a evidente ilegitimidade do recorrente, extinguindo-se o feito sem julgamento de mérito.

Da inépcia da petição inicial.

Ao contrário do afirmado pelo ilustre Juiz sentenciante, não basta que a petição inicial seja acompanhada dos cálculos do débito, é absolutamente necessário que os cálculos apresentados estejam CORRETOS, a fim de possibilitar eventual purgação da mora.

Cálculos superestimados, como aqueles apresentados pelo apelado, têm claramente o condão de "assustar" o inquilino e "desestimular" qualquer iniciativa no sentido da purgação do débito.

Como já argumentado na contestação, junto com a inicial, o locador deve apresentar cálculo discriminando o "correto" valor do débito; *id est*, os cálculos devem espelhar "exatamente" o que é devido, possibilitando, desta forma, à locatária a purgação da mora. *In casu*, o apelado não agiu como determina a lei, ao contrário, de maneira desarrazoada apresentou na inicial cálculos claramente indevidos, colimando, com certeza, inviabilizar o direito da apelante de purgar a mora, quitando suas obrigações.

Como é cediço, a mora do locatário não pode servir de fonte de riqueza para o locador; não pode amparar pretensões ilegais. A jurisprudência, à unanimidade, determina, nestes casos, seja a ação declarada improcedente, *in verbis*:

"A menção, na inicial, de quantia superior a devida acarreta improcedência da ação de despejo (RT 712/191, 714/169, JTAERGS 91/331)."

Dos Honorários Advocatícios

Como se viu acima, o presente feito deveria ter sido extinto sem julgamento de mérito, em razão da *ilegitimidade da parte* e *inépcia da petição inicial*, vez que o locador não apresentou os cálculos corretos do débito, conforme determinação da Lei do Inquilinato.

Entretanto, mesmo que se desse razão ao ilustre Magistrado de primeiro grau, o que se aceita apenas para contra-argumentar, merece expressa impugnação a condenação do apelante a pagar honorários advocatícios no patamar de 20% (vinte por cento) sobre o valor da condenação.

Com escopo de delimitar corretamente a matéria, pede-se vênia para citar-se expressamente o art. 85 do CPC:

Art. 85. A sentença condenará o vencido a pagar honorários ao advogado do vencedor.

§ 1º São devidos honorários advocatícios na reconvenção, no cumprimento de sentença, provisório ou definitivo, na execução, resistida ou não, e nos recursos interpostos, cumulativamente.

§ 2º Os honorários serão fixados entre o mínimo de dez e o máximo de vinte por cento sobre o valor da condenação, do proveito econômico obtido ou, não sendo possível mensurá-lo, sobre o valor atualizado da causa, atendidos:

I – o grau de zelo do profissional;

II – o lugar de prestação do serviço;

III – a natureza e a importância da causa;

IV – o trabalho realizado pelo advogado e o tempo exigido para o seu serviço.

Data venia, o presente feito não apresenta elementos de dificuldades que justifiquem a condenação do apelante a pagar honorários no importe imposto pelo sentenciante. De fato, o processo trata de assunto de pouca complexidade, com trâmite rápido e na comarca em que se situa o escritório do Advogado que representa os apelados.

Destarte, na eventualidade de ser mantida a procedência do pedido, o que se aceita apenas para contra-argumentar, há que se reduzir o valor da condenação para 10% (dez por cento) sobre o valor da condenação.

Ante o exposto, e mais pelas razões que este Egrégio Tribunal saberá lançar sobre o tema, *requer-se o provimento do presente recurso*, com o escopo de extinguir-se o presente feito sem julgamento de mérito, ou no caso de mantença da r. sentença, rever-se valor fixado a título de honorários advocatícios, que deverá ser alterado para 10% (dez por cento) do valor da condenação.

Termos em que
p. deferimento.

Mogi das Cruzes, 00 de setembro de 0000.

Gediel Claudino de Araujo Júnior
OAB/SP 000.000

70 RECURSO DE APELAÇÃO EM AÇÃO DE DESPEJO POR FALTA DE PAGAMENTO EM RAZÃO DE REJEIÇÃO DA PRELIMINAR DE INÉPCIA DA INICIAL

Excelentíssimo Senhor Doutor Juiz de Direito da 3ª Vara Cível da Comarca de Mogi das Cruzes – São Paulo.

Processo nº 0000000-00.0000.0.00.0000

Ação de Despejo Por Falta de Pagamento cc. cobrança

V. A. N., já qualificada, por seu Advogado, que esta subscreve (mandato incluso), com escritório na Rua Ricardo Vilela, nº 00, Centro, cidade de Mogi das Cruzes-SP, CEP 00000-000, onde recebe intimações (*e-mail*: gediel@gsa.com.br), nos autos do processo que lhe move **M. L. N.**, vem perante Vossa Excelência, não se conformando, *data venia*, com a respeitável sentença de fls. 80/85, da mesma *apelar* para o *Egrégio Tribunal de Justiça do Estado de São Paulo*, consoante razões que apresenta anexo.

Requer, para tanto, seja o presente recurso recebido e regularmente processado.

Termos em que
p. deferimento.

Mogi das Cruzes, 00 de setembro de 0000.

Gediel Claudino de Araujo Júnior
OAB/SP 000.000

Razões do recurso

Processo nº 0000000-00.0060.0.00.0000
Ação de despejo por falta de pagamento cc. cobrança
Terceira Vara Cível da Comarca de Mogi das Cruzes
Apelante: V. A. N.
Apelada: M. L. N.

Egrégio Tribunal
Colenda Câmara

Dos Fatos:

Em 0 de junho de 0000, a apelada ajuizou em face da apelante ação de despejo por falta de pagamento cumulada com cobrança, asseverando, em síntese, que a locatária estava em atraso com suas obrigações locatícias.

A apelante ofertou contestação discordando dos cálculos do valor devido, requerendo, então, a improcedência do pedido.

A douta Magistrada *a quo*, em sentença de fls. 80/85, decretou o despejo da locatária, condenando-a, ademais, ao pagamento dos aluguéres e demais encargos da locação.

Em síntese, os fatos.

Do Mérito:

A sentença, ora recorrida, da douta Magistrada *a quo*, respeitável, sem dúvida, não deve, no entanto, permanecer, vez que não representa o melhor direito para o caso.

Os cálculos ofertados pela locadora, na inicial, estavam flagrantemente inchados.

Buscava, a apelada, com certeza, inviabilizar a purgação da mora. Deixou, então, de atender o que determina o art. 62, inciso I, da Lei nº 8.245/91 (LI), *in verbis*:

"I – o pedido de rescisão da locação poderá ser cumulado com o pedido de cobrança dos aluguéis e acessórios da locação; nesta hipótese, citar-se-á o locatário para responder ao pedido de rescisão e o locatário e os fiadores para responderem ao pedido de cobrança, devendo ser apresentado, com a inicial, cálculo discriminado do valor do débito." (*Redação dada pela Lei nº 12.112/09*)

A r. sentença guerreada reconheceu tal fato, *id est*, que os cálculos estavam errados, em excesso, no entanto, procurou convalidar o feito, determinando a elaboração de novos cálculos e, por fim, acabou por decretar o despejo da locatária.

Agindo desta maneira, a Magistrada *a quo* exorbitou de suas funções, tomando iniciativa que deveria ter partido, exclusivamente, da autora.

Remansosa jurisprudência já decidiu que, em casos como os destes autos, a ação deve ser declarada improcedente, *in verbis*:

"A menção, na inicial, de quantia superior à devida acarreta a improcedência da ação de despejo (*RT* 712/191, 714/169, *JTAERGS* 91/331)."

Ante o exposto, requer-se o *provimento do presente recurso*, com o escopo de decretar-se a improcedência da ação de despejo e cobrança.

Termos em que
p. deferimento.

Mogi das Cruzes, 00 de setembro de 0000.

Gediel Claudino de Araujo Júnior
OAB/SP 000.000

71 RECURSO DE APELAÇÃO EM AÇÃO DE DESPEJO POR FALTA DE PAGAMENTO SOB ARRIMO DE NULIDADE DA SENTENÇA DE PRIMEIRO GRAU

Excelentíssimo Senhor Doutor Juiz de Direito da 3ª Vara Cível da Comarca de Mogi das Cruzes – São Paulo.

Processo nº 0000000-00.0000.0.00.0000
Ação de despejo por falta de pagamento cc. cobrança

A. N. D., já qualificado, por seu Advogado, que esta subscreve (mandato incluso), com escritório na Rua Ricardo Vilela, n° 00, Centro, cidade de Mogi das Cruzes-SP, CEP 00000-000, onde recebe intimações (*e-mail*: gediel@gsa.com.br), atuando na qualidade de Curador Especial regularmente nomeado pelo Juízo, nos autos do processo que lhe move **L. A. T.**, vem perante Vossa Excelência não se conformando, *data venia*, com a r. sentença de fls. 00/00 e 00, da mesma *apelar* para o *Egrégio Tribunal de Justiça do Estado de São Paulo*, consoante razões que apresenta anexo.

Requer, para tanto, seja o presente recurso recebido e regularmente processado.

Termos em que
p. deferimento.

Mogi das Cruzes, 00 de novembro de 0000.

Gediel Claudino de Araujo Júnior
OAB/SP 000.000

Razões do recurso

Processo n° 0000000-00.0000.0.00.0000
Ação de Despejo por falta de pagamento cc. cobrança
Terceira Vara Cível da Comarca de Mogi das Cruzes
apelante: A. N. D. (p/ curador especial)
apelada: L. A. T.

Egrégio Tribunal
Colenda Câmara

Dos Fatos:

Em 00 de setembro de 0000, a apelada ajuizou em face do apelante ação de despejo por falta de pagamento cumulada com cobrança, asseverando, em síntese, que o locatário estava em atraso com suas obrigações locatícias.

Efetuou-se a citação do locatário por hora certa, fls. 19, nomeando o Juízo *a quo*, em obediência ao que determina o art. 9°, inciso II, do Código de Processo Civil, Curador Especial para defender os interesses do citado. Regularmente intimado, o profissional que esta subscreve ofereceu contestação por negação geral, fls. 25/26.

Não havendo provas a produzir, houve o julgamento antecipado do processo, decretando-se a rescisão do contrato de locação e a condenação do apelante ao pagamento dos encargos pendentes, fls. 34/35.

Intimado da decisão, o apelante interpôs embargos de declaração, asseverando que a r. sentença fora omissa quanto ao valor da caução para o caso de eventual execução provisória, conforme determina o art. 63, § 4°, e art. 64 da Lei n° 8.245/91 (LI).

Em nova decisão, fls. 42, o Magistrado *a quo* não acolheu os embargos, argumentando que a questão só interessava ao locador "se e quando houver pretensão executória", condenando, ainda, o embargante por litigância de má-fé a pagar indenização que fixou em dez (10%) por cento sobre o valor atualizado da inicial.

Em síntese, os fatos.

Da Nulidade da r. Sentença:

A r. sentença de fls. 34/35, a qual se integra a decisão de fls. 42, deve ser declarada nula na sua totalidade, conforme se demonstrará.

Inicialmente, é necessário se mostrar o engano da decisão de fls. 42, que deixou de acolher os embargos de declaração, fls. 37/38, condenando, ademais, o embargante a pagar indenização por litigância de má-fé.

O não acolhimento do embargo se deu sob o argumento de que o tema só interessaria ao locador e não ao locatário, tendo o douto Magistrado se expressado da seguinte forma, *in verbis*: "[...] o tema só interessa ao locador, não se justificando, portanto, venha a locatária suscitar o incidente que, assim se revela manifestamente protelatório".

Data venia, o referido argumento é totalmente equivocado.

É cediço que o recurso interposto contra sentença em ação de despejo terá, de regra, tão somente o efeito devolutivo, consoante norma do inciso V, do art. 58, da Lei nº 8.245/91 (LI). Destarte, pergunta-se: *a quem aproveita a fixação da caução prevista no § 4º, do art. 63, da LI?*

Apesar de a resposta a esta questão ser extremamente óbvia, a decisão de fls. 42 nos obriga a explicar o que salta aos olhos, ou seja, a caução, que, de regra, é requisito da sentença em ação de despejo (art. 63, § 4º, LI), representa uma segurança dos eventuais prejuízos advindos ao locatário no caso de reforma da sentença que rescindiu o contrato de locação, justamente por falta do efeito suspensivo. Em outras palavras, a caução é unicamente do interesse e em benefício do locatário, em claro detrimento do locador, que é quem deve prestá-la.

Dessarte, a interposição do referido embargo de declaração teve como escopo a defesa dos justos interesses do apelante e, como se demonstrou, feito ao amparo na Lei. Poderia, é claro, ser indeferido, mas nunca sob o argumento de falta de legitimidade do locatário para buscar a fixação da caução, como se fez na decisão de fls. 42.

Agindo dentro dos limites da lei e na defesa de seus interesses, o apelante não poderia, como foi, ser acusado de estar litigando de má-fé, causando protelamento do feito. Em verdade, se alguém causou injustificado retardamento do feito foi o próprio Magistrado *a quo*, que, segundo o art. 1.024 do CPC, deveria tê-los julgados no prazo de cinco dias, não em trinta e dois como acabou fazendo.

O mestre Nelson Nery Junior, na sua obra *Código de Processo Civil Comentado*, editora Revista dos Tribunais, 3ª edição, ensina, com razão, que a decisão que julga os embargos de declaração tem natureza integrativa, *id est*, passa a fazer parte, por assim dizer, da própria sentença. Sendo assim, os erros na fundamentação da decisão de fls. 42, demandam sua completa nulidade.

Do Mérito:

Ultrapassado, eventualmente, o pedido de nulidade da r. sentença de fls. 34/35 e 42, no mérito, não aguarda à apelante melhor sorte, visto que os cálculos do débito ofertados pela locadora na petição inicial estão flagrantemente incorretos, visando, com certeza, inviabilizar eventual purgação da mora.

O art. 62, inciso I, da Lei nº 8.245/91 (LI), determina que a petição inicial deve apresentar cálculo discriminado do valor do débito, *in verbis*:

"I – o pedido de rescisão da locação poderá ser cumulado com o pedido de cobrança dos aluguéis e acessórios da locação; nesta hipótese, citar-se-á o locatário para responder ao pedido de rescisão e o locatário e os fiadores para responderem ao pedido de cobrança, devendo ser apresentado, com a inicial, cálculo discriminado do valor do débito." (*Redação dada pela Lei nº 12.112/09*)

Não basta, entretanto, apresentar os cálculos, é necessário que estejam corretos, ou seja, que espelhem tão somente o que é devido pelo locatário, possibilitando, desta forma, a purgação da mora.

No caso presente, a apelada não agiu como manda o preceito legal, ao contrário, de maneira desarrazoada apresentou na inicial cálculos claramente indevidos, colimando, com certeza, inviabilizar o direito do apelante de purgar a mora. As irregularidades são muitas, começando pela cobrança indevida de juros e da inclusão das custas e honorários advocatícios nos cálculos.

Remansosa jurisprudência já decidiu que, em casos como os destes autos, a ação deve ser declarada improcedente, *in verbis*:

"A menção, na inicial, de quantia superior à devida acarreta a improcedência da ação de despejo (RT 712/191, 714/169, JTAERGS 91/331)."

Nos termos do art. 319, inciso VII, do CPC, o requerente registra que "não se opõe à designação de audiência de conciliação".

Ante o exposto, requer-se o *provimento do presente recurso*, com o escopo de decretar-se a nulidade da r. sentença de primeiro grau, visto que viciada na sua fundamentação, mormente quanto ao pedido de fixação da caução prevista no § 4º, art. 63, da Lei nº 8.245/91, afastando, de qualquer forma, a condenação ao pagamento da multa por litigância de má-fé, que efetivamente não ocorreu, ou, ainda, reduzindo a referida multa aos limites impostos pelos §§ 2º e 3º do art. 1.026, do CPC. No mérito, no caso improvável de ser declarada regular a r. sentença, requer-se o provimento do recurso, a fim de que seja decretada a improcedência da ação de despejo cumulada com cobrança, em razão da incorreção dos cálculos apresentados com a petição inicial.

Termos em que
p. deferimento.

Mogi das Cruzes, 00 de novembro de 0000.

Gediel Claudino de Araujo Júnior
OAB/SP 000.000

72 RECURSO ESPECIAL EM AÇÃO DE DESPEJO

Excelentíssimo Senhor Doutor Juiz Presidente do Egrégio Tribunal de Justiça do Estado de São Paulo.

Apelação nº 0000000-00.0000.0.00.0000
Primeira Câmara de Direito Privado

L. R. S. G., já qualificado, por seu Advogado, que esta subscreve (mandato incluso), com escritório na Rua Ricardo Vilela, nº 00, Centro, cidade de Mogi das Cruzes-SP, CEP 00000-000, onde recebe intimações (*e-mail*: gediel@gsa.com.br), nos autos da apelação cível em epígrafe, que move em face de **R. B. W.**, vem à presença de Vossa Excelência, não se conformando, *data venia*, com o r. acórdão de fls. 00/00, interpor ***recurso especial*** para o *Superior Tribunal de Justiça*, com arrimo no art. 105, inciso III, letra "a", da Constituição Federal, em conformidade com as inclusas razões.

Requer, para tanto, seja o presente recurso recebido e regularmente processado.

Termos em que
p. deferimento.

São Paulo, 00 de fevereiro de 0000.

Gediel Claudino de Araujo Júnior
OAB/SP 000.000

Razões do recurso

Apelação nº 0000000-00.0000.0.00.0000
recorrente: L. R. S. G.
recorrido: R. B. W.

Egrégio Tribunal
Eméritos Julgadores

Dos Fatos:

Em 00 de novembro de 0000, o recorrido ajuizou ação de despejo por falta de pagamento em face do recorrente, alegando, em síntese, que o locatário não vinha cumprindo suas obrigações locatícias.

Citado, fls. 00, o recorrente contestou o pedido, asseverando que a purgação da mora era impossível, visto que os valores requeridos na exordial pelo locador estavam em excesso.

A sentença de primeiro grau, fls. 00/00, julgou a ação procedente, decretando a rescisão do contrato de locação e o despejo do inquilino, fundamentada na falta de purgação tempestiva da mora e na declarada situação fática de inadimplência.

Inconformado, o recorrente apelou para o Egrégio Tribunal de Alçada do Estado de São Paulo, que, conhecendo o recurso, não lhe deu provimento, argumentando que o locatário deveria ter efetuado o depósito do valor que entendia incontroverso.

Em síntese, os fatos.

Do Cabimento do Recurso Especial:

Como já demonstrado, a decisão que rescindiu o contrato de locação em razão da falta do depósito do valor incontroverso contraria expressamente os incisos I e II, do art. 62, da Lei nº 8.245/91 (LI), que oferece tão somente duas opções ao inquilino, quais sejam: (a) purgar a mora; (b) contestar. Destarte, o recurso especial se mostra como o meio adequado para reformar o r. acórdão, fls. 00/00.

Do Mérito:

O respeitável acórdão, fls. 00/00, não pode permanecer, vez que contraria expressa disposição de lei federal.

De fato, o recorrente estava em atraso com suas obrigações locatícias, porém também é verdade que o locador, aproveitando-se desta situação, ao ajuizar ação de despejo, exagerou nos cálculos dos valores que seriam devidos, provavelmente buscando inviabilizar a purgação da mora.

O r. acórdão, acatando as razões da sentença de primeiro grau, entendeu que o recorrente deveria ter efetuado o depósito do valor que entendia incontroverso. Tal decisão, *data venia*, não encontra respaldo no ordenamento jurídico.

O art. 62, inciso II, da Lei nº 8.245/91, é de clareza diáfana, *ita lex dicit*:

"II – o locatário e o fiador poderão evitar a rescisão da locação efetuando no prazo de 15 (quinze) dias, contado da citação, o pagamento do débito atualizado, independentemente de cálculo e mediante depósito judicial incluídos:" (*Redação dada pela Lei nº 12.112/09*)

Veja-se bem, leia-se com cautela, em nenhum momento a lei faculta à parte a purgação parcial do que é cobrado, ou, ainda, sugere ou determina que assim se proceda. O texto expresso da lei permite, tão somente, duas opções: (a) purgar a mora; (b) contestar.

Diante do texto expresso da lei, seria correto exigir, como fez o r. acórdão, que o locatário, ao contestar o feito, fizesse, ademais, o depósito do valor que entendia ser correto, incontroverso? Estaria, desta forma, subordinado a uma condição de procedibilidade o direito de contestação do locatário?

Em outras palavras, criou-se uma nova norma: só pode contestar excesso de cobrança o inquilino que, primeiramente, fizer o depósito do valor incontroverso.

Esta determinação pode até parecer razoável, contudo, como visto, não encontra respaldo na Lei do Inquilinato, e a Constituição Federal, no seu art. 5º, inciso II, é clara quando assevera que "ninguém será obrigado a fazer ou deixar de fazer alguma coisa senão em virtude de lei".

Na verdade, o que se percebe no r. acórdão é um posicionamento jurisprudencial sobre o assunto, que se resume na citada lição de Sílvio de Salvo Venosa, onde diz entender que a lei "admite" que o devedor pague o que entender incontroverso.

De fato, a posição do eminente jurista parece, nos seus termos, até razoável. Entretanto, desta conclusão que "admite" o depósito, passar-se a exigi-lo, existe uma distância abismal, intransponível, visto que só a lei pode exigir, comandar, determinar.

De qualquer forma, de modo geral, a conclusão esposada pelo r. acórdão não se coaduna com o espírito da Lei do Inquilinato, que no inciso I, do art. 62, expressamente exige que na petição inicial seja apresentado o cálculo discriminado do valor do débito.

Pacífica jurisprudência já se firmou no sentido de que "a menção, na inicial, de quantia superior à devida acarreta a improcedência da ação de despejo" (*RT* 712/191, 714/169, *JTAERGS* 91/331).

Sobre a matéria, o ilustre juiz Amaral Vieira já se manifestou com extrema lucidez, *in verbis*: "A falta de pagamento constitui fundamento do pedido de despejo, sendo necessária, para que o locatário possa exercer seu direito de purgar a mora, a indicação precisa de valores devidos, não amparando o locador o art. 62, III, da Lei nº 8.245/91, que não se presta a corrigir eventuais incorreções do pedido inicial ou escoimar seus excessos" (2º TACIVIL, Ap. 371.558; 4ª Câm.; j. 12-4-1994).

Como se vê, diante da cobrança excessiva dos valores locatícios, o recorrente tomou a atitude que entendeu adequada, qual seja, contestou o feito, requerendo, com arrimo na lei e na jurisprudência, a improcedência do feito por excesso de cobrança. Não efetuou o depósito dos valores que entendia serem corretos, porque assim não lhe manda a Lei do Inquilinato.

Ante o exposto, requer-se o provimento do presente recurso, com escopo de decretar-se a improcedência da ação de despejo por falta de pagamento ajuizada pelo recorrido, em razão da incorreção dos cálculos apresentados na exordial.

Termos em que
p. deferimento.

São Paulo, 00 de fevereiro de 0000.

Gediel Claudino de Araujo Júnior
OAB/SP 000.000

73 RECURSO EXTRAORDINÁRIO CONTRA ACÓRDÃO PROFERIDO EM EXECUÇÃO ARRIMADA EM CONTRATO DE LOCAÇÃO

Excelentíssimo Senhor Doutor Desembargador Presidente do Egrégio Tribunal de Justiça do Estado de São Paulo.

Agravo de Instrumento nº 0000000-00.0000.0.00.0000
Órgão Julgador: 00ª Câmara de Direito Privado

M. G. de L. e outra, já qualificados, por seu Advogado que esta subscreve (mandato incluso), com escritório na Rua José Urbano Sanches, nº 00, Vila Oliveira, cidade de Mogi das Cruzes/SP, EP 00000-000, onde recebe intimações (*e-mail*: gediel@gsa. com.br), nos autos do agravo de instrumento que move em face de **D. C. de A.**, também já qualificado nos autos, vem à presença de Vossa Excelência, não se conformando, *data venia*, com o r. acórdão de fls. 000/000, que declarou válida penhora do "bem de família" de propriedade dos recorrentes, fiadores de contrato de locação, interpor, com fundamento no art. 102, inc. III, alínea "a", da Constituição Federal, o presente ***recurso extraordinário*** para o Egrégio Supremo Tribunal Federal, em conformidade com as inclusas razões.

Requer, para tanto, seja o presente recurso recebido e regularmente processado, observando-se que os recorrentes são beneficiários da justiça gratuita.

Mogi das Cruzes/São Paulo, 00 de outubro de 0000.

Gediel Claudino de Araujo Júnior
OAB/SP 000.000

Razões do recurso

Agravo de Instrumento nº 0000000-00.0000.0.00.0000
Órgão Julgador: 00ª Câmara de Direito Privado
Recorrentes: M. G. de L. e outra
Recorrido: D. C. de A.

Egrégio Tribunal
Nobres Julgadores

Dos Fatos:

O recorrido ajuizou em face dos recorrentes processo de execução de título extrajudicial, asseverando, em apertada síntese, que estes seriam responsáveis, na qualidade de fiadores, de débito total no valor de R$ 35.247,85 (trinta e cinco mil, duzentos e quarenta e sete reais, oitenta e cinco centavos), referente a alugueres, imposto predial, multa moratória, juros, correção monetários e outros débitos que indicou.

Citados, os executados não efetuaram o pagamento do débito por total e completa impossibilidade financeira.

A pedido do exequente, tentou-se então a penhora *on-line*, que restou negativa, fls. 00/00. Em seguida, o mesmo credor requereu a penhora do imóvel onde residem os devedores, sendo atendido pelo juízo de primeiro grau, que determinou a lavratura do competente termo, seu registro junto ao cartório de imóveis e a intimação dos interessados.

O juízo de primeiro grau afastou, com arrimo na exceção prevista no art. 3º, inciso VII, da Lei nº 8.009/90, o pedido dos executados, mantendo a penhora do imóvel e determinando prosseguir com os trâmites a sua alienação.

Inconformados, os recorrentes interpuseram contra a referida decisão o presente agravo de instrumento, argumentando, em síntese, sobre a inconstitucionalidade do inciso VII do art. 3º da Lei nº 8.009/90, por ofensa ao direito social à moradia, ou seja, por ofensa ao art. 6º, *caput*, da Constituição Federal; argumentaram, ainda, ofensa ao princípio da dignidade da pessoa humana, previsto no art. 1º, inciso III, da Constituição Federal.

O Egrégio Tribunal de Justiça do Estado de São Paulo conheceu o recurso, porém lhe negou provimento, dando por regular a penhora sob o argumento de ser constitucional o inciso VII do art. 3º da Lei nº 8.009/90, concluindo que os fiadores de contrato de locação respondem com todo o seu patrimônio por débito advindo do referido contrato.

Estes os fatos.

Do Cabimento do Recurso Extraordinário:

Segundo a Constituição Federal, no seu art. 102, inc. III, alínea "a", *"compete ao Supremo Tribunal Federal, precipuamente, a guarda da Constituição, cabendo-*

-lhe: III – *julgar, mediante recurso extraordinário, as causas decididas em única ou última instância, quando a decisão recorrida: a) contrariar dispositivo desta Constituição".*

O respeitável acórdão de fls. 000/000, que negou provimento ao recurso de agravo de instrumento dos recorrentes contraria expressamente, como se demonstrará no item "do mérito" deste recurso, os artigos 1°, inciso III, e 6°, *caput*, da Constituição Federal; ou seja, a decisão que deu por regular a penhora do único imóvel dos recorrentes ("bem de família"), afronta conjuntamente o princípio constitucional da dignidade da pessoa humana e o direito social à moradia, visto que os alija do único imóvel que possuem, deixando-os sem possibilidade de sobrevivência digna.

Note-se que nos autos não há qualquer dúvida sobre ser o imóvel penhorado o único bem dos devedores, também não há qualquer dúvida sobre sua vulnerabilidade social, fatos que foram provados com farta documentação, sendo os recorrentes pessoas idosas, carentes e com saúde precária. Não havendo dúvidas sobre as informações básicas dos autos (existência do débito; natureza da obrigação, no caso fiança; ser o imóvel penhorado bem de família; vulnerabilidade social dos recorrentes), resta a controvérsia da constitucionalidade, ou não, do inciso VII do art. 3° da Lei n° 8.009/90.

O acórdão recorrido entendeu, de forma equivocada, ao ver dos devedores, por constitucional a exceção que permite a penhora do bem de família do fiador, sendo esta a questão constitucional que se pretende ver apreciada por meio do presente recurso extraordinário.

O Ministro Marco Aurélio, quando do julgamento do RE 845779-RG, declarou que "*diferentemente do imenso varejo de miudezas que ainda ocupam o tempo desta Corte, as teses ora discutidas inserem-se na órbita de uma das missões precípuas das Cortes Constitucionais contemporâneas: a definição do alcance dos direitos fundamentais*" (grifo nosso).

Outra não é a pretensão do presente recurso a não ser ver declarado e reconhecido o alcance das normas constitucionais inscritas nos artigos 1°, inciso III, e 6°, *caput*, da Constituição Federal, daí do cabimento do presente recurso.

Da Repercussão Geral:

Informa o § 2° do art. 1.035 do Código de Processo Civil que "*o recorrente deverá demonstrar a existência de repercussão geral*"; e o § 1° do mesmo artigo diz que, "*para efeito de repercussão geral, será considerada a existência ou não de questões relevantes do ponto de vista econômico, político, social ou jurídico que ultrapassem os interesses subjetivos do processo*".

Segundo a doutrina da professora Teresa Arruda Alvim Wambier, expressa no livro de sua coautoria, *Primeiros Comentários ao Novo Código de Processo Civil* (editora Revista dos Tribunais, edição de 2015), ao comentar o citado artigo 1.035 do CPC, trata-se de "conceito vago, cujos contornos hão de ser permanentemente desenhados pela jurisprudência do STF". Juntamente com outros, aponta, no entanto, que a ideia central é que o recorrente demonstre que o tema tratado ultrapassa os interesses individuais, que ele repercute fora do processo.

Partindo desses parâmetros, é forçoso reconhecer que o tema tratado, qual seja, possibilidade ou não de penhora do "bem de família" do fiador, possui relevância do ponto vista econômico, político, social e jurídico, isto porque o assunto afeta um número incontável de famílias. Nesse sentido, registre-se que é fato notório a existência de milhares de ações pelo Brasil afora nas quais se debate essa questão, normalmente onde se defende cidadãos em situação de vulnerabilidade social contra a ilegalidade, ou melhor, inconstitucionalidade e até a "frieza" do inciso VII do art. 3º da Lei nº 8.009/90, que, ignorando as dificuldades que uma economia em constante mutação põe a população mais pobre da nação, possibilita que a execução de uma simples dívida coloque o devedor na "rua", tirando-lhe um dos direitos mais fundamentais, qual seja, o da "moradia", contribuindo assim para afronta imperdoável da sua dignidade.

Do Mérito:

Inconstitucional o inciso VII do art. 3º da Lei nº 8.009/90, que permite, inclusive, a penhora do "bem de família" do fiador.

Não se questiona o direito do credor receber, mas a expropriação de bens do devedor tem que ter limites, mormente numa sociedade que declara no artigo 1º da sua Constituição o seguinte:

Art. 1º da CF: A República Federativa do Brasil, formada pela união indissolúvel dos Estados e Municípios e do Distrito Federal, constitui-se em Estado Democrático de Direito e tem como fundamentos:
I – a soberania;
II – a cidadania;
III – a *dignidade da pessoa humana*;

A professora Flávia Piovesan declara, na sua obra *Direitos Humanos e o Direito Constitucional Internacional* (editora Max Limonad, 4ª edição), que a dignidade da pessoa humana "*está erigida como princípio matriz da Constituição, imprimindo-lhe unidade de sentido, condicionando a interpretação das suas normas e revelando-se, ao lado dos Direitos e Garantias Fundamentais, como cânone constitucional que incorpora as exigências de justiça e dos valores éticos, conferindo suporte axiológico a todo o sistema jurídico brasileiro*". Em seguida, a mesma autora é ainda mais clara e direta sobre o tema ao declarar que "*é no valor da dignidade da pessoa humana que a ordem jurídica encontra seu próprio sentido, sendo seu ponto de partida e seu ponto de chegada, na tarefa de interpretação normativa*".

Em outras palavras, a exegese da norma jurídica demanda que o intérprete, no caso o juiz, qualquer juiz, em qualquer instância, tome o cuidado de adotar interpretação que conserve, ou melhor, não afronte os direitos fundamentais do cidadão.

Inegável que a interpretação extensiva do inciso VII do art. 3º da Lei nº 8.009/90, com escopo de permitir a penhora de todos os bens do fiador, inclusive os bens de família, ofende diretamente o princípio da dignidade da pessoa humana insculpido no inciso III do artigo 1º da Constituição Federal. Para se confirmar esse raciocínio, não é preciso muito esforço, basta se colocar no lugar da pessoa que está prestes a perder a sua residência, o seu lar, e imaginar, por um momento, as consequências monumentais para esse cidadão e para a sua família, que serão despejados e humilhados pela ordem judicial.

Falidos, idosos, doentes e, segundo a interpretação que até aqui se adotou, despejados.

Disse a professora Flávia que o princípio da dignidade da pessoa humana é onde a "ordem jurídica encontra seu próprio sentido"; obviamente não nesse caso, pelo menos até aqui.

Não se nega ao credor o direito de cobrar, de querer receber, de fazer cumprir o contrato firmado entre as partes, mas esse procedimento não pode levar à perda do "bem de família" do devedor, pela simples razão de que tal atitude vai muito além do razoável; pela simples razão de que isso AFRONTA um dos princípios fundamentais da sociedade brasileira; pela simples razão de que isso AFRONTA nosso senso de justiça; pela simples razão de que isso NOS ENVERGONHA como País, como sociedade.

O direito de cobrar do credor tem limites e o limite é, segundo a Constituição Federal, a dignidade humana do devedor.

Em ordem com o princípio da dignidade humana, temos ainda o direito fundamental à moradia. Nesse sentido, o *caput* do artigo 6º da Constituição Federal:

Art. 6º da CF: São direitos sociais a educação, a saúde, a alimentação, o trabalho, a moradia, o transporte, o lazer, a segurança, a previdência social, a proteção à maternidade e à infância, a assistência aos desamparados, na forma desta Constituição.

Essa Egrégia Corte já debateu sobre o tema do "direito à moradia", concluindo que se trata de direito abstrato, que demanda regulamentação, ainda não ocorrida.

Veja-se, no entanto, que a questão submetida a juízo nesse processo não busca a obtenção de moradia para os recorrentes; o feito não trata de obrigação de fazer contra o Estado, com escopo de garantir ao cidadão uma moradia (direito mínimo de dignidade humana, ainda não regulamentada, como se disse). A questão é bem outra, e para tanto não demanda qualquer regulamentação. Na verdade, o que se busca proteger, conjuntamente com o princípio da dignidade da pessoa humana, é a moradia que o cidadão já possui e que corre o risco de perder em razão de atos executivos que buscam a alienação do único bem imóvel dos fiadores, o conhecido "bem de família", principalmente porque nesses casos já reconheceu a jurisprudência a impenhorabilidade dos bens do locatário.

Veja-se o absurdo, o locatário, devedor principal, não corre o risco de perder a sua casa, bem de família, mas o fiador, normalmente algum parente desavisado, responde com todos os seus bens, mesmo que isso o leve a se tornar morador de rua. *Data venia*, nesse caso, a lei está muito errada, pois cria uma situação absurda e ainda permite que aquele que exerce um direito de "cobrança" encontre mais amparo jurídico do que aquele que se vê na iminência de perder o local de sua moradia.

Na verdade, a lei não está simplesmente errada, ela não só cria uma situação injusta e absurda, ela é claramente INCONSTITUCIONAL, visto que afronta preceito básico do Estado brasileiro; melhor, da sociedade brasileira.

Nesse caso, o direito fundamental à moradia se coloca como um "limite" ao direito do credor de obter o seu crédito; veja-se, não se busca eliminar o crédito nem impedir que o credor busque a sua cobrança, mas tão somente se reconhecer que, segundo a Constituição Federal, há um limite que não se pode passar porque isso ofende direitos maiores, fundamentais, do cidadão.

No confronto dos direitos em questão ("crédito" X "dignidade da pessoa humana e direito à moradia"), o fiador não pode, segundo a Constituição Federal, acabar no "olho da rua".

Isso é justo, muito mais do que razoável, em quaisquer país do mundo, mas é ainda mais certo no Brasil, onde reina desde sempre a desigualdade social e financeira.

Não há como se respeitar os princípios fundamentais da sociedade brasileira, em especial os princípios da dignidade da pessoa humana e o direito à moradia, e ao mesmo tempo se "despejar" cidadãos de seu único bem imóvel, sua moradia, seu lar. Por isso, o inciso VII do art. 3º da Lei nº 8.009/90 é, nesse caso, INCONSTITUCIONAL.

Do Pedido:

Ante o exposto, requer-se o provimento do presente recurso extraordinário, com escopo de declarar-se a inconstitucionalidade do inciso VII do art. 3º da Lei nº 8.009/90, por afronta aos artigos 1º, inciso III, e 6º, *caput*, da Constituição Federal, com escopo de afastar a possibilidade de penhora do único bem imóvel dos fiadores ("bem de família"), declarando nulo os atos que autorizaram a alienação do referido.

Termos em que,
Requer deferimento.

Mogi das Cruzes/São Paulo, 00 de outubro de 0000.

Gediel Claudino de Araujo Júnior
OAB/SP 000.000

74 SUBSTABELECIMENTO DE PROCURAÇÃO *AD JUDICIA*

SUBSTABELECIMENTO

Eu, **Gediel Claudino de Araujo Júnior,** brasileiro, casado, advogado, inscrito na OAB/SP 000.000, com escritório na Rua Adelino Torquato, nº 00, Parque Monte Líbano, cidade de Mogi das Cruzes-SP, CEP 00000-000, pelo presente instrumento "**substabeleço**", sem reservas, ao "**Dr. M. C. de A.**", brasileiro, casado, advogado inscrito na OAB/SP 000.000, com escritório na Avenida Brasil, nº 00, Centro, cidade de Mogi das Cruzes-SP, CEP 00000-000, os poderes que me foram outorgados pela "Sra. S. A. de A.", a fim de que o substabelecido possa também representar os interesses da outorgante junto ao processo nº 0000000-00.0000.0.00.0000, que tramita junto à 3ª Vara Cível da Comarca de Mogi das Cruzes.

Mogi das Cruzes, 00 de fevereiro de 0000.

Bibliografia

AZEVEDO, Gilmar Alves de. *Da Locação e Despejo*. 2. ed. São Paulo: Fórum, 2007.

BUSHATSKY, Jaques; ELIAS FILHO, Rubens Carmo. *Locação Ponto a Ponto: Comentários* à Lei nº 8.245/91. São Paulo: Editora IASP, 2020.

COELHO, José Fernando Lutz. *Locação*: Questões Atuais e Polêmicas. 4. ed. Curitiba: Juruá, 2014.

FUX, Luiz. *Processo Civil Contemporâneo*. Rio de Janeiro: Forense, 2019.

GUILHERME, Luiz Fernando do Vale de Almeida. *Comentários à Lei de Locações*. 2. ed. São Paulo: Editora Manole, 2022.

JUNQUEIRA, Gabriel J. P. *Manual Prático de Locação*. 2. ed. Curitiba: Juruá, 2003.

LANZA, Raquel Dalla Costa; LEANO, Marcelo Luiz. *Manual Prático de Locação*. 3. ed. São Paulo: Lawbook, 2006.

PRATES, Clyde. *Locação Predial: Aspectos Relevantes*. 6. ed. Curitiba: Juruá, 2016.

SANTOS, Gildo. *Locação e Despejo*: Comentários à Lei nº 8.245/91. 7. ed. São Paulo: Revista dos Tribunais, 2011.

SCAVONE JUNIOR, Luiz Antonio. *Locação de Imóveis Urbanos*. 2. ed. Rio de Janeiro: Editora Forense, 2021.

THEODORO JÚNIOR, Humberto. *Código de Processo Civil Anotado*. 24. ed. Rio de Janeiro: Forense, 2021.

THEODORO JÚNIOR, Humberto. *Curso de Direito Processual Civil*. 63. ed. Rio de Janeiro: Forense, 2022. 1, 2 e 3 v.

VENOSA, Sílvio de Salvo. *Lei do Inquilinato Comentada*. 16. ed. São Paulo: Atlas, 2020.